TRISTAN GOOLEY

PRZEWODNIK WĘDROWCA

SZTUKA ODCZYTYWANIA ZNAKÓW NATURY

ILUSTRACJE NEIL GOWER

TŁUMACZENIE KAROLINA WALCZAK

OTWARTE

KRAKÓW 2017

Tytuł oryginału: *The Walker's Guide to Outdoor Clues and Signs. Their Meaning and the Art of Making Predictions and Deductions*

Opieka redakcyjna: Karolina Kaim

Weryfikacja merytoryczna: Szymon Gackowski

Opracowanie typograficzne książki: Daniel Malak

Ilustracje w książce: © Neil Gower

Fotografie w książce:
s. 153 u góry – © Andrew Koturanov / Shutterstock.com;
pozostałe fotografie – © Tristan Gooley

Adiustacja: Aneta Tkaczyk / Wydawnictwo JAK,
Bogumiła Ziembla / Wydawnictwo JAK

Korekta: Bogumiła Ziembla / Wydawnictwo JAK,
Anna Kopeć-Śledzikowska / Wydawnictwo JAK

Łamanie: Andrzej Choczewski / Wydawnictwo JAK

Projekt okładki: Eliza Luty

Fotografia autora: Micha Theiner

ISBN 978-83-7515-445-0

OTWARTE

www.otwarte.eu

Dystrybucja: SIW Znak. Zapraszamy na www.znak.com.pl

Dla Sophie, Benedicta i Vincenta

SPIS TREŚCI

W tej książce opisuję setki znaków i wskazówek dawanych nam przez otoczenie oraz techniki przydatne dla wędrowca. Jest w niej mowa o roślinach i zwierzętach, których czytelnicy być może nie znają. W razie kłopotów z ich zidentyfikowaniem warto sięgnąć po poradniki z serii Collins Complete – są w nich fascynujące opowieści o nieprzewidywalnej naturze, a także fachowe nazwy drzew, kwiatów, ptaków, owadów, grzybów. Podczas wędrówki zawsze mam przy sobie co najmniej jedną pozycję z tej serii. Także internet bywa świetnym źródłem informacji. Cała masa specjalistycznych stron ułatwia tworzenie własnej bazy wskazówek. Sam ciągle uaktualniam swoją stronę www.naturalnavigator.com, dodając nowe zdjęcia i materiały.

WSTĘP

Dziesięć lat temu, gdy spacerowałem po plaży w Bretanii, relaksując się po męczącej podróży, zobaczyłem, jak z eleganckiego hotelu wychodzi dwoje młodych ludzi. Ich stroje kąpielowe, fryzury i mowa ciała wskazywały, że są Europejczykami, ale nie Brytyjczykami. Kiedy mnie mijali, usłyszałem fragment ich rozmowy i zorientowałem się, że to Włosi.

Młodzi ludzie zatrzymali się, gdy pierwsza fala obmyła ich stopy, po czym zrobili to, co robi wtedy prawie każdy – mimowolnie sprawdzili, czy ich biżuteria wciąż jest na swoim miejscu: prawa dłoń obojga powędrowała w kierunku lewej i dotknęła obrączki. Ten gest w połączeniu z ich wiekiem i luksusowym hotelem, w którym mieszkali, doprowadził mnie do wniosku, że jest to ich miesiąc miodowy.

Stworzyłem obraz tej pary w kilka sekund, używając podstawowych technik dedukcji. Poznałem je, czytając niezliczone ilości kryminałów opartych na podobnych obserwacjach i logicznym myśleniu. Ten prosty proces myślowy został nazwany holmesowskim od nazwiska fikcyjnego detektywa, szybko i precyzyjnie charakteryzującego nieznajome osoby.

Pod koniec dnia znów zobaczyłem tę parę – młodzi przygotowywali ognisko na plaży. Spojrzałem na ptaki, porosty na skałach, owady, a potem na niebo i pomyślałem, że słońce zajdzie za jakieś czterdzieści minut, potem niebo się zachmurzy, spadnie deszcz, a przypływ zmyje małe ognisko pół godziny po zachodzie słońca.

Para chciała spędzić noc przy ognisku, by patrzeć w gwiazdy, lecz morze i niebo miały zupełnie inne plany. Młodzi musieli opuścić plażę wcześniej, niż planowali, co w ich wypadku nie okazało się pewnie wielką tragedią. W przeciwieństwie do nowożeńców para astronomów mogłaby być srodze zawiedziona takim obrotem sprawy.

Opuściłem plażę i nie wiem, co się na niej wydarzyło tamtej nocy. Nasze zdolności dedukcji mają swoje ograniczenia, jednak znacznie mniejsze, niż nam się wydaje. W życiu codziennym pewnie rzadko wykorzystujesz umiejętności dedukowania i przewidywania w odniesieniu do natury, ale po przeczytaniu tej książki to się zmieni.

Kiedy miałem dwadzieścia parę lat i akurat trochę wolnego czasu, postanowiłem się wybrać na prawdziwą wędrówkę. Spotkałem się ze swoim przyjacielem Samem, który też myślał o jakiejś wyprawie. Po dwóch minutach rozmowy zgodziliśmy się, że piesza wycieczka ze Szkocji do Londynu to dobry pomysł. Przed upływem trzeciej minuty uzgodniliśmy, że najlepszym początkiem trasy będzie Glasgow. Wyliczyliśmy, że powinniśmy pokonywać dwadzieścia mil dziennie, czyli nieco ponad trzydzieści dwa kilometry, tak by dotrzeć do Londynu po pięciu tygodniach, zwiedzając po drodze spory kawał Wielkiej Brytanii.

Szczególnie utkwił mi w pamięci jeden dzień naszej wyprawy. Wędrowaliśmy od trzech tygodni i właśnie zaczęliśmy wchodzić na wzgórza Peak District, kiedy na horyzoncie ukazały się dwie ciemne sylwetki. Po kilku minutach spostrzegliśmy, że byli to prawdziwi wędrowcy. Dokładnie mówiąc, wędrowcy z konkretnym budżetem. Byli obładowani sprzętem, na który nigdy nie mógłbym sobie pozwolić, nie umiałem nawet odgadnąć jego przeznaczenia. Ich kijki wyglądały na droższe od naszych plecaków wraz z całą ich zawartością. Nieznajomi zatrzymali się, zmierzyli nas od stóp do głów i stwierdzili, że ubrani w T-shirty, krótkie spodnie i tanie trampki nie powinniśmy iść dalej.

Trudno im się dziwić – bez wątpienia wyglądaliśmy jak para nowicjuszy na szlaku. Zanim się pożegnaliśmy, z protekcjonalnym uśmiechem zadali nam jeszcze pytanie: „Skąd idziecie?". „Z Glasgow", odpowiedzieliśmy z Samem jednocześnie. Zapadła cisza, a my podjęliśmy naszą wędrówkę na wzgórze.

Większość książek dla wędrowców, które miałem w ręku w ostatnich latach, koncentrowała się na bezpieczeństwie i niezbędnym wyposażeniu. Rzadko się zdarzało, żeby ich lektura sprawiła mi przyjemność, ponieważ celem pieszych wycieczek nie jest ani bezpieczeństwo, ani komfort. Już chyba wolałbym zginąć tragicznie podczas wyprawy, niż umrzeć z nudów w fotelu, czytając o bezpiecznym podróżowaniu. Jak dalej zobaczysz, nie są to puste słowa, lecz sprawdzone przez lata przekonanie.

W tej książce przedstawię inne podejście, zakładające, że możesz bezpiecznie odbywać piesze wycieczki, pamiętając jedynie o odpowiednich skarpetkach. Jeśli lubisz wspinać się na lodowiec w koszuli nocnej, to pewnie nie przeczytałeś wielu poradników dla wędrowców i potrzeba czegoś więcej niż jednej książki, aby zmienić twoją postawę. Poza kilkoma wyjątkami moja rada w sprawie bezpiecznej wędrówki ogranicza się do jednego zdania: nie bądź durny.

Każdy potrzebuje odpowiednich narzędzi do zrobienia tego, co zamierzył. W załącznikach na końcu książki znajdziesz na przykład opis metod szacowania odległości, wysokości czy obliczania szerokości rzeki. Żadna z moich rad nie dotyczy kupna bądź dźwigania czegokolwiek, mimo to są one niezwykle przydatne.

Większość poradników dla wędrowców podaje informacje na temat poszczególnych miejsc. Ten przewodnik jest inny – zawiera opis technik, które można wykorzystać podczas dowolnej wędrówki po praktycznie każdym obszarze. Ponadto pokazuje, jak łączyć różne metody, aby cała wędrówka była ciekawsza niż poszczególne jej części. Jeśli nie zaznaczono inaczej, większość metod będzie przydatna w strefie umiarkowanej północnej, która obejmuje Wyspy Brytyjskie, sporą część Europy oraz Stany Zjednoczone.

W tej książce piszę o znakach, sygnałach i wskazówkach, które daje otoczenie, oraz o sztuce przewidywania i dedukcji. Dzięki niej twoje wędrówki, długie czy krótkie, mogą się stać wyjątkowe. Mam nadzieję, że ci się spodoba.

Tristan

PIERWSZE KROKI

Jak poznać po zapachu, że nadjedzie pociąg?

Jedna wskazówka może spowodować, że radykalnie zmienisz sposób myślenia o swoim otoczeniu. Chciałbym, żebyś sobie wyobraził, że wychodzisz na spacer o chłodnym poranku i wyczuwasz zapach dymu, nigdzie jednak nie widać oznak pożaru. Co możesz z tego wydedukować? Poświęć chwilę na przemyślenie tej kwestii, zanim zaczniesz czytać dalej.

Zapach dymu o chłodnym poranku

Jeśli wyczuwasz zapach dymu w powietrzu o poranku, to prawdopodobnie nastąpiła inwersja temperatury. Do tego zjawiska dochodzi, gdy warstwy cieplejszego powietrza zatrzymują jego chłodniejszą warstwę blisko powierzchni Ziemi. Dym z fabryk i domowych palenisk snuje się wtedy nisko, pod warstwą ciepłego powietrza, nasycając zimne powietrze wonią spalenizny.

Inwersja temperatury powoduje „efekt kanapki" – dźwięk, światło i fale radiowe odbijają się pomiędzy górną częścią warstwy chłodnego powietrza a Ziemią. W takich warunkach dźwięk rozchodzi się dalej niż zwykle i może być głośniejszy, będą więc docierać do ciebie niesłyszalne na co dzień odgłosy samolotów, aut i pociągów. Im w okolicy jest głośniej, tym efekt jest mocniejszy.

Tragiczny skutek tego zjawiska zaobserwowano w 1955 roku w Związku Radzieckim. Podczas próbnego wybuchu bomby termojądrowej na kazachskim poligonie powstała fala uderzeniowa, która odbiła się od warstwy ciepłego powietrza i spowodowała zawalenie budynku w pobliskim Semipałatyńsku (obecnie Semej). Pod gruzami zginęły trzy osoby[1].

Podczas inwersji temperatury światło się załamuje, co prowadzi do powstania złudzeń optycznych. W normalnych warunkach atmosferycznych obiekty oddalone postrzegamy jako mniejsze i spłaszczone, widzimy na przykład płaskie zachodzące słońce. Jeśli jednak występuje inwersja, to obiekty wydają się rozciągnięte w pionie. Najbardziej spektakularnym złudzeniem powstającym w warunkach inwersji jest fatamorgana (nazwa pochodzi z włoskiego – „*fata* Morgana" to „czarodziejka Morgana", postać z legend arturiańskich, umiejąca wywoływać miraże). Obiekty wyglądają wtedy tak, jakby lewitowały – wydaje się, że mosty i łódki unoszą się nad wodą. Także za sprawą tego procesu możemy zobaczyć rzadkie zjawisko nazywane zielonym błyskiem – chwilowy rozbłysk zielonego światła jest widoczny, kiedy zachodzi słońce.

Fale radiowe, w szczególności ultrakrótkie (UKF), które kojarzymy z radiem, odbijają się w taki sam sposób jak fale dźwiękowe, ale szybciej się rozchodzą. Zamiast uciekać w wyższe warstwy atmosfery, odbijają się w tunelu atmosferycznym od warstw „kanapki", dzięki czemu możemy odbierać stacje, które normalnie byłyby tysiące kilometrów poza zasięgiem naszego odbiornika. Dukt troposferyczny, jak radioamatorzy nazywają to rzadkie zjawisko, był powszechnie wykorzystywany do odbierania oddalonych stacji, zanim umożliwił nam to internet. Tak oto zapach dymu wyczuwalny w chłodnym powietrzu doprowadził nas do podsłuchiwania rozmów prowadzonych przez radio za żelazną kurtyną w czasie zimnej wojny.

Inwersja temperatury jest powodem zakłóceń występujących najsilniej wzdłuż linii brzegowej, kiedy zasięgi nawet bardzo oddalonych stacji zaczynają na siebie nachodzić i słyszy się trzaski w radiu.

Podczas inwersji bardzo często występują poranne mgły. Jeśli uwięziony dym i mgła są wystarczająco gęste, mogą doprowadzić do powstania smogu. W 1952 roku w takiej właśnie sytuacji smog spowodował w Londynie śmierć 11 tysięcy osób, zmarłych na skutek problemów z oddychaniem.

Inwersja temperatury jest meteorologicznym fenomenem, niestety szkodliwym dla naszego zdrowia, ale na szczęście zazwyczaj nie trwa długo.

Wychwycenie zwykłego zapachu może nas zaprowadzić w niezwykłe rejony. Zmysł i myśl, obserwacja i dedukcja – ten prosty dwustopniowy proces jest kluczem do zmiany nudnego spaceru w przechadzkę z dreszczykiem emocji. Jedno nie może funkcjonować bez drugiego. Mózg potrafi zbudować wspaniałe gmachy w naszej głowie, ale potrzebuje bodźca, którego dostarczają mu nasze zmysły. Jest to związek symbiotyczny: mózg okaże się nijaki, jeśli pozbawimy go zmysłów, a zmysły stają się leniwe, jeśli mózg przestaje je pobudzać. Na szczęście rolą mózgu jest zabawa i przyjmuje ona często formę serii pytań. W którą stronę patrzę? Jak się zmieni pogoda? Jak daleko znajduje się tamten budynek? Ile ma lat? Jaka jest temperatura? Co zobaczę dalej?

Jeśli odpowiesz na te pytania oraz na wiele innych bez użycia narzędzi elektronicznych, kierując się jedynie wskazówkami dostarczanymi przez zapachy, cienie, kolory i kształty, zmusisz mózg i zmysły do wspólnej pracy i rozbudzisz w sobie chęć poznania. Ale uwaga – to nie jest proces dla każdego i nie każdy poczuje do tego zapał. Istnieje wiele rodzajów wędrowców. Niektórzy chodzą, by wyłączyć swój umysł, i nie ma w tym nic złego. Jednakże istnieje spora grupa osób, które lubią, kiedy ich mózg i nogi pracują jednocześnie, a ta książka została napisana właśnie dla nich. Dla tych, którzy myślą, że umysł odpocznie podczas krótkiej drzemki lub że wyśpią się po śmierci, wędrówka jest okazją do poczynienia świeżych spostrzeżeń. Jestem świadom, że opisuję dwa rodzaje wędrowców, które się tolerują, a nawet razem odbywają wycieczki. Jednakże niepokojący błysk w oku wędrowców drugiej grupy zazwyczaj rozprasza tych pierwszych, dlatego nie powinni wędrować razem. A nawet byłoby dobrze, gdyby oddzielał ich choćby niewysoki mur.

Przejdźmy do rzeczy – zmieńmy świeże powietrze w eliksir o odurzających właściwościach. Aby to osiągnąć, najlepiej jest się zająć każdym składnikiem otoczenia z osobna, w takiej kolejności, w jakiej wędrowiec będzie je napotykał na swojej drodze. Grunt, niebo, rośliny i zwierzęta będę opisywał oddzielnie, czytelnik będzie więc mógł się zapoznać ze wskazówkami w obrębie każdej kategorii. Ponieważ jednak natura nie lubi być dzielona, prawdziwa zabawa zaczyna się wtedy, gdy połączymy różne składniki w jedną dedukcyjną mieszankę. Krągłości na korzeniach drzew staną się kompasem, a kolory na skałach powiedzą, o której godzinie warto pójść na nocny spacer.

Kiedy zgłębisz ten temat, twoje szanse na efektywne i twórcze spędzenie czasu na świeżym powietrzu wzrosną. Ale najpierw musisz opanować podstawy.

GRUNT

Co oznacza kolor błota?

Przed każdą pieszą wycieczką dobrze jest poświęcić chwilę na rozpoznanie dolin i wzniesień, wszelkich nierówności i charakterystycznych linii oraz wyobrazić sobie ich kształty. Nie ma znaczenia, czy pokonujesz łagodne wzgórza wschodniej Anglii, czy Himalaje – chodzi o to samo. Znalezienie wskazówek w terenie jest niemożliwe bez jego wcześniejszej obserwacji. Większość ludzi jest zdania, że w takiej sytuacji najlepiej jest skorzystać z mapy, ale jak się przekonacie, czytając dalej, to nie mapa powinna wyznaczać nam drogę w czasie wędrówki, tylko raczej grunt, po którym stąpamy, powinien zmienić się w mapę. Przez tysiąclecia ludzie przemierzali ziemię pieszo i bez pomocy mapy.

Na swoich kursach lubię używać prostych ćwiczeń ilustrujących to, jak ważne jest właściwe obserwowanie naszego otoczenia, zawsze gdy mamy ku temu okazję. Kiedyś w drodze na szczyt wzgórza zapytałem grupę, na czym będzie polegała najgwałtowniejsza zmiana podczas wycieczki. Wszystkie spojrzenia natychmiast powędrowały do góry, ku niebu, w poszukiwaniu znaków zwiastujących nadciągającą zmianę pogody, a że żadnych tam nie było, zobaczyłem zaskoczone miny. Wtedy poprosiłem członków grupy, aby wymienili elementy krajobrazu widoczne w każdym kierunku. „Zabudowania gospodarskie, skraj lasu, dwa wierzchołki, linia brzegowa, oddalony maszt radiowy, trzy ścieżki, unoszący się dym, skraj miasta, droga, mur..." Im dłużej trwało to ćwiczenie, tym lista była dłuższa.

Wspinaliśmy się jeszcze dziesięć minut na sam wierzchołek, a kiedy tam dotarliśmy, nie pozostało nam nic innego, jak zejść na dół. Gdy weszliśmy do lasu porastającego niewielką dolinę, poprosiłem grupę, aby ponownie wymieniła elementy krajobrazu rozciągające się w każdym kierunku. „W każdą stronę jest pod górę... Wszędzie drzewa... I tyle".

Dziesięć minut wcześniej widzieliśmy wszystko, a teraz nie widzieliśmy nic. No, może niezupełnie nic. Te skromne obserwacje mają duży potencjał, o czym przekonamy się później, kiedy spotkamy się z członkiem plemienia Dajaków na Borneo. Na razie kluczową rzeczą jest docenienie tego, że krajobraz bywa nie tylko ładny, ale stanowi też bogate źródło informacji. Wysokość zapewnia nam perspektywę, a to już coś. Geodeci zawsze to wiedzieli – jeśli staniesz obok wieży triangulacyjnej, a widoczność będzie dobra, zobaczysz co najmniej dwie sąsiednie wieże.

Widok za każdym razem skłania nas do zapamiętania jego dominujących cech. Odbywa się to automatycznie, kiedy pejzaż jest wyrazisty i charakterystyczny, dlatego zresztą niektóre obszary zyskują zapadające w pamięć lub opisowe nazwy. Góra Sugar Loaf (Głowa Cukru) w Monmouthshire jest wyraźnym punktem orientacyjnym dla tamtejszych wędrowców, podobnie jak Głowa Cukru w Rio de Janeiro. Niestety, dużo większe jest prawdopodobieństwo, że zwrócimy uwagę na zachwycający krajobraz, niż że zapamiętamy teren mniej widowiskowy. Pomyśl o krajobrazie, który dobrze znasz, i zastanów się, ile jego widoków potrafisz przywołać. Kiedy będziesz tam znowu z kolegą lub koleżanką, zróbcie oddzielnie listę cech krajobrazu w ramach przyjacielskiej rywalizacji. Rozpadające się mury, drzewa, skały czy linie brzegowe zaczną się pojawiać przed twoimi oczami jak za dotknięciem czarodziejskiej różdżki.

Nawyk skupienia się, tak by zauważyć cechy mniej wyróżniającego się obszaru, trzeba kształcić. Mają go we krwi tylko trzy grupy wędrowców: artyści, doświadczeni żołnierze i członkowie pierwotnych plemion. Wydaje mi się, że studiowanie bardziej złożonych cech terenu jest czymś, co współczesne umysły uważają za trudne, nawet nienaturalne. Jeśli nie bardzo ci to wychodzi, istnieją dwie metody, które pozwolą udoskonalić tę umiejętność – możesz spędzić dużo czasu, mieszkając na odludziu, bez technologii, map i kompasu, albo też (i to jest praktyczniejszy wariant) możesz poświęcić trochę czasu na naszkicowanie kilku krajobrazów. Poziom artystyczny twoich prac nie jest w tym wypadku szczególnie ważny, chodzi tu raczej o ćwiczenie sztuki widzenia i spostrzegania.

Studiowanie widoków staje się przyjemnością, gdy mamy choć odrobinę wiedzy o perspektywie, świetle i jego wpływie na krajobraz. Kiedy następnym razem będziesz miał dobry widok na pofałdowane wzgórza, spójrz uważnie i zauważ coś, co widziałeś setki razy, ale tak naprawdę nigdy tego nie dostrzegłeś – im dalej się znajdują, tym wydają się jaśniejsze. Najbliższy pagórek jest zdecydowanie ciemniejszy niż ten, który znajduje się za nim oraz wszystkie inne rozciągające się aż po horyzont. Dzieje się tak ze względu na atmosferyczne zjawisko optyczne, które od nazwiska jego odkrywcy zyskało miano rozpraszania Rayleigha. To z powodu tego rozpraszania niebo jest niebieskie, a horyzont ma odcień zbliżony do bieli nawet podczas bezchmurnej pogody.

Zrozumienie zjawiska światła i kontrastu przydaje się częściej, niż myślimy. Czy miałeś kiedyś okazję spoglądać na wzgórze rano lub pod koniec dnia, a kolory wydały ci się nieziemskie – niezwykle nasycone światłem i o niespotykanej głębi? Dzieje się tak wtedy, gdy za naszymi plecami znajduje się nisko położone słońce, a my patrzymy na wzgórze, za którym jest ciemne niebo. Jeśli słońce przebija się przez chmury godzinę przed zachodem, to stań do niego tyłem i spójrz na wprost. Widok będzie niezwykły, a kolory, które zobaczysz, wydadzą ci się lśniące. Jest to jeden z moich ulubionych sposobów zakończenia spaceru w niezbyt piękną pogodę.

Niezależnie od pogody wzgórza znajdujące się dalej wydają się jaśniejsze

Perspektywa ma też dodatkowy wymiar praktyczny, któremu warto przyjrzeć się bliżej. Kiedy jesteś na stoku, twój mózg traci na chwilę orientację. Jeśli wchodzisz na wzgórze lub z niego schodzisz, mózg dostosowuje się do nowych warunków, starając się przywrócić stan równowagi, tak aby wszystko wyglądało na zbliżone do poziomu. Efektem ubocznym jest wyparcie perspektywy pozostałych pochyłości. Kiedy idziesz w dół, strome wzgórze wydaje ci się łagodniejsze niż w rzeczywistości. Z pochyłości poziom gruntu przed nami będzie wyglądał tak, jakby delikatnie się wznosił, a lekkie wzniesienie stanie się stromym wzgórzem. Zjawisko to zazwyczaj nie stanowi problemu dla wędrowców, gdyż idąc pieszo, mamy dość czasu na przystosowanie się, ale zawsze zaskakuje motocyklistów i rowerzystów – do tego stopnia, że zmuszeni są gwałtownie hamować.

Złudzenie nachylenia jest częścią szerszego zjawiska, z reguły niedocenianego przez wędrowców. Nasza obecna perspektywa wpływa na odczuwanie wszystkiego wokół. Z tego powodu nigdy nie patrz na coś, co się rusza, kiedy twoja równowaga jest zachwiana. Jeśli musisz przejść po czymś wąskim, na przykład po pniu przerzuconym nad strumieniem albo rzeką, nie zerkaj na płynącą wodę – uniemożliwi ci to utrzymanie równowagi.

Gdy wyćwiczymy swój zmysł obserwacji, zwiększą się nasze umiejętności dedukcji. Możemy zacząć od obserwacji ogólnych. Północna i południowa strona wzgórza są od siebie niezależne i dostają różną ilość światła słonecznego. Możesz dostrzec, że stoki od strony południowej mają więcej roślinności, a stoki północne bardziej przypominają lodowce, jeśli wiatr i opady atmosferyczne tego nie zmienią. Linie śniegu, drzew oraz zabudowań będą osadzone nieco wyżej na stokach od strony południowej. Rośliny kiełkują tam o cztery dni wcześniej niż po stronie północnej.

Cieńszą warstwę gleby i niższe drzewa znajdziesz na zboczach narażonych na silny wiatr. W Wielkiej Brytanii są to zbocza południowo-zachodnie. Trudno dokładnie określić, jak twój widok zmieni się wraz ze zmianą twojego położenia (a zmieni się na pewno!) i to jest moment, w którym zaczyna się praca detektywa – za każdym razem, kiedy zauważysz jakąś zmianę lub nieprawidłowość, musisz odgadnąć, co się za nią kryje. Ten nawyk pozwoli ci szybko skupić się na drobnych szczegółach. Nawet niewprawne oko jest w stanie dostrzec mury bądź żywopłoty, które otaczają pola i łąki, ale doświadczony wędrowiec zauważy, że brama znajduje się w rogu pastwiska. Jakie wskazówki wynikają z tej obserwacji? Odpowiedź znajdziesz, czytając dalej.

Technika SORTED

Szkicowanie krajobrazu stanowi jeden ze sposobów na jego dokładniejsze poznanie, ale to na tyle ważna umiejętność, że pokażę wam jeszcze jedną technikę. Ta, której używam i której uczę, nosi nazwę SORTED – to akronim, a każda litera odpowiada innemu wskaźnikowi.

S (*Shape*) – Ukształtowanie
O (*Overall character*) – Ogólny charakter
R (*Routes*) – Drogi
T (*Tracks*) – Ślady
E (*Edges*) – Skraje
D (*Detail*) – Szczegóły

Dzięki tym sześciu wskaźnikom dostrzeżesz znacznie więcej, niż patrząc na wszystko naraz. Każdemu z nich można by poświęcić osobną książkę, ale tutaj chodzi mi o zaprezentowanie metody, wyjaśnienie każdego kroku oraz przywołanie pouczających i zabawnych przykładów. Jeśli nie będziesz czerpać z tego radości, twoja motywacja osłabnie.

Technika obejmuje dwa etapy. W pierwszym – SOR – chodzi o uchwycenie otoczenia, w drugim zaś – TED – będziemy szukać konkretnych wskazówek i zacznie się prawdziwa zabawa.

Ukształtowanie

Kiedy miałem czternaście lat, oznajmiłem ojcu, że latem wraz z przyjaciółmi planujemy udać się na pieszą wycieczkę i rozbić obozowisko w Brecon Beacons. Doskonale pamiętam, jak ojciec mnie wypytywał, chcąc sprawdzić, czy jestem zdecydowany to zrobić. Kiedy zrozumiał, że wyruszymy tak czy inaczej, zdecydował się nam pomóc.

Rozłożyłem mapę wydaną przez Ordnance Survey, którą ja i moi przyjaciele kupiliśmy w centralnej części Brecon Beacons w Walii, i pokazałem ojcu, dokąd zamierzamy się udać. Do tej pory śmieję się w duchu, kiedy sobie przypomnę wyznaczoną trasę. Była to prawie prosta linia, zaczynająca się w naszym pierwszym obozowisku i kierująca się bezpośrednio do najbliższego wzniesienia – Pen y Fan, najwyższego punktu na południu Wysp Brytyjskich. Plan marszruty nie uwzględniał szlaków turystycznych i delikatnie mówiąc, był beznadziejny.

Na swoją obronę powiem tylko, że choć wymyśliliśmy absurdalną trasę, to punkt docelowy był kuszący. Mój ojciec dobrze poznał pasmo górskie Brecon Beacons w czasach, kiedy był oficerem brytyjskiej jednostki specjalnej, dlatego nie oparł się pokusie wymyślenia swojego planu i tak jak przewidywałem, natychmiast zaangażował się w naszą wycieczkę.

Był przy tym cierpliwy. Najpierw poprosił, bym spojrzał na poziomice narysowane na mapie, a potem wyszedł na zewnątrz, wykopał trochę ziemi i zrobił z niej model góry, na którą zamierzaliśmy wejść. Kilka tygodni później czterech czternastolatków bezpiecznie zeszło ze szczytu Pen y Fan, prosto na spotkanie z samochodem mojego taty, zaparkowanym przy drodze parę kilometrów dalej. Rady i wskazówki mojego ojca dotyczące kształtu góry spowodowały, że na dole czekały na nas batoniki Mars i herbata, a nie helikoptery i dziennikarze. Wcześniej nie miałem pojęcia o wielu rzeczach, ale tato zaczął mnie wtedy uczyć szacunku dla natury, właściwego wszystkim, którzy chodzą niebezpiecznymi ścieżkami, zarówno żołnierzom sił specjalnych, jak i nomadom.

Przed tą pieszą wycieczką wiedziałem teoretycznie, co oznaczają poziomice. Po pięciu dniach obozowania i wspinania się dotarło do mnie, jak ważne jest zaznajamianie się ze strukturą gór. Kolejną dekadę zajęło mi odkrywanie bardziej subtelnych wskazówek dotyczących kształtu wzniesień. Teraz mogę bezpiecznie wędrować kilka kilometrów w gęstej mgle bez żadnych przyrządów, kierując się jedynie ukształtowaniem terenu.

Pierwsze kawałki tej układanki są najważniejsze. Znajdź wyżynę, szczyt, rzekę lub jakąkolwiek linię brzegową i przypatrz się ich powierzchni i lokalizacji. Jaka siła je stworzyła i w którym kierunku się przemieszczała?

Ogólnie mówiąc, grunt ulega erozji spowodowanej przez wodę (morza, rzeki, lodowce) oraz w mniejszym stopniu – przez wiatr. Studiowanie gruntu nie jest tak łatwym procesem, jak mogłoby się wydawać. Ale gdy już ustalisz, że dolina została wydrążona przez lodowiec przesuwający się z południa na północ, wtedy nie tylko jej profil w kształcie litery U, ale i każda niecka, nierówność czy rysa znajdujące się w dolinie nabiorą sensu.

Barańce (mutony) to formacje skalne, które ujawnią swój charakter, jeśli będziesz je obserwować w tym kierunku, w którym przemieszczał się lodowiec. Skały te mają gładką powierzchnię od strony, po której przeszedł lód, i znacznie bardziej chropowatą od strony osłoniętej od wiatru lub tej, gdzie lód topniał.

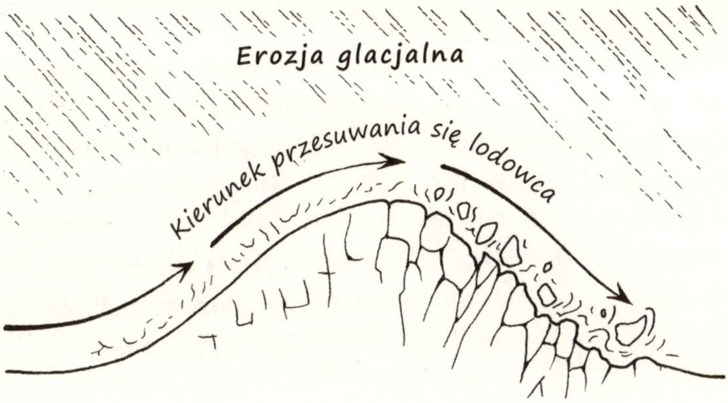

Baraniec

Charakterystyczne rysy, tak zwane żłobkowanie, to zadrapania powstałe na skutek ciągnięcia jednej skały po drugiej przez lodowiec. Każde z tych zadrapań może być kompasem. Gdy odkryjemy, którędy przeszedł lodowiec, będziemy czytać we wzgórzach i skałach jak w otwartej książce.

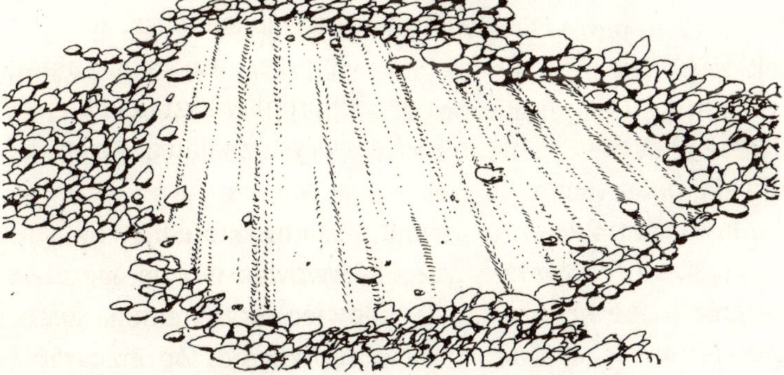

Żłobkowanie

Gdy znajdziesz się w dolinie rzeki, musisz ustalić, jak biegnie jej koryto i w którą stronę płynie woda. Dla wielu ludów, przykładowo z południowo-wschodniej Azji i Ameryki Południowej, koryto rzeki oraz kierunek jej pływu są głównymi narzędziami nawigacji. Nawet jeśli jesteś blisko domu, warto mieć na uwadze te wskazówki. Woda płynie w dół, co jest oczywiste i czasami niewiele nam wyjaśnia, ale może być pomocne. Dartmoor jest granitowym wzniesieniem, na którym znajduje się pięć zbiorników wodnych – woda, która z nich wypływa, wskaże ci kierunek, gdzie będzie skraj wrzosowiska.

Upewnij się, czy rzeka płynie tylko w jednym kierunku, czy też jest rzeką pływową. Znam pewną parę z Sussex, która szła brzegiem rzeki do pubu na lunch. Wracając, minęli most i podążali brzegiem rzeki. Szybko poczuli się zdezorientowani i obwiniali wypite wino o to, że rozpoznają jedynie połowę obiektów mijanych po drodze. Tymczasem pływ rzeki się zmienił. To, czy rzeka jest pływowa, zależy od tego, jak blisko wybrzeża się znajdujesz. Ponadto jeśli widzisz zacumowane łodzie i wszystkie są skierowane w jedną stronę, masz pewność, że rzeka płynie tylko w jednym kierunku. Każdy kapitan zacumuje swoją łódź pod prąd.

Czasami może ci się wydawać, że stąpasz po płaskiej i nijakiej powierzchni, ale tak nie jest. Żadne miejsce na Ziemi nie jest idealnie płaskie i nijakie. Stoły do snookera są takie drogie dlatego, że trudno jest uzyskać rzeczywiście płaską i nijaką powierzchnię. Przeszedłem wiele równin i początkowo myślałem, że te na Pustyni Libijskiej są nijakie, ale z Tuaregiem, który towarzyszył mi w wędrówce, przemierzałem zróżnicowane krajobrazy. Tuaregowie są w stanie pokonać pieszo długie dystanse, kierując się tylko punktami orientacyjnymi. Wiele z nich dostrzegałem dopiero wtedy, gdy pokazali mi je palcem. Zrozumiałem wówczas, że ich metoda przemieszczania się z punktu A do punktu B zależy wyłącznie od umiejętności rozpoznawania ukształtowania terenu – kształtów wzgórz i gór, wadis, wydm i skał.

Jeśli nie potrafisz dostrzec charakterystycznych cech krajobrazu, ale jesteś pewien, że one tam gdzieś są, powinieneś wspiąć się wyżej. Dwa najtrudniejsze rodzaje terenów, z którymi miałem do czynienia, to pustynia i dżungla. Aby się zorientować w pustynnym krajobrazie, najlepiej wejść na najwyższy punkt wydmy. Nawet spoglądanie z wysokości garbu wielbłąda może ci ułatwić odczytywanie znaków. W dżungli widok ze szczytu jest niezwykłą rzadkością, poza tym w dolinach lasów deszczowych widoczność drastycznie maleje. Tę samą zasadę stosuje się bliżej domu – jeśli trzeba, wejdź wyżej.

W czwartej serii komedii BBC *Czarna Żmija* jest scena, w której generał Melchett (w tej roli Stephen Fry) rozkłada mapę sztabową z pierwszej wojny światowej, pochyla się nad nią i ryczy: „Boże, to przecież jałowa i nijaka pustynia!". Jego asystent, kapitan Darling, patrzy na pusty arkusz i mówi: „Mapa jest z drugiej strony, *Sir*".

Miałem okazję widzieć całkiem białe lub niebieskie mapy, na których niewiele się znajdowało. Taka mapa pokazuje jednak ograniczenia kartografii, a nie homogeniczność powierzchni Ziemi. Nawet najlepsze mapy pomijają niektóre szczegóły krajobrazu. Myśl o mapie jako o narzędziu pomocnym w odczytaniu najszerszego pociągnięcia pędzlem na pejzażu, ale nie popełnij błędu, który ma na swoim koncie wielu wędrowców – nie licz na to, że wyczytasz z mapy wszystko, co możesz dostrzec w swoim otoczeniu. Chciałbym kiedyś zobaczyć mapę wiernie oddającą profil grzbietu!

Jeśli przestudiowałeś już ukształtowanie powierzchni, to czas na kolejny krok, czyli na wędrówkę, którą odbędziesz w głowie. Postaraj się wyznaczyć punkty orientacyjne, ustalić ukształtowanie terenu oraz jego nachylenie. Aby lepiej zrozumieć ten proces, spędzimy chwilę z pułkownikiem Richardem Irvingiem Dodge'em, który zdobył doświadczenie, pracując przez trzydzieści trzy lata pośród Indian w XIX wieku. Przywołuje on opowieść Espinosy, starego przewodnika Komanczów, o tym, jak uczy się młodych podróżowania po obcym kraju:

> Starsi mężczyźni mieli w zwyczaju gromadzić chłopców na kilka dni przed ustaloną datą wymarszu, aby przekazać im stosowne instrukcje.
>
> Wszyscy usiedli w kręgu, przygotowano też wiązkę patyków z nacięciami, których liczba odpowiadała liczbie dni wyprawy. Jeden ze starców wziął patyk z jednym nacięciem i na ziemi narysował palcem prostą mapę przedstawiającą pierwszy dzień podróży. Linia rzek, wzgórza, doliny, jary, ukryte źródła – wszystko dokładnie zaznaczone. Kiedy chłopcy gruntownie się z nimi zapoznali, patyk symbolizujący następny dzień marszu został zobrazowany w taki sam sposób, i tak aż do końca wyprawy. Potem starzec powiedział, że zna grupę młodych mężczyzn i chłopców, z których najstarszy miał dziewiętnaście lat i żaden nigdy nie był w Meksyku, i którzy przebyli całą drogę z obozowiska Brady's Creek w Teksasie do Meksyku[1], opierając się jedynie na informacjach zobrazowanych przez takie patyki. Choć może to się wydawać dość nieprawdopodobne, były to wskazówki równie dobre jak każde inne w wypadku tak niezwykłej podróży[2].

Ogólny charakter

Pytanie „Jaki on jest?" jest często używane w odniesieniu do czyjegoś charakteru. Takie samo pytanie można zadać także w kontekście krajobrazu. Skały i ziemia, które napotykamy w czasie wędrówki, są kluczem do zrozumienia i przewidywania wszystkiego, co zobaczymy później. Kiedy zaczynałem uczyć techniki SORTED, nazwałem ten etap „ologia", ponieważ dotyczy on geologii i pedologii (nauki o glebach), ale uznałem, że to dziwne słowo niektórym może się nie spodobać, ostatecznie więc zmieniłem nazwę na „Ogólny charakter". Możesz wybrać to określenie, które wolisz.

W nocy 23 marca 2013 roku Jeremy Bush usłyszał krzyki swojego brata Jeffa dobiegające z sąsiedniego pokoju. Jeremy wbiegł do sypialni Jeffa i zobaczył, że jego brata, łóżko i betonową podłogę pochłonęła głęboka zapadlina. Jeremy wskoczył do dziury za bratem, ale nie mógł go dosięgnąć i sam został uratowany dopiero przez policję. Po jakimś czasie policja odwołała poszukiwania Jeffa Busha, następnie zaprzestano poszukiwania jego ciała, a ostatecznie pozostałości domu Bushów zostały zburzone. Jeff Bush był ofiarą leja krasowego. Na wieść o tym tragicznym zdarzeniu – gdy minął już pierwszy szok – większość ludzi z choćby podstawową wiedzą dotyczącą skał prawdopodobnie pomyślała to samo: „Wapień!".

Kiedy się dowiemy, jaki rodzaj skał przeważa na danym obszarze, będziemy mogli przewidzieć wiele rzeczy. Jeśli znajdziemy wapień, to natrafimy również na dziury, jaskinie i kamienne wieże. Gdyby nie wapień, wąwóz Cheddar Gorge byłby pozbawiony jaskiń, a Morze Andamańskie słynnej Maczugi. Tam gdzie przeważa granit, możemy znaleźć wrzosowiska, góry, torf oraz mokradła – przez to twoje nogi będą musiały ciężej pracować, a obuwie przemoknie. Powinniśmy zwrócić uwagę, czy skały, które mamy pod stopami, lub te, które sterczą z ziemi, zmieniają się. Jeśli wychodzisz z bardziej niedostępnej, dzikiej części wrzosowisk i czujesz pod stopami, że podłoże się zmienia, to prawdopodobnie zaraz natkniesz się na cywilizację.

Jeśli widzisz nagie skały, spróbuj ustalić, czy istnieje jakaś prawidłowość w ułożeniu ich warstw. Siły geologiczne często przechylają skały pod jakimś kątem, a zjawisko to występuje na większych obszarach. Dzięki dostrzeżeniu tego kąta, który geologowie nazywają nachyleniem, mogłem stawić czoło wyzwaniu, jakim była naturalna nawigacja w zachmurzonej dolinie w północnej Walii. Kiedy zauważyłem, że skały osadowe na tym obszarze są pochylone w kierunku południowym, stały się one moim niezawodnym kompasem. Jest to jedna z niewielu technik naturalnej nawigacji, którą możesz się posłużyć, szukając drogi pod ziemią. Raz byłem zmuszony z niej skorzystać, kiedy znalazłem się w opuszczonej kopalni soli.

Patrząc z bliska na odłamki skał, możemy zgadnąć, czy znajdowały się one w rzekach albo w lodowcach. Gładkie okrągłe kamienie powstają na skutek ciągłej erozji wodnej, jakiej ulegają zarówno w rzekach, jak i w lodowcach. Woda może zniknąć na długo, ale jeśli znajdziesz się na terenie narażonym na błyskawiczne powodzie, kształt kamieni bliżej dna doliny pomoże ci określić stopień zagrożenia w razie deszczu.

Kiedy skały zostały skruszone i zmieszane z cząsteczkami martwych roślin i zwierząt, zaczęły tworzyć niedocenioną substancję: glebę. Dwa lata temu wędrowałem niedaleko Haverigg, na południowym skraju Lake District, i zauważyłem, że błoto pod moimi butami zmienia barwę z ciemnego brązu na żywą czerwień. Małe dochodzenie potwierdziło moje przypuszczenia – szedłem po terenie starej kopalni rudy żelaza.

Gleba przybiera różne kolory; na początku XX wieku Amerykanin Albert Munsell opracował unikatowy sposób ich oznaczania. System kolorów Munsella jest nadal używany przez gleboznawców. Tak dobrze oznaczono w nim barwy i daje on tyle możliwości, że na jego podstawie stworzono system próbek kolorów – to właśnie te próbki przeglądamy, nim zdecydujemy, na jaki kolor pomalować nasz dom.

Im ciemniejsza jest ziemia, tym więcej zawiera substancji organicznych i składników odżywczych. Można się zatem spodziewać bogatej i zróżnicowanej szaty roślinnej oraz rozmaitych zwierząt. Jeśli ziemia przyjmuje odcień czerwony, żółty lub szary, oznacza to, że znajduje się w niej dużo żelaza. Kolor zależy od ilości wody w tej glebie, a co za tym idzie – od reakcji chemicznych, którym ulega żelazo. Szara ziemia jest zazwyczaj wilgotniejsza niż czerwona i żółta, kolor ten przeważnie jest też sygnałem procesu wypłukiwania – ziemia, z której zostały wypłukane substancje odżywcze i minerały, będzie uboga w roślinność oraz zwierzęta. Stężenie żelaza w glebie to konsekwencja naturalnego procesu, ale jeśli jej kolor uległ radykalnej zmianie w krótkim czasie, można się spodziewać, że to skutek ingerencji człowieka zarówno na ziemi, jak i pod jej powierzchnią. Rudy żelaza mogły zostać wykopane lub struktury żelaza spowodowały korozję prowadzącą do niespotykanego stężenia i wystąpienia charakterystycznego koloru.

Jeśli zauważysz, że radliny na zaoranych polach mają białe grzbiety, niczym wzburzone fale, będzie to oznaka wysokiego poziomu soli w ziemi lub wskazówka, że znajdujesz się blisko wybrzeża.

Charakterystyka gleby nie ogranicza się do podania jej koloru – równie istotna jest jej konsystencja. Błoto, które daje się uformować w kulkę, to zupełnie inna gleba niż błoto kruszące się i suche, rozpadające się na ziarnka piasku. Kulka błota, którą można uformować w wałek, zawiera glinę. Nie musisz brudzić sobie rąk na każdym spacerze, wystarczy, jeśli będziesz pamiętał, jak twoje stopy reagują na podłoże.

Różne rodzaje gleby są inaczej odczuwane pod stopami i gdy to sobie to uświadomisz, będziesz mógł wykryć zmiany w roślinności oraz aktywności zwierząt i ludzi na danym terenie. Piaszczyste gleby są suche, a gleby zawierające glinę nasiąkają wodą, jeżeli więc biwakujesz, to lepiej rozbij namiot na tych pierwszych.

Ostatnia ważna sprawa to stabilność gleby. Jeśli zauważysz szczeliny w ziemi lub brzegi, które niedawno się obsunęły, będzie to oznaczało, że stąpasz po niestabilnym gruncie. Takie zjawiska, w formie pęknięć w chodnikach lub drogach, można zauważyć w miastach i wsiach. Jeśli znajdziesz podejrzanie tanią ofertę sprzedaży nieruchomości, zastanów się, czy cena nie ma związku z niestabilnością podłoża.

Drogi

Kiedy zobrazujesz już sobie ukształtowanie oraz charakter krajobrazu, najwyższa pora przeanalizować stworzone przez człowieka linie w formie autostrad, dróg i ścieżek.

Budowa dróg i autostrad jest ogromną inwestycją, więc czy są one nowe, czy stare, zawsze w ich konstrukcji obowiązuje pewien schemat. Muszą łączyć dwa miejsca i pierwszym pytaniem jest: które to miejsca? Następnie warto zwrócić uwagę, jak mają się te linie do trasy naszej wędrówki. Znając ukształtowanie terenu i wiedząc, kiedy powinieneś przekroczyć drogę lub ścieżkę, możesz uniknąć sytuacji przedstawionej na rysunku.

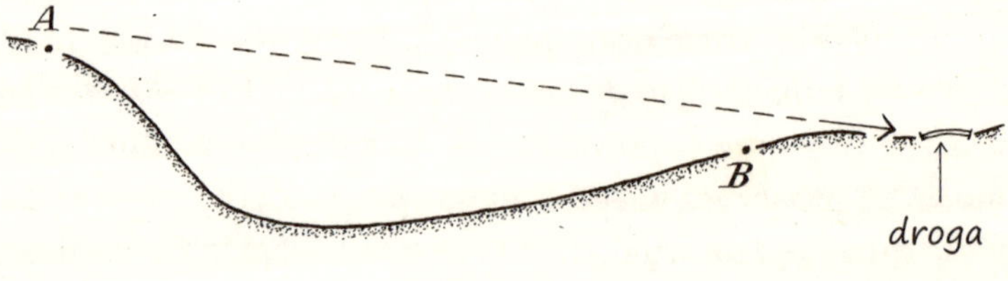

Prawdopodobnie wielu wędrowców, patrząc na ten schemat, nabierze przekonania, że źle wyznaczyło kierunek do punktu B, chyba że ściśle zastosowali wszystkie zasady SORTED w punkcie A. Dzieje się tak dlatego, że droga jest niewidoczna przez większość wędrówki. W takich sytuacjach często wkrada się niepewność, gdyż trzeba wędrować przez wiele godzin, nie widząc krajobrazu, który wcześniej był widoczny. Wtedy zaczyna się spoglądanie na mapę co pięćdziesiąt metrów, a to nie jest ani trochę zabawne i do tego marnuje wysiłek naszych zmysłów.

Na niektóre trasy można wyruszać bez względu na pogodę, na niektóre – tylko przy dobrzej pogodzie, dlatego planując wyprawę w domu, trzeba wziąć pod uwagę charakterystykę gruntu. Lubię wędrować pewnym szlakiem w West Sussex – po Amberley Brooks, ale na trasie, którą przemierzam, poziom wód często się podnosi i lepiej to przewidzieć, zanim woda zacznie się wlewać do butów. Gdy szukasz sposobu na wykrycie podmokłych terenów, upewnij się, że patrzysz na grunt zarówno w kierunku najjaśniejszego nieba, jak i w kierunku, w którym się poruszasz. Jeśli się do tego zastosujesz, woda na podmokłych terenach będzie widoczna jako jasne odbicie. Gdy któraś równina okaże się podmokła, można przyjąć, że inne obszary na tym terenie również są zalewane. Kiedy zejdziesz z góry, w roli wskazówek wystąpią rośliny, ale do tego tematu wrócimy później.

Gdy poruszasz się ścieżkami dochodzącymi do głównych dróg na obszarze wiejskim, skąd będziesz wiedział, którędy iść do najbliższego miasteczka? Jeśli przyjrzysz się uważnie skrzyżowaniu, znajdziesz ślady samochodów, rowerów oraz ludzi wskazujące na to, że jeden z kierunków wybiera się częściej niż inne, i to doprowadzi cię do miasta. Na jednej połowie drogi zobaczysz więcej śladów opon w błocie lub pyle. Ta część drogi będzie wyglądała na bardziej zużytą, a czasami nawet na bardziej błyszczącą. Gdziekolwiek mniejsza droga krzyżuje się z główną, natrafisz na wskazówki pokazujące najczęściej wybierany kierunek

Ślady

Kiedy w 2009 roku wyruszyłem na wędrówkę po Pustyni Libijskiej z dwoma Tuaregami, już na samym początku udało mi się wyjaśnić dwie nurtujące mnie kwestie. Po pierwsze, chciałem wiedzieć, co mam zrobić, jeśli odłączę się od Amgara i Khadira. I po drugie, jakich zagrożeń na pustyni powinienem być świadom. Wiedza Tuaregów była cenniejsza niż jakiekolwiek moje pomysły w tym zakresie. Amgar, starszy z nich, wskazał na swoje ślady, na ich charakterystyczne krawędzie, i powiedział łamaną francuszczyzną: „Teraz już nigdy mnie nie zgubisz". Tego samego dnia pokazał mi linie zrobione przez węża i rzekł: „Teraz już nie będziesz niemile zaskoczony". Przez następny tydzień Amgar z zapałem sprawdzał moje umiejętności, prosząc, bym podążał jego śladem, a potem znikając między skałami.

Stałem się bardziej uważny i gdy później wskazał dziwne znaki na piasku, zdałem sobie sprawę, że to ślady gąsienic czołgu z okresu drugiej wojny światowej. W miejscach, do których rzadko dociera woda, ślady utrzymują się bardzo długo i można by odtworzyć całą bitwę na podstawie śladów, które zostały na pustyni.

Tropienie, sztuka patrzenia na odciski na ziemi, tak aby odczytać ich historię, to jedna z kilku metod dedukcji na świeżym powietrzu, stale zresztą udoskonalana. Na świecie zajmuje się nią wielu zawodowców i amatorów. To nauka, z której czerpią nie tylko dzieci szukające małych zwierząt, ale i uzbrojeni policjanci tropiący niebezpiecznych przestępców.

Napisano na ten temat wiele książek, organizowane są stosowne kursy, jeśli zatem wciągnie cię ta dziedzina, łatwo znajdziesz sposób na pogłębienie wiedzy z tego zakresu. Ponieważ ta książka jest przeznaczona dla mniej wprawnych wędrowców, skupię się na zasadach ułatwiających tropienie oraz opiszę kilka zadziwiających umiejętności, które powinny zainteresować tych, którzy chcieliby się dowiedzieć czegoś nowego.

Po raz pierwszy miałem do czynienia ze sztuką tropienia i odnajdywania wskazówek znajdujących się na ziemi, gdy byłem nastolatkiem. We wstępie zamieściłem zwięzłą radę dotyczącą bezpieczeństwa: nie bądź durny. Łatwo powiedzieć, trudniej zrobić. Kilka razy byłem naprawdę durny i wcale nie okazało się to takie fajne, jak mogłoby się wydawać. W 1993 roku, kiedy miałem dziewiętnaście lat, namówiłem swojego niezwykle zrównoważonego i cierpliwego przyjaciela Sama na wyprawę w indonezyjskie góry, żeby zdobyć Gunung Rinjani. To drugi pod względem wysokości aktywny wulkan, mający 3726 metrów n.p.m. W 1994 roku trzydziestu wieśniaków straciło życie z powodu lawiny błotnej na jego zboczu, Rinjani wybuchł też trzykrotnie w ciągu jednego dnia w 2010 roku.

Nie zabraliśmy przewodnika, mapy, kompasu, GPS-u, żadnych ciepłych ubrań, radia, sprzętu ułatwiającego przetrwanie, apteczki ani maszynki do podgrzania jedzenia. Mieliśmy z sobą kilka stron wyrwanych z przewodnika Lonely Planet oraz przeciekający namiot, pożyczony w gospodzie na nizinie. Niezaprzeczalnie była to tania wyprawa. Istnieją również inne przymiotniki, których mógłbym użyć. Prawie zabiłem nas obu, co więcej – nie mam tu na myśli jednorazowego działania.

Gdy byliśmy na wysokości ponad 3000 metrów, a więc jeszcze sporo przed szczytem, w środku nocy Sam zaczął zdradzać oznaki hipotermii. Desperacko próbowałem go ratować, dlatego zeszliśmy niżej, bo tam było cieplej, i wtedy zabłądziłem. Wkrótce skończyło się nam jedzenie, a zaraz potem woda. Trzy dni później, ledwie trzymając się na nogach, wyszliśmy w końcu z dżungli. Gdy trafiliśmy na jakąś wioskę, stopy Sama były już w takim stanie, że musiał jechać na tyle wozu zaprzężonego w osła.

To, że wyszliśmy cało z tak beznadziejnie zorganizowanej eskapady, zawdzięczamy wyłącznie elementarnym technikom tropienia. Przez cały dzień byliśmy przygnębieni liczbą „ścieżek" odnajdowanych w gęstym lesie deszczowym. Ścieżek, które później znikały. Powinniśmy byli się zorientować, że to szlaki zwierząt, ale w tamtej chwili, gdy nasza ignorancja była równie wielka jak nasz optymizm, wydawało się nam, że to dzieło człowieka. Próbowaliśmy podążać w kierunku naturalnego spływu wody, ale doprowadziła nas ona do ogromnego wodospadu, a bez sprzętu do wspinaczki nie mogliśmy zejść na dół, więc musieliśmy wrócić po swoich śladach na górę. Wtedy nie miałem jeszcze pojęcia o naturalnej nawigacji.

Bliscy rozpaczy zaczęliśmy myśleć o podpaleniu plecaków i napisaniu pożegnalnego listu do rodziców. Naprawdę czuliśmy, że nasze szanse na przetrwanie są niewielkie. Umysł potrafi płatać figle, szczególnie kiedy nie ma się doświadczenia.

W chwili największego zwątpienia zobaczyliśmy jeszcze jedną ścieżkę oddaloną o pięćdziesiąt metrów od krawędzi wzgórza. Początkowo uznaliśmy ją za nieprzydatną, gdy nagle się zorientowaliśmy, że patrzymy nie na jedną, lecz na dwie równoległe ścieżki. Szlaki wydeptane przez zwierzęta nie są ułożone równolegle do siebie na długim odcinku. Nie wierząc własnym oczom, ruszyliśmy po śladach zostawionych w błocie, a patrząc na nie, zdaliśmy sobie sprawę, że natknęliśmy się na koniec drogi, po której jeździł samochód z napędem na cztery koła. Godzinę później dotarliśmy do wsi, wprawiając jej mieszkańców niemal w osłupienie.

Jeśli sztuka tropienia jest dla ciebie czymś nowym, poniższe trzy główne zasady pomogą ci się zorientować, jak możesz ją zastosować w czasie wędrówki, zamiast krążyć po własnych śladach, zawiedziony i zniechęcony.

Po pierwsze, szukając drogi, musisz korzystać z każdej dostępnej wskazówki, a najłatwiej jest je znaleźć na piasku albo na śniegu. Moja żona doskonale wie, że będę wstawał o dziwnych porach w nocy, kiedy spadnie pierwszy śnieg. Świeży śnieg i zimne powietrze oznaczają, że wszystko, co po nim przejdzie, zostawi ślady (ciepłe powietrze wygładza śnieg, ale jest on nadal wspaniałym narzędziem tropienia, wymaga jednak więcej uwagi i pracy). Nawet nowicjusz, patrząc na śnieg, jest w stanie dostrzec ślady ptaka, który wylądował, a następnie odleciał. Dostrzeżenie tego będzie znacznie trudniejsze na twardej powierzchni.

Nie rozpaczaj, jeżeli prognoza pogody nie przewiduje śniegu na najbliższe miesiące – są jeszcze inne powierzchnie ułatwiające tropicielowi życie. Można czytać ślady na błocie i na piasku, pod warunkiem że nie były ani za mokre, ani za suche w momencie, kiedy zwierzęta lub ludzie po nich chodzili. Mogą wyschnąć później, ale w momencie nacisku grunt powinien być wystarczająco wilgotny oraz twardy, aby zachować odbity ślad. Z pewnością w trakcie wielu wędrówek znajdziesz podobne miejsca.

Po drugie, zwiększysz swoje szanse, jeśli będziesz wiedział, gdzie patrzeć. Zarówno ludzie, jak i zwierzęta potrafią stworzyć zatłoczone ulice. Czas, który poświęcisz na badanie krajobrazu, zwróci się, kiedy zaczniesz szukać szlaków wytyczonych przez zwierzęta. Nie będą one chaotycznie rozrzucone, lecz skupione na konkretnym obszarze. Zasoby są ograniczone, a konkurencja duża – wszystko to pomaga przewidzieć, gdzie zwierzęta zostawiły ślady. Na przykład gdy dostrzeżesz skraj lasu, swobodnie rozrzucone wiejskie domy i jezioro, to znaczy, że udało ci się znaleźć najlepszy punkt do szukania wskazówek zostawionych przez zwierzęta. Zwierzęta potrzebują jedzenia, wody oraz schronienia, więc będą się gromadzić w miejscach, gdzie wszystkie te rzeczy są dostępne.

Po trzecie, zwracaj uwagę na rodzaj światła oraz kąt jego padania. Ślady pojawiają się i znikają w zależności od kąta, pod którym patrzymy, oraz kąta, pod jakim pada światło. Wczesny świt i zmierzch są najlepsze dla tropicieli, ponieważ kąt padania światła sprawia, że właśnie wtedy najwyraźniej widać ślady. Aby się o tym przekonać i zapamiętać ten ważny szczegół, wykonaj następujące doświadczenie.

W ciemnym pokoju ustaw lampę tak, żeby światło padało pionowo na pustą kartkę. Spójrz na nią z góry – zobaczysz papier pozbawiony wskazówek. Teraz ustaw lampę tak, żeby światło tylko docierało do kartki. Spójrz przez światło, tak jakbyś chciał rzucić okiem na powierzchnię papieru. Teraz będziesz w stanie dostrzec ziarenka włóknistej masy wykorzystanej do zrobienia papieru, a nawet odbite ślady listy zakupów, którą zrobiłeś wczoraj.

Następnie przeprowadź drugi eksperyment, tym razem na zewnątrz. Delikatnie odciśnij ślad buta na piasku lub w błocie. Chodząc wokół tego miejsca, przyjrzyj się, jak wyraźnie ślad jest widoczny pod jednym kątem, a jak zanika w innym oświetleniu. Warto wrócić do tego odcisku za jakiś czas i jeszcze raz mu się przyjrzeć. Kąt padania światła, nawet w pochmurny dzień, oraz kąt, pod którym patrzysz, decydują o tym, jak wyraźnie widzisz odcisk. To, jak ważne są kąt padania światła i kąt widzenia, da się wyczytać z twarzy supertropiciela. Rzadko się zdarza, żeby taki ktoś nie miał odciśniętych na policzkach śladów gałązek i liści, po tym jak tuż przy ziemi szukał najlepszego kąta padania światła.

Oto dowód, jak ważne są kąt padania światła i kąt widzenia: jest to ten sam kawałek trawnika widziany w tym samym momencie, ale z różnych kierunków. Ślady pojazdu są widoczne, gdy patrzymy pod pewnym kątem, ale trudno je zobaczyć, gdy patrzymy pod innym

Stosując się do tych trzech głównych zasad, znajdziesz wiele tropów. Kolejny etap to kombinowanie. Wiele może cię nauczyć półgodzinny spacer z psem po plaży. Zapamiętaj wygląd śladów psa oraz swoich podczas normalnego tempa marszu. Porównaj z nimi ślady zostawione przez psa, kiedy zwęszy jakiś zapach – zauważ, jak trop zmienia się od krętego do prostego. Sprawdź, jak zmieni się trop, kiedy rzucisz psu piłkę. Spójrz na swoje ślady na piasku – marsz, trucht oraz bieg, kiedy próbujesz dotrzymać pupilowi kroku, i gwałtowny skręt, gdy spotykacie innego psa.

Następny etap musisz oprzeć na tych ustaleniach, ale najpierw powinieneś zrozumieć kilka prostych zasad. Początkowo myślałem, że w tropieniu chodzi o zapamiętanie tysięcy śladów, ale tak naprawdę musisz nauczyć się odróżniać tylko te najczęściej występujące. Powinieneś zacząć od śladów człowieka, konia, roweru i samochodu. Większość ludzi umie rozpoznać jeszcze ślady psiej łapy, jeśli więc zapamiętasz, że w przeciwieństwie do psów koty nie zostawiają odciśniętego śladu pazurów, twoja wiedza będzie wystarczająca jak na początek. Następny na twojej liście będzie prawdopodobnie królik, który zostawia odbite ślady tylnych łap, lądujących w środku, przed przednimi łapami.

Kiedy opanujesz zasady tropienia, dzięki zdolności dedukcji poznasz niezwykłe historie, nawet jeśli operujesz wyłącznie podstawową wiedzą.

Niektórym ludziom łatwiej zapamiętać logiczne zasady niż setki obrazków. Całe życie zajęłoby nam nauczenie się, jakie dokładnie ślady zostawiają poszczególne gatunki ptaków, ale w ciągu minuty jesteśmy w stanie zrozumieć rządzącą nimi logikę. Śpiewające ptaki, takie jak rudziki, siadają na gałęziach i potrzebują do tego palca z tyłu oraz z przodu, podczas gdy ptaki żyjące na ziemi, takie jak kury, nie miałyby z tego tylnego palca żadnego pożytku. Ptaki drapieżne mają szpony – chwytają nimi zdobycz. Ptaki wodne i pływające, takie jak kaczki, mają błony pławne. Gdy zobaczysz na ziemi ślad stopy z błoną pławną, będzie to oznaczało, że zbliżasz się do ptaka wodnego oraz do wody.

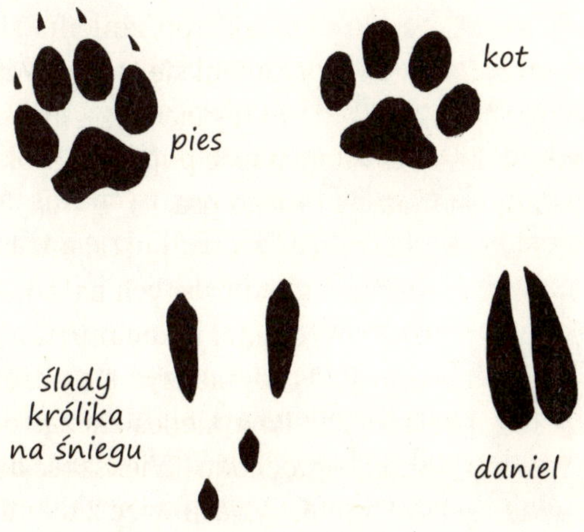

Tropienie opiera się właśnie na tych prostych i logicznych zasadach. Wszystkie czworonożne zwierzęta podnoszą i opuszczają nogi w ustalonym porządku i rytmie odzwierciedlającym ich ewolucyjne dziedzictwo. Dotyczy to wszystkich gatunków, od ropuch po słonie, i nawet ludzkie dziecko raczkuje w określony sposób. Czworonożne drapieżniki potrzebują szybkości oraz oczu skierowanych do przodu, skupionych na ofierze. W wyniku ewolucji ich nogi znalazły się pod ciałem – tak ukształtowana sylwetka umożliwia najszybsze poruszanie się, ale uniemożliwia im zobaczenie, gdzie stawiają tylne łapy. Właśnie dlatego stopy tych zwierząt lądują w tym samym miejscu, w które trafiły ich przednie nogi, dzięki czemu nie jest konieczne śledzenie ruchu przednich i tylnych łap. Z kolei zwierzęta, które wspinają się na drzewa, mają krótkie tylne nogi i dlatego pochylają się podczas biegu.

W czasie tropienia szybko natkniesz się na dwa zestawy podobnych śladów – ich charakter oraz odległość między nimi, okolica i pora roku ujawnią, czy jedno zwierzę polowało na drugie, odstraszało je, bawiło się z nim czy próbowało z nim kopulować.

Podczas chodzenia po miękkim błocie, już wprawiony w tropieniu, zaczniesz patrzeć na niektóre rzeczy inaczej. Zauważysz, jak ludzka płaska stopa ubija ziemię, podczas gdy zwierzęce kopyta ją ryją. Badanie rozmaitych tras oraz ciekawość tropiciela pozwolą ci dostrzec, że ludzie zachowują się inaczej w różnych sytuacjach. Zwróć uwagę, jak ścieżki szerokie na płaskich obszarach zwężają się do pojedynczego traktu na wzniesieniach[3]. Ludzie lubią spacerować ramię w ramię po równym, ale zaczynają iść jeden za drugim, gdy ukształtowanie terenu wymaga od nich wysiłku lub koncentracji. Łatwo zauważyć miejsce, gdzie kończy się rozmowa, a wędrowcy zaczynają iść gęsiego – wygląda to jak błotnisty lejek.

Teraz odszukaj w błocie ślad kół roweru i jeśli możesz, wykonaj trzy zadania. Po pierwsze, umieść stopę na śladzie opony i zostaw na niej swój odcisk. Spójrz na ślad swój i opony. Nie powinno być wątpliwości co do tego, który powstał jako pierwszy, i zapamiętując to, będziesz mógł odtworzyć chronologię wydarzeń. Jeśli na odcisku stopy znajduje się kilka kropel deszczu, który widać też na śladzie opony, i przypomnisz sobie, że przez kilka dni było sucho, ale zeszłej nocy spadł ulewny deszcz, a o ósmej rano już tylko mżyło, to nasunie się logiczny wniosek, że rower jechał nocą, a wędrowiec przeszedł później, ale przed ósmą rano.

Twoim drugim zadaniem będzie podążanie za śladem roweru aż do zakrętu. Zauważ, że ślady opon nie pokrywają się idealnie. Drugie koło zawsze będzie zostawiało ślad wewnątrz pierwszego. Ta zasada odnosi się do każdego pojazdu: ślady tylnych opon będą wewnątrz śladów zostawionych przez przednie opony, co oznacza, że odcisną się bliżej krawężnika. Jako że drugi ślad zawsze będzie nachodził na pierwszy, łatwo określić kierunek jazdy.

Sprawą wartą uwagi są wszelkie zmiany prędkości. Rowery zjeżdżające ze wzgórza hamują regularnie, co możesz zauważyć, patrząc, jak wyraźne ślady opon stają się rozmazane przed stromymi bądź nierównymi powierzchniami na błotnistych wzgórzach. Nie jest to dziki, niekontrolowany zjazd, tylko opona ślizgająca się łagodnie w trakcie toczenia. Ta sama zasada rozmazywania dotyczy zwierząt i ludzi – ślady, które zostawiamy, odzwierciedlają sposób, w jaki się poruszamy. Jest to demonstracja zasad dynamiki Newtona: każda akcja musi mieć równą i przeciwną reakcję. Kiedy biegniemy, nadajemy pęd swojemu ciału w danym kierunku, a grunt odpycha je w przeciwną stronę. Prowadzi to do odkształceń w każdym punkcie kontaktu z podłożem.

Teraz trzecie zadanie: przebiegnij po miękkim błocie lub piasku, a następnie gwałtownie się zatrzymaj. Zobaczysz, że ślad, który zostawiłeś, nie będzie wyraźny – część ziemi pod twoją stopą jest odpychana, kiedy przyspieszasz, a gdy gwałtownie hamujesz, zostaje pchnięta naprzód.

Tropienie to nie tylko szukanie odciśniętych śladów łap. Zwierzęta ujawniają swoje nawyki i miejsca pobytu na wiele sposobów, w tym za pomocą odchodów. Gdy zgubimy się na indonezyjskim wulkanie, trzeba zwolnić i dobrze się rozejrzeć. Powinniśmy wtedy dostrzec zwierzęce odchody, które wyraźnie wyznaczają trasy ich wędrówek – jest to najprostszy sposób odróżniania ścieżek zwierząt od lekko wydeptanych ścieżek ludzi. W Wielkiej Brytanii ścieżki zajęcy wyglądają zwodniczo podobnie do ścieżek ludzi, ale ludzie nie zostawiają małych kulek w równych odstępach. Rozpoznawanie odchodów jest specjalistyczną subdyscypliną wewnątrz i tak już skomplikowanego świata tropienia. Warto jednak podkreślić, że rządzi się ona tymi samymi prawami. Dla przykładu: odchody mięsożerców mają intensywniejszy zapach niż odchody roślinożerców. Różnica jest oczywista dla kogoś, kto miał w domu zarówno psa, jak i królika.

Łącząc obserwację odchodów ze znajomością zachowań różnych zwierząt, można w prosty sposób stworzyć mapę otoczenia. Króliki nie oddalają się zbytnio od swoich norek. Ta sama zasada dotyczy większości zwierząt, włączając te udomowione.

Wszyscy mieliśmy kiedyś wątpliwą przyjemność natknięcia się na psie kupy na chodniku, ponieważ właściciele chcieli, aby ich czworonogi się załatwiły, ale blisko mieszkania. Podobnie to wygląda na skraju miast i wsi – wiemy, że zbliżamy się do cywilizacji, kiedy widzimy coraz więcej psich kup. Ten przykład może nie jest zbyt atrakcyjny, ale oparłem go na zasadzie, którą możesz zastosować wśród dzikiej przyrody.

Wielu światowej klasy nawigatorów posługuje się metodą znaną na Zachodzie jako „powiększanie obiektu". Polega ona na tym, że nie musisz od razu trafić prosto do szukanego punktu, wystarczy, jeśli umiesz znaleźć wskazówki, które cię doprowadzą w jego pobliże. Nawigatorzy na Oceanie Spokojnym określają z grubsza położenie wyspy za pomocą słońca, gwiazd, wiatru oraz fal. Jednak później „powiększają" swoją wyspę, kierując się wskazówkami, których im dostarczają chmury, ptaki i podwodne życie. Tę samą technikę stosuje się na lądzie – wykorzystują ją ludy Północy, na przykład Inuici, którzy potrafią znaleźć drogę do domu nawet we mgle: zbliżają się stopniowo do osad, szukając śladów psów i ludzi.

Kiedy dotrzesz w pobliże miasta lub wsi, poszukaj innych wskazówek zostawionych przez zwierzęta i ludzi. Stopniowo będziesz znajdował więcej połamanych gałęzi i gałązek. Jest to skumulowany efekt, widoczny pośród roślinności. Ludzie są dość przewidywalni i często przystają w podobnych miejscach, na przykład tam, gdzie jest ciekawy widok albo otwarta przestrzeń, dobra do spuszczenia psa; można też wyznaczyć średni dystans, który pokona palacz, zanim wypali papierosa. Oczywiście z czasem pojawia się więcej śladów, roślinność zostaje zdeptana, co zwiększa prawdopodobieństwo, że kolejni ludzie, którzy będą tamtędy przechodzić, skorzystają z wydeptanej drogi. To bardzo satysfakcjonujące rozpoznawać takie miejsca oraz przewidywać zachowania poruszających się po nich ludzi: „Po pięciu krokach spuścili psa ze smyczy". Siła nawyku człowieka od zawsze jest wykorzystywana podczas wojen i na niej właśnie opiera się cała historia zasadzek.

Przez pięć lat jeździłem czarnym Land Roverem Defender. Był to wspaniały samochód, a przy tym dość popularna marka w moim rodzinnym mieście w West Sussex, więc niewielu ludzi zwracało na niego uwagę. Choć był ogromny, nie rzucał się zbytnio w oczy. Po tym jak cztery lata temu zniszczyłem go na amen, gdy jechałem po oblodzonym zboczu, zamieniłem go na jaskrawopomarańczowego land rovera. Co to ma wspólnego z tropieniem? Otóż prawie natychmiast zacząłem dostawać wiadomości: „Widziałam cię przed chwilą przed M&S", „Czy byłeś w Chichester dziś rano? Wydawało mi się, że minąłem cię na drodze" oraz najdziwniejsza ze wszystkich: „Nie uda ci się długo utrzymać romansu w tajemnicy, gdy masz taki samochód".

Ostatnia wiadomość spodobała mi się, ponieważ przypomniała mi o tym, co kiedyś wyczytałem o Buszmenach z Kalahari. Wade Davis, antropolog, który spędził długi czas z ludem San, pisał, że nic nie uchodzi ich uwagi, a „dorastanie pośród ludu San jest wyzwaniem, ponieważ każdy ślad jest rozpoznawany"[4].

Oczywiście nie chodzi mi o samochód ani o dorastanie, ale o rzeczy, które dostrzegamy. Patrzenie to odruch warunkowy. Odnoszący sukcesy obserwatorzy nie mają nadzwyczajnych umiejętności, ale potrafią wypatrzyć coś, czego nie widzą inni.

Możesz na przykład spróbować określić, w jaki sposób zostały porozrzucane na drodze kamienie, gdy przechodzili nią ludzie lub zwierzęta. Aborygeńscy tropiciele z Australii widzieliby to tak wyraźnie jak jaskrawopomarańczowego land rovera, i już sam pomysł, że ktoś mógłby tego nie zauważyć, wydałby się im dziwaczny.

Wcześniej obiecałem opowiedzieć o kilku niezwykłych sposobach wykorzystania metod tropienia. Można przywołać wiele takich przykładów, kiedy umiejętności śledczych decydowały o czyimś życiu lub śmierci, a część z nich została już na różne sposoby opisana. Funkcjonariusze straży granicznej Stanów Zjednoczonych na dużą skalę stosują wszelkie techniki tropienia, próbując zapobiec napływaniu nielegalnych imigrantów do kraju. Regularnie śledzą w nocy ludzi w otwartym terenie, a czasami także w miastach. Raz zdarzyło się, że ich umiejętności były przydatne w rozwiązaniu sprawy morderstwa.

Piękna kobieta została znaleziona martwa z licznymi ranami kłutymi niedaleko swojego samochodu na rzadko uczęszczanej polnej drodze. Tropiciele z patrolu granicznego El Cajon zostali wezwani na miejsce zbrodni. Niezwykłe w tej sprawie było to, że wskazówki, które odkryli tropiciele, nie posłużyły do schwytania mordercy, który zresztą został szybko aresztowany, lecz okazały się przydatne dopiero podczas sprawy sądowej. Oskarżony przyznał się do zbrodni. Tłumaczył, że zabójstwo kobiety nie było zaplanowane i że dokonał tego tragicznego czynu spontanicznie, pod wpływem wielkiego wzburzenia. W świetle prawa morderstwo z premedytacją jest znacznie poważniejszą sprawą niż działanie w afekcie i może prowadzić do wyroku śmierci.

Tropiciele byli w stanie potwierdzić, że to kobieta prowadziła samochód. Wysiadła i śledziła mężczyznę aż do wzgórza – dystans między nimi wskazywał na to, że nie użyto wobec niej przemocy. Z ich śladów można było wywnioskować, że zatrzymali się dwukrotnie, zaczęli się kłócić, a kobieta zginęła niedaleko drugiego miejsca postoju. Zeznania oskarżonego, że sprowokowany stracił kontrolę nad sobą podczas kłótni, zostały potwierdzone przez ślady na ziemi[5].

W niektórych częściach świata podstawowe umiejętności tropienia mogą znacznie ułatwić życie. Jeśli nie zdobędziesz potrzebnej wiedzy od miejscowych, to niestety będziesz zmuszony nauczyć się tego na własną rękę. Prowadziłem kurs naturalnej nawigacji dla instruktorów na pustyni w Omanie i po kilku godzinach studiowania gwiazd poszliśmy spać. Ledwie wczołgaliśmy się do śpiworów, kiedy leżący tuż obok mnie uczestnik wyprawy zaczął krzyczeć z bólu. Został ukąszony przez skorpiona. Gdy upewniliśmy się, że wszystko z nim w porządku, rozpoczęliśmy małe śledztwo z latarkami na głowach. Ścieżki skorpionów były wyraźnie widoczne, mogliśmy więc przenieść nasze śpiwory z ich ulubionego szlaku i resztę nocy przespać spokojnie.

Mógłbym opowiedzieć wiele historii o pomocnych lub ciekawych tropach w mniej lub bardziej egzotycznych i odległych zakątkach globu, moje ulubione wspomnienia dotyczą jednak tych, które były bliżej domu. Nic nie przebije tego, kiedy moi synowie po raz pierwszy znaleźli króliczą norkę, idąc za tropem do kępki jeżyn w pobliskim lesie. Ich ekscytacja, kiedy zobaczyli ciemną dziurę przykrytą śnieżną czapą, była nie do opisania, po czym stanowczo oznajmili, że mają zamiar czekać, aż pojawi się Pan Królik. Nasza obserwacja nie trwała długo, ale mieliśmy masę zabawy, rozmawiając o skomplikowanych zasadzkach, na które mógłby natknąć się Pan Królik, gdyby jego cierpliwość była mniejsza niż nasza.

Kiedy łaziliśmy pod drzwiami królika, próbując się rozgrzać, przypomniałem sobie swój ulubiony cytat dotyczący tropienia. Jest to fragment listu z 1832 roku, napisanego przez odkrywcę północnej Kanady Thomasa McGratha. Obserwując, jak miejscowe plemię, któremu udało się złapać jelenia, cieszy się z tego sukcesu, uświadomił sobie prosty błąd, który stale popełniał:

> Nagle zobaczyłem sposób, w jaki postępowali nasi towarzysze, prawdziwą przyczynę naszej porażki. Oni zachowali ciszę. U nas panował rozgardiasz.

Jeśli poświęcisz trochę czasu na poszukiwanie rozmaitych historii, a czas jest tu niezbędny, zostaniesz nagrodzony. Ślady zostawione na plaży przez płetwy fok są szczególnie zachwycające, ale jest to bogata i zróżnicowana biblioteka, a ty znajdziesz na szlaku swoje własne opowieści.

Skraje

Skraje pól, lasów, dróg oraz ścieżek są bogate we wskazówki, takie jak płoty, żywopłoty czy mury – wszystkie one mają znaczenie.

Wcześniej zadałem pytanie, jakich wskazówek dostarczają nam narożne bramy. Najczęściej spotyka się je na pastwiskach, bo znacznie łatwiej jest skierować bydło w stronę naturalnego lejka, który się tworzy w rogu łąki, niż prowadzić je wzdłuż boku pastwiska do bramy na środku ogrodzenia. Bramy wskazują drogę do farmy. Rolnicy przeważnie potrzebują wypędzić bydło z farmy lub zapędzić je tam, gdzie znajdują się budynki, a bramy są zorientowane w kierunku tego miejsca. Jeżeli jeszcze nie widzisz zabudowań, ale minąłeś narożną bramę, to wiesz, gdzie się za nimi rozglądać.

Ostatnio miałem przyjemność spacerować po trawiastym walijskim poboczu, szukając na nim interesujących rzeczy, kiedy nagle zauważyłem pospolity różowy kwiat – bodziszek cuchnący. Bardzo dobrze znam ten kwiatek z domowego podwórka, ale przez jakiś czas nie widziałem go w Walii. Jest to roślina, która preferuje gleby od neutralnych lub zasadowych aż do kwaśnych, a ja wędrowałem głównie obszarami, które mają odczyn kwaśny. Spojrzałem wyżej i zobaczyłem mur zbudowany z jasnych kamieni. Zagadka została rozwiązana.

Kamienne mury to ważne wskazówki w geologii, ponieważ ludzie są rozsądni i nie lubią transportować kamieni zbyt daleko. Istnieje sprawdzona w praktyce zasada, która może pomóc w określaniu rodzaju skał bez użycia przydługich wyrażeń w rodzaju „grupa wulkanitów z Borrowdale". Ciemny mur jest zbudowany prawdopodobnie z odłamków kwaśnych skał, jasne zaś kamienie to wapienie mające odczyn zasadowy. Jeśli kolor muru ulega zmianie, to rośliny, zwierzęta i krajobrazy również się zmieniają.

Oglądając wiele murów zrobionych z nierównych kamieni, takich jak krzemień, możesz wydedukować, czy budowniczy był prawo- czy leworęczny oraz gdzie jeden skończył pracę, a zaczął drugi. Każdy mur ujawnia szczególny styl budowniczego. Żyje jeszcze garstka lokalnych ekspertów, którzy patrząc na najstarsze mury, potrafią podać nazwisko wytwórcy cegły.

Zwracaj uwagę na kamienne ogrodzenia, szczególnie na te otwarte z jednej strony. Zazwyczaj buduje się je po to, aby zapewnić schronienie zwierzętom – osłonić je od strony, z której przeważnie wieje wiatr. Na Wyspach Kanaryjskich rolnicy stawiają półkoliste kamienne mury chroniące plony przed ostrym morskim wiatrem. Kiedyś schroniłem się za takim murem na wyspie Lanzarote.

Nawet paskudne ogrodzenie z drutu kolczastego stanowi jakąś wskazówkę. Normalnie drut przybija się po tej stronie słupka, po której jest bydło, żeby zwierzęta nie napierały na ogrodzenie. Istnieje wyjątek od tej reguły: drut kolczasty, jeśli w ogóle się go używa, jest umieszczany od zewnętrznej strony na pastwisku dla koni, gdyż są one cenniejsze niż płoty. Niestety, tylko one mają tak dobrze.

Słońce i wiatr wpływają na każdą ze stron lasów, żywopłotów, murów, dróg i ścieżek w inny sposób. W mojej pierwszej książce *The Natural Navigator* napisałem, że więcej kałuż znajdziemy po południowej stronie ścieżki, która biegnie z zachodu na wschód, ponieważ mniej słońca dociera do jej zacienionej południowej części. Ta sama zasada odnosi się do żywopłotów – rośliny słabiej rosną po północnej stronie (przy południowej krawędzi pola). Dotyczy to także północnej strony lasu, na którego skraju często szeroka wstęga pól leży odłogiem. Nic tam nie rośnie, bo uprawom szkodzi głęboki cień rzucany przez drzewa w stronę południa.

Wielu rolników korzysta z dotacji na ochronę środowiska przeznaczonych na „zadrzewienia śródpolne". Polega to na wygospodarowaniu pasa ziemi, którego się nie uprawia, tylko się go zadrzewia, tak by chronić tereny leśne przed maszynami rolniczymi i chemikaliami używanymi na przykład do opryskiwania roślin. Rolnicy sami mogą ustalić szerokość tego zadrzewienia. Co bardziej przebiegli zostawiają szerokie pasma od północnej strony lasu, a wąskie od południowej. Łatwo je dostrzec, bo posadzone tam rośliny mają zwykle inny kolor niż las.

Mury, żywopłoty oraz drogi często zakłócają przepływ wiatru, więc po jednej stronie zawsze będzie więcej porozrzucanych liści i gałązek niż po drugiej. To powtarzalne wzory typowe dla dużych obszarów.

Żywopłoty dużo mówią o środowisku, tak samo jak reszta roślin, ale tym zagadnieniem zajmiemy się później. Wspomnę tylko, że ich charakter zmienia się wraz z wysokością. Jeśli żywopłoty, które mijasz na stromym odcinku, zmieniają się z bujnie porośniętych liśćmi w mizerne, oznacza to, że niedługo będziesz musiał ubrać się cieplej. Możesz również zauważyć wydmuchiwane przez wiatr luźne trawy na stronie nawietrznej kolcolistu zachodniego oraz na żywopłotach. Jeżeli stwierdzisz, że w wiejskiej okolicy, w której akurat przebywasz, żywopłoty o jednakowej wysokości sąsiadują z zagajnikami, istnieje duże prawdopodobieństwo, że trafiłeś na teren polowań na lisy. Niezależnie od tego, jaki masz stosunek do łowiectwa, zajrzyj do któregoś z naprawdę świetnych pubów, które powinny być tam rozsiane aż nazbyt licznie.

Szczegóły

Kiedy nauczysz się uważnie patrzeć na ziemię, warto połączyć tę wiedzę z tym, co widzisz na mapie. Niektóre informacje bowiem, takie jak nazwy, położenie zabytków czy pomników przyrody, będziesz mógł wyczytać tylko z mapy.

Raz udało mi się doświadczyć czterech pór roku w ciągu zaledwie czterech godzin, gdy przy nieprzewidywalnej, ekstremalnie zmiennej marcowej pogodzie wędrowałem po Lake District. Szedłem szlakiem, który ma dość dziwną nazwę, biorąc pod uwagę otaczającą go dziką naturę – Wysoka Ulica. Słowo „wysoka" jest tutaj oczywiste, bo szlak znajduje się na dużej wysokości, „ulica" zaś nawiązuje do czasów rzymskich. Gdy mówimy o angielskim wiejskim krajobrazie, „ulica" odnosi się do starych rzymskich dróg. Nazwy na mapach oraz konkretne znaki wprowadzą cię w koloryt lokalny. Istnieje kilka historycznych konwencji, z którymi powinien się zapoznać każdy, kto wędruje po Wyspach. I tak końcówka *-ness* odnosi się do przylądków, a *pen* do szczytów. Zawsze gdy natkniesz się na końcówkę *-hurst*, możesz być pewien, że w okolicy znajduje się zalesiony obszar. Oto kilka przykładów, które sam uważam za przydatne[6].

Pant	Dolina lub wąwóz
Tre	Farma z zabudowaniami
Afon	Rzeka
Coed	Las
Combe	Sucha wapienna dolina
Weald/wold	Górzysty teren leśny
Bourne	Strumyk u stóp wapiennego wzgórza

Eksperci od nawigacji lądowej łączą techniki obserwacyjne z odczytywaniem konkretnych szczegółów z mapy, by uzyskać dokładniejszy obraz układu ziemi. Następnym razem kiedy zobaczysz słupy wysokiego napięcia odcinające się na tle krajobrazu, przypatrz się uważnie każdemu z nich. Linie wysokiego napięcia nie są poprowadzone prosto, a kiedy zmieniają kierunek, zmienia się też rodzaj słupa, który musi utrzymać kable, tak by nie mogły swobodnie zwisać. Z daleka ten nagły zygzak w przebiegu linii wysokiego napięcia prezentuje się zupełnie inaczej. Spoglądając na mapę, będziesz w stanie powiedzieć, w którym miejscu linie się załamują i zmieniają kierunek. Będzie to dokładnie ten punkt, w którym znajdzie się słup innego rodzaju. Jest to jedna z technik zauważania szczegółów, których początkowo niejasne, osobne funkcje z czasem tworzą zrozumiałą całość.

Ostatni i najważniejszy etap szukania szczegółów i ich porządkowania zgodnie z regułami techniki SORTED jest najfajniejszy. Polega on na tym, by dać się zaskoczyć setkom innych porad, które znajdują się w tej książce. Kiedy poskładasz razem wszystkie kawałki układanki, od kształtu chmur nad twoją głową po kolor liścia znajdującego się obok ciebie, będziesz mieć bogatą kolekcję wskazówek.

DRZEWA

Czy można używać liści jako kompasu?

Kilka lat temu, w styczniu, razem z przyjacielem wysiedliśmy z samochodu i wyruszyliśmy na wędrówkę przez Dartmoor. Szybko weszliśmy w lekką mgłę i trafiliśmy do jedynego w swoim rodzaju lasu. Otaczały nas niskie stare drzewa pokryte mchem i porostami. Był to Wistman's Wood, mały, tajemniczy las ze zdeformowanymi dębami, od co najmniej czterystu lat budzący w ludziach strach, gdyż wierzono, że jest kryjówką diabła oraz jego upiornych ogarów.

Lasy przytłaczają wielu wędrowców, więc w tym rozdziale chciałbym opisać, jak przeanalizować każdy las oraz drzewa, tak by stworzyć własną mapę. Nie ma nic złego w wykorzystywaniu korzeni do tego, by odnaleźć drogę do domu... szczególnie jeśli gonią nas diabelskie ogary.

Obszar leśny

Jeżeli w trakcie wędrówki dojdziesz do wielkiego pustego obszaru otoczonego z każdej strony lasem, zatrzymaj się i spójrz na jego skraje. Każdy rodzaj drzew, które zobaczysz, potrzebuje innej ilości światła. Sosny, dęby, brzozy, wierzby, jałowce, modrzewie oraz świerki lubią rosnąć tam, gdzie jest dużo światła. Cisy pospolite, buki, leszczyny, czereśnie oraz jawory wolą bardziej zacienione miejsca. Rozglądając się dookoła, zauważysz, że linia leśnego krajobrazu zmienia się w zależności od tego, w którym kierunku patrzysz.

Kierując wzrok na północ, będziesz patrzył na południowy skraj lasu, na który pada najwięcej światła. Rodzaj gleby pod twoimi butami zdecyduje o tym, czy będą tam wyżej wymienione drzewa, które lubią nasłonecznienie. Gdy się odwrócisz, prawdopodobnie zobaczysz drzewa należące do drugiej grupy. Czasami modrzewie są sadzone na skraju lasu, tak aby tworzyły dukt i zapobiegały rozprzestrzenianiu się ognia.

Większość ludzi ocenia las, tylko rzuciwszy na niego okiem, bez głębszego namysłu. W równych odstępach i regularnych rzędach jednorodnych gatunkowo drzew rozpoznajemy działanie ludzkiej ręki – las posadzony przez człowieka jest zupełnie inny niż stare lasy i nie sposób je pomylić. Mimo starań ludzie rzadko są w stanie zasadzić na skraju lasu rośliny tak, by wyglądały naturalnie. Zawsze kiedy dostrzeżesz kępę drzew lub malutki teren leśny, który odróżnia się od otaczających go roślin, warto zadać sobie pytanie: dlaczego tam się znajduje? Najbardziej żałosne działania, jeśli chodzi o nowe nasadzenia, podejmują firmy, gdy próbują ukryć swoje ciemne sprawki. Na niektórych obszarach znajdują się dziwnie wyglądające zagajniki – mają one przykrywać oczyszczalnie ścieków, tak jak plaster przykrywa ranę.

Jeśli lasek wygląda na stary i naturalny, to może tam być z konkretnego powodu – przez tysiące lat rolnicy omijali obszar, który nie nadawał się pod uprawę, zostawiając w spokoju rosnące na nim drzewa. Takie lasy często występują na marnej, nieurodzajnej glebie i na stromych zboczach, szczególnie tych skierowanych na północ. Jeśli nie jesteś pewien, jak długo istnieje dany teren leśny, spójrz jeszcze raz na jego skraj. Lasy o prostych krawędziach są młodsze od tych o krawędziach krzywych.

Najlepszym sposobem studiowania lasu w celu wychwycenia wskazówek dotyczących wędrówki jest śledzenie konkretnych linii oraz ukształtowania terenu. Jeśli znajdujesz się w górzystym kraju, to powyżej pewnej wysokości drzewa dają za wygraną, a miejsce, gdzie wiatr i temperatura stają się zbyt nieprzyjazne dla lokalnych drzew, nazywa się górną granicą lasu. Zazwyczaj jest ona doskonale widoczna i łatwo ją zauważysz z dobrego punktu obserwacyjnego, a także na mapie.

Górna granica lasu jest najlepszym wyznacznikiem wysokości, a będziesz mógł ją ustalić jeszcze dokładniej, jeśli zaobserwujesz, jak drzewa liściaste ustępują miejsca drzewom iglastym w niższych partiach wzniesienia. Przy górnej granicy lasu dominować już będą drzewa iglaste. Zwróć na to uwagę, a przy okazji odnotuj, że im wyżej się wspinasz, tym drzewa są niższe.

Na górnej granicy lasu doświadczysz też nagłej zmiany temperatury, dlatego zaprawieni w bojach wędrowcy polecają tym mniej doświadczonym ubierać się na cebulkę. Jeśli wchodzisz na strome wzgórze, prawdopodobnie przejdziesz przez obszar drzew liściastych – zwykle będzie to część łagodnie nachylonego terenu, szczególnie jeśli idziesz z doliny polodowcowej. Na tak małej wysokości rosnące tam drzewa skutecznie chronią przed wiatrem, dlatego niekorzystna pogoda nie powinna ci tam aż tak dokuczać. Kontynuując wspinaczkę, pokonasz strefę drzew iglastych. Powietrze stanie się chłodniejsze, a nachylenie terenu ulegnie zmianie, czego wszakże możesz nie odczuć. W końcu znajdziesz się na poziomie górnej granicy lasu. Każdy, kto doszedł do tego punktu, jest zachwycony roztaczającym się z niego widokiem i zmęczony wspinaczką. Natychmiast też szuka płaskiego kamienia lub innego miejsca do siedzenia.

Niestety, powodem, dla którego widok tak nagle i w całej pełni się objawia, jest to, że drzewa uznały, iż nie jest to wysokość, na której chcą żyć. Poza środkiem lata jest tam zbyt zimno i wietrznie. Pojedyncza warstwa odzieży, która w zupełności ci wystarczała, gdy szedłeś między drzewami iglastymi, będzie za cienka przy pokonywaniu zacienionego zbocza. Jeśli chcesz zdobyć stromy szczyt, gdy pogoda nie dopisuje, przez całą drogę zwracaj uwagę na drzewa. Jeśli pośród drzew liściastych poczujesz powiew wiatru, powinno cię to zaniepokoić, a gdy wietrznie będzie i w strefie drzew iglastych, pamiętaj, że powyżej górnej granicy lasu będzie jeszcze mniej przyjemnie.

Kiedy wejdziesz na odpowiednią wysokość, zatrzymaj się, by przestudiować krajobraz i lasy dookoła ciebie. Przyglądając się im uważnie, powinieneś dostrzec pewną wskazówkę. Mianowicie z im silniejszym wiatrem musi zmagać się drzewo, tym jest niższe, a jego pień grubszy. To logiczna prawidłowość odnosząca się do wszystkich drzew, a także jeden z powodów, dla których najwyższe drzewa znajdują się w głębi lądu. Z tego samego powodu ogrodnicy przywiązują młode sadzonki do krótkich palików – drzewa muszą się przystosować do lokalnych wiatrów. Jeśli na wczesnym etapie będą zbytnio chronione, urosną wysokie i słabe i szybko ulegną wiatrom występującym na ich obszarze.

Z mojego doświadczenia wynika, że ludzie z łatwością zapamiętują te logiczne zasady. Naukowe terminy dotyczące tego zjawiska, takie jak tigmomorfogeneza, są zabawne, ale niezbyt pomocne. Wystarczy, jeśli sam się zastanowisz, jakim dębem chciałbyś być, gdybyś rósł na wietrznym obszarze: niskim i mocnym czy wysokim i słabym. Zapamiętaj swoją odpowiedź, ona jest wskazówką. Każde drzewo inaczej reaguje na wiatr, ale jeśli wiesz, czego szukać, odnajdziesz pewne prawidłowości, które pomogą ci w wędrówce.

Drzewa, które rosną na pierwszej linii uderzenia wiatru i biorą na siebie całą jego siłę, są najniższe. Drzewa rosnące za nimi są częściowo osłonięte i dzięki temu rosną wyższe. Następne drzewa, które rosną jeszcze dalej i mają jeszcze lepszą osłonę, urosną wyższe niż te przed nimi. Nie da się tego zauważyć w wypadku pojedynczego drzewa, ale dobrze widać w ich grupie. Nazywam to „efektem klina". Jeśli nigdy wcześniej nie zaobserwowałeś tego zjawiska, to zacznij go szukać. Gdy nabierzesz wprawy, z łatwością wszędzie je dostrzeżesz.

„Efekt klina". Drzewa rosnące po nawietrznej stronie lasu są niższe niż te, które są przysłonięte. Ponieważ w Wielkiej Brytanii przeważa wiatr południowo-zachodni, a wysokość drzew przedstawionych na ilustracji wskazuje, że wieje od prawej strony, oznacza to, że południowy zachód znajduje się po prawej stronie

Stojąc w miejscu, z którego dobrze widać we wszystkie strony, postaraj się znaleźć fragment lasu skierowany na południowy wschód lub na północny zachód od punktu, w którym się znajdujesz. W Wielkiej Brytanii najlepiej badać skutki działania wiatru, patrząc w tych kierunkach, ponieważ spoglądasz na nie wtedy na przestrzał, zamiast obserwować je w ich bezpośredniej bliskości lub z dala od nich. Jeżeli to możliwe, udaj się na skraj lasu, gdyż efekt klina robi większe wrażenie, gdy w tle widać niebo. Teraz spójrz na krawędzie każdego z drzew i porównaj ich wysokość z głównym obszarem leśnym. Jeśli patrzysz na południowy wschód, drzewa będą odrobinę niższe z prawego końca lasu, a jeśli patrzysz od strony północno-zachodniej, będą niższe z lewej strony. Dzieje się tak dlatego, że są to dwa krańce, które najsilniej odczuwają działanie południowo-zachodnich wiatrów. Za każdym razem kiedy jest dobry widok w trakcie wędrówki, spróbuj rozejrzeć się za tym zjawiskiem. Z czasem zaczniesz zauważać je automatycznie i zobaczysz, jakie jest częste i że pojawia się w najbardziej zaskakujących miejscach.

Wskazówki

Drzewa mogą nam wiele powiedzieć o obszarze, po którym chodzimy. Każde drzewo, tak jak każda roślina, do przeżycia i kwitnienia potrzebuje określonych warunków. Drzewa są wyczulone przede wszystkim na poziom wód gruntowych, rodzaj gleby, światło, jakość powietrza oraz obecność zwierząt – na szczęście nie na ludzi. Nawet jeśli drzewo wykaże się dużą tolerancją na niekorzystne parametry którejś z tych zmiennych, może to oznaczać, że będzie dużo bardziej wrażliwe na pozostałe. Dęby niechętnie rosną na płytkich warstwach rędzin, ale radzą sobie na glebach nawet dość mokrych lub suchych – i jedne, i drugie mają wady, lecz także wiele zalet.

Zalety i wady danej gleby podpowiadają drzewom, który obszar mają zająć, a dzięki temu możemy czytać las jak mapę. Dla przykładu, jeśli schodzimy w kierunku doliny rzecznej i nagle mijamy jawory i jesiony, to możemy być pewni, że dotarliśmy do równiny zalewowej. Jawory i jesiony wymagają żyznej gleby, ale tolerują też dużą wilgotność, opanowują więc dna dolin i rozwijają się tam, gdzie woda i składniki odżywcze łączą się w pożywną mieszankę.

Jeśli na dnie tej doliny znajdziemy rzekę i będziemy śledzić jej drogę aż do morza, dotrzemy do punktu, w którym jawory i jesiony poddają się w starciu z warunkami naturalnymi. Wiele drzew nie toleruje wysuszającego działania soli morskiej.

Wierzby i modrzewie nie lubią dwutlenku siarki, więc w ich sąsiedztwie możemy być pewni, że oddychamy powietrzem nieskażonym wyziewami z fabryk. Buki uwielbiają rędziny, ale nie przetrwają w miejscach stale podmokłych. Jeśli wędrujesz po obszarze porośniętym bukami, twoje buty na pewno pozostaną suche. W przeciwieństwie do buków olchy i wierzby świetnie się czują na wilgotnej glebie, więc często można je zobaczyć przy strumieniach, rzekach oraz wzdłuż strużek wiosennych roztopów.

Niektóre gatunki drzew lubią rosnąć blisko innych gatunków, i tak choćby jesion, leszczyna oraz klon polny dzielą zalesiony obszar. Jednakże nie są to drzewa z jednego gatunku i mimo kilku cech wspólnych ich preferencje nie są identyczne. Jesion toleruje wilgotniejszą ziemię niż leszczyna, która z kolei może przetrwać na bardziej podmokłych glebach niż klon polny.

Jeśli potraktujemy podobne informacje jako wskazówkę, zauważymy, co drzewa mówią nam o terenie. Stojąc wysoko, możemy się rozejrzeć i wybrać ten kierunek, w którym rośnie więcej buków, dzięki czemu będziemy iść suchszą drogą. Na koniec dnia możemy chcieć rozbić obóz nad rzeką i wtedy na naszej drodze pojawią się klony polne, następnie leszczyna oraz jesion, aż w końcu trafimy na olchy i wierzby.

Ostrokrzew to gatunek, który będziesz regularnie napotykał w trakcie leśnych wędrówek[1]. Każdy wie, jak kolczaste bywają ostrokrzewy, ale nie każdy docenia ich wskazówki. Wypuszczają one kolce w reakcji obronnej przed pasącymi się zwierzętami. Widząc (i często czując) ostrokrzew płożący się blisko ziemi, niewiele osób patrzy w górę, a powyżej pewnego poziomu (zazwyczaj powyżej dwóch metrów) ostrokrzew chowa kolce i ma gładkie liście. Kolczastość ostrokrzewu jest odpowiedzią na działania zwierząt i ludzi. Krzewy ostrokrzewu przy drogach i chodnikach są regularnie podcinane bądź niszczone, przez co odrastają bardzo cierniste. Jeśli jednak rosną z dala od drogi i pasących się zwierząt, takich jak jelenie, często ujawniają swoją łagodną naturę. Niekiedy jeleń pokonuje obronne kolce ostrokrzewu, tworząc wyraźne wyskubane linie, przez co krzew wygląda tak, jakby został pozbawiony kilku gałązek.

Jak już pisałem, kolczastość liści oraz kształty ostrokrzewu świadczą o aktywności ludzi i zwierząt na danym obszarze. Pomyśl o ostrokrzewie jak o długoterminowej wskazówce – może nie powie ci, co się wydarzyło w ciągu ostatnich kilku dni, ale wskaże tłumnie uczęszczane miejsca. W lesie niedaleko mojego domu jest skrót do głównej ścieżki, tuż obok ostrokrzewu. Jest on o wiele bardziej ciernisty niż krzak rosnący naprzeciwko, po drugiej stronie dróżki.

Drzewa są wyczulone na odczyn gleby. Buk, cis oraz jesion wolą gleby zasadowe, podczas gdy dęby, jawory, brzozy i lipy skłaniają się bardziej ku glebie kwaśnej. Sosny zwyczajne i rododendrony także wolą glebę kwaśną[2]. Miara zasadowości lub kwasowości środowiska, zwana naukowo skalą pH, jest dla nas cenną wskazówką, gdyż odczyn ma wpływ na życie roślin i zwierząt, zarówno na lądzie, jak i w wodzie. Jeśli na przykład idziesz przez las pełen sosen zwyczajnych, to możesz szybko wydedukować, że gleba jest kwaśna, co podpowie ci również, jakie inne rośliny tam znajdziesz oraz jakie zwierzęta spotkasz w ciągu dnia. Nie wybiegajmy jednak za bardzo do przodu.

Każde drzewo, które widzimy, kieruje nas ku innym drzewom. Jeśli warunki są odpowiednie dla jednego gatunku, to zazwyczaj nadadzą się też dla wielu innych. Z tego powodu pewne gatunki dominują na terenie leśnym, lecz zarazem nie wszystkim drzewom zależy na sąsiedztwie krewniaków. Leśnicy mawiają, że jedne gatunki drzew są towarzyskie, a inne nie: buki i graby uwielbiają rosnąć wśród swoich, ale na przykład dzikie jabłonie nie znoszą obecności innych przedstawicieli swojego gatunku i wolą rosnąć z dala od nich.

Drzewa są również wyznacznikiem żyzności gleby. Jeśli trafisz w miejsce, gdzie będą wiązy, jesiony oraz jawory, możesz być pewien, że ziemia jest tam żyzna, więc na pewno znajdziesz na niej wiele rozmaitych roślin. Sosny oraz brzozy potrafią przetrwać na nieurodzajnej glebie, spotkasz je zatem na obszarach z mało zróżnicowaną roślinnością. Modrzew jest ciekawym drzewem – rośnie nawet na najbardziej nieprzyjaznej dla drzew ziemi, ale rekompensuje to sobie tym, że ma wielki apetyt na światło słoneczne, dlatego wybiera do życia jak najmniej zacienione miejsca.

W naszym klimacie rośliny wiecznie zielone wywalczyły sobie miejsce dzięki tolerancji na gleby piaszczyste. W innych częściach świata rośliny rosną w zupełnie innych warunkach. W gorącym klimacie śródziemnomorskim rośliny wiecznie zielone rozkwitają na ziemi tak suchej, że dla większości drzew liściastych byłaby ona nie do przyjęcia, ale w tropikach obowiązują całkiem inne zasady.

Kształt drzew

Nadszedł czas, abyśmy się skupili na pojedynczych drzewach. Kształt każdego z nich stanowi wypadkową działania wiatru, słońca, ziemi, wody, zwierząt oraz ludzi.

Widzieliśmy, jak wiatr poprzez wspaniałą tigmomorfogenezę sprawia, że drzewa rosną niższe, ale nie mówiliśmy jeszcze o wodzie, także wpływającej na wysokość drzewa. Pomiędzy dostępem do wody a wysokością drzewa istnieje bezpośredni związek. Na suchych ziemiach drzewa są niskie, a na terenach suchych i wietrznych – bardzo niskie.

Słońce kształtuje drzewa na trzy sposoby. Po pierwsze, decyduje o gatunkach drzew, które będą rosły na danym obszarze. Na wysokiej szerokości geograficznej Słońce zawsze znajduje się stosunkowo blisko Ziemi, a większość światła pada na drzewa z boku – jest to jeden z powodów, dla których na wysokich szerokościach geograficznych znajdujemy wysokie drzewa o wąskich pniach. Na niskich szerokościach geograficznych promienie słoneczne padają z boków oraz z góry, możemy tam więc znaleźć więcej drzew o zaokrąglonym kształcie. Dla przykładu porównaj kształt dębu z kształtem świerka.

Pokrój drzewa w dużym stopniu zależy też od jego strategii przetrwania. Jak wszystko, co żyje, drzewo musi się rozmnażać i istnieją dwa sposoby, w jakie może tego dokonać. Może wyprodukować mniejszą liczbę długo żyjących potomków, z których każdy będzie rósł wolno, ale pewnie, dzięki czemu zwiększy swoje szanse na przetrwanie i możliwość reprodukcji. Albo też może postawić nie na jakość, lecz na ilość i wyprodukować dużo szybko rosnącego i delikatnego potomstwa, które nie będzie miało wielkich szans na reprodukcję. Porównaj solidny cis pospolity ze słabą brzozą – z cisu można zrobić łuk, a brzozę przerobić tylko na deski.

Wśród tak wielu możliwych siedlisk i dzięki licznym strategiom rozwoju dzieją się jeszcze bardziej intrygujące rzeczy.

Żadne drzewo na świecie nie jest symetryczne, co jest dużą zasługą słońca. W strefach umiarkowanych półkuli północnej, na przykład w Europie i w Stanach Zjednoczonych, najwięcej promieni słonecznych dociera w środku dnia od południowej strony. Wszystkie rośliny są zależne od słońca, więc to oczywiste, że drzewa chętniej rosną po południowej stronie stoków. Jeśli liście nie dostają wystarczającej ilości światła, to drzewa je zrzucają, następnie tracą całe gałęzie, które też wysychają i umierają. Tymczasem liście od południa mają się świetnie, bo drzewo przekierowuje do rosnących tam gałęzi więcej zasobów, co prowadzi do asymetrii – drzewo osiągnie pokaźne rozmiary od strony południowej.

Warto zauważyć, że nie wszystkie zjawiska wpływające na drzewa pozostają z sobą w harmonii, stąd różnego rodzaju anomalie. Na gorących terenach amerykańskiego Środkowego Zachodu zasoby wody są ograniczone, za to słońca jest aż za dużo[3]. Południowa strona drzew wysycha, rosną zaś one od strony północnej. Kiedyś dostałem e-mail od jednego z absolwentów mojego kursu z wiadomością, że na Majorce zaskoczyło go drzewo rozrośnięte w kierunku północnym. Udało mu się jednak rozwiązać tę zagadkę – słońce odbijało się od oszklonego budynku znajdującego się po północnej stronie ulicy i oświetlało pień. Dla wszystkiego, co nas zaskakuje, istnieje zazwyczaj jakieś sensowne wyjaśnienie. Przypadkowość nie jest najlepszą strategią przetrwania, dlatego też rzadko występuje w naturze.

Jeśli posiejesz w szklarni jakąś roślinę i będziesz ją obserwował, zauważysz, że nie rośnie pionowo w górę, lecz skręca w stronę południa. Przyczyną tego zjawiska jest fototropizm sterujący wzrostem rośliny w odpowiedzi na światło. Zielone rośliny zawierają hormon o nazwie auksyna, który przemieszcza się w nich w kierunku źródła światła. Na półkuli północnej koncentracja auksyny nastąpi zatem w północnej części rośliny. Ten hormon działa rozciągająco na komórki wzrostu i sprawia, że północna część rozwija się nieco szybciej niż południowa i roślina nachyla się w kierunku światła.

Ten sam proces zachodzi przy wzroście gałęzi. Aby zrozumieć, w jaki sposób fototropizm kształtuje drzewo, wyobraź sobie, że jest ono pionowym słupem z dużą ilością wypustek rosnących po dwóch stronach, od północy i od południa. Wypustki kierują się do światła dzięki auksynie, ale robią to inaczej: gałęzie od północy ustawiają się pionowo, od południa zaś są ułożone poziomo. Nazywam to „efektem ptaszka".

Więcej gałęzi rośnie po południowej stronie drzewa. Gałęzie mają tam tendencję do układania się w poziomie, a gałęzie od strony północnej układają się w pionie. Prowadzi to do „efektu ptaszka"

Wiatr kształtuje pojedyncze drzewa w takim samym stopniu jak cały las. Najpierw spójrz na górne gałęzie, ponieważ są one najbardziej wystawione na wiatr. Zauważ, jak zostały wygięte z południowego zachodu na północny wschód. Im bardziej wyeksponowane na działanie wiatru jest drzewo, tym lepiej widać ten efekt, ale wystarczy trochę praktyki, abyś znalazł go wszędzie poza najbardziej zacisznymi miejscami. Sam namierzyłem go nawet w Hyde Parku.

Niektóre odsłonięte drzewa, zwłaszcza cis pospolity i głóg, będą inaczej ukształtowane przez wiatr – może on im nadać opływowy kształt. Nazywam ten mechanizm „efektem tunelu aerodynamicznego". Dzieje się tak wtedy, gdy strona nawietrzna, na Wyspach – południowo-zachodnia, bierze na siebie całą siłę wiatru. Pod jego wpływem przyjmuje opływowy kształt, przypominający trochę maskę małego samochodu. Ale już krawędź zawietrzna będzie bardziej potargana i pionowa. Jak każdy efekt aktywności wiatru, jest on najlepiej widoczny, gdy patrzy się prostopadle do siły jego działania, czyli albo w kierunku północno-zachodnim, albo południowo-wschodnim.

„Efekt tunelu aerodynamicznego". Wiatr wieje przeważnie z prawej strony obrazka. Zwróć uwagę na kształt drzewa, ale także na to, że więcej światła przedostaje się do strony zawietrznej oraz do wybujałych samotników, czyli wystających gałęzi

Gdy zobaczysz drzewo o takim kształcie, zwróć uwagę na różnice w gęstości jego korony. Południowo-zachodnia strona takich drzew jest bardzo zwarta, wystaje tylko kilka potarganych gałęzi, a do środka gęstych drzew, takich jak cis pospolity, dostaje się mało światła. Od strony zawietrznej wystaje więcej gałęzi i przenika przez nie dużo światła.

Czasami będziesz mógł zauważyć pojedyncze gałęzie wystające z drzew, szczególnie tych wiecznie zielonych i wysokich, rosnących w odkrytym miejscu. W Wielkiej Brytanii gałęzie prawie zawsze wskazują północny wschód, gdyż setki wichur wyciągały je w tym kierunku. Taki wybujały samotnik nie przetrwa długo po południowo-zachodniej stronie.

„Efekt flagi". Na tym obrazku ocalałe gałęzie wskazują północny wschód, kierunek przeciwny do wiatru z południowego zachodu wiejącego zwykle na Wyspach Brytyjskich

Jeśli wiatry są bardzo silne, takie jak te blisko morza lub w wyższych partiach gór, czasami całkowicie ogołacają koronę po jednej stronie. Dzieje się tak z dwóch powodów: po pierwsze, istnieje granica tolerancji, jeśli chodzi o to, jaki ładunek soli i lodu przenoszony przez wiatr zdołają unieść gałęzie, a strona nawietrzna najbardziej go odczuwa. Po drugie, gałęzie lepiej sobie radzą z dolnym naciskiem niż z górnym. Łatwiej złamać gałąź, wyginając ją do góry, niż ciągnąc z tą samą siłą do dołu, ponieważ drzewo wykształciło w sobie siłę potrzebną, aby przeciwdziałać grawitacji. Silny wiatr ma przez to większy wpływ na stronę nawietrzną, gdzie popycha gałęzie do góry, niż na stronę zawietrzną, bo tam pcha je do dołu.

To właśnie dlatego niektóre drzewa rosnące w surowym klimacie kształtem przypominają flagę: wiatr pozbawił je gałęzi od strony nawietrznej, ale po zawietrznej wiele ich ocalało.

Nawet jeśli wiatry nie są na tyle silne, aby ogołocić koronę drzewa po jednej stronie, i tak mogą wyrządzić wiele szkód, zostawiając po sobie obumarłe liście oraz uszkodzenia na jego nawietrznej części. Takie zjawisko, zwane poparzeniem, występuje powszechnie na wybrzeżach. Pamiętam, jak je zobaczyłem na setkach drzew w północno-zachodniej Irlandii.

Jedno z pytań, które kursanci zadają mi regularnie, brzmi: jak odróżnić efekt działania słońca od działania wiatru, kiedy studiujemy kształt drzewa w celu określenia kierunku? Nie ma idealnej metody, choć doświadczenie wiele ułatwia, ale mam jedną radę: jeśli jesteś w stanie dostrzec efekt działania silnego wiatru, zignoruj działanie słońca. Wpływ silnego wiatru zawsze wygra z działaniem słońca. Wtedy gdy zjawisko to jest mniej widoczne, pamiętaj, że słońce bardziej kształtuje środkową partię drzewa niż zewnętrzne gałęzie. Wiatr natomiast silniej wpływa właśnie na najbardziej zewnętrzne, wystające gałęzie, szczególnie na szczycie drzewa.

Jeśli nigdy wcześniej nie spotkałeś się z tym efektem, radzę ci znaleźć drzewo liściaste rosnące samotnie, czyli takie, które nie ma konkurencji w dostępie do światła ani ochrony przed wiatrem. Drzewa liściaste mają z jednej strony więcej szerokich liści, pochłaniających światło całą powierzchnią, podczas gdy drzewa iglaste rozwinęły się tak, aby pochłaniać światło z każdej strony i doprowadzać je do gałęzi. Efekt asymetrii jest więc najbardziej widoczny na drzewach liściastych, które rosną samotnie. Pozostało mi jeszcze znaleźć dąb rosnący pośrodku pola, który do pewnego stopnia nie ujawniłby działania ani słońca, ani wiatru. Jeśli chodzi o drzewa iglaste, uważam, że sosny zwyczajne są najbardziej niezawodne, ale warto sprawdzić też inne drzewa, w szczególności te odseparowane, ponieważ natura nie lubi, gdy stajemy się zbyt aroganccy.

Niespotykany kształt drzewa zawsze można jakoś wyjaśnić. Drzewo z wygiętym pniem może wskazywać, że ląd obsuwa się równomiernie. Zdarza się i tak, że napotykamy na naszej drodze nietypowe drzewa, na których kształt wpłynęli ludzie.

Wiele drzew, w tym większość iglastych, nie przetrwa, jeśli się je silnie przycina, ale niektóre gatunki inaczej reagują na taką interwencję. Odrosty wiązów oznaczają, że drzewo po przycince przebudziło się na nowo, ale niekoniecznie w tym samym miejscu. Zamiast przyjąć dawny kształt, wiąz wyrasta ze swoich korzeni wzdłuż starego pnia[4].

Jeśli widzisz drzewo lub więcej drzew z wieloma pniami wyrastającymi z tego samego miejsca, jest to wskazówka informująca o możliwie najlepszej i nienaruszającej równowagi ekologicznej synergii pomiędzy ludźmi a lasem. Przycinanie to zaplanowana i regularna forma pielęgnacji drzew takich jak leszczyna i jesion, które dzięki temu mogą się zregenerować. Jeśli przycinka nadal jest prowadzona, to znajdziesz dużo młodo wyglądających drzew z wieloma odnogami. W wielu miejscach już dawno temu odstąpiono od tej praktyki, więc można tam spotkać stare drzewa z kilkoma pniami. Choć „przycinka drzew" brzmi strasznie, zabieg ten pozwala im żyć dłużej.

Ogławianie drzew to praktyka podobna do przycinki, ale pozyskiwanie drewna odbywa się około dwóch metrów nad ziemią. Technikę tę stosuje się tam, gdzie pasące się zwierzęta mogłyby zakłócić regenerację młodych drzew. Ogławianie sprawia, że pień drzewa rośnie bardzo wysoko, a potem nagle się rozgałęzia.

Burze

Szalejące burze oznaczają poważne konsekwencje dla drzew i lasów, a ich działanie znacznie się różni od działania zwykłych wiatrów. Przechodząc przed dany obszar, burza przewraca drzewa, co może okazać się pomocne dla wędrowca, gdy tylko burza ucichnie.

Drzewa z reguły przewracają się w linii, w której wiał wiatr, więc pierwsza wskazówka jest taka, żeby spojrzeć, w którym kierunku drzewo upadło w lesie. Powinieneś zauważyć konkretną tendencję, łatwą do zarejestrowania na dużym obszarze. Wielka burza z 1987 roku pozostawiła trwały ślad w większości brytyjskich lasów, a wyrwane przez nią, teraz leżące na ziemi drzewa, zazwyczaj wskazują północny wschód[5]. Kąt nachylenia zbocza oraz lokalne czynniki glebowe mogą wpływać na ułożenie pojedynczych drzew, lecz zamiast skupiać uwagę na indywidualnych przypadkach, należy poszukać ogólnego wzoru. (W niektórych częściach świata, na przykład w Stanach Zjednoczonych, widok porozrzucanych w każdym kierunku drzew świadczy o ekstremalnych warunkach pogodowych: tornadach, burzach lodowych lub śnieżnych)[6].

Co się dzieje z drzewami połamanymi w czasie burzy? Większość przetrwa, mimo że zostały złamane i ostał się tylko ich pień. Zauważ, że drzewa iglaste odrastają na czubkach, w przeciwieństwie do drzew liściastych, które zaczynają rosnąć od najniższego ocalałego konaru[7].

Po niektórych przewróconych przez burze drzewach pozostaną jedynie korzenie oraz pniak, resztę ludzie potną i wywiozą. Pniak można wykorzystać do ustalenia kierunku, ponieważ zazwyczaj będzie wskazywał północny wschód ze względu na dominujący kierunek wiatrów. Po wielu latach zacznie on gnić, ale drzewo pozostawi po sobie ślad. Kiedy drzewo się przewraca, ponieważ zostało wykrzywione u podstawy (a nie ścięte lub złamane wyżej), jego bryła korzeniowa gwałtownie podnosi się ku górze. Zostają po tym dwie różne części: pniak i korzenie, oraz dziura, w której znajdowały się korzenie. Kiedy pniak całkowicie zgnije, jego kształt nadal będzie widoczny w ziemi.

Każdy, kto szedł przez las, napotykał na swojej drodze rozmaite przeszkody, ale niewielu zatrzymało się, by pomyśleć, co one oznaczają. Kopiec nagle wyrastający przy zagłębieniu terenu albo jeszcze lepiej większy obszar pofałdowany w ten sposób to pozostałości po zamierzchłej burzy oraz wskazówki dla wędrowców. Po pierwsze, będzie to informacja dotycząca kierunku: stojąc na wzniesieniu i patrząc w stronę zagłębienia lub dziury, patrzysz w stronę, z której przyszła burza, w Wielkiej Brytanii więc prawdopodobnie na południowy zachód. Drugą wskazówką będzie zagospodarowanie terenu. Wzniesienia i zagłębienia przetrwają, jeśli w pobliżu nie ma żadnych zwierząt hodowlanych, ryjących ziemię kopytami, ani nie pojawi się człowiek, by tę ziemię zaorać. Widoczne skutki działania burzy wiele mówią na temat lasu, a ponieważ utrzymują się bardzo długo, można na ich podstawie napisać długą historię danego obszaru. Jeden z leśniczych w Stanach Zjednoczonych twierdzi, że znalazł w Nowej Anglii pozostałości po burzy sprzed stu lat[8].

Niekiedy może nam bardziej zależeć na tym, żeby przewidzieć skutki kolejnej burzy, niż na znajdowaniu wskazówek w tym, co zrobiła poprzednia. Można z dużą dozą prawdopodobieństwa powiedzieć, które z drzew będą najbardziej podatne na burze, zawieruchy i inne niespodzianki. Większość osób uważa, że najbardziej wyeksponowane drzewa są najbardziej podatne na przewrócenie, co nie jest zgodne z prawdą. Drzewa rosnące samotnie oraz te na skraju lasu są krzepkie i uodpornione na wiatry, ponieważ codziennie się z nimi zmagają. Są przygotowane do obrony przed wichurą. Drzewa znajdujące się w środku lasu, na co dzień chronione przed wiatrami, są mniej odporne, zatem wiatry, które napierają na nie z całą swoją mocą, sieją wśród nich spustoszenie.

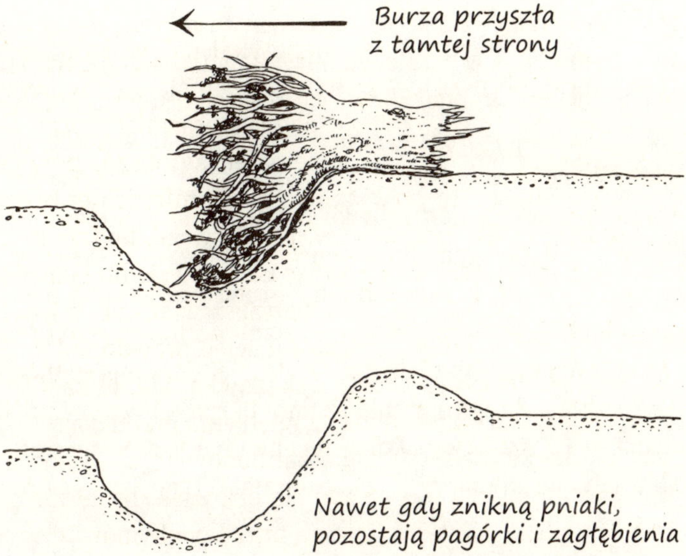

Gdy już odkryliśmy, z której strony przyszła burza, to możemy wykorzystać pnie, wzniesienia i zagłębienia terenu, aby oznaczyć strony świata

Trzeba jednak pamiętać o kilku wyjątkach. Drzewa rosnące po północno-wschodniej stronie lasu będą dość podatne na silne wiatry wiejące z tego kierunku. Ponieważ z tej strony rzadko wieje, odporność drzew na wiatr jest znacznie mniejsza. Drzewo, które zostało nagle pozbawione ochrony w postaci drugiego drzewa, szczególnie mocno reaguje na działania wiatru. Koło mojego domu rośnie jesion, na który patrzę z niepokojem, za każdym razem gdy nadchodzi porywisty wiatr. Co gorsza, jest grubo porośnięty bluszczem zachowującym się jak żagiel na wietrze. Pewnie w chwili, gdy to czytasz, jest już dawno po nim.

Duże, młode drzewa są bardziej wrażliwe niż te stare, a egzotyczne gatunki radzą sobie gorzej niż drzewa rosnące na rodzimej ziemi[9]. Dziko rosnące drzewa reagują lepiej niż drzewa uprawne, a w czasie wichury prawdopodobnie najbardziej ucierpi świerk. Znalezienie się w samym środku uprawy świerków w trakcie burzy niesie z sobą ryzyko większe, niż mogłoby ci się wydawać.

Burze są częścią naturalnego cyklu, a dla niektórych gatunków – niezbędnym procesem ich usuwania. Po burzy drzewa z lekkimi, przenoszonymi drogą powietrzną nasionami, takie jak brzoza, zostaną zasiane na nieprzychylnym dla nich, zacienionym obszarze. Jest to jedna z metod określania, kiedy na danym terenie szalała burza – brzozy i pozostałe drzewa zapuszczają korzenie chwilę po przejściu bestii. Wiek drzew wskazuje czas, jaki upłynął od burzy.

Korzenie

Pora zająć się najważniejszą częścią drzewa – korzeniami. Pomyśl o ogromnym, dojrzałym drzewie. A teraz wyobraź sobie jego korzenie znajdujące się pod powierzchnią ziemi.

Czy to wyobrażone drzewo ma korzenie o zaokrąglonym kształcie, sięgające głęboko? Jest to popularny, ale niestety mylny obraz. Profil drzewa, zarówno nad ziemią, jak i pod nią, przypomina kieliszek do wina z zakopaną stopą: duża okrągła czasza schodzi się do wąskiej nóżki, która w ziemi kończy się szeroką, płytko umieszczoną stopą. Rozrastając się, korzenie zajmują obszar dwa lub trzy razy większy niż korona drzewa i są do półtora raza większe niż wysokość całego drzewa[10]. U jesionów wyrosną nieco dłuższe niż u buków, pozostałe gatunki zaś będą się mieścić w tych granicach. Jednakże rzadko osiągają choćby ćwierć głębokości, którą większość z nas sobie wyobraża – brzoza wrasta do dwóch metrów w ziemię.

Jednym z najbardziej rozpowszechnionych mitów na temat budowy drzew jest przekonanie, że ich podstawą jest jakiś korzeń główny – skierowany pionowo, który utrzymuje wszystko to, co znajduje się nad powierzchnią ziemi. Sosny, dęby, orzech włoski i hikora mają korzeń główny, kiedy są sadzonkami, ale nigdy nie jest on kluczowym elementem architektury drzewa. Szybko zresztą zanika, kiedy wyrastają z niego boczne korzenie i gdy się rozgałęzia[11]. Kiedy następnym razem natkniesz się na powalone przez silny wiatr dojrzałe drzewo, przyjrzyj się uważnie – gdzie jest jego potężny główny korzeń? Nigdzie, choć ten mit nadal funkcjonuje.

Drzewo potrzebuje korzeni z trzech głównych powodów: aby wyciągać z ziemi wodę i minerały oraz zapewnić sobie stabilność. Ostatni powód ukorzenienia daje nam najcenniejszą wskazówkę, ponieważ choć dostępność wody i minerałów może mieć wpływ na kierunek, w którym urosną korzenie, niełatwo jest go odgadnąć i wykorzystać.

Potrzeba stabilności jest pod tym względem dużo cenniejsza dla nawigatora korzystającego z podpowiedzi natury, gdyż siły, które działają na drzewo, nie są symetryczne. Naukowcy przeprowadzili badania dotyczące niektórych zależności zachodzących między korzeniami a wiatrem, używając maszynerii, której nie powstydziłaby się hiszpańska inkwizycja.

Do wciągarek przymocowano osiemdziesiąt cztery dojrzałe norweskie świerki, jodły pospolite oraz sosny zwyczajne i wyciągano je z ziemi stopniowo i równomiernie przez długi czas. Skutki tego działania zostały dokładnie przestudiowane[12].

Jedno z odkryć okazało się szczególnie logiczne i pomocne. Drzewa używają swoich korzeni jak kotwicy oraz rosną grubsze i wyższe od strony nawietrznej, czyli w Wielkiej Brytanii od południowego zachodu. Dodatkowy wzrost, aczkolwiek mniej obfity, na Wyspach obserwuje się też po stronie północno-wschodniej. Korzenie rosną najsilniej wzdłuż osi wiatru, dodatkowo zaś rozgałęziają się w kierunku, z którego przyszedł wiatr.

Ponieważ nie widzimy korzeni żywego drzewa, wybaczam ci, że nie masz pojęcia, jak je wykorzystać. A możliwości jest wiele. Jeśli podzielimy drzewo na trzy główne części – korzenie, pień i koronę, a następnie przyjrzymy się temu, co powstanie z połączenia dwóch dolnych części, odkryjemy coś zjawiskowego. Pień drzewa nie zatrzyma się gwałtownie tuż przy ziemi, to samo dotyczy korzeni pod ziemią – ta dwójka połączy się w miejscu dla nas bardziej widocznym, czyli tuż powyżej gruntu. Ten obszar to tak zwana szyjka korzeniowa; widziałeś go wiele razy i pewnie często się o niego potykałeś, wędrując po ciemku. Teraz warto pomyśleć o innych rzeczach, o które potknęliśmy się w ciemności...

Pomyśl o mocowaniu linki od namiotu. W twardą ziemię trudno wbić śledzie, a później trudno je wyciągnąć. Napięcie linek umożliwia nam jednak zbudowanie stabilnej konstrukcji. (Raz rozbiłem namiot przy wietrze wiejącym z prędkością prawie 120 kilometrów na godzinę – z namiotem było wszystko w porządku, ale entuzjazm mojej żony do rodzinnego biwakowania nieco osłabł). Ta sama zasada działa w stosunku do drzew: drzewo jest zakotwiczone w ziemi i napina korzenie jak linki, żeby się przeciwstawić wiatrowi. Przyglądając się szyjce korzeniowej kilku drzew, zauważysz, że te „linki namiotu" nie są symetryczne, ale dłuższe i grubsze po stronie, z której wieje wiatr – południowo-zachodniej.

Korzenie wspierają drzewo, gdy wieje silny wiatr, oraz mogą być używane do wskazywania stron świata

Jednakże jeśli grunt jest bardzo miękki i mokry albo jeszcze gorzej piaszczysty i suchy – przekonałem się, że na Saharze śledzie nie chcą współpracować – korzenie nie mogą wrosnąć w ziemię, przez co drzewo staje się podatne na wiatr. Na takich gruntach drzewa stosują inną taktykę. W piaszczystych glebach więcej korzeni rozchodzi się szerzej niż zazwyczaj. Na mokrej ziemi drzewa rozwijają tak zwane korzenie skarpowe (deskowe), które je podtrzymują, podczas gdy w średnio wilgotnej glebie korzenie korzystają z siły naprężenia. Przykłady okazałych korzeni skarpowych można znaleźć w klimacie tropikalnym – niektóre z nich są tak wielkie, że można z nich zbudować solidny kajak. Nie musimy jednak jechać w tropiki, żeby się natknąć na korzenie skarpowe. Dęby, wiązy oraz lipy niekiedy także je wykształcają, choć na mniejszą skalę[13]. Korzenie skarpowe zaobserwujemy również u topoli czarnej rosnącej na wilgotnych gruntach[14].

Jeśli chcesz obejrzeć rozmaite szyjki korzeniowe, szukaj drzew najbardziej narażonych na działanie wiatrów, rosnących na otwartej przestrzeni. Na zboczach korzenie prezentują inne wspaniałe sztuczki, formując liny od strony stoku, a podpórki od drugiej, co może trochę zaburzyć obraz szyjki.

Kora

Osiemnastowieczny misjonarz ojciec Joseph-François Lafitau spędził pięć lat pośród plemienia Irokezów w Ameryce Północnej i w 1724 roku napisał:

> Dzicy przywiązują szczególną wagę do swojego gwiezdnego kompasu w lesie oraz na ogromnych preriach Ameryki, jak również na rzekach, których bieg jest im dobrze znany. Ale kiedy słońce i gwiazdy nie są widoczne, używają drzew w lesie jako naturalnego kompasu, który jest niezawodny, jeśli chodzi o wskazywanie północy.
>
> Po pierwsze, czubki drzew zawsze zginają się w kierunku południa, ponieważ są przyciągane przez słońce. Po drugie, kora jest ciemniejsza po stronie północnej. Jeśli chcą się upewnić, ścinają drzewo – słoje widoczne na pniaku są grubsze od północy, cieńsze zaś od południa[15].

Wskazówki, do których odwołał się misjonarz, znajdziesz w tym rozdziale oraz innych miejscach w tej książce, ale najpierw skupmy się na korze drzewa. Kora często jest ciemniejsza od strony północnej w porównaniu ze stroną południową.

Efekt ten najlepiej widać na topoli osikowej (*Populus tremuloides*), która rośnie w chłodniejszych częściach Ameryki Północnej i jest biała po stronie południowej, szara zaś po północnej. Ta różnica bierze się stąd, że w słoneczne dni po stronie południowej drzewo wydziela „krem do opalania". Można go zdrapać i samemu używać jako naturalnej emulsji z filtrem przeciwsłonecznym. Jednakże najbardziej zauważalną różnicę pomiędzy korą od północy i od południa dostrzeżesz dzięki rosnącym na niej glonom i porostom.

Każda kora ma swoje pH, to znaczy odczyn kwaśny lub zasadowy. Modrzewie i sosny są znane ze swej kwasowości, brzozy, głóg i dęby również są kwaśne, choć odrobinę słabiej. Jarzębiny, olchy, buki, lipy oraz jesiony są jeszcze mniej kwaśne, a wierzby, ostrokrzewy i wiązy – neutralne. Jawor, orzech włoski oraz czarny bez są zasadowe. Im mniej kwaśna jest kora, tym więcej znajdziesz na niej roślin zasiedlających drzewa oraz porostów. Kora sosny często jest czysta, podczas gdy z kory jaworu może coś zwisać. Do gatunków porastających korę drzew jeszcze wrócimy w następnych rozdziałach.

Ogólny wygląd kory może być informacją na temat strategii rozwoju i przetrwania drzewa. Szybko rosnące drzewa rozciągają swoją korę, co nadaje jej gładki wygląd. Kora z wieloma bruzdami, chropowata i srebrzysta jest oznaką dojrzałości drzewa.

Kiedy następnym razem zobaczysz pieniek po równo ściętym drzewie, spójrz na słoje odsłonięte przez piłę – będą nieco grubsze od strony północnej. Dokładnie obejrzyj też słoje na środku. Większość osób uważa, że serce drzewa znajduje się w samym jego środku, co jednak rzadko się zdarza. Przeważnie znajduje się ono bliżej południowego lub południowo-zachodniego brzegu. Jest to rezultat asymetrycznie rozłożonego nacisku wiatru oraz kierunku wzrostu determinowanego przez słońce.

Gdy spędzisz wystarczająco dużo czasu, przyglądając się korze drzew, w końcu zauważysz drzewo, które rosnąc, przybrało kształt spirali – jego kora jest poskręcana. Często mijam buk z pofalowaną korą, która nadaje mu wyjątkowy wygląd. Niestety nie taki jak umięśniony tors z napiętymi muskułami. Są dwa powody, dla których drzewa rosną w kształt spirali. Niektóre mają do tego predyspozycje genetyczne – kasztan jadalny jest tego przykładem. Ale inne drzewa, na przykład buki, rosną w ten sposób, ponieważ ich korony są ciągle skręcane. Jeżeli drzewo jest narażone na działanie wiatru wyłącznie z jednej strony, to może zacząć przybierać spiralny kształt. Zjawisko to jest powszechne wśród drzew osłanianych przez inne drzewa tylko z jednej strony, podczas gdy druga jest wystawiona na wiatr. Taki efekt widać też na drzewach, których korona jest naturalnie krzywa lub została sztucznie przekrzywiona w wyniku formowania.

W tych okazach często można dostrzec podobnie skręcony „ścieg żeberkowy", czyli twardą, cienką wypukłość, która ciągnie się wokół drzewa. Jest to znak wewnętrznego pęknięcia spowodowanego nadmiernym naciskiem. Jeśli „ścieg" jest gładki i zaokrąglony, oznacza to, że pęknięcie się zrosło, ale jeśli jest ostry, to się nie zagoiło – drzewo nie poradziło sobie z problemem i jest bardziej wrażliwe na nacisk[16].

Zgrubienia przypominające brodawki występują często w dużych ilościach na korze dębu. Stanowią one część systemu obrony drzewa przed atakami owadów – larw ważek, larw much, roztoczy, których obecność wymaga wzmocnienia ochrony.

U podstawy drzewa, około 90 centymetrów od ziemi, możesz się natknąć na zadrapania pozostawione przez borsuki ostrzące sobie pazury. Niekiedy zobaczysz także trójkątne blizny tam, gdzie kora została zdarta. Ich przyczyna będzie oczywista, jeśli drzewo rośnie na poboczu ruchliwej drogi (przechodząc obok nich, powinieneś być szczególnie ostrożny, ponieważ są to ślady po uderzeniach aut, które w tym miejscu wypadły z drogi), ale już nie tak jasna, gdy drzewo znajduje się w lesie. Jeśli taka sama trójkątna blizna na dolnej części pnia będzie widoczna także na sąsiednim drzewie, to prawdopodobnie odbyła się tam wycinka drzew. Kłody trzeba zaciągnąć do miejsca, gdzie się je tnie lub ładuje, a wtedy często uszkadza się dolne części drzew rosnących w pobliżu. Jeśli chcesz potwierdzić ten wniosek, rozejrzyj się za równymi pniakami pozostałymi po ściętych piłą drzewach.

Liście

Tak jak wiele rzeczy w naturze liście potrafią wtopić się w tło i umknąć naszej uwagi. Warto się jednak zatrzymać i przyjrzeć im się bliżej.

Pierwszą istotną informacją jest to, że kolor liści znacznie się różni w zależności od kierunku, z jakiego pada światło, w stosunku do kierunku, z którego patrzymy[17]. Jeśli liście są oświetlone z tej samej strony, z której patrzymy, to wydają się jaśniejsze, bardziej szare, a niebieski odcień łączy się z zielonym. Ale gdy liście są podświetlone od tyłu, wyglądają na ciemniejsze, a żółty odcień łączy się z zielonym. Widziane na tle innych drzew, liście wydają się soczyście zielone, ale na tle jasnego nieba tworzą tylko ciemny kontur. Najwspanialszy efekt pojawia się wtedy, gdy patrzymy na drzewo znajdujące się na ciemnym tle innych drzew, a prawie całe światło pada z tej części nieba, która jest za naszymi plecami. Jeśli o pogodnym zmierzchu patrzymy na las znajdujący się na wschodzie, to liście mienią się na zielono.

Skoro omówiliśmy już efekt działania światła, możemy wejść głębiej w temat, żeby zobaczyć, jak liście bardzo się od siebie różnią. Drzewa mają dwa główne rodzaje liści: liście rosnące bezpośrednio na słońcu oraz liście rosnące w cieniu innych. Liście z cienia są większe, cieńsze, ciemniejsze i słabiej powycinane niż te ze słońca. Rosną zwykle po zacienionej, północnej stronie drzewa oraz w wewnętrznej części korony[18]. Kiedy drzewo jest bardzo młode i schowane pod innymi, wszystkie liście znajdują się w cieniu. Te rosnące na słońcu pojawią się dopiero wtedy, gdy drzewo wystrzeli w górę, ponad inne korony. Jeśli liście rosnące na słońcu nagle znajdą się w cieniu, zwiędną. Ale jeśli będą zacieniane stopniowo, z czasem staną się szersze i bardziej płaskie.

Liście rosnące po zacienionej, północnej stronie drzewa są większe i ciemniejsze od tych rosnących po stronie południowej. Te liście zostały zerwane z południowej (po lewej) i północnej (po prawej) strony jesionu w tym samym czasie, w sierpniu

Wiosną i jesienią większość wędrowców zaczyna się interesować czasem pojawiania się i opadania liści. Konkretny moment zależy od gatunku, można jednak podać kilka ogólnych zasad. Im wyższe drzewo, tym później pojawią się na nim liście, ale istnieją wyjątki, takie jak jarzębina, na której liście czasem utrzymują się długo, czasem zaś krótko – jeśli pojawią się wcześnie, to prawdopodobnie jarzębina zrzuci je późno, i odwrotnie. Liście jesionu rozwijają się późno, a jesienią opadają jako pierwsze. Przez długi czas toczyła się rywalizacja między dębem a jesionem opisana w przysłowiach dotyczących przewidywania pogody:

Mokro będzie, jeśli dębowi przed jesionem liści przybędzie.
Będzie ulewa, gdy jesion przed dębem liści przybiera.

Nie są one do końca zgodne z prawdą, ale faktycznie wraz ze wzrostem temperatury o jeden stopień dąb rozwija liście osiem dni wcześniej, podczas gdy jesion przyspiesza ten proces tylko o cztery dni. Z tego powodu drzewa rosnące na zboczach o różnym nachyleniu oraz znajdujące się na różnych wysokościach wypuszczają liście w innym czasie. Liście z drzewa nisko osadzonego na zboczu skierowanym na południe rozwiną się szybciej niż liście drzewa tego samego gatunku, ale rosnącego wyżej na zboczu skierowanym na północ.

Głównymi czynnikami wpływającymi na czas rozwoju oraz zrzucania liści są: długość dnia, temperatura oraz nawodnienie gleby. Te zmienne uruchamiają procesy prowadzące do jesiennego opadania liści, ale o dokładnej chwili ich zrzucenia zdecyduje wiatr. Wiatr przekazuje ostateczną wiadomość, że przybyła jesień, a południowo-zachodnia strona zazwyczaj otrzymuje ją jako pierwsza. Wielokrotnie zdarzało mi się widzieć jesienne drzewa wyłysiałe po stronie południowo-zachodniej, ale o jeszcze gęstych koronach po stronie północno-wschodniej.

Niektóre drzewa pozwalają przewidzieć pogodę i związany z nią wiatr. Jawory i topole należą do gatunków szybko reagujących na zmianę warunków. Stają się bardziej elastyczne, wyginają się pod wpływem silnego wiatru, chroniąc inne drzewa przed jego podmuchami. Ludowa mądrość głosi, że jeśli zobaczysz spód ich liści, to idzie deszcz.

Pewne zjawisko dotyczące drzew iglastych być może sam zaobserwowałeś, może ono jednak mylić, jeśli się nie zna jego mechanizmu. Na igłach sosen pojawiają się żółte plamy, gdy atakują je grzyby *Lophodermium seditiosum*. Grzyby te zabijają igły, które jednak nie opadają, tylko wyginają się w różne strony, a drzewo wygląda wtedy jak nastroszone. Potem igły się osypują. Choroba rozprzestrzenia się ku górze i silniej atakuje północną część drzewa. Wewnętrzne igły bardziej się obsypują niż zewnętrzne i może się zdarzyć, że sosna utraci wszystkie igły od północy[19].

Kiedy będziesz szukać różnic w liściach drzew, możesz zauważyć inne ciekawe zjawisko. Mianowicie rzadko kiedy owoce rosną na drzewie regularnie. Najczęściej obserwuję to na głogu – jego czerwone owoce porastają przeważnie tylko jedną stronę krzewu. Pewnego popołudnia zobaczyłem krzak głogu, którego południowo-zachodnia i południowa strona były pozbawione owoców, a gałęzie z drugiej strony aż się od nich uginały. Spotkałem się z wieloma teoriami na ten temat, od wpływu ptaków oraz owadów po działanie ciepłych i zimnych wiatrów, ale nie znalazłem na razie żadnego zadowalającego wyjaśnienia. Pamiętaj jednak o tej prawidłowości, bo może być przydatna, kiedy będziesz próbował odnaleźć drogę.

Czas a drzewa

Pewnie słyszałeś, że można określić długość życia drzewa poprzez policzenie jego słojów. Ale czy wiesz, że całkiem łatwo można wskazać, z którego roku jest dany słój?

Każdy słój na pniaku odpowiada konkretnemu rokowi, lecz również zdradza nam, jakich warunków doświadczyło drzewo w ciągu tych dwunastu miesięcy. Co roku słoje drzewa układają się nieco węziej, ale ich szerokość zależy od warunków pogodowych. Z tej wiedzy możemy skorzystać, by odtworzyć jego historię. Rok 1975 był złym czasem dla drzew, następny rok był suchy i jeszcze gorszy, a kolejne dwanaście przeciętnych lat poprzedziło dwa fatalne – rok 1989 i 1990[20]. Te zmiany, które lubię nazywać „dwunastoletnią kanapką", są widoczne na większości równo obciętych pniaków. Gdy taki znajdziesz, będziesz mógł szybko wydedukować, jak wyglądały inne złe i dobre lata tego drzewa, cofając się nawet o kilka dekad. Możesz przenieść tę technikę do wnętrz i szukać „dwunastoletniej kanapki" na drewnie w budynkach.

Powszechnie wiadomo, że rozmiar drzewa wiąże się z jego wiekiem. Jeśli chcesz być bardziej precyzyjny, musisz pamiętać, że obwód drzew liściastych, takich jak dąb, jesion i buk, rosnących na otwartej przestrzeni jest dwa i pół razy większy niż ich wiek, jeśli więc dwie dorosłe osoby ledwie stykają się palcami, obejmując wspólnie drzewo, to jego wiek może wynosić około 150 lat. W lesie przyrost w obwodzie drzew odbywa się o połowę wolniej, dlatego raczej nie uda ci się spotkać trzystuletniego okazu.

Jedną z najłatwiejszych metod szacowania wieku drzewa możesz zastosować wobec młodych drzew iglastych. Każdego roku na drzewie iglastym wyrastają nowe okółki. Na pierwszy rzut oka gałęzie drzewa iglastego wydają się rozmieszczone przypadkowo, ale jeśli przyjrzysz się uważnie młodemu świerkowi lub sośnie, to zauważysz, że ma określoną liczbę poziomów gałązek. Każdy z poziomów lub okółków to jeden rok życia drzewa. Pamiętam, jak w dzieciństwie wspinałem się po tych poziomach, które były jak piętra, ale nie wiedziałem wtedy, że wspinam się po osi czasu.

Liście i igły niektórych roślin wiecznie zielonych, takich jak araukaria chilijska i sosna długowieczna, żyją nawet piętnaście lat. Jeśli uda ci się stwierdzić, o ile w ciągu roku urósł liść, zdołasz też obliczyć jego wiek. Jeśli regularnie będziesz badał w ten sposób wiele drzew, przekonasz się, że liście roślin wiecznie zielonych rosnących wysoko lub na ubogich glebach utrzymują się dłużej[21].

Na gałązkach można zauważyć przewężenia oznaczające coroczny przyrost. Taka umowna skala w postaci cylindrycznych blizn także pozwala ustalić wiek drzewa.

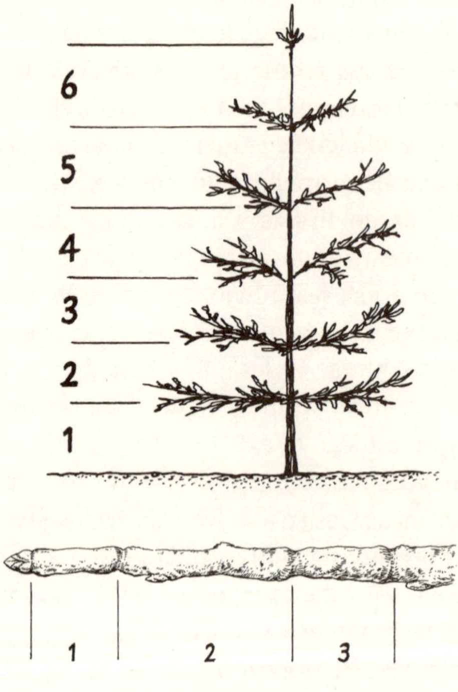

Okółki drzew iglastych oraz cylindryczne blizny wskazują coroczny przyrost drzewa

Drzewa dają nam wskazówki dotyczące historii ziemi, na której rosną. Na otwartej przestrzeni korony drzew rozpościerają się szerzej niż u drzew rosnących w lesie. Łatwo więc się domyślić, że ogromne drzewo z szeroko rozpostartą koroną stojące w lesie wyrosło tam jako pierwsze, w całkowitym odosobnieniu, zanim zrobił się tłok w jego sąsiedztwie. Takie drzewo daje najlepsze wskazówki odnośnie do kierunków.

Przechodząc przez las, warto się zatrzymać, kiedy mijamy stary rów, płot lub kamienny mur, i dokładnie obejrzeć drzewa rosnące po obu ich stronach. To, że znajduje się tam jakaś przeszkoda, może oznaczać, że w przeszłości po jednej stronie tej dawnej bariery znajdował się niezalesiony obszar. Patrząc na drzewa rosnące przed nią i za nią, zazwyczaj łatwo oszacować, która strona lasu jest starsza. Niektóre drzewa, zwłaszcza brzoza, jesion i głóg, są szybkimi kolonizatorami – ich nasiona, dzięki pomocy ptaków, błyskawicznie opanowują otwarte i niezagospodarowane rolniczo grunty. Innym drzewom zajmuje to więcej czasu. Na przykład lipa drobnolistna niezawodnie wskazuje na stary las. W lesie niedaleko mojego domu jest rów, który oddziela buki od brzóz. Przekraczając go, wiem, że wchodzę do innego lasu.

Pożary

Ziemia w Wielkiej Brytanii jest zbyt wilgotna, aby dochodziło do pożarów w lasach liściastych. Podatne na ten żywioł są tylko lasy iglaste, sucha trawa, wrzosowiska i suche paprocie, lecz ogień jest integralną częścią leśnego życia, dlatego warto o nim wspomnieć.

Jeśli znajdziesz na pniach trójkątne blizny po górnej stronie stoku, na którym rośnie drzewo, mogą one oznaczać wcześniejsze pożary[22]. Opadające liście, suche gałązki oraz inne suche rośliny tworzą ściółkę, która otacza pień. Kiedy ogień przedostaje się do lasu, ściółka się zapala i uszkadza część pnia.

Kolejną wskazówką mówiącą o tym, że znajdujemy się na obszarze narażonym na leśne pożary, jest brak drzew w średnim wieku. Pożary lasu zabijają drzewa młode oraz te w średnim wieku, pozostawiają za to olbrzymie, które są tam od dawna. Wkrótce po pożarze wyrastają nowe drzewa i las staje się dziwną mieszanką drzew starych i młodziutkich.

Wędrując po Parku Narodowym New Forest, natknąłem się na pogorzelisko i domyśliłem się, że ktoś umyślnie podłożył tam ogień. Jest to często stosowany planowy zabieg służący regeneracji środowiska. Po paproci orlicy zostało niewiele, właściwie tylko popiół, ale po większości młodych roślin zostają jakieś resztki, które mogą być wskazówką. Odnotowałem wtedy, że rośliny nie były zwęglone symetrycznie. Liście po stronie południowej zostały lekko nadpalone, podczas gdy te od północy spłonęły całkowicie. Doszedłem do wniosku, że południowy wiatr odganiał ogień od liści znajdujących się po stronie południowej w kierunku gałązek i gałęzi po drugiej stronie, co oznacza, że strona północna płonęła w ogniu nie tylko swojego pożaru, lecz także tego, który ogarnął południową część roślin[23].

Zanim odejdziemy od tematu drzew, spójrz w górę, a następnie na dół. Jeśli dostrzeżesz jemiołę, zatrzymaj się i zastanów, na jakim znajduje się drzewie. Jemioła porasta egzotyczne lub rzadziej w Wielkiej Brytanii spotykane gatunki: dzikie jabłonie, lipy oraz topole[24].

Patrząc na ziemię pod samotnie rosnącym drzewem, zauważysz jego mikrośrodowisko. Każde drzewo albo je osłania liśćmi przed deszczem, albo gromadzi wokół siebie wilgotną mgiełkę, by jego mikrośrodowisko było bardziej suche lub wilgotniejsze niż otoczenie[25]. Pamiętam, jak wędrując po lesie, nagle się zatrzymałem. Stałem bez ruchu, by wyeliminować szeleszczenie kurtki, i nasłuchiwałem. Wydawało mi się, że słyszę setki malutkich zwierzątek pełzających koło mnie. Był to dźwięk mgły skraplającej się na drzewach i kapiącej na znajdujące się poniżej suche liście buku.

Niektóre zwierzęta, na przykład owce, lubią cień i chronią się pod drzewami, a przy okazji zostawiają tam odchody naturalnie użyźniające glebę. Warto spojrzeć także pod olchy – mają one brodawki korzeniowe, w których żyją bakterie wiążące wolny azot, a liście tego drzewa zwracają go do ziemi, tym samym ją użyźniając. Drzewa chronią również swoje terytorium przed zamarznięciem, kumulując ciepło z całego dnia. To wszystko pozwala zobaczyć i usłyszeć pod drzewem rzeczy, których nie spotkasz w żadnym innym miejscu.

ROŚLINY

Dlaczego trzeba ostrożnie stąpać, kiedy się widzi hot doga?

Wszystkie rośliny, które spotykamy w czasie wędrówek, osiągnęły sukces. Aby im się udało, musiało się wydarzyć wiele rzeczy. Roślina nie będzie w stanie urosnąć, jeśli to, co dzieje się pod nią, nad nią, dookoła niej lub z nią samą, przekroczy pewien dopuszczalny próg. Najpraktyczniejsze wskazówki płyną więc z tego, że roślina po prostu nie jest martwa.

Życie na łonie dzikiej natury to ryzykowna gra. Jeżeli roślina nie jest wymagająca, powie nam trochę o otoczeniu, jeśli zaś jest rzadkim, wyjątkowo wrażliwym gatunkiem, te informacje mogą cię bardzo zaskoczyć. Gdy zadzwonisz do mnie i powiesz, że patrzysz na zdrowo wyglądające skupisko rdestnicy drobnej, odpowiem, że masz przed sobą staw albo bardzo wolno płynący strumyk. Rdestnica drobna to roślina wodna niewymagająca niczego poza dostępem do wody. Można ją znaleźć głównie na północy. Jeżeli jednak powiesz, że widziałeś kiedyś żółte kwiatki wczesnej gwiazdy betlejemskiej, i zapytasz, co o tym myślę, to pewnie odpowiem: „Znam uroczą kawiarnię niedaleko tego miejsca. Musiało być rześko, kiedy byłeś tam w lutym. Chyba że wędrowałeś po ciepłym, suchym zboczu skierowanym na południe, a słońce wyszło specjalnie dla ciebie".

Wędrowiec nie musi zwracać szczególnej uwagi ani na powszechnie występujące, ani na wyjątkowo rzadkie rośliny, bo przekazują mu one niewiele informacji. Istnieje jednak mnóstwo roślin, które łatwo znaleźć i rozpoznać i które są pomocne, gdyż dają wiele wzbogacających wycieczki wskazówek. Spośród nich najlepsze są te, które wyjawiają kilka sekretów naraz.

Ślady ludzi

Pokrzywę zwyczajną łatwo znaleźć i rozpoznać, ale nie oznacza to, że rośnie ona byle gdzie. Wyrasta jedynie w miejscach obfitujących w fosforany, którymi ludzie nawożą glebę. To, jak żyją ludzie i jak umierają, a ściśle – w jaki sposób grzebie się ich ciała, sprawia, że ziemia wzbogaca się w fosforany, co oznacza, że pokrzywa zwyczajna wskazuje miejsca ludzkiej aktywności i zamieszkania[1]. Często występuje wzdłuż nawożonych pól, ale znaleziona z dala od nich daje najwięcej informacji.

Jeśli wędrowałeś dłuższy czas, nie napotykając na swojej drodze pokrzyw, i nagle pojawiła się ich kępa, zatrzymaj się i dokładnie jej się przyjrzyj. Zbliż się do ziemi, ale nie na tyle, żeby pobrudzić sobie nos. Odkryjesz wtedy, dlaczego udało jej się urosnąć akurat w tym miejscu: znajdziesz tam ślad po budynku, stare miejsce pochówku, zapowiedź jeszcze niewidocznej, ukrytej za grzbietem wzgórza wsi. Ślad ludzkiej obecności może wyglądać niepozornie, być może będą to tylko resztki starej zaprawy murarskiej, ale na pewno go znajdziesz pod zielonymi, kłująco-parzącymi włoskami.

Pamiętam, jak odkryłem dwa niezwykłe pola pokrzyw w lesie niedaleko mojego domu i nijak nie mogłem odgadnąć, skąd się tam wzięły. Jedno znajdowało się w głębi lasu, drugie na skraju pola. W końcu zagadnąłem o te miejsca leśniczego i udało mi się rozwiązać zagadkę. W środku lasu przed laty była zagroda, w której hodowano bażanty, a na skraju pola rolnicy składowali kiedyś nawóz[2].

Dziki bez i bluszczyk kurdybanek też uwielbiają fosforany, ale to pokrzywę zwyczajną zobaczymy jako pierwszą. Czasem zdarza mi się przechodzić przez wioskę Houghton Bridge, która tak jak wiele innych starych wsi powoli popada w ruinę. Możesz przejść dobrych kilkaset metrów, nie widząc żadnej pokrzywy, po czym nagle przy drodze zobaczysz ich pełno obok dzikiego bzu. Obie rośliny chętnie rosną w miejscach, które porzucili ludzie, i świętują swoje małe zwycięstwo pośród opuszczonych domów.

Jeśli w czasie wędrówki nagle poczujesz słabą woń ananasa, zatrzymaj się i spójrz na rośliny pod twoimi nogami. Rumianek bezpromieniowy bardzo łatwo rozpoznać – ma żółtozielone kwiatki kształtem przypominające małe szyszki. Kiedy rozgnieciesz go butem lub palcami, uwolni silny zapach ananasa, więc jeśli go wyczuwasz, ktoś był tu przed tobą. Wędrując wzdłuż dróg, możesz natknąć się także na babkę lancetowatą. Jej szerokie płaskie liście zajmują miejsca, na których mogłyby rosnąć inne rośliny.

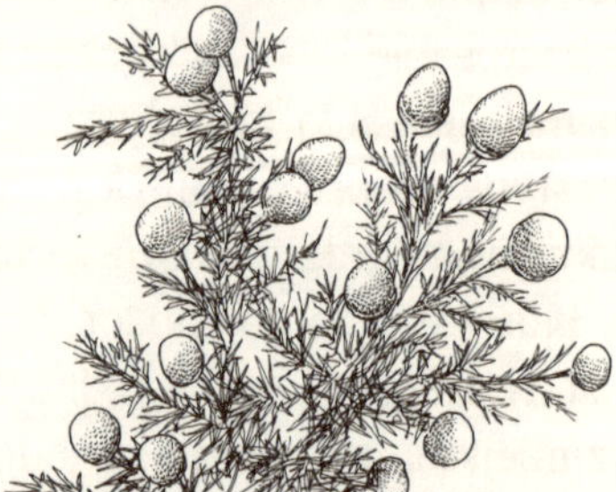

Rumianek bezpromieniowy

Koniczyna porasta trawiaste obszary często uczęszczane przez ludzi i zwierzęta. Jeśli uważnie przyjrzysz się trawnikom, będziesz mógł powiedzieć, po której części zazwyczaj się chodzi, ponieważ na niej znajdzie się najwięcej koniczyny. Nie można pominąć tej części ogrodu, w której gra się w piłkę. Zawsze jest tam obszar, gdzie zamiast trawy jest błoto, ale między bramkami to koniczyna tworzy murawę. Znaczy też trasę, po której chodzą kury.

Występowanie naparstnic purpurowych, ostów oraz maków jest oznaką tego, że ludziom się spieszyło i byle jak zryli ziemię. Nasiona tych roślin cierpliwie czekają w ziemi, aż ktoś ją poruszy. Właśnie dlatego kojarzymy maki z działaniami wojennymi – pociski rozrywały błoto okopów, a te później porastały makami.

Naparstnice purpurowe rozkwitają w wielu lasach, na wolnych przestrzeniach lub na skrajach mokrych dróg, którymi poruszają się ludzie lub pojazdy. Zauważ, że ich kwiaty będą się kierować w stronę, z której pada najwięcej światła.

Rośliny są żywą historią naszego związku z ziemią, a niektóre mają więcej wspomnień niż inne. Marzanka wonna jest małym białym kwiatem polnym rozwijającym się na kanciastej łodydze, nad rozetą złożoną z kilku cienkich i szpiczastych liści ułożonych w kształt zielonej gwiazdy. Mijając ją, poczujesz zapach siana, a przechodząc przez porośnięty nią obszar, możesz być pewien, że znajdujesz się w wiekowym lesie, gdyż marzanka jest jego wyznacznikiem.

W przeciwieństwie do ostów, które są rozsiewane przez wiatr, marzanka wonna bardzo wolno się rozprzestrzenia po nowym terenie. Bluszcz, trybula leśna czy obrazki plamiste podpowiadają, że trafiłeś do młodego lasu[3]. W lesie blisko mojego domu są miejsca zajęte przez młodą florę oraz takie, które porastają stare drzewa, a dawny rów wyznacza granicę między wiekowym a młodym nasadzeniem, oddzielając marzankę wonną od trybuli leśnej.

Jeśli daleko od wybrzeża natkniesz się na roślinę, której nazwa kojarzy ci się z morzem, oznacza to, że ludzie przenieśli w głąb lądu jeden z morskich składników: sól. Warzucha duńska, babka nadmorska czy muchotrzew solniskowy są nadmorskimi roślinami, które rosną na poboczach, tam gdzie pługosolarki rozsypały sól. Warzucha duńska jest nisko rosnącym kwiatem polnym z czterema małymi białymi płatkami. Jeśli znajdziesz go przy mało ruchliwej drodze, przyjrzyj mu się, a może ujawni swoją historię.

Rosnąca przy drodze warzucha duńska podpowiada, że na drodze okresowo pojawia się sól. Jest to roślina lubiąca światło słoneczne, częściej więc można ją znaleźć po południowej stronie drogi. Ale uważaj! Na niektórych ostrych zakrętach sprzęt odśnieżający działa jak wirówka i rozrzuca na pobocza więcej soli, dlatego warzuchy są niezawodnym kompasem raczej na prostych odcinkach.

Starzec jakubek jest kolejną rośliną, która odniosła sukces, porastając przydroża[4]. Z daleka przypomina inne krostawce – jest wysokim chwastem z żółtymi kwiatkami na górze każdej łodyżki, pojawiającymi się od czerwca do sierpnia. Krostawce często rosną na kamienistym terenie wzdłuż torów kolejowych. Lubią światło słoneczne i częściej można je spotkać na południowej stronie. Różnica pomiędzy krajobrazami, które oglądamy z okna pociągu lub samochodu zmierzającego na wschód i na zachód, może być ogromna. Krostawiec to przedsiębiorcza roślina, zagospodarowująca wespół z innymi gatunkami wąską niszę. Tak jak każdy dobry przedsiębiorca, potrafi wykorzystać tę wąską specjalizację. Gdy rośnie w surowym środowisku pośród kamieni obok torów, wysługuje się pociągami, aby roznosiły jego nasiona[5].

Nadszedł czas na mniej słone wskazówki. Jeśli zauważysz łąkę obficie porośniętą jasnożółtymi kwiatkami, znacznie wyższymi niż otaczająca je trawa, to pod żadnym pozorem nie bierz ich do ust. Nawet gdybyś był głodny jak wilk, powstrzymaj się, bo te kwiatki nie nadają się do jedzenia. Fakt, że rosną dumnie ponad trawą, tylko to potwierdza. Trawa została wyskubana przez owce i inne pasące się zwierzęta, a ten łakomy kąsek pominięto. Powód powinien być oczywisty – to trucizna[6]. Jaskry może nie są śmiertelnie trujące, ale zdecydowanie niesmaczne dla owiec. Są dla nich zbyt gorzkie, a u człowieka wywołają wymioty.

Nietypowo rozwijające się rośliny również stanowią konkretną wskazówkę. Jedna czterolistna koniczyna przynosi szczęście, ale duża ich ilość wynika z użycia środka chwastobójczego. Preparaty chwastobójcze mogą wywoływać u roślin pewne nieprawidłowości – stokrotki będą miały kwadratowe środki, a osty będą powyginane.

Rośliny ujawniają nie tylko to, co robi człowiek lub zwierzę, lecz także mnóstwo innych rzeczy. Zwierzętom przyjrzymy się w innym rozdziale, ale istnieje uniwersalna zasada, którą można stosować podczas każdej wędrówki. Niezwykle obficie porośnięty skrawek ziemi jest oznaką żyznej gleby, co prawie zawsze jest dowodem na to, że nawozili ją ludzie lub czyniły to zwierzęta. Ta zasada sprawdza się w każdym miejscu, które odkrywamy, niezależnie od tego, czy jest to ogródek za domem, czy koniec świata. Życie zwierząt, ich wypróżnianie i zwłoki wpływają na życie roślin, te zaś wskazują miejsca, w których żyły zwierzęta (także osobniki z gatunku *Homo sapiens*).

Wskazówki przekazywane przez wiatr i temperaturę

Tak jak drzewa, tak i mniejsze rośliny mogą nam dawać wskazówki dotyczące wiatru i nasłonecznienia. Obszar położony bardzo wysoko oczywiście będzie pozbawiony roślinności. Nigdy nie zapomnę wspinaczki na Kilimandżaro – mila za milą po ziemi tak jałowej, że przypominała powierzchnię Księżyca. Zanim jednak z otoczenia całkowicie znikną rośliny, ich zróżnicowanie stopniowo się zmniejsza wraz ze wzrostem wysokości. Czasem jest to gwałtowna zmiana, na przykład po pokonaniu trzystu metrów z trzydziestu gatunków kwiatów nie pozostanie ani jeden. Wysokość wpływa również na czas życia roślin oraz jego cykl. Im wyżej, tym kwiaty rozkwitają później, co niekiedy mnie bawi, bo gdy pomyślę, że wspinam się na górę z prędkością, z jaką rozkwita kwiat, to bez wątpienia na tej drodze mógłby mnie prześcignąć ślimak.

Orlicę zna każdy wędrowiec, ale niewielu uważa ten rodzaj paproci za coś więcej niż tło czy sporadyczną przeszkodę. Ma ona wiele pomysłów na przetrwanie wiatru i niskiej temperatury i z pewnością podzieli się nimi, jeśli ją o to zapytamy. Orlice rosną tam, gdzie jest ciepło, więc kiedy zobaczysz ją w czasie wędrówki, możesz być pewien, że to idealne miejsce na rozbicie namiotu. Niektórzy uważają, że teren, na którym rośnie orlica, nie nadaje się do biwakowania, bo jest tam pełno komarów i kleszczy. Sam zdecyduj, co jest dla ciebie gorsze, zimno czy komary, a jeśli komary, to wykorzystaj paprocie jako znak miejsca, od którego trzeba trzymać się z daleka.

Orlica jest bardzo wrażliwa na poziom wody w glebie oraz silne podmuchy wiatru, dzięki czemu może posłużyć jako wyznacznik wilgotności i wietrzności na danym obszarze. Przyrodnik Christopher Mitchell, oddając hołd sir Francisowi Beaufortowi, stworzył swoją własną „orlicową skalę siły wiatru". Oto ona[7]:

Cisza	Mniej niż 0,5 m/s	Gęsto rosnąca orlica, 2 m wysokości[8]
Powiew	0,5–1,8 m/s	Gęsto rosnąca orlica, 1 m wysokości

Słaby wiatr	1,8–3,6 m/s	Zdeformowana orlica, tylko 0,5 m wysokości
Łagodny wiatr	3,6–5,4 m/s	Orlicę zastąpiły wrzosy i trawa

Czy widziałeś kiedyś ozdobne szklane termometry wypełnione przezroczystą cieczą z pływającą błyszczącą kulką w środku? Kulka, zmieniając kolor, wskazuje zmianę temperatury. Zdumiewające jest to, że kwiaty robią dla nas mniej więcej to samo. Jeśli rozpoczniesz wędrówkę o wczesnej porze, w chłodny poranek, zobaczysz, jak niewiele kwiatów jest w pełni otwartych, ale z każdym krokiem i wraz ze wzrostem temperatury dostrzeżesz otwieranie się kolejnych. Wiele kwiatów, takich jak malwy, potrzebuje wzrostu temperatury o 5°C, aby zacząć się otwierać, tulipany jedynie o 1°C, a krokusy zaledwie o 0,2°C[9]. Efekt ten najłatwiej zauważyć w dużych miejskich parkach, jeśli więc znajdziesz się w jednym z nich wcześnie rano, nie zapomnij spojrzeć na naturalne termometry.

Liście rododendronów reagują na temperaturę – opadają coraz niżej wraz z jej spadkiem[10]. Efekt ten trudno zauważyć u gatunków rosnących w Europie, dużo łatwiej zaś pośród roślin rosnących w Stanach Zjednoczonych oraz w Azji, gdzie liście opadają z pozycji horyzontalnej do wertykalnej, kiedy zbliża się zima.

Naturalna nawigacja

Kilka lat temu wędrowałem ze strażnikiem parku oraz producentem BBC po Parku Narodowym Ballycroy w hrabstwie Mayo w Irlandii. Wchodziliśmy pod górę, chcąc wyjść z lasu iglastego. Nasza trasa prowadziła wzdłuż starego rowu melioracyjnego. Gdy tylko wyszliśmy spomiędzy drzew, zauważyłem, że lewa strona rowu zmieniła kolor. Rów był porośnięty wrzosem, a wrzos potrzebuje dużo słońca, zrozumiałem więc, że jedna jego strona jest skierowana na południe. Była to wyraźna wskazówka, że zmierzamy na wschód. Zwróciłem uwagę strażnika na różnicę w kolorze, a on przyznał, że nigdy wcześniej tego nie zauważył. Znał ten skrawek ziemi znacznie lepiej, niż ja kiedykolwiek go poznam, pracował tam od ponad dziesięciu lat, ale czasem potrzeba świeżego oka, aby dostrzec pewne rzeczy. Bez wątpienia strażnik mógłby zauważyć coś nowego na mojej ziemi.

Ciemniejszy wrzos jest skierowany na południe. Patrząc na to zdjęcie, patrzymy więc na zachód

Ogólnie wiadomo, że rośliny do życia potrzebują światła. Sprawa jednak nie jest taka prosta, bo każdy gatunek pożąda innej jego ilości. Gdy nauczymy się sekretnej mowy roślin, uzyskamy dostęp do ogromnej ilości informacji.

Bardzo ważne jest, aby tę wiedzę zdobywać stopniowo i najrozsądniej będzie zacząć gdzieś blisko domu. Udaj się wiosną lub latem na krótki spacer po ogrodzie czy parku w poszukiwaniu stokrotek. Zwróć uwagę, jak wiele z nich znajdziesz na otwartej przestrzeni, w szczególności tej skierowanej na południe. Teraz spójrz na północną stronę budynków i żywopłotów i zauważ, jak niewiele stokrotek tam rośnie. Stokrotki uwielbiają światło słoneczne, a jego największa ilość pada właśnie z południa.

Kiedy raz zarejestrujesz tę zależność, później dostrzeżesz ją wszędzie. Ostatnio udałem się na wędrówkę po okolicznych terenach nazywanych Denman's Gardens. Nie byłem pewien, która z roślin będzie tam najlepszym kompasem, ale gdy tylko dotarłem na miejsce, wiedziałem, że będą to drobne niezapominajki. Te urocze niebiesko-żółte kwiatuszki formują gęste skupiska w południowej części rabatek. Jeśli na takich rabatkach będą rosły wysokie kwiaty zacieniające północną stronę, to nie znajdziemy na nich niezapominajek.

Docenisz wrażliwość kwiatów polnych na natężenie światła, jeśli spojrzysz do góry, wtedy gdy zwykle patrzysz w dół. Następnym razem, gdy będziesz wędrował po lesie i natkniesz się na ziemię usianą dzwonkami, rozkoszuj się ich widokiem, ale nie zapomnij spojrzeć w górę. Dzwonki są kwiatami, które nie lubią ani pełnego zacienienia, ani pełnego słońca. Dlatego właśnie nad nimi zobaczysz prześwity w koronie drzewa pozwalające światłu przedostać się do środka i rozproszyć cień.

Zauważysz też, że zorientowanie kwiatów względem słońca jest równie nieprzypadkowe jak miejsce, w którym je znajdujemy. Kwiaty mają do wykonania pewną pracę, a jej istotną częścią jest ich wygląd. Muszą być atrakcyjne, oczywiście nie dla nas, ale dla pszczół oraz innych latających owadów przenoszących pyłek kwiatowy. Światło odgrywa dużą rolę w tym procesie, więc im bliżej słońca znajdują się kwiaty, tym bardziej stają się widoczne. Każdy kwiat żyje w skomplikowanym związku ze światłem słonecznym. Jeśli zerkniesz z powrotem na stokrotki, będzie ci się wydawać, że rosną pionowo, ale gdy przyjrzysz się uważnie tym najwyższym, zauważysz, że ich łodyżki łagodnie wyginają się w kierunku południa. O poranku mogą delikatnie wskazywać południowy wschód, a w południe – południowy zachód.

Zazwyczaj kwiaty są skierowane na południowy wschód albo na południe, ale powinniśmy pamiętać, że wszystko zależy od słońca, które je kształtuje – same nie czerpią żadnej korzyści z tego, że są kompasem. Naparstnice purpurowe rosnące na skraju lasu będą odwracały swoje kwiaty od drzew, niezależnie od położenia względem słońca, ponieważ z przeciwległego kierunku będzie padać najwięcej światła. U innych kwiatów także zaobserwujemy podobne zachowanie.

Na razie wszystko jest proste, lecz aby pogłębić nasze rozumienie związku kwiatów ze światłem, musimy dowiedzieć się więcej o ich preferencjach środowiskowych. I tutaj zaczynają się schody, bo na przykład istnieją dziesiątki kwiatów z rodziny jaskrowatych i każdy z nich ma własną specyfikę. Pamiętam spacer dookoła muzeum Weald and Downland w West Sussex, gdzie znalazłem niski żywopłot otoczony jaskrami. Początkowo wydawało mi się, że rosną bez planu, ale po bliższej obserwacji odkryłem, że patrzę na dwa różne gatunki – jaskier sardyński i jaskier rozłogowy. Jaskier sardyński potrzebuje więcej światła słonecznego niż rozłogowy i to on zdominował południową część żywopłotu. Podobnie zachowuje się rodzina fiołkowatych.

Największą trudność stanowi więc to, że niektóre kwiaty bądź ich rodziny mają niejasne, a nawet sprzeczne preferencje. A zatem, widząc rząd polnych kwiatów, nie powinniśmy zakładać, że jest on związany ze światłem i wskazuje nam południową stronę. Zamiast tego musimy się kierować kilkoma prostymi zasadami.

Pierwsza z nich mówi, że jeśli natkniesz się na dwie skarpy skierowane w przeciwnych kierunkach, przy czym jedna z nich będzie porośnięta dużą ilością różnych polnych kwiatów, a na drugiej znajdzie się ich znacznie mniej, należy uznać, że ta gęściej porośnięta jest skierowana na południe. Druga przydatna wskazówka brzmi: jeśli znajdziesz roślinę, którą mógłbyś wykorzystać w kuchni, to należy ona do grupy uwielbiającej światło i jest wiarygodnym wyznacznikiem południa. Macierzanka piaskowa, majeranek, lawenda, rozmaryn, pietruszka, rzeżucha, gorczyca oraz wiele dziko rosnących gatunków mięty preferują duże ilości światła. Tak samo zachowuje się wiele dziko rosnących jagód – poziomki, jeżyny, maliny moroszki. Tę wskazówkę można zastosować również do owoców uprawnych, pamiętając, że słodkie rośnie od południa.

Słodycz owoców bierze się z cukrów. Aby wytworzył się cukier, potrzeba dużej ilości energii, a energia pochodzi tylko z jednego miejsca – ze słońca. Na północnych brytyjskich zboczach nie spotkasz wielu winorośli, ale jeśli jednak się tak zdarzy, może to oznaczać, że w okolicy mieszka spłukany właściciel winnicy.

Większość roślin uprawia się po to, aby wytworzyć energię, więc wysoko energetyczne zboża, takie jak jęczmień i pszenica, sieje się na zboczach skierowanych na południe. Dotyczy to również roślin przeznaczonych do produkcji oleju, na przykład rzepaku.

W zeszłym roku przeprowadziłem intensywny dwudziestoczterogodzinny kurs naturalnej nawigacji i pod koniec wędrówki dałem zmęczonej grupie ostatnie zadanie. Bez mapy, kompasu czy GPS-u musieli znaleźć bramę skalną oddaloną o kilka kilometrów na południe. Jest to trudniejsze, niż może się wydawać, szczególnie w pochmurny dzień. Uczestnicy pewnie wyruszyli w drogę, ale w jej połowie stracili orientację. Ku mojej radości jeden z nich zapamiętał prostą zasadę. Uśmiechnął się nagle i powiedział: „Jesteśmy na zboczu. Wszędzie widać uprawy. Południe na pewno jest tam!". Wskazał kierunek i udało im się znaleźć bramę.

Na polach uprawnych rozejrzyj się, czy gdzieś nie rosną chwasty. W cieniu urosną one wyższe, będą więc w miejscach, do których dociera mało światła. Jeśli spojrzymy od tyłu, od najwyższych do najniższych chwastów, to zobaczymy, że układają się w linię prowadzącą od południa do północy.

Odkryłem jeszcze jedną regułę, nieco dziwną: kwiaty, których nazwy w języku angielskim kończą się na *-wort*, raczej nie lubią słońca. Będą to takie rośliny, jak pływacz (*bladderwort*), bylica pospolita (*mudwort*), karmnik rozesłany (*pearlwort*), solanka kolczysta (*saltwort* albo *glasswort*), starzec jakubek (*ragwort*), nawłoć pospolita (*woundwort*) oraz dziurawiec zwyczajny (*St John's wort*). Jeśli znasz ich nazwy, wykorzystaj tę wiedzę przy określaniu kierunków. Nie jest to uniwersalna zasada i istnieje kilka wyjątków, ale parę razy już mi pomogła.

Ważnych wskazówek dostarczają także nadmorskie dzikie kwiaty. Wolą rosnąć na bardzo nasłonecznionych obszarach, jeśli więc na swojej drodze napotkasz roślinę ze słowem „morski" lub „piaszczysty" w nazwie, to prawdopodobnie będzie ona tolerowała słone gleby, a w trakcie wzrostu skieruje się w stronę południa.

Lista roślin wystrzegających się słońca jest krótsza z oczywistego powodu. Poza mchami i porostami, którymi zajmiemy się w innym rozdziale, istnieje kilka większych roślin, o których warto wiedzieć.

Wszystkie paprocie potrzebują wilgotnej gleby, lubią rosnąć w zacienionych miejscach, często w pęknięciach skał, nawet jeśli później wykazują więcej zainteresowania światłem i kierują się w jego stronę. Marzanka wonna, którą poznaliśmy wcześniej, wskazująca na poważny wiek lasu, również woli rosnąć w cieniu. Szczyr trwały i czartawa pospolita niczym wampiry w popłochu uciekają przed słońcem. Wśród kwiatów polnych istnieje znacznie więcej takich przypadków, a w załączniku II na końcu książki znajdziecie listę moich ulubionych.

W lutym 2010 roku postanowiłem, że przejdę jeden z najdzikszych obszarów, jaki udało mi się znaleźć w Europie, La Palmę, jedną z Wysp Kanaryjskich, bez użycia mapy i sprzętu nawigacyjnego. Takie wyzwania zawsze są pouczające, choć trudno mi powiedzieć, które nauczyło mnie najwięcej.

Gdy w końcu szczęśliwy ujrzałem wyżyny, zatrzymałem się na skraju wsi i pijąc wodę z piersiówki, gapiłem się na leżące odłogiem pole porośnięte wysokimi pomarańczowymi kwiatkami. Dominował jeden gatunek, a że byłem spragniony i długo piłem, wpatrywałem się w pole dłużej niż trzeba. Nagle z radością spostrzegłem, że setki pomarańczowych kwiatków z rodziny srebrnikowatych rozkwitały z jednej strony – południowej, najbardziej nasłonecznionej. Rozglądając się, zobaczyłem dookoła tysiące takich kompasów. Od tego czasu zauważam, że inne kwiaty również wykazują podobną tendencję. Asymetria zazwyczaj jest wskazówką, a kolorowe kompasy trudno jest pominąć.

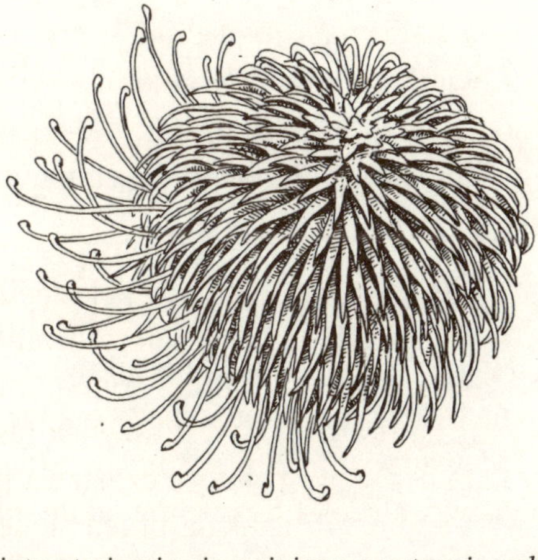

Niekiedy kwiaty otwierają się najpierw po stronie południowej. Kwiaty z rodziny srebrnikowatych pomogły mi na trudnym terenie, jakim jest wyspa La Palma

Sześć sekretów bluszczu

W Wielkiej Brytanii istnieje kilka gatunków roślin wspinających się po drzewach, w innych częściach świata, na przykład w Stanach Zjednoczonych, znanych jako winorośle. Do najbardziej rozpoznawalnych należą bluszcz, wiciokrzew, dzika róża, psianka oraz klematis[11].

Pnącza rosną w niezwykły sposób, co możemy wykorzystać jako wskazówkę. Każde z pnączy szuka zdolnej do podtrzymania go rośliny-gospodarza i aby ją znaleźć, stosuje mechanizm nazywany fototropizmem ujemnym. Jak widzieliśmy w wypadku drzew, fototropizm reguluje wzrost rośliny za pomocą światła, fototropizm ujemny jest zatem zdolnością roślin do wzrastania z dala od światła. Naturalną cechą roślin jest to, że rosną w kierunku światła, tymczasem pnącza potrzebują podpory, na przykład drzewa, które rzuca cień, muszą więc się rozwijać z dala od światła.

Pnącza można spotkać w miejscach, gdzie światło częściowo rozprasza cień, na przykład na pojedynczych drzewach lub skrajach lasu. Zaczynają rosnąć od strony południowej, bezpośrednio oświetlonej przez promienie słoneczne, kierując się na północ, gdzie jest mniej słońca. Możesz zauważyć, że wiciokrzew pnie się w kierunku przeciwnym do ruchu wskazówek zegara.

Podczas moich pierwszych kursów z naturalnej nawigacji zauważyłem, że najczęściej zadawano mi pytania o bluszcz, jeśli tylko można było go użyć do znalezienia kierunku. Wtedy szczerze odpowiadałem: „W głębi duszy czuję, że bluszcz próbuje coś wyjawić, ale jak na razie nie udało mi się odkryć, o co chodzi".

Teraz wiem, że bluszcz ukrywał sześć sekretów, i wiem też, dlaczego tyle czasu zajęło mi ich odkrycie. Bez wątpienia bluszcz jest jedną z najbardziej interesujących roślin i uwielbiam w drodze używać wskazówek płynących z prawidłowości jego rozwoju, których odkrycie zajęło mi tyle czasu. Bluszcz stanowi wyzwanie, ponieważ sposób jego wzrastania ulega radykalnej zmianie w całym jego cyklu.

W życiu bluszczu istnieją dwa główne etapy, w czasie których zachowuje się inaczej niż zwykłe pnącza. Jeśli myślimy o typowym liściu bluszczu, spiczasto wyciętym, to mamy na myśli młody bluszcz. Kiedy jest młody i musi znaleźć jakąś podporę, ujawnia swój fototropizm ujemny i rośnie z dala od światła, aby przyczepić się do drzewa. Gdy już znajdzie swoje drzewo-gospodarza, wspina się na nie. Gdy będzie tak wysoki, że zacznie dosięgać światła słonecznego, co dzieje się zazwyczaj po dziesięciu latach, bluszcz wchodzi w drugi etap życia. Jego liście całkowicie się zmieniają, zamiast wielu szpiców pojawia się tylko jeden, a miejsce fototropizmu ujemnego zajmuje dodatni.

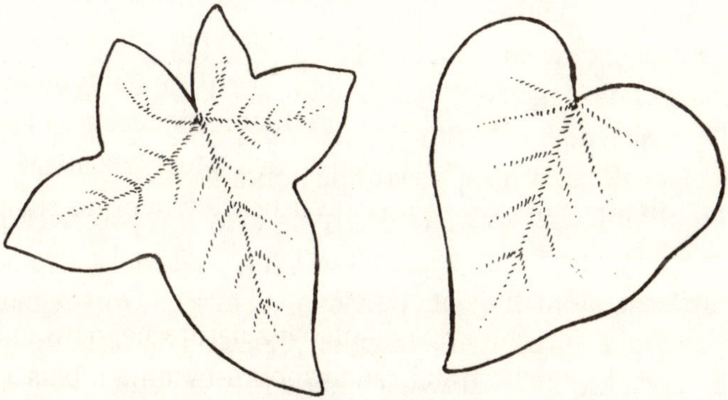

Liść młodego bluszczu z wieloma spiczastymi wycięciami (po lewej). Liść dojrzałego bluszczu z jednym szpicem (po prawej)

Łatwo dostrzeżesz oba etapy, jeśli będziesz wiedział, czego szukać. Znajdź sporych rozmiarów drzewo, po którym bluszcz już się wspiął i od którego pnia odstaje w postaci skłębionych gałęzi. Spójrz na liście usytuowane nisko i blisko pnia – to tutaj będą rosnąć liście z pierwszego etapu życia bluszczu, z kilkoma szpicami. Teraz spójrz troszkę wyżej, gdzie zobaczysz liście prostsze, z tylko jednym szpicem. W rzeczywistości liście z obu tych faz rozwojowych różnią się od siebie na tyle, że wiele osób miałoby problem z rozpoznaniem w nich bluszczu. Jeśli zauważysz zielone kępki, następnie fioletowe lub ciemne, oraz kwiaty przypominające ziarnka grochu, z pewnością patrzysz na bluszcz w drugim etapie rozwoju – w pierwszym bowiem nie kwitnie.

Teraz jesteś gotowy, aby odczytać dwie pierwsze wskazówki. Zobacz, jak młody bluszcz rośnie z dala od słońca – wyraźnie widać to dookoła podstawy drzewa, ponieważ otrzymuje ona mało światła. Jego kształt jest przeważnie delikatny i misterny, ale może być też bardzo efektowny, jak wtedy gdy kilka pnączy gwałtownie odwraca się od światła i wykręca z południa na północ.

Teraz spójrz w górę, na drugi etap życia bluszczu. Ta część kocha światło i będzie się zachowywać jak większość roślin, wykazując tendencję wzrostową po tej stronie, gdzie pada go więcej, czyli zazwyczaj po stronie południowej.

Po kilku latach korzystania z tych dwóch wskazówek poszczęściło mi się i dostrzegłem trzecią prawidłowość w rozwoju bluszczu, która długo mi umykała, a którą teraz uwielbiam. Bluszcz oplata drzewa, ale również przyrasta do nich. Robi to za pomocą krótkich sztywnych korzeni – wiesz, o czym mówię, jeśli próbowałeś kiedyś ściągnąć bluszcz z drzewa. Jeśli patrzysz na goły pień, z którego oderwano bluszcz, zauważysz wyraźne ślady, tam gdzie rósł. Przyjrzyj im się uważnie – są podobne do krocionoga: jego tułów to miejsce, po którym pięła się łodyga, a boczne linie przypominające nogi to korzenie przyczepione do drzewa.

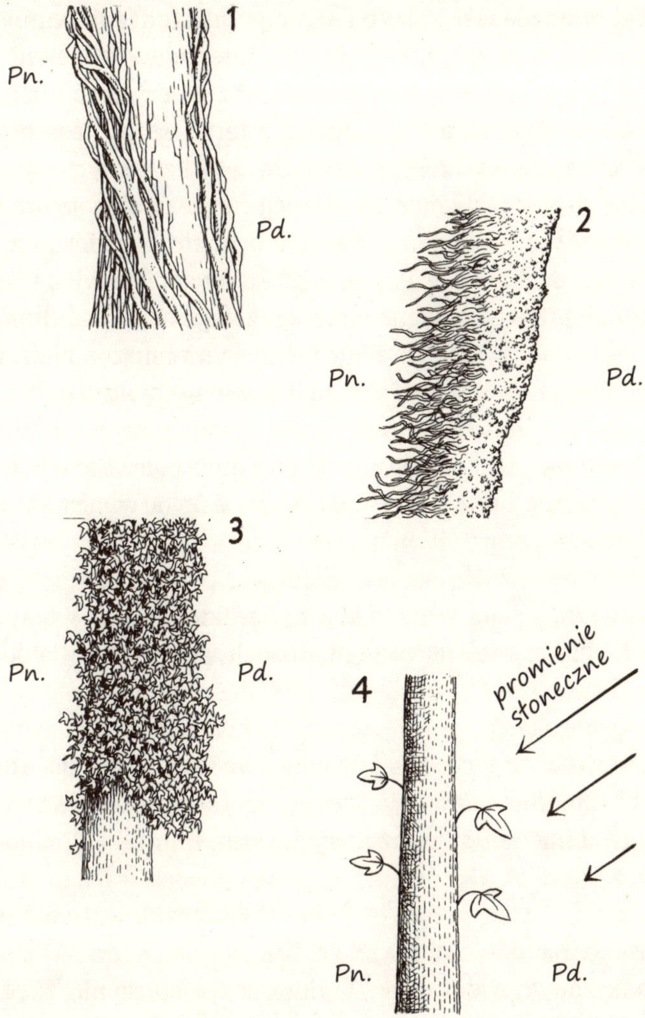

1. *Młody bluszcz wzrasta z dala od światła*
2. *Korzenie bluszczu uciekają od światła i wskazują północ*
3. *Dorosły bluszcz kieruje się w stronę słońca i obficiej rośnie po stronie południowej*
4. *Liście po stronie południowej są niżej nachylone niż te od północy*

Fascynujące jest i to, że korzenie wiedzą, że powinny rosnąć z dala od światła. Pień drzewa zawsze jest ocieniony, co pozwala korzeniom weń wrosnąć. Jest to genialny i bardzo efektowny system, ale nie idealny, i to właśnie z tego braku perfekcji możemy czerpać wskazówkę.

Jeśli drzewo znajduje się w miejscu, gdzie sięgają promienie słoneczne, to korzenie bluszczu będą rosły w kierunku do cienia, czyli obficiej w tę stronę, do której dociera tylko trochę światła bądź wcale go nie ma. Cień zalega po stronie północnej, zdezorientowane korzenie mogą więc rosnąć w kierunku przeciwnym do drzewa. Ponadto korzenie bluszczu znajdujące się po północnej stronie łodygi rosną raczej w kierunku wschodnim i zachodnim niż w południowym. Pamiętaj, że jego korzenie lubią być z dala od światła, a więcej światła dociera zawsze z południa.

Czwarta i piąta wskazówka są bardzo ogólne. W starych lasach bluszcz częściej występuje na ich skrajach niż w środku. W praktyce oznacza to, że jeśli próbujesz wydostać się ze starego gęstego lasu, a w trakcie wędrówki napotkasz dużo bluszczu, prawdopodobnie jesteś na dobrej drodze, a skraj powinien być blisko. Bluszcz można częściej spotkać na zboczach skierowanych na południe niż na tych skierowanych na północ.

Szóstą i ostatnią nawigacyjną wskazówką jest technika uniwersalna, dotycząca wielu roślin, w tym drzew. Najpierw jednak zauważyłem tę prawidłowość na bluszczu, więc to jemu daję punkt.

Liście mają dwa główne cele: absorbować światło oraz oddychać za drzewa. W wymianie gazów rozmieszczenie liści nie gra roli, światło więc decyduje o tym, jak układają się liście. Spójrz jeszcze raz na liście z drugiego etapu życia bluszczu i zauważ różnicę pomiędzy północną a południową częścią drzewa. Po stronie południowej liście dostają więcej światła, ponieważ ta strona jest lepiej oświetlona. Od północy światło nie będzie docierać horyzontalnie, tylko prawie w całości z góry. Zupełnie inny kąt padania promieni słonecznych sprawia, że końce liści rosnących na południowej części kierują się do dołu, ku ziemi, a te rosnące na północy układają się poziomo. Im więcej światła dociera do drzewa i porastającego go bluszczu, tym wyraźniejszy jest ten efekt. Jeśli go zrozumiesz i nauczysz się go rozpoznawać, będziesz umiał go dostrzec pośród roślin z szerokimi liśćmi. Czasem ten układ liści będzie subtelny, co utrudni jego znalezienie, ale od czasu do czasu potrafi być naprawdę spektakularny.

Sałata kompasowa (Lactuca serriola). Kiedy ma dużo światła, jej liście układają się w kierunku z północy na południe

Kiedy zaobserwowałeś i przestudiowałeś mechanizm fototropizmu na bluszczu, jesteś gotowy, aby odszukać rzadszy, ale równie fascynujący gatunek – *Lactuca serriola*. Sałata kompasowa to dziko rosnąca roślina, najbliższy dziki krewny sałaty jadalnej. Lubi dużo światła i ciekawie na nie reaguje – liście układają się z północy na południe, dlatego zyskała nazwę „kompasowa". Późnym latem można ją znaleźć na ugorach, na skrajach ścieżek i pól, przy torach kolejowych, najczęściej w południowej Anglii.

Cymbalaria bluszczykowata jeszcze bardziej pozwoli ci docenić skomplikowane związki roślin ze światłem. Tę ładną, ale łatwą do przeoczenia roślinę można rozpoznać po małych liliowych kwiatkach ze środkiem w kolorze żółtka. Znajdziesz ją na prawie całych Wyspach Brytyjskich, gdzie porasta skały i mury, a kwitnie od kwietnia do listopada.

Wspaniałą rzeczą jest i to, że rośnie w kierunku światła dopóty, dopóki nie wyprodukuje nasionka. Wtedy sobie uświadamia, że musi umieścić nasionko w murze lub skale, chowa się więc w szczelinie i rośnie z dala od światła. Niedaleko mojego domu cymbalaria rośnie na murze. Lubię tam chodzić i sprawdzać, jak sobie radzi ta, która najpierw kocha światło, a później się przed nim ukrywa.

Kolory zimy

Zimą warto obserwować dereń. Ogrodnicy sadzą dereń właśnie ze względu na zimę, by w tym okresie dodać ogrodom kolorów. Wybierają go z powodu czerwonej barwy gałązek, ale czerwień nie rozkłada się równomiernie i jest jaśniejsza na południowej stronie rośliny. Ta różnica w kolorze to moja ulubiona zimowa wskazówka, z której mogę korzystać w czasie wypraw w ciągu dnia.

Uciekinierzy

Wiele wędrówek zaprowadzi nas do miejsc, które nie są ani ogrodami, ani dziczą, ale czymś pomiędzy, i to właśnie tam znajdziemy uciekinierów z cywilizacji. Jest wiele roślin, takich jak przebiśniegi, które z kwiatów ogrodowych stały się polnymi. Ich widok podpowiada nam, że zbliżamy się do zabudowań. Przebiśniegi będą często prowadziły do ogrodu albo terenu przy kościele. Jednym z moich ulubionych letnich uciekinierów jest miesiącznica, której fioletowe kwiatki witają mnie, gdy wracam z wędrówek.

Wskazówki dotyczące zdrowia roślin

Wiele czasu upłynęło, zanim żeglarze zrozumieli, że głównym powodem szkorbutu jest brak witaminy C. Rośliny również informują o braku głównych składników odżywczych. Zżółknięcia na czubku i wzdłuż środkowego nerwu liścia wskazują na brak azotu, podczas gdy zżółknięcia na czubku i krawędziach świadczą o braku potasu. Jeśli na liściu pojawiły się ciemne paski wzdłuż nerwów, może to oznaczać, że roślinie brakuje magnezu, a jeżeli młode liście są żółte, to potrzebuje ona więcej siarki[12].

Ukryte wskazówki

Rośliny wymagają gleby określonego rodzaju, a jej pH jest jedną z najważniejszych cech. Niektóre, na przykład klematis, lubią gleby zasadowe, a białe nitkowate pióropusze brodaczki można spotkać na żywopłotach rosnących na glebach wapiennych, natomiast nie zobaczymy ich tam, gdzie ziemia jest kwaśna, czyli gdzie wystaje z niej granit. Na glebach kwaśnych łatwo znaleźć orlice oraz kolcolist zachodni. Dlatego kolcolist zachodni oraz owce świniarki są równie charakterystycznym elementem surowych gór jak wrzosowiska.

Do programu BBC2 *Wszystkie drogi prowadzą do domu* zaprosiłem kiedyś trzy znane osoby. Ich zadaniem było wydostać się z wrzosowiska Bodmin Moor wyznaczoną trasą i wyłącznie z użyciem naturalnej nawigacji. Krajobraz był ponury, co zmusiło wszystkich do posłużenia się kształtem potarganego przez wiatr kolcolistu zachodniego jako jedną z niewielu dostępnych wskazówek.

Hortensje, rośliny ogrodowe tolerujące glebę zarówno zasadową, jak i kwaśną, o rodzaju podłoża informują w dość krzykliwy sposób. Gdy rosną na kwaśnej glebie, przyjmują jaskrawoniebieski kolor, jeżeli zaś mają podłoże zasadowe, ich kolor zmienia się od fioletoworóżowego do różowego.

Jest pewna gra, z której chętnie korzystam w czasie kursów odbywających się późnym latem, bo uważam, że jest ona najlepszym sposobem, by pokazać ludziom, jak rośliny tworzą dla nas mapę. W ramach tego ćwiczenia zabieram grupę na krótką wędrówkę, której trasa celowo prowadzi przez nadrzeczne okolice oraz nieco wyższy i bardziej suchy teren, by potem znów powrócić na podmokły obszar. Kiedy wędrujemy nad rzeką, zachęcam każdego, aby uważnie patrzył na rośliny i drzewa. Zazwyczaj napotykamy dużo wierzb oraz kwiatów takich jak krwawnica pospolita i niecierpek gruczołowaty. Oba te kwiaty mają wyrazisty różowofioletowy kolor, przyjemnie kontrastujący z zielenią i brązami typowymi dla rzecznych dolin. Kiedy oddalamy się od rzeki, wierzby i fioletowe kwiaty znikają nam z pola widzenia, a zastępują je rośliny, takie jak buki i klematisy, które wolą bardziej suche miejsca. W tym momencie proszę grupę, żeby określiła położenie rzeki.

Nie chodzi o to, by zobaczyć wodę. Kwiaty informują nas o niedalekim brzegu rzeki niczym błyszczące fioletowe znaki widoczne z dużej odległości. Odmiany tej metody są używane na całym świecie przez spragnionych podróżników. Choć chodzi o różne kwiaty, to zasada jest ta sama. Zaletą tej techniki jest to, że nie wymaga znajomości nazw roślin, lecz jedynie trochę wiedzy na temat otoczenia, w którym się znajdujesz, oraz tego, jak ono się zmienia.

Istnieje wiele roślin ukrywających w swych nazwach zamiłowanie do wody – wszystkie, które mają w nazwie „bagienny", należą do tej grupy. Miłośniczką wody będzie też roślina zawierająca w swej nazwie słowo „błotna", na przykład dziewięciornik błotny, którego obecność świadczy o wilgotnym podłożu. Łomka zachodnia również upodobała sobie wilgotne miejsca, ale jej łacińska nazwa *Narthecium ossifragum*, „łamacz kości", daje kolejną wskazówkę. Pasterze wierzyli, że ta roślina osłabia kości owiec do tego stopnia, że ulegają złamaniu. Łomka zachodnia rośnie na glebach ubogich w składniki odżywcze, głównie w wapń, więc to jego niedobór powodował łamliwość kości owiec, a nie skubanie łomki.

Wędrując po mokrych wyżynach, warto wiedzieć, które trawy pozwolą nam przejść suchą nogą. Ogromne turzyce oraz wełnianeczka darniowa rosną w wilgotnych miejscach, podczas gdy bliźniczka woli suche obszary. Jeżeli nigdy wcześniej nie rozpoznawałeś gatunku trawy, spróbuj obrócić jej łodyżkę między palcami. Turzyce mają kanciaste łodygi, często o trójkątnym przekroju, a większość pozostałych traw będzie się bez trudu obracać. Łatwiej to zapamiętać, gdy się powtórzy: „Turzyce mają kanty, okrągłe jest sitowie, trawa wiele rzeczy ci powie". Co więcej, trawy mają wybrzuszenia na łodygach, podczas gdy sitowie i turzyce nie mają[13]. Nie musisz zapamiętywać nazw traw, aby korzystać z wiedzy, jaką ci dają w terenie. Jeśli słyszysz chlupotanie, spójrz w dół i zobacz, jaka trawa rośnie w tym miejscu. Jeśli potem będziesz wędrował suchym szlakiem, również zapoznaj się z porastającą go trawą. W ciągu kilku minut stworzysz mapę mokrych i suchych terenów znajdujących się przed tobą. (Zauważyłem, że wielu wędrowców podświadomie używa tej metody. Jest ona jednak znacznie zabawniejsza i bardziej efektywna, kiedy wykorzystujemy ją z pełną wiedzą).

Kiedyś, używając naturalnej nawigacji, musiałem dojść do miejsca oddalonego o osiem kilometrów od Parku Narodowego Dartmoor pod czujnym okiem amerykańskiego dziennikarza. Wędrowałem na przełaj, we mgle, bez mapy, kompasu i GPS-u. W czasie tego trudnego egzaminu musiałem dodatkowo patrzeć, którędy iść, aby nie utonąć w bagnie. Trawy były jedyną mapą, z której mogłem skorzystać, a gdy na chwilę mgła się podnosiła, lustrowałem otoczenie w poszukiwaniu ścieżek oraz miejsc zbyt trudnych do przejścia.

W czasie tej wędrówki korzystałem z jeszcze jednej wskazówki – czekałem na to, co zrobi wiatr, oraz, co ważniejsze, obserwowałem, co wiatr zrobił do tej pory. Trawa służyła mi nie tylko za mapę, ale również za kompas. Wiedziałem, że od kilku dni wiatr wieje ze wschodu, choć zazwyczaj nadchodzi z południowego zachodu. Oznaczało to, że trawa została ukształtowana głównie przez te dwa wiatry, ale nie w ten sam sposób. Najwyższe i najdumniejsze trawy zginały się ze wschodu na zachód pod wpływem ostatnich wiatrów, ale niższe wyginały się pod wpływem dominującego południowo-zachodniego wiatru. Ta prosta metoda wymaga jedynie niewielkiej wiedzy o relacjach między wiatrem a trawą. Co więcej, dobrze się bawiłem, przykucając i z poziomu kostek przyglądając się badawczo trawom w miejskim parku. (Co dziwniejsze, do opracowania tej metody zainspirowały mnie dawne techniki nawigacji stosowane na Oceanie Spokojnym, kiedy to żeglarze uczyli się obserwować nachodzące na siebie fale, z których później odczytywali kierunek wiatru).

Trawy łatwo przeoczyć, choć dają mnóstwo wskazówek. Wędrując, często stajemy przed falującą na wietrze łąką. Trawy, tak samo jak pokrzywa zwyczajna, lubią żyzną glebę i będą rosnąć w miejscach, które ludzie wzbogacili o fosforany.

Każde źdźbło trawy zawiera wskazówki dotyczące kierunku oraz wilgotności gruntu. Dłuższe trawy odzwierciedlają działanie ostatnich wiatrów, krótsze – dłuższe działania wiatru

Jeżeli podczas wędrówki znajdziesz się nad brzegiem wody, dobrze jest posłużyć się roślinami, aby sprawdzić jej głębokość. Wcześniej ostrzegły cię kwiaty i drzewa, ale kępa pałek wodnych powinna cię ostatecznie skłonić do zwolnienia kroku. Pałki rzucają się w oczy, a latem łatwo jest je zidentyfikować – na czubku wyrastają im charakterystyczne ciemnobrązowe kwiaty w kształcie szpiców, przypominające hot dogi.

Pałki wodne świetnie zacierają granicę pomiędzy lądem a wodą. Niektórzy są zdania, że wykonują swoją pracę zbyt dobrze, ponieważ porastają stały grunt, ale potrafią nagle zniknąć w wodzie. Jeśli między sitowiem zobaczysz nadzianego na patyk hot doga, niech cię nie kusi, by iść dalej, niezależnie od tego, jak cenne były piłka, kapelusz czy frisbee.

Za pałkami wodnymi, zazwyczaj na wodzie sięgającej do pasa, często można spotkać rdestnicę pływającą, która tworzy zielony dywan. Dalej zobaczysz lilie wodne. Białe lilie są najszczęśliwsze, gdy rosną w wodzie o głębokości około dwóch metrów, a żółte lilie wodne najlepiej się czują na głębokościach do pięciu metrów[14].

Kwiaty mogą wskazywać głębokość wody oraz jej przepływ. Rzęsę wodną i lilię wodną można zobaczyć na stojącej czystej wodzie stawów oraz jezior, włosienicznik wodny zaś rozwinie białe kwiaty wiosną i latem na wolno poruszającej się wodzie.

Czas kwitnienia

Krążenie Ziemi dookoła Słońca decyduje o rocznych zmianach szaty roślinnej. Pod koniec czerwca następuje przesilenie letnie i dni robią się krótsze. Wiele roślin, na przykład dziurawiec zwyczajny, wyczekuje tego momentu i dopiero wtedy rozkwita. Kiedy nie widzimy zależności między porami roku a roślinami, tracimy głębszą więź z naturą. Rozkwitanie roślin w środku lata nie jest rzeczą dziwną, jednak współczesne kalendarze przysłaniają nam fakt, że wzrost wynika z przesunięcia wschodzącego słońca na południe lub obniżenia się słońca w środku dnia po raz pierwszy od sześciu miesięcy.

Im więcej czasu spędzimy na zewnątrz, tym lepiej nauczymy się odczytywać czas świata naturalnego. Widok wczesnych pierwiosnków oraz zawilców może zaskoczyć, kiedy zobaczymy je po raz pierwszy, ale wkrótce zaczną wyznaczać znajomy etap leśnego cyklu. Kwiaty pojawiające się w chłodniejszej części roku wygrywają z koronami drzew, przez co mają dla siebie całe niebo, którego nie zasłaniają im zachłanne liście.

Wszystkie cykle są z sobą powiązane, a kiedy zaznajomimy się z tymi zegarami i kalendarzami, będziemy potrafili odczytywać już wszystko. Jest to powszechna wiedza w tych kulturach, które wciąż opierają się na wskazówkach świata zewnętrznego. Inuici wierzą, że jeżeli skalnica naprzeciwlistna pokrywa się kwiatami, to samica renifera jest cielna[15]. W kolejnych rozdziałach pokażę, że gwiazdy i kwiaty stanowią część tego samego kalendarza.

Zaskakiwać może nas to, jak wiele roślin wykazuje się punktualnością. Niektóre kieliszniki rozkwitną tylko wtedy, gdy długość dnia będzie wynosiła mniej niż piętnaście godzin, a część nagietków – gdy dzień będzie trwał sześć i pół godziny. Gwiazdy betlejemskie, truskawki oraz soja warzywna czekają, aż długość dnia spadnie poniżej pewnego poziomu. Podobnie postępują skalnice, rośliny dzwonkowate i geranium, po to aby przedłużyć czas swego kwitnienia.

Stokrotki otwierają się i zamykają w zależności od poziomu światła, zupełnie jak len zwyczajny rosnący na polu obok mojego domu. Niektóre polne kwiaty, takie jak dębnik ośmiopłatkowy, będą iść za słońcem wędrującym po niebie niczym wskazówka zegara.

Gdy tylko zdamy sobie sprawę, że wszystko dookoła zmienia się minuta po minucie, wtedy pierwiosnek w lesie albo sasanka na łące opowiedzą nam zupełnie inną historię o czasie[16]. Oba kwiaty są wrażliwe na zmiany, więc ich widok na danym terenie utwierdzi nas w przekonaniu, że świat nie zmienił się przez ostatnie sto lat, a może dłużej.

MCHY, GLONY, GRZYBY I POROSTY

Która „wiejska nędza" często jest brana za gumę do żucia?

Jeśli po raz pierwszy patrzysz na jakiś budynek, łatwo określisz, czy jest stary, czy nowy. Oczywistą wskazówką będzie materiał, z którego został wykonany, a także styl architektoniczny, ale jeszcze ważniejszą informację przynosi jego powierzchnia – prawie każda odsłonięta część da schronienie małym organizmom. Mchy, glony, grzyby i porosty szukają dla siebie miejsca na dowolnej nietoksycznej powierzchni. Większości z nich to się nie uda, dlatego widzimy kamienne elementy budynków oraz korę na drzewach. Niektóre wszakże odniosą sukces. To właśnie one mają szczególne wymagania i jeśli uda nam się je zrozumieć, każdy z tych organizmów ujawni jakąś tajemnicę.

Mchy

Zaczniemy od organizmów o najbardziej podstawowych potrzebach, potem przejdziemy do bardziej wymagających. Dlatego najpierw trzeba powiedzieć kilka słów o mchach, które do wzrostu potrzebują wody, są więc wskaźnikami wilgotnych miejsc. Z tego możemy wysnuć dalsze wnioski. Zacienione miejsca są wilgotniejsze od nasłonecznionych, a zatem mchy będą porastać miejsca skierowane na północ.

Glony

Na jednym z kursów pokazałem jego uczestnikom tablicę drogową z napisem „Roman Villa" oraz strzałką. Powiedziałem, że znak zawiera dwie oczywiste wskazówki nawigacyjne, i spytałem, jaka jest ta druga, poza strzałką kierującą do rezydencji. Kursanci zaczęli się zastanawiać, a wtedy zachęciłem ich, aby obejrzeli znak z obu stron. Jego południowa strona była biała i wyglądała na czystą, północna – brudna i pokryta glonami. Wytłumaczyłem, że tablica pokazuje związki między różnymi składnikami natury. Metal pokryty farbą nie jest środowiskiem przyjaznym dla żywych organizmów. Jednakże środowisko po obu stronach znaku różni się od siebie – na stronę północną nie pada bezpośrednio światło słoneczne, nie wysusza się więc ona stale tak jak strona południowa. Ta mała różnica w kluczowej zmiennej – wilgotności – tłumaczy, dlaczego jedna strona jest domem dla zielonych glonów, a druga wygląda tak, jakby była wypolerowana. Tak właśnie się dzieje – słońce poleruje powierzchnie, pod warunkiem że nie znajdują się na nich glony ani mchy.

Istnieje ogromna liczba gatunków glonów, lecz myślimy o nich głównie jako o zielonej powłoce, której występowanie oznacza wilgotność i dlatego możemy się nią posłużyć do określania kierunków. Ale jednemu wyjątkowemu glonowi warto się przyjrzeć podczas wędrówki. Trentepolia pojawia się na korze wielu drzew, a jej kolor zmienia się od jaskrawopomarańczowego do rdzawego w zależności od warunków. Tak jak inne glony trentepolia jest wrażliwa na poziom wilgoci, tworzy więc pasy na północnych częściach drzew, gdzie dociera tylko niewielka ilość światła słonecznego. Niekiedy pokrywa całą północną połowę pni leśnych drzew. Częściej występuje na południu Wielkiej Brytanii, ale powoli rozprzestrzenia się na północ.

Jeśli zauważysz kwitnące glony, czyli bujną powłokę o charakterystycznym kolorze pokrywającą powierzchnię, oznacza to, że coś musiało sztucznie wzbogacić środowisko. Opary nawozów przywiane przez wiatr sprawiają, że na drzewach, stawach oraz kałużach pokazują się jaskrawe warstwy glonów.

Grzyby

Grzyby mają bardziej wyrafinowany gust niż mchy i glony, co sprawia, że mniej chętnie udzielają wskazówek, za to oferują ciekawsze historie. Najkrócej mówiąc, grzyby lubią wilgoć i zacienione środowisko, z którego czerpią wszystkie potrzebne składniki odżywcze.

Trudno jest zauważyć grzyba, gdyż większość czasu spędza on ukryty pod ziemią, a gdy już się pojawia, to trudno określić, jaki to gatunek. Nauka o grzybach jest wyspecjalizowaną dziedziną, ale każdy może sobie przyswoić kilka podstawowych zasad i nauczyć się odróżniać najczęściej występujące gatunki.

Grzyby podpowiadają nam, w czyim towarzystwie lubią rosnąć. Jeśli poproszę, żebyś wyobraził sobie muchomora, istnieje duża szansa, że pomyślisz o muchomorze czerwonym, tym z czerwonym kapeluszem pokrytym białymi kropkami, świetnie znanym dzięki bajkom. Muchomory czerwone rosną na glebach kwaśnych, często pod brzozami. Grzybiarze, szukając grzybów, czasem rozglądają się za konkretnym rodzajem drzew.

Warto na chwilę odejść od tematu i zastanowić się, czy spotkane podczas wędrówki grzyby mogą nam udzielić użytecznych wskazówek. Wyobraź sobie, że idziesz przez las i nagle zauważasz gromadę muchomorów czerwonych. Przeciętny wędrowiec pomyśli: „Och, to urocze!", ale mam nadzieję, że czytelnik tej książki powie sobie mniej więcej coś takiego: „Gdzie są brzozy? O, tam! Brzozy to kolonizatorzy. Prawdopodobnie dotarłem do skraju starego lasu i teraz wchodzę do jego młodszej części. Idąc w tamtym kierunku, wyjdę na otwarty teren".

Setki grzybów możemy wykorzystać w podobny sposób, czyli jako wskazówkę dotyczącą rodzaju drzewa, które z kolei powie nam, na jakim znajdujemy się terenie. Mleczaj liliowy sygnalizuje występowanie olch rosnących niedaleko wody. Niektóre grzyby, takie jak koźlarz białawy i lakówka drobna, bezpośrednio wskazują mokre tereny. Łatwym do rozpoznania grzybem jest łuszczeniec klonowy, który zostawia na liściach jaworów czarne kropki. Jest bardzo wrażliwy na występowanie dwutlenku siarki, więc jego obecność oznacza niezanieczyszczone powietrze – im więcej kropek, tym powietrze czystsze[1].

Czernidłak kołpakowaty również należy do grzybów, które łatwo rozpoznać, jeśli tylko pamiętamy jego nazwę. Składa się z pofalowanych warstw w kolorze złamanej bieli i kapie z niego ciecz czarna jak atrament, kiedy deszcz wymywa jego zarodniki. Jego wydłużony kapelusz sygnalizuje, że ziemia, na której rośnie, została poruszona przez ludzi.

Z obserwacji wielu gatunków grzybów wysnujemy wniosek o aktywności zwierząt i przybliżonym czasie, kiedy do niej doszło. *Poronia punctata* rośnie na końskich odchodach, a mający mniej wdzięczną nazwę *Ascobolus furfuraceus* – na krowich plackach. Jeżeli posługujesz się grzybami po to, aby wytropić człowieka lub zwierzę, to twoim ulubieńcem może stać się gołąbek czarniawy, który po trzynastu minutach od wyrwania lub zdeptania zmienia swoją barwę na czerwoną, a po piętnastu minutach robi się czarny[2].

Niektóre grzyby informują o miejscu dawnego pożaru – przyczepka falista oraz łuskwiak wypaleniskowy są w tym najbardziej pomocne. Żagwica listkowata porasta podstawę dębu, w który uderzył piorun.

Być może najlepszą zachętą do poświęcenia czasu na zgłębianie zwyczajów grzybów jest piękno ich nazw oraz niezwykła natura niektórych udzielanych przez nie wskazówek. Włośnianka korzenista na przykład rośnie nad podziemnymi latrynami zwierząt lub małymi gnijącymi zwierzętami.

Porosty

W miejscach, gdzie grzyby i glony nie mogą rosnąć samodzielnie, ewolucja stworzyła wspólnotę, którą nazywamy porostami. Tworzą one najbardziej niedoceniany przez wieki organizm, jaki znajdziemy w trakcie wędrówek. Nawet wybitny botanik Karol Linneusz używał w stosunku do nich określenia *Rustici pauperrimi*, czyli „wiejska nędza". Łacińska nazwa porostów *lichens* wywodzi się z greki i oznacza wysypkę, kurzajki lub trąd[3].

Porosty są piękne pod wieloma względami oraz nadają kolor wielu bezbarwnym miejscom i pustkowiom. Mogą przetrwać w temperaturach do stu stopni niższych niż większość roślin oraz na wysokościach, na których żadna żywa istota nie odważyłaby się zamieszkać. Ponadto są bardzo przydatne – używano ich jako pożywienia, trucizny, składniku balsamów oraz barwników i bez nich tweedowe marynarki Harrisa nie byłyby takie same. Dla wędrowca ich największą zaletą jest to, że występują niezależnie od pory roku, można więc je obserwować przez cały czas.

Lubię myśleć o biologii porostów w następujący sposób: grzyby zbudowały dom, a glony zostały żywicielem rodziny. Jeśli grzyb nie zapewni stabilnej struktury, to glon może umrzeć jako bezdomny w jakimś strasznym miejscu. Jest to prawdziwie bliski związek, ponieważ grzyb umarłby z głodu bez składników odżywczych, gdyby glon przestał przekształcać promienie słoneczne na cukry. Związek ze światłem jest dla porostów kluczowy i nie znajdziesz ich głęboko w jaskiniach – tę prawidłowość także można wykorzystać jako przydatną wskazówkę.

Istnieje wiele form porostów. Porost skorupiasty jest chrupiący, krzaczkowy jest liściasty, listkowy jest krzaczasty, a nitkowaty przypomina włosy. Zamiast próbować zaznajomić się z tysiącem różnych porostów, lepiej poznać kilka przydatnych rodzajów oraz ich upodobania.

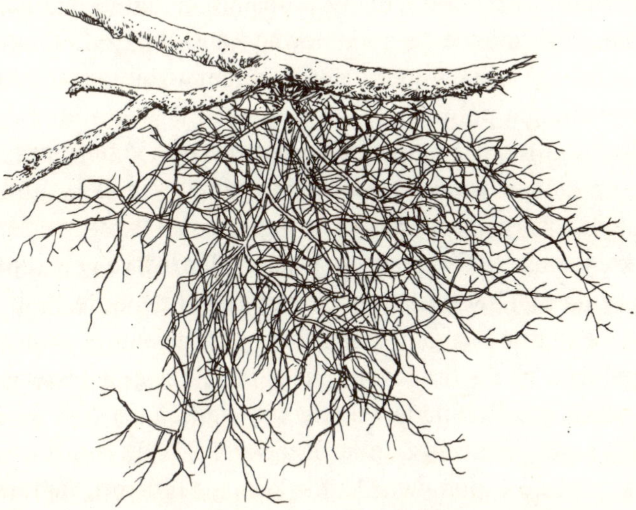

Obecność brodaczki jest oznaką czystego powietrza

Porosty są wrażliwe na wiele czynników, takich jak światło słoneczne, wilgotność, pH i skład mineralny podłoża, a także jakość powietrza. O każdym z nich mogą nam coś powiedzieć. Ich podstawowe upodobania łatwo odgadnąć – porosty najlepiej sobie radzą w czystym powietrzu, w miejscach dobrze nasłonecznionych oraz nieco wilgotnych. Są tak czułym biowskaźnikiem, że na podstawie specjalnej skali porostowej określa się stopień zanieczyszczenia atmosfery.

W dobie zanieczyszczeń przemysłowych w Londynie w Królewskich Ogrodach Botanicznych w Kew znaleziono jedynie sześć gatunków porostów, a podczas ostatnich badań doliczono się siedemdziesięciu dwóch. Pierwsza i najłatwiejsza wskazówka brzmi: widząc porosty, odetchnij głęboko, bo powietrze jest czyste.

Każda rodzina porostów ma nieco inne upodobania – włochate porosty zwisają z gałęzi drzew (to one są wskaźnikiem czystego powietrza), a galaretowate znajdziemy w miejscu wilgotnym i zacienionym. W porostach z dodatkiem koloru niebieskiego można się spodziewać trzęsidła, czyli kolonii sinic, które też lubią wilgoć i cień, a zatem wybiorą stanowiska skierowane na północ.

Jeżeli jesteś początkującym wędrowcem, idziesz przez teren, na którym znajduje się dużo drzew oraz skał, i nie zauważyłeś żadnych porostów, a nagle pojawiły się wszędzie dookoła, może być to znak, że jeden z kluczowych czynników otoczenia uległ w tym miejscu radykalnej zmianie. Jeśli zgubiłeś się w lesie i nagle widzisz dużo porostów, to powinno cię to podnieść na duchu. Na skraju lasu znajdziesz ich więcej niż w środku, gdyż rosną lepiej, kiedy zwiększa się ilość światła.

Na sąsiadujących z sobą drzewach znajdziesz różne gatunki porostów, ponieważ każda kora ma inne pH. Będzie ich o wiele mniej na kwaśnych sosnach niż na większości drzew liściastych, które napotkasz. Ulubieńcami porostów są dęby.

Ilość porostów się zmniejszy, gdy będziesz zbliżał się do miasta, ponieważ pogarsza się jakość powietrza. Jedynym wyjątkiem jest miejski twardziel misecznica murowa, którą można znaleźć na szarych skrawkach ścian oraz chodników. Regularnie jest mylona z gumą do żucia. Ilość porostów zmniejszy się również wtedy, gdy środowisko stanie się mniej przyjazne, ale mimo wszystko wiele gatunków przetrwa. Na Antarktydzie doliczono się dwudziestu ośmiu gatunków na szerokości geograficznej południowej 78°, na 84° było ich osiem, a na 86°

znaleziono dwa gatunki[4]. Czapki z głów przed tymi dwoma gatunkami. Niewiele organizmów na Ziemi przetrwa tak blisko bieguna.

Jeśli dostrzeżesz skupisko porostów w załomie dachu lub muru albo w dziupli, to prawdopodobnie znalazłeś miejsce, w którym regularnie zatrzymują się zwierzęta. Łatwo określić, gdzie na dachach gnieżdżą się ptaki – pasmo porostów pojawi się na ich odżywczych odchodach.

Nadszedł czas, aby nieco lepiej poznać trzy najważniejsze dla wędrowca porosty oraz ich dwie główne skłonności. Im jaśniejszy wydaje się porost, tym więcej padało na niego światła. Kilka porostów ma kolor tak jaskrawo pomarańczowy, żółty lub zielony, że zdają się lśnić. Jeśli zauważysz porosty w takich kolorach, możesz być pewien, że zostały wystawione na światło słoneczne, w szczególności padające z południa. Aby ułatwić ludziom zapamiętanie tej informacji, mówię im, że porosty pochłaniają światło słoneczne, a następnie część oddają: im więcej światła dostają, tym więcej oddają koloru.

Złotorost ścienny (*Xanthoria parietina*) pochodzi z rodziny porostów o złotym kolorze (*xanthos* to po grecku „blond"). Widziałeś go tysiące razy, ale może nigdy mu się nie przyjrzałeś. Jest to mój ulubiony porost, nie tylko ze względu na jego radosny wygląd. Rośnie na dachach, ścianach oraz na korze drzew, a także pośród ptasich odchodów, szczególnie na wybrzeżach. Wiele dachów w St Ives w Kornwalii jest nim pokrytych.

Jak wszystkie porosty złotorost ścienny jest wrażliwy na ilość światła i woli powierzchnie skierowane na południe. Lubię go także dlatego, że zmienia kolor wraz ze zmianą nasłonecznienia: kiedy otrzymuje dużo światła, staje się jaskrawopomarańczowy, ale w bardziej zacienionych miejscach traci połysk, przyjmując odcień matowej żółci, zieleni i szarości. Tworzy paletę kolorów, zmieniając odcień na całej długości. Podczas kursów lubię wskazywać na złotorost porastający jedną z dobrze oświetlonych ścian. Ma lśniący złotawy kolor, ale w cieniu gałęzi staje się matowopomarańczowy z domieszką zieleni. Jeśli przyjrzysz się bliżej, zauważysz, że ten porost kieruje swoje kieliszeczki w stronę światła, tym samym dając wskazówkę odnośnie do kierunku.

Drugą ważną sprawą jest to, że porosty skorupiaste bardzo wolno rosną i za ich pomocą można na przykład oszacować czas powstania budowli metodą, którą naukowcy nazywają lichenometrią. Im porost skorupiasty jest szerszy, tym dłużej porasta dane miejsce.

Nadszedł moment, aby poznać drugi ważny dla wędrowca porost. Jego oficjalna nazwa to wzorzec geograficzny (*Rhizocarpon geographicum*), potocznie zaś jest nazywany porostem mapowym, ponieważ jego jaskrawozielone talerze są zakończone czarnymi brzegami i w skupisku przypomina zarys państw na mapie.

Wzorzec geograficzny można wykorzystać zarówno do oszacowania wieku powierzchni skalnych, jak i określania kierunku. Jego wzrost jest uzależniony od poziomu wilgoci – rośnie szybciej na zachodzie kraju oraz na północnej części skał, ale bezpiecznie jest założyć, że nie urośnie szybciej niż milimetr na rok. Oznacza to, że jeżeli znajdziesz wzorzec geograficzny, którego promień ma 40 centymetrów, to patrzysz na coś, co spokojnie rosło przez przynajmniej czterysta lat. Lichenometria, poprzez badanie tempa przyrostu plech rozmaitych porostów, umożliwia określenie czasu topnienia lodowców, wieku budowli, a także rzeźb na Wyspach Wielkanocnych. Pozwala także obliczyć częstotliwość trzęsień ziemi[5].

Tak jak w wypadku wielu innych porostów zieleń wzorca geograficznego jest oznaką ilości otrzymanego światła słonecznego. Z czasem dowiesz się, że ten porost rośnie jedynie na południowej części skał, z której to wskazówki skorzystałem, wędrując po północnej Walii. W miejscach, gdzie porost pokryje obie części skał, część północna będzie nieco bardziej matowa, a południowa jaśniejsza, czasem z domieszką żółtego.

Ostatnim porostem wartym poznania jest *Graphis alboscripta*. Łatwo go rozpoznać, ponieważ wygląda jak bazgroły na szarej powierzchni. Jest oznaką czystego powietrza, a można go znaleźć w ocienionych miejscach, przeważnie więc porasta północne części drzew, w szczególności jesiony i leszczyny. Jego zamiłowanie do cienia wynika z tego, że zawiera glon o nazwie trentepolia, który poznaliśmy wcześniej. Jeśli zdrapiesz ten porost, ukaże się wyrazisty, pomarańczowordzawy kolor glonu.

Wielość odmian oraz wszechobecność porostów wydają się przytłaczające, ale się nie zniechęcaj. Najważniejszym wnioskiem z tego rozdziału jest to, żebyś w czasie wędrówek spróbował znaleźć jakieś prawidłowości dotyczące porostów. Nie są potrzebne żadne nazwy ani łacina, wystarczy trochę ciekawości.

Podczas trudnych ćwiczeń z naturalnej nawigacji na La Palmie, na Wyspach Kanaryjskich, stałym wyzwaniem była mgła rozciągająca się nad wulkanami w porze lunchu. Widoczność była dobra aż do południa, ale tuż po dwunastej chmury się obniżały i wzrok nie sięgał poza najbliższy krajobraz. Do dzisiaj jestem wdzięczny porostowi, który mi pomógł w tej ciężkiej sytuacji. Na szczęście wcześniej tamtego dnia zauważyłem, że ten szarozielony porost lubi północno-zachodnią stronę skał wulkanicznych, dzięki czemu schodząc z góry, jakoś znalazłem drogę. Nigdy jednak nie poznałem jego nazwy.

Do porostów wrócimy w rozdziale dotyczącym wybrzeża, ale też gdy będziemy wstępować do porostowego raju przy okazji rozważań o kościele.

WĘDRÓWKA WŚRÓD SKAŁ I GÓRSKICH KWIATÓW

Skały sprawiły, że land rover dawał z siebie wszystko. Zawsze kiedy silnik albo nogi muszą ciężko pracować, mamy pod sobą ciekawe podłoże. Zaparkowałem niedaleko Llyn Ogwen, jeziora rynnowego w północno-zachodniej części Walii.

Uścisnęliśmy sobie dłonie z Jimem Langleyem, miejscowym przyrodnikiem i moim przyjacielem, po czym ruszyliśmy badać skały. W starym kamieniołomie zwanym Tin Can Alley gołym okiem można było zobaczyć warstwy popiołu wulkanicznego, a chwilę później zauważyliśmy organizmy, które uważały te zimne skały za swój dom. Warunki egzystencji były tam silnie zróżnicowane.

Niżej, w zacienionym, wilgotnym miejscu, rosły paprocie i pędzliczki wiejskie, które rozwijają się nawet w ciemnych szczelinach skalnych. Takie miejsca to swego rodzaju botaniczne getta – niewiele roślin zadomawia się w tak zacienionym obszarze, na płytkiej kwaśnej glebie. Nieco wyżej przytulia hercyńska sygnalizowała odrobinę suchsze stanowisko, a wspinając się dalej, wiedzieliśmy, że wkrótce znajdziemy się u celu. Rozchodnik angielski oraz macierzanka piaskowa wskazywały, że było to miejsce skierowane na południe, gdzie często padało słońce.

Wyszliśmy spomiędzy skał, rozejrzeliśmy się po trawiastej równinie, a potem ruszyliśmy ścieżką ku zdobnej kutej bramie. Cofnąłem się, by sfotografować bramę, poczułem błoto pod stopami i spojrzałem w dół. Nie tylko my mieliśmy ochotę na robienie zdjęć. Patrząc na błoto pod nogami, zauważyłem masę śladów stóp. Znajdowały się z dala od szlaku i pomyślałem, że wiele osób zatrzymało się w tym samym miejscu, aby podziwiać bramę lub zrobić jej zdjęcie, i wydeptało błotniste miejsce.

Analizowałem dalej: ciemne sitowie oznaczało podmokły teren, a jasna i wiotka bliźniaczka wskazywała suchy obszar. Obie rośliny są łatwymi do odczytania znakami. Wiatry wiejące z południowego zachodu przeczesały sitowie w sposób, który można było dostrzec ze sporej odległości, ale bliźniaczka pod naszymi stopami stanowiła bardziej złożony znak. Wiejący z północnego zachodu wiatr wpływał na najwyższe źdźbła, a to, że były skręcone, wskazywało, że przez ostatnie dni wiatr wiał z północnego wschodu. Spoglądając jeszcze niżej, bliżej ziemi, zobaczyłem, że dominujący południowo-zachodni wiatr bardziej dał się roślinom we znaki.

Rozglądając się dookoła, widzieliśmy masę krzyżujących się szerszych i węższych ścieżek. Najbardziej widoczne były dróżki ułożone z kamieni transportowanych przez helikoptery. Kilka lat wcześniej, gdy wędrowałem po Lake District, helikopter ze zwisającym ładunkiem skał przeleciał mi tuż nad głową, przyprawiając mnie niemal o zawał.

Po drugiej stronie zauważyliśmy więcej wydeptanych szlaków odbiegających od kamiennych ścieżek. Łatwo było zgadnąć, które są najczęściej wybierane. Jeśli się zastanowimy, dlaczego wyglądają one inaczej, będziemy umieli rozpoznać także te mniej popularne. Gdy wędrowcy idą szlakiem, niszczą wiele roślin, a wtedy inne, bardziej wymagające gatunki zajmują ich miejsce. Wełnianeczka darniowa jest jednym z takich gatunków i na kwaśnych glebach tworzy małe, poniewierane wysepki. Jeśli wędrujesz wczesnym latem i zauważysz spłaszczone kępki trawy z ciemnobrązowymi końcami, to właśnie będzie wełnianeczka darniowa. Nie ma jednak sensu oznaczać każdego gatunku rosnącego na naszej drodze. Warto za to zauważyć powód, dla którego ścieżki wyglądają inaczej niż otoczenie, a następnie wykorzystać to przy szukaniu ukrytych ścieżek wybieranych przez miejscowych. Jest to jeden ze sposobów pisania przewodników po atrakcyjnych miejscach – rośliny zawsze zdradzą lokalne sekrety. Dalej podążaliśmy jedną z takich ścieżek.

Wspięliśmy się na niższy szczyt. Wszystkie skalne szczyty, ogromne i małe, kryją w sobie wskazówki. Z jakiegoś powodu przetrwały wieki erozji oraz nagromadziły wiele informacji. Gładkie skały, na których staliśmy, stanowiły bazę wskazówek dotyczących kierunków. Staliśmy na mutonie, asymetrycznej formacji skalnej, bardziej stromej po stronie, w którą zmierzał lodowiec. Jej kąt nachylenia był mniejszy od strony, z której pojawił się lód. Kierunek ten potwierdzały równoległe zadrapania na skałach, zwane żłobkowaniem. Lodowiec w tej dolinie sunął na północ i łatwo było znaleźć dziesiątki kamieni służących za kompasy.

Patrząc w dół na szeroką dolinę, widzieliśmy, jak orlica wyznacza jej skraje. Orlica dawała za wygraną tam, gdzie nasłonecznienie albo wilgotność były zbyt duże. Można by narysować mapę z wygodnymi szlakami i miejscami dobrymi na rozbicie obozu wyłącznie na podstawie położenia orlic rosnących na zboczach gór. Wysokość wyznaczały także skupiska drzew. Spojrzeliśmy niżej, na grupy drzew iglastych, gładko przechodzących w drzewa liściaste, które sięgały aż do podmokłych terenów.

Jim wskazał w przeciwnym kierunku, na obszar wypasania owiec i na drugi, na który owce nie miały wstępu. Jedną stronę oddalonego kamiennego muru obficie porastał wrzos, po drugiej stronie owce wyskubały go tak, że trudno go było zauważyć.

Wędrowaliśmy wzdłuż jeziora znajdującego się w samym środku pięknej, otoczonej górami doliny Cwm Idwal, a następnie rozpoczęliśmy wspinaczkę. Na niewielkiej wysokości łatwiej było zauważyć sitowie, pnące się od brzegów jeziora, próbujące przyczepić się do lądu. Nieco wyżej, obok olbrzymiego głazu, udało się nam znaleźć pierwszą kolonię pokrzywy zwyczajnej.

„Niedaleko znajdziemy dowody obecności zwierząt lub ludzi", powiedziałem. Rzeczywiście, wkrótce natknęliśmy się na owcze odchody, zardzewiałą drucianą ramę od starego plecaka oraz zniszczony kubek termiczny. Wszystko układało się w logiczną całość: byliśmy po północno-wschodniej stronie olbrzymiego głazu, w bardzo nasłonecznionym miejscu. Było to ulubione schronienie owiec oraz wędrowców, gdy zaczynał wiać ostry wiatr.

Weszliśmy na podmokły teren, na którym rosły żarłoczne, mięsożerne tłustosze. Upodobania dzikich kwiatów związane ze słońcem wyznaczały nam północ i południe, za każdym razem gdy mijaliśmy ogromny głaz. Patrząc w górę, zauważyłem resztki śniegu na najbardziej ukrytych występach skalnych skierowanych na północ.

Obecność łomki zachodniej oznacza, że gleba, na której rośnie, jest uboga w składniki odżywcze, oraz informuje farmerów o tym, że owce mogą potrzebować więcej wapnia w jadłospisie. Szczawik zajęczy wskazuje północ, a także ujawnia, że idziemy w kierunku starego lasu. Przez czystą wodę pobliskiego strumienia zobaczyliśmy obumarłe korzenie drzew.

Jednym z powodów, dla których dolina Cwm Idwal jest tak ciekawa, poza tym, że została uznana za jedną z najpiękniejszych dolin w Wielkiej Brytanii, jest to, że można tam znaleźć różnego rodzaju skały, niektóre bardziej kwaśne, inne mniej.

Oznacza to, że co kilkaset metrów wchodzi się do nowego botanicznego świata. Nie trzeba być geologiem, aby rozkoszować się tym zróżnicowaniem. Jeżeli zauważysz, że część głazów jest pokryta porostami, a część nie, to zrozumiesz, że istnieje bezpośrednia zależność między skałami a związanym z nimi życiem.

Skały bazaltowe są bardziej przyjazne porostom. Jaskrawozielony wzorzec geograficzny (*Rhizocarpon geographicum*) pojawiał się tam regularnie. Pokazałem Jimowi, jak stawał się jaskrawszy i bardziej błyszczący od południowej strony, z której padało na niego więcej światła słonecznego. Te skały, bardziej odsłonięte i gładsze niż sąsiednie, były idealnym miejscem dla wzorca geograficznego, lecz to właśnie na nich regularnie odpoczywali wędrowcy.

Wciąż wchodziliśmy wyżej, wybierając drogę pośród coraz to większych głazów. Rośliny i skały służyły nam za kompas, a także za oznaczenia suchego gruntu oraz bagien, gdy zatrzymaliśmy się na lunch w miejscu osłoniętym od wiatru. Przed zejściem miałem dla zieleni jeszcze dwa zadania i wiedziałem, że Jim pomoże mi znaleźć taką roślinę, która je wykona.

Po lunchu minęliśmy bażyny należące do rodziny wrzosowatych i podpowiadające nam, że zbliżamy się do celu – lubią bowiem rosnąć na wyższych zboczach. Obraliśmy drogę przez zbocze góry, jeden śmiały krok dzielił nas od małego wodospadu i wtedy natknęliśmy się na lepnicę bezłodygową. Rośnie jedynie w północnej Walii, od strony północy, a my znaleźliśmy ją w punkcie najbardziej wysuniętym na południe. Była to nie tylko wskazówka dotycząca szerokości geograficznej, ale również kierunku. Rośliny rosną na stronie skierowanej ku ich rodzinnemu obszarowi.

Zbocze było coraz bardziej strome, co jest charakterystyczne dla dolin polodowcowych. Minęliśmy skały o krótkich, równoległych zadrapaniach – te ślady zostawili wędrowcy, którzy szli tędy zimą, a ich raki wbijały się w cienkie warstwy śniegu.

„Tak!" To jedno słowo wypowiedziane przez Jima utwierdziło mnie w przekonaniu, że nasza wspinaczka się opłaciła. Wskazał na alpejski krajobraz oraz na kępki skalnicy naprzeciwlistnej rosnącej w niedużych odległościach na północnej części skał bazaltowych. „To bardzo rzadkie kwiaty alpejskie i nie znajdziesz ich poniżej sześciuset metrów", powiedział Jim z uśmiechem i zaczął oglądać te małe, piękne wysokościomierze. Skalnica naprzeciwlistna to ta roślina, która wskazuje Inuitom czas ciąży samicy renifera. W zależności od potrzeb może ci służyć jako wysokościomierz lub kalendarz.

Kwiaty, porosty oraz skały przypominają mi, że land rover zawiózł mnie do północnej części Wielkiej Brytanii, a nogi zawiodły do miejsca, z którego mogłem podziwiać północ ponad alpejskim światem. Dziki i piękny świat, znajdujący się tak niedaleko od Liverpoolu.

NIEBO A POGODA

Co mówią nam kolory tęczy?

Zauważyłeś, że na zdjęciach wykonanych przez astronautów na Księżycu niebo zawsze jest czarne, nawet jeśli jest oświetlane przez światło słoneczne? Jeżeli wokół Ziemi nie byłoby atmosfery, niebo byłoby czarne i gwieździste nawet w środku dnia. Nauka czytania nieba pomoże ci zrozumieć związek pomiędzy światłem słonecznym, atmosferą i kolorami tęczy.

Kolory, które widzimy w ciągu dnia, są rezultatem światła słonecznego załamującego się w ziemskiej atmosferze i rozpraszającego się w niej. Każdy kolor ma swoją długość fali rozchodzącej się w inny sposób. Gdy następnym razem obudzisz się rano, a niebo będzie idealnie niebieskie, bez żadnej chmury, zwróć uwagę na kilka zjawisk.

Nawet gdy nie ma chmur, niebu daleko do jednolitości – będzie mieszanką kolorów, głównie odcieni niebieskiego i bieli. Najlepszą porą dnia na tę obserwację jest ranek, mniej więcej godzinę po wschodzie słońca. Rozejrzyj się po niebie w każdym kierunku, a zobaczysz, że niektóre jego części są niebieskie, a inne białe. Ta część nieba, na której jest słońce, będzie bardzo jaskrawa, ale gdy spojrzysz w przeciwnym kierunku, zobaczysz, że tam niebo też jest jasne, ponieważ odbija w twoją stronę trochę światła słonecznego. Patrząc wyżej, bezpośrednio nad głowę, zobaczysz intensywnie niebieskie niebo, ale gdy będziesz opuszczać wzrok, dostrzeżesz, że niebieski robi się nieco jaśniejszy, aż do momentu gdy na horyzoncie stanie się kolorem białym. Na początku i na końcu słonecznego dnia na niebie pojawi się szerokie niebieskie pasmo przechodzące z północy na południe, a jego boki wydadzą ci się jaśniejsze i bielsze.

Nieważne jak piękna jest pogoda, linia horyzontu nigdy nie będzie niebieska; warto pamiętać, że ma odcień bieli i być świadomym tego efektu, gdy czytamy niebo w celu przewidzenia pogody. Efekt ten jest spowodowany rozproszonym przez atmosferę światłem, co oznacza, że im cieńsza atmosfera, tym mniej światła się rozprasza i zobaczysz ciemniejsze kolory. Na szczytach wysokich gór niebo nad głową ma odcień ciemnoniebieski, a horyzont zmienia się z białego na jasnoniebieski. (Z powodu efektu rozproszenia światła również kolory wzgórz z dystansu stają się jaśniejsze – wzgórza z tyłu zawsze będą jaśniejsze od tych z przodu).

Gdy zrozumiemy puste płótno, jakim jest niebieskie niebo, możemy zająć się kolorami, które widzimy, a które nie pasują do żadnego schematu. Przede wszystkim możesz przeprowadzić test czystości powietrza, tam gdzie właśnie jesteś (większość ludzi mówi w tym kontekście o „świeżym powietrzu"). Powietrze uznajemy za czyste, jeżeli zawiera jedynie gazy i nie ma w nim żadnych dużych cząsteczek. Duże cząsteczki unoszące się w powietrzu, zwane aerozolem, wpływają na rozpraszanie światła, a zatem i na kolory, które widzimy. Możemy to sprawdzić, patrząc na niebo bliżej słońca. Przysłoń słońce wyprostowanym palcem lub dwoma, ponieważ musisz uważać, żeby nie spojrzeć bezpośrednio na nie. Porównaj kolor nieba po każdej stronie słońca do niebieskich części nieba. Im bardziej niebieskie jest niebo bliżej słońca, tym czystsze jest powietrze. Jeżeli słońce świeci przez wolną od cząsteczek aerozolowych atmosferę, to po każdej jego stronie będzie ona niebieska, gdyż aerozol tworzy dookoła słońca pozbawioną koloru aureolę[1].

Kolejną wskazówką mówiącą o jakości powietrza jest czystość białego koloru, który widzimy blisko horyzontu. Kolor powietrza pozbawionego zawieszonych cząsteczek będzie się zmieniał od niebieskiego, przez jasnoniebieski, aż do czystej bieli na horyzoncie. Jeżeli zobaczysz złamaną biel, co jest bardzo powszechne, oznacza to, że w powietrzu znajdują się zanieczyszczenia. Kolor szary mówi o tym, że w powietrzu są kurz, sadza, sól oraz kwaśne cząstki.

Wszyscy potrafimy rozpoznać z bliska dym, ale obserwując go z daleka, widzimy różne rzeczy w zależności od rodzaju dymu oraz kąta padania światła. Cząsteczki dymu pochłaniają dużo światła, a na jasnym tle wydają się ciemniejsze, dlatego dym ma brązowy lub czarny odcień. Dobrze oświetlony dym na ciemnym tle może wydawać się biały lub niebieski, w zależności od rozmiaru cząsteczek. Możesz to sprawdzić, gdy zobaczysz kogoś palącego papierosa. Jeżeli dym papierosowy znajduje się w jasnym miejscu, ale na ciemnym tle, to jego odcień, gdy będzie wydobywał się z papierosa, wyda się niebieskawy. Wydychany dym nigdy nie będzie niebieski, tylko biały. Cząsteczki w wydychanym dymie są większe niż w dymie z papierosa, ponieważ przywierają do siebie i są wilgotniejsze.

Każdy kolor widoczny na niebie jest wskazówką dotyczącą wielkości cząsteczek oraz ich związku ze światłem.

Od czasu do czasu w środku dnia możesz zauważyć na niebie czerwonawy odcień. Sygnalizuje on największe cząsteczki, które przemieszczają się w powietrzu: pył oraz drobny piasek. Pamiętam, że widziałem taki efekt podczas żeglowania u wybrzeży zachodniej Afryki. Niedługo potem znalazłem małe kopczyki piasku zbierające się u podstawy masztów.

Kilka dni temu, gdy pracowałem nad tą książką, moja żona i synowie w ogrodzie korzystali ze słonecznej pogody. Słyszałem, jak żona prosi młodszego syna, by trzymał od niej z daleka wąż ogrodowy, którym się bawił. Po chwili syn zawołał: „Mamusiu, popatrz! Widzisz tęczę?" „Tak, kochanie, jest piękna", odpowiedziała, patrząc w górę.

Było to jedno z tych wybaczalnych kłamstewek. Syn rozpylał wodę z węża w kierunku mojej żony, a słońce znajdowało się za nim. Z okna mojej chatki widziałem, że żona z miejsca, w którym siedziała, nie mogła zobaczyć tęczy, ale trzymałem buzię na kłódkę. Tęcze mogą być przydatne, ponieważ każda mówi nam coś o naturze wody w atmosferze oraz kierunku padania promieni słonecznych.

Aby można było zobaczyć tęczę, różne zjawiska muszą zajść jednocześnie. Po pierwsze, niezbędny jest deszcz, po drugie, światło słoneczne padające na deszcz, po trzecie, obserwator, za którego plecami będzie znajdować się słońce. Tęcze nie powstaną bez obserwatora, a jest ich tyle, ilu ludzi patrzących na nie, są bowiem ułożone inaczej w stosunku do każdego z nich. Jeśli jedziesz pociągiem, widzisz tęczę poruszającą się wzdłuż pociągu z taką samą prędkością, z jaką on jedzie, lecz dla osoby stojącej na peronie tęcza jest nieruchoma. Nie chciałbym rozczarować romantycznych czytelników, ale pewnie już wiecie, że na końcu tęczy nie ma garnka ze złotem, ponieważ musiałby się szybko przemieszczać.

Tęcza jest częścią koła, a jego środek (o ile w ogóle możesz go zobaczyć) będzie dokładnie naprzeciwko słońca z perspektywy osoby, która patrzy na tęczę. Ten punkt naprzeciwko słońca jest istotny dla wielu efektów optycznych i nosi nazwę punktu antysolarnego. Środek koła tęczy można wskazać, a jej promień jest widoczny pod kątem 42°. Skoro tęcza stanowi część koła, to jej promień wyznacza szerokość czterech zaciśniętych pięści.

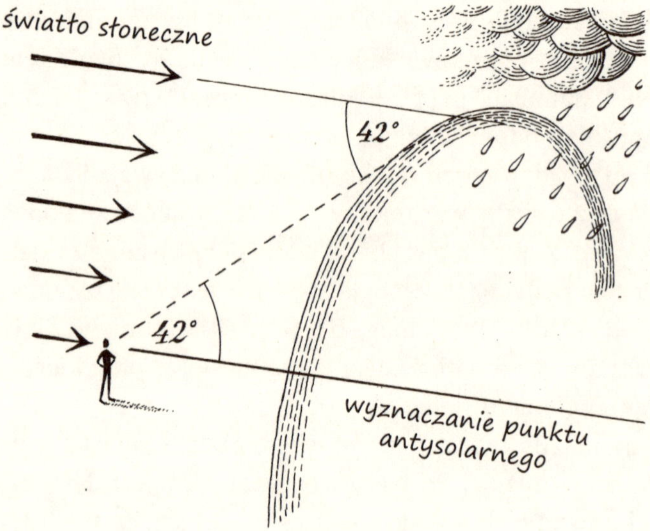

Ta informacja może nam pomóc przy tworzeniu użytecznych przewidywań i przy dedukcji. Przede wszystkim im wyżej jest słońce, tym niżej znajduje się punkt naprzeciwko niego, a tym samym niżej znajduje się tęcza i wydaje się mniejsza. Dochodzimy do punktu, w którym tęcza mogłaby być za nisko, żeby ją zobaczyć, tak jakby chowała się pod ziemią, co miałoby miejsce, gdyby słońce znajdowało się wysoko na niebie, wyżej niż 42°. Jednakże nie ma potrzeby mierzyć wysokości słońca (chociaż możesz to zrobić za pomocą technik opisanych w załączniku I), ponieważ zawsze gdy nasz cień jest krótszy niż nasz wzrost, wiemy, że słońce znajduje się wyżej niż 45°. Jeśli więc cień jest krótszy od naszego wzrostu, nie zobaczymy tęczy. To właśnie dlatego nie widzimy jej latem. Z drugiej strony, im bliżej do początku lub końca dnia, tym niżej znajduje się słońce, i szanse na zobaczenie tęczy są większe. Największe tęcze, tworzące wielkie półkola, powstają niekiedy o wschodzie lub zachodzie słońca.

Ponieważ środek tęczy znajduje się naprzeciwko słońca, każda tęcza stanowi wskazówkę mówiącą o tym, gdzie ono jest, nawet jeśli nie możemy go zobaczyć. Zaskakujące, jak często widzimy tęczę, ale nie udaje nam się zobaczyć słońca, na przykład gdy chowa się ono za drzewami i budynkami. Teraz za pomocą tęczy możesz określić położenie słońca, co oznacza, że można ją wykorzystywać przy każdej metodzie, o której piszę w rozdziale poświęconym słońcu. Kilkakrotnie zdarzyło mi się użyć tęczy do nawigacji, a raz do tego, aby oszacować, kiedy zapadnie zmrok. Będziesz w stanie zrobić obie te rzeczy, kiedy skończysz czytać ten rozdział i przeczytasz rozdział o słońcu.

Tęcza najczęściej powstaje w odległości kilkuset metrów od miejsca, w którym pada deszcz. Gdy ustalisz, skąd wieje wiatr, uda ci się przygotować własną prognozę. Pogoda albo bardzo szybko się pogorszy, albo polepszy. W naszym klimacie pogoda częściej przychodzi z zachodu niż ze wschodu, dlatego widząc rano tęczę, możemy się spodziewać, że w ciągu dnia zmoczy nas deszcz, ale jej widok wieczorem oznacza, że pogoda się poprawi.

Następnym razem gdy zobaczysz tęczę, przestudiuj uważnie jej kolory. Ujrzysz czerwone, pomarańczowe, żółte, zielone, niebieskie, indygo oraz fioletowe pasy rozciągające się od wewnętrznego pierścienia na zewnątrz. Albo nie ujrzysz. Za każdym razem widzimy na niebie kolory, które są rezultatem załamania promieni słonecznych, ich odbijania i rozpraszania przez cząsteczki wody – tylko dzięki temu możemy czegokolwiek się o nich dowiedzieć. W tym wypadku cząsteczkami są krople deszczu, a kolory, które widzimy, mówią nam o ich rozmiarze. Im bledsze są kolory tęczy, tym mniejsze są krople deszczu, na co istnieją dowody. Jeżeli tęcza ma:

- *pasy w kolorze jasnego fioletu i zieleni, widoczne czerwone pasmo, ale bardzo niewiele niebieskiego* LUB *jej górna część wydaje się ciemniejsza*, to krople deszczu są duże, o średnicy 1 milimetra,
- *czerwień nieco jaśniejszą, ale nadal widoczną*, to krople są średniego rozmiaru,
- *blady łuk, fiolet jako jedyny widoczny kolor, wyrazisty biały pas i zanikający czerwony*, to krople deszczu są małe.

Ta ilość informacji jest przytłaczająca, więc najprościej będzie, jeżeli zapamiętasz, że im więcej czerwieni widzisz, tym większe są krople deszczu. Innymi słowy: „Dużo czerwieni, zostaniemy zmoczeni!".

Kiedy krople deszczu są tak małe, że trwają zawieszone w powietrzu, wszystkie kolory znikają, co może doprowadzić do powstania jasnego łuku nazywanego białą tęczą. Tęcze zawierają wskazówkę dotyczącą temperatury, ponieważ tworzą je jedynie krople deszczu, a nie kropelki mgły, więc oznacza to, że temperatura musi przekraczać zero, a białe tęcze powstają nawet poniżej zera. Raz widziałem to zjawisko z małej łódki, w okolicy Brighton. Było to głębokie i niezwykłe doświadczenie: rozmyty biały łuk pojawił się niczym kopuła wynurzająca się z wody, co mi przypomniało, że za mną znajdowało się słońce.

Czasem można zobaczyć tęczę księżycową, która powstaje tak samo jak zwykła tęcza, ale źródłem światła jest księżyc. To zjawisko powie nam, w którym miejscu znajduje się księżyc. Ponieważ jego światło jest zbyt słabe, aby utworzyło kolory, zobaczysz tylko biały łuk.

Kiedy znów zobaczysz tęczę, spójrz na jej zewnętrzną część i sprawdź, czy nie ma drugiego łuku o szerokości zaciśniętej pięści. Obecność drugich łuków jest powszechna, czasem można zobaczyć też trzeci, ale ten jest bardzo rzadki. Pojawienie się drugiego łuku jest również wskazówką dotyczącą rodzaju kropli deszczu – im większy łuk, tym większe krople.

Jeżeli ujrzysz drugi łuk, przypatrz się, jak odwrócone są kolory – czerwony znajduje się wewnątrz. Pomiędzy główną a drugą tęczą niebo wyda się ciemniejsze. Ten ciemny łuk na niebie znany jest jako pas Aleksandra, od imienia filozofa Aleksandra z Afrodyzji, który jako pierwszy opisał to zjawisko na przełomie II i III wieku. Pas Aleksandra powstaje, ponieważ światło z różnych rejonów nieba odbija się od niego inaczej w kierunku naszych oczu[2].

W samym środku tęczy możesz zauważyć coś, co nazywa się tęczą wielokrotną. Wąskie łuki występują pomiędzy bladym różowym a bladym zielonym i przypominają słabe echo właściwej tęczy. Tęcze wielokrotne wskazują na bardzo mały rozmiar kropli deszczu: im mniejsze krople, tym szerszy każdy z łuków, a czasem są one tak delikatne i wrażliwe na warunki atmosferyczne, że będziesz mógł zobaczyć, jak z sekundy na sekundę ulegają zmianie, gdy rozmiar kropel deszczu zaczyna się zmieniać. Niekiedy ujrzysz, jak tęcza zmienia się od jednej strony łuku do drugiej w tym samym momencie.

Jeżeli zobaczysz tęczę niewyraźną, ale za to zaskakująco dużą i tworzącą łuk większy niż połowa koła, będzie ona oznaką czegoś dziwnego. Czy domyślasz się, co to może być?

Łuk tęczy większy niż pół koła oznacza, że punkt antysolarny znajduje się nad ziemią, więc słońce powinno już zajść. Słońce jednak nie może być schowane, coś zatem jest nie w porządku. Rozwiązanie wyda ci się piękne: światło słoneczne odbija się od spokojnej tafli wody, sprawiając, że światło wydaje się wychodzić spod ziemi. Obecność takiej tęczy mówi nam, że w pobliżu znajduje się jezioro lub inna stojąca woda.

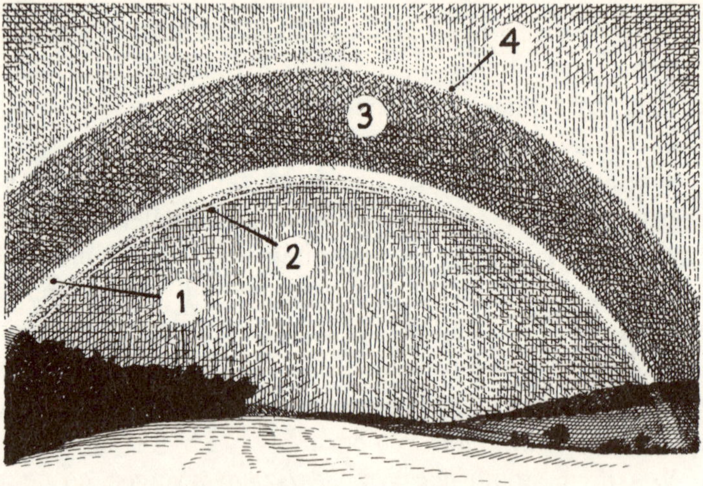

1. Tęcza pierwotna
2. Tęcza wielokrotna
3. Pas Aleksandra
4. Tęcza wtórna

Poza ich pięknem jednym z powodów, dla których tęcze są najpopularniejszym zjawiskiem optycznym, jest to, że pojawiają się na części nieba, na którą patrzymy. Z przyzwyczajenia zwracamy wzrok raczej ku niższym częściom nieba niż ku wyższym. Przezwyciężając ten nawyk i patrząc w górę regularnie, zaczniesz zauważać wiele wspaniałych zjawisk, które umykają innym. Jeśli tylko masz kilka sekund, warto poświęcić je na choćby pobieżną obserwację. Znajdziesz na niebie miłe niespodzianki, ale trzeba wiedzieć, gdzie patrzeć, a w tym pomoże astronom Jan Heweliusz, gdańszczanin żyjący w XVII wieku.

Przed południem 20 lutego 1661 roku Heweliusz zauważył coś niezwykłego na niebie. Oto jak opisał to swojemu przyjacielowi:

> Cud siedmiokrotnego Słońca lub słońce poboczne można było zobaczyć na niebie w przedostatnią niedzielę przed wielkim postem, 20 lutego 1661 roku, od 11 do po 12[3].

Heweliusz naszkicował to, co zobaczył tego dnia.

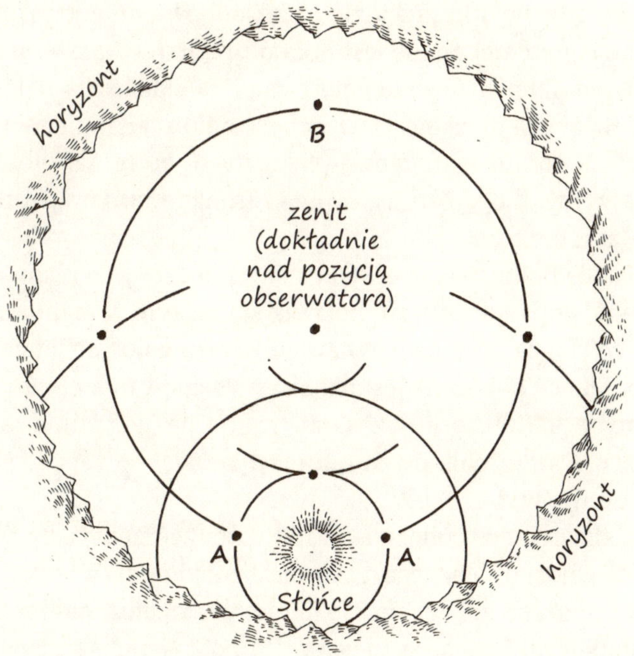

Siedem słońc Heweliusza. A – słońca poboczne (parhelia), B – anthelion, naprzeciwko Słońca

Choć był niezwykle uradowany, w rzeczywistości nie zobaczył niczego nadzwyczajnego. To, co ujrzał, było zbiorem zwykłych zjawisk optycznych, ale nietypowe było to, że dało się je zaobserwować w tym samym momencie. Nie ma powodu, dla którego nie mielibyśmy zobaczyć ich wszystkich za jednym razem, jednak jest to bardzo mało prawdopodobne. Dostrzeżenie jednego lub kilku zjawisk, które Heweliusz miał okazję zobaczyć jako całość, jest niezwykle satysfakcjonujące, ale może być również pomocne w rozróżnianiu rodzajów chmur na niebie.

Powszechnym zjawiskiem jest halo – tęczowy pierścień wokół tarczy słońca lub księżyca. Pojawia się on za każdym razem, gdy światło przejdzie przez odpowiednie kryształki lodu. Najbardziej znane jest halo o rozmiarze kątowym 22°, co łatwo sprawdzić – odległość między słońcem a halo będzie wynosiła dwie pięści. Obecność halo sygnalizuje występowanie chmur warstwowo-pierzastych, które, jak później zobaczymy, mogą ostrzegać przed frontem burzowym oraz opadami deszczu.

Słońce poboczne, w postaci jasnych tęczowych plam albo białego słupa świetlnego, pojawia się na tym samym poziomie co słońce, lecz na zewnątrz obszaru, gdzie znajduje się halo. Słońce poboczne jest oznaką występowania chmur pierzastych, nawet jeżeli czasami trudno bezpośrednio je zobaczyć. Ostrzeżenie przed nimi jest ważne, bo zapowiadają front burzowy[4].

Widząc słońce poboczne, warto rozejrzeć się po całym niebie. W zależności od tego, czy słońce znajduje się wysoko, czy nisko, możesz zobaczyć wspaniałe łuki okołozenitalne. Ich występowanie oznacza to samo, co pojawienie się słońc pobocznych – chmury pierzaste znajdują się wysoko na niebie, mają jeszcze więcej koloru i przeważnie znikają niezauważone.

Regularnie na niebie pojawia się także efekt korony. Jest to mały, często kolorowy okrąg dookoła słońca lub księżyca, znacznie mniejszy niż halo o rozmiarze 22°, tak że nie da się go z nim pomylić. Powinniśmy unikać patrzenia bezpośrednio na słońce, poszukuj więc efektu korony dookoła księżyca lub spoglądaj na słońce przez specjalną soczewkę ochronną. Newton zauważył ten efekt, oglądając odbicie słońca w spokojnej tafli wody. Czasem można go zobaczyć, jeśli spojrzy się na ciemną, gładką powierzchnię, na przykład na marmur.

Rozmiar korony będzie zależny od rozmiaru cząsteczek, przez które przechodzi światło – w tym wypadku chodzi o cząsteczki wody lub lodu. Im mniejsze są krople, tym większa korona. Czasami widać ten efekt w pojedynczej chmurze, gdyż pojawia się jako dziwny kształt. Cząsteczki wody na brzegach chmur są mniejsze, więc efekt korony rozciągnie się tam szerzej. Bliżej środka będzie mniejszy – korona wygląda tak, jakby została przeciągnięta w stronę skraju chmury. Obecność koron świadczy o występowaniu nowych średnich chmur kłębiastych lub kłębiasto-pierzastych.

Jedną z mniej przydatnych wskazówek, które możesz zobaczyć na niebie, są scyntylacje. Kiedy światło z przestrzeni kosmicznej dochodzi do naszej atmosfery, załamuje się. Zjawisko to, nazywane refrakcją, powoduje szybkie zmiany jasności światła, czyli migotanie albo mruganie gwiazd. (Słońce, Księżyc i planety również migoczą, ale trudniej to zauważyć, ponieważ są większymi obiektami).

Im bardziej gwiazdy migoczą, tym gwałtowniejsza jest podróż ich światła przez atmosferę, a tę wiedzę możemy wykorzystać w procesie dedukcji. Gwiazdy mrugają częściej, gdy ich światło przechodzi przez zanieczyszczone i zapylone powietrze, ale również przy wysokiej wilgotności i niskim ciśnieniu. Są to jednak zbyt ogólne wskazówki, aby użyć scyntylacji w procesie przewidywania pogody. Mogą się jednak okazać przydatne w połączeniu z innymi technikami. Jeżeli miałeś okazję spędzić kilka nocy pod czystym niebem, pokrytym niemal nieruchomymi gwiazdami, a następnie zauważyłeś, że migoczą znacznie wyraźniej, może być to oznaka nadchodzących zmian. Musisz więc zachować czujność i wypatrywać innych wskazówek.

Jeżeli światło przedostało się przez większą część ziemskiej atmosfery, scyntylacje będą bardziej widoczne, co zaobserwujesz na gwiazdach znajdujących się nisko na niebie oraz na planetach blisko linii horyzontu. Jeżeli wystarczająco długo patrzysz na jedną część nieba, wysoko bądź nisko, zauważysz każdą zachodzącą zmianę.

By wzmocnić efekt scyntylacji, zmruż oczy i patrz tylko przez szparki. Pozwoli ci to widzieć podwójnie, patrząc więc na gwiazdę, zamiast jednej zobaczysz dwie. Te dwie gwiazdy nie będą migotać tak samo, ponieważ światło pokonuje nieco inną drogę do twoich oczu. Żeby coś zobaczyć, częściej używamy obojga oczu, ale tutaj podwójne widzenie jest bonusem, a nie niechcianym rezultatem spowodowanym za dużą ilością wina[5].

Pogoda

Blisko przesilenia letniego natura dostarcza nam więcej energii słonecznej w formie światła i ciepła niż w jakimkolwiek innym okresie. Z kolei najmniej ciepła dostajemy pod koniec grudnia, bliżej przesilenia zimowego. Czerwiec wcale jednak nie jest najcieplejszy, a grudzień nie jest najzimniejszy, ponieważ w obu miesiącach możemy zmoknąć.

Istnieje opóźnienie w sezonowej zmianie temperatury wód w morzach, co ma ogromny wpływ na temperaturę powietrza. W północnym Atlantyku woda długo się ochładza, co powinno być dla nas wskazówką, kiedy po raz pierwszy w roku można iść się wykąpać. Pływanie w morzu w zachmurzony październikowy dzień może być miłą niespodzianką, ale nawet krótka kąpiel w maju skończy się przekleństwami mamrotanymi pod nosem. To samo opóźnienie widać w temperaturze powietrza, nie powinno więc nas zaskakiwać ani zimno późną wiosną, ani gorąco wczesną jesienią.

Zachód Wielkiej Brytanii jest znacznie bardziej wilgotny niż wschód. Na zachodnią stronę gór pada więcej deszczu niż na wschodnią, a im wyżej wchodzimy, tym robi się wietrzniej. Istnieje wiele ogólnych zasad, którymi możemy się kierować, próbując oszacować, jakie warunki będą panować w czasie wędrówki. Jeżeli jednak chcemy z większą pewnością ustalić, co się wydarzy w kolejnych dniach, a nawet godzinach, musimy dobrze zapoznać się z dwoma czynnikami. Pierwszym z nich jest wiatr, a drugim woda w postaci chmur.

Wiatr

W czasie kursów zachęcam uczestników, aby zaczynali wędrówkę od sprawdzenia natury od góry do dołu. Lubię w ten sposób zaczynać każdy dzień. Najpierw spójrz na to, co znajduje się najwyżej: słońce, księżyc, gwiazdy oraz planety. Następnie zaobserwuj, co dzieje się z naszą atmosferą – popatrz na wiatr i chmury. Potem możesz skupić się na tym, co dzieje się bliżej ziemi. Powodem, dla którego powinniśmy zrobić to w takiej kolejności, jest to, że ziemia jest punktem stałym, za to pogoda się zmienia i najwyżej znajdujące się obiekty w każdej chwili mogą się schować za chmurami na resztę dnia. Podziwiaj je więc, kiedy masz ku temu okazję.

Po rzucie oka na naszych niebieskich przyjaciół nadeszła pora, abyś poczuł wiatr. Postaraj się wyrobić w sobie nawyk rozróżniania charakteru wiatru w ciągu dnia – jego siły, kierunku oraz odczuwania. Pomoże ci to w przewidywaniu pogody. Wiatr nie wieje zbyt mocno, ale czujesz przeszywające zimno na twarzy – może to oznaczać, że wiatr wieje z północy lub jest bardzo suchy. Suche wiatry prowadzą do większego odparowania wody z powierzchni takich jak nasza skóra, a im większe odparowanie, tym bardziej chłodzący efekt. To dlatego pocimy się, kiedy jest za gorąco, i czujemy się mokrzy w wilgotne dni.

Jeżeli zwracasz uwagę na siłę, kierunek oraz rodzaj wiatru, to raczej nie zaskoczy cię zmiana pogody, ponieważ towarzyszy on wszystkim istotnym zmianom pogodowym, poprzedza je lub następuje po nich.

Nie miejsce tu na szczegółowy kurs meteorologii, ale możemy zająć się kluczowymi zasadami, które pozwolą ci monitorować i przewidywać wszelkie zmiany w efektywny sposób. Musisz być świadom istnienia dwóch rodzajów wiatru: pierwszą grupę stanowią najsilniejsze i najważniejsze wiatry atmosferyczne, o których mówi się w prognozach pogody, więc można je nazwać wiatrami pogodowymi. Wkrótce przyjrzymy się im uważniej, ale najpierw zajmijmy się drugą, mniejszą grupą – wiatrami lokalnymi.

Wiatry lokalne

Wiatry lokalne są kształtowane przez lokalne środowisko. Każdy wiatr w pewnym stopniu jest uzależniony od ukształtowania i charakteru terenu, dlatego często znajdziesz dowody na to, że ludzie zatrzymali się na lunch za głazami na odkrytych zboczach. Nie wszystkie miejsca piknikowe są takie same.

Nie tylko ukształtowanie terenu ma wpływ na wiatr. Wiele lokalnych wiatrów powstaje w wyniku relacji między słońcem a najbliższym otoczeniem. Najbardziej znanym jest morska bryza. Poranne słońce szybciej nagrzewa ziemię niż morze, ciepłe powietrze unosi się do góry i zaczyna krążyć, nad wodą się ochładza i powraca jako bryza wiejąca od morza na ląd. W nocy cykl się odwraca, ponieważ ziemia wychładza się szybciej niż woda; nad ziemią pojawia się bryza, a z przeciwka napływa zimniejsze powietrze. Bryza pojawia się niezawodnie na obszarze śródziemnomorskim, na przykład w Turcji, gdzie opiera się na niej całe żeglarstwo: na morzu może nie być prawdziwego wiatru, tak samo na lądzie bywa rzadko, ale na wybrzeżu wiatr wieje raz w jedną, raz w drugą stronę przez całe lato. Gdy nauczysz się obserwować lokalne wiatry, będziesz umiał rozpoznać ich dziwne zwyczaje. Bryza morska wieje w stronę lądu, ale w ciągu dnia z powodu zmieniającej się temperatury jej kierunek ulega niewielkiej zmianie i zaczyna wiać równolegle do wybrzeża, kierując się lekko w prawą stronę[6].

Kolejnym lokalnym wiatrem jest wiatr katabatyczny. Powietrze w wyższych partiach stoków górskich staje się chłodniejsze i gęstsze od ciepłego powietrza znajdującego się obok. To zimne i ciężkie powietrze przemieszcza się w dół góry. Więcej osób mieszka u stóp zbocza niż na jego szczycie, dlatego wiatr katabatyczny jest bardziej znany niż jego bliźniak, wiatr anabatyczny, który powstaje, gdy ciepłe powietrze przepływa wzdłuż stoków ku szczytom dzień później. Wędrowcy powinni być świadomi występowania obu tych typów.

Wspinając się po zboczu, możesz zauważyć, że kierunek wiatru zmienia się stopniowo, nawet jeśli pogoda pozostaje taka sama. Jest to całkiem normalne. Wiatry się cofają, czyli zaczynają wiać w stronę przeciwną do ruchu wskazówek zegara, gdy stykają się z ziemią – pomyśl o nich tak, jakby prześlizgiwały się na lewą stronę. Im wyżej, tym mniejsze jest tarcie, które napotka wiatr, tym samym stanie się mniej „wycofany". Zdarza się, że w Wielkiej Brytanii w tym samym czasie nisko, na poziomie morza, wieją wiatry z południowego zachodu, a na wysokości wierzchołków gór – z zachodu.

Ostatnim godnym uwagi lokalnym efektem jest tak zwany przepływ laminarny. Przez noc ciepło uwalnia się z ziemi i także powietrze znajdujące się blisko niej staje się zimniejsze. Z rana nad ziemią będzie widoczna warstwa zimnego zbitego powietrza, niczym gęsta przezroczysta zupa. Wkrótce słońce ogrzeje ziemię, co podziała tak samo jak zamieszanie zupy, ale do tego momentu jesteśmy nadal narażeni na chłodne wiatry. Łatwo pomylić ten efekt z innym wiatrem, więc warto poświęcić więcej uwagi porannej ocenie wiatrów i spojrzeć na chmury, czubki wysokich drzew oraz inne wysokie obiekty, aby sprawdzić, czy możesz zbadać wiatr, którego jeszcze nie zdążyłeś poczuć.

Ukształtowanie przestrzeni dookoła ciebie wpłynie na odczuwalność wiatru, nie można więc oddzielić od siebie tych dwóch zjawisk. Gdy znajdujesz się w nowym miejscu, może być ci trudno odczuć delikatny ruch powietrza, ale w niedługim czasie każdy wędrowiec wie, jak odczytywać charakter lokalnych wiatrów. Najlepsze, co możesz zrobić, to mieć w pamięci główne cechy krajobrazu, w szczególności obszary znajdujące się najwyżej lub morze, zawsze gdy oceniasz wiatr. Wyrabiając w sobie ten nawyk, wkrótce zaczniesz zauważać, jakie tendencje panują na twoich ulubionych obszarach.

Wiatry pogodowe

Znajomość lokalnych wiatrów jest bardzo ważna, bo bez niej nie zrozumiemy działania głównej grupy wiatrów – pogodowych. Istnieją ich różne klasyfikacje, ale dla ułatwienia podzielmy je na dwie podgrupy: wiatry górne oraz dolne.

Lubię myśleć, że górne wiatry są linią olbrzymich rodziców przemieszczających się z tą samą prędkością z zachodu na wschód i ciągnących pod sobą niższe wiatry niczym niesforne dzieci.

Pierwszą rzeczą wartą zanotowania, a dotyczącą dolnych wiatrów, tych, które czujemy i widzimy pośród kołyszących się drzew, jest to, że nie zawsze będą zachowywać się jak górne wiatry, czyli te poruszające najwyższe chmury. Pomyśl teraz o relacji rodziców z dziećmi: wiatry obu rodzajów są silnie połączone, dolne są pod ogromnym wpływem górnych, ale czasem decydują o sobie same, więc ich zachowanie będzie częściej ulegać zmianie niż zachowanie górnych, bardziej zrównoważonych wiatrów.

Jako że lubimy spędzać czas na zewnątrz, zjawiskiem pogodowym, które na pewno wpłynie na nasze plany, będzie front. Front atmosferyczny powstaje, gdy masy zimnego powietrza spotykają się z ciepłymi masami. Kiedy zbliża się front, zachodzą dwa istotne zjawiska: po pierwsze, kierunek niskich wiatrów ulega radykalnej zmianie, po drugie, człowiek dostrzega z tego powodu znaczne zmiany w pogodzie.

Są dwa sposoby pozwalające nam przygotować się na oba rodzaje wiatrów oraz wynikającą z nich pogodę. Większość wiatrów, z którymi mamy do czynienia, wieje w kierunku przeciwnym do ruchu wskazówek zegara, dookoła niżu barycznego. Oznacza to, że jeśli czujemy powietrze na naszych plecach i wskazujemy na naszą lewą stronę, używając lewej ręki, to wyznaczamy środek tego niżu.

Teraz, gdy mamy już wszystkie potrzebne fragmenty układanki, możemy sporządzić prognozę pogody. Stojąc plecami do wiatru i obserwując, co dzieje się z górnymi wiatrami, szybko uzyskasz kluczowe informacje. Najprostszą metodą ustalenia kierunku górnych wiatrów jest obserwacja najwyżej położonych chmur, a następnie sprawdzenie, czy poruszają się z lewej do prawej, z prawej do lewej, czy może w tym samym kierunku co wiatry wiejące niżej. Ta informacja pomoże ci przewidzieć pogodę.

Z lewej do prawej: napływa ciepłe powietrze. Może nadchodzić ciepły front zwiastujący pogorszenie się pogody, któremu będą towarzyszyć deszcze.

Z prawej do lewej: napływa zimne powietrze. Mógł tędy przejść zimny front związany z poprawą pogody.

Ten sam kierunek: nie nadchodzą żadne zmiany.

Ta prosta technika znana jest jako metoda wiatrów bocznych. Nie można jej użyć, wykorzystując opisane wyżej wiatry lokalne, takie jak bryza morska, ale w każdym innym wypadku jest przydatnym narzędziem przewidywania pogody.

Jeśli to wszystko wydaje ci się zbyt skomplikowane, zapamiętaj trzy rzeczy:

1. Uważnie obserwując kierunek wiatru, będziesz mógł zauważyć nadchodzącą zmianę pogody, zanim się ona pojawi.

2. Jeżeli wiatr zmienia kierunek, to prawdopodobnie pogoda ulegnie pogorszeniu.

3. Stojąc plecami do wiatru, spójrz na najwyższe chmury i powiedz: „Gdy wieje z lewa do prawa, nie zapowiada się dobra zabawa".

Czytanie z chmur

Jeśli chodzi o interpretowanie układu i rodzaju chmur, istnieje kilka ogólnych zasad, o których warto wiedzieć. Wiele z nich oczywiście znasz, bo na przykład ogólnie wiadomo, co oznacza najważniejszy znak, czyli czarne niebo: nie wróży nic dobrego.

Im wyżej znajdują się najniższe chmury, tym powietrze jest suchsze i mało prawdopodobne, że pojawi się deszcz. Jeżeli chmury, które widzisz, nabrzmiewają i płyną coraz niżej, to pogoda prawdopodobnie się pogorszy, a jeżeli chmury przemieszczają się w górę i są cieńsze, to pogoda zmieni się na lepsze. Im więcej rodzajów chmur możesz zobaczyć, tym warunki są bardziej niepewne i mniejsza szansa, że ładna pogoda się utrzyma.

Aby czytać z chmur, musimy umieć odróżnić te najbardziej przydatne w przewidywaniu pogody.

Chmura kłębiasta deszczowa: znajduje się bardzo wysoko, jest ciemna i olbrzymia. Czasem kształtem przypomina kowadło.

Chmura kłębiasta: mały puszysty baranek płynący po niższej partii nieba.

Chmura pierzasta: rzadkie pasmo zarysowane wysoko na niebie. Przypomina watę cukrową.

Chmura warstwowo-pierzasta: bezkształtny koc z chmur, położony wysoko na niebie, tworzący nijaką warstwę.

Pośród tych czterech rodzajów znajdują się chmury, które większość wędrowców rozpoznaje instynktownie. Chmury kłębiaste zwiastują dobrą pogodę i są porozrzucane po całym niebieskim niebie, sygnalizując dobry dzień na wędrówkę. Obok mamy czarny charakter: bohatera pantomimy grzmiącego za każdym razem, gdy wejdzie na scenę – to chmura kłębiasta deszczowa, zwiastująca burzę.

Patrząc na inne chmury, poza tymi dwoma rodzajami, trudno jest przewidywać, że coś na pewno się wydarzy. Jeżeli po chmurach poznamy, że pogoda jest wyraźnie nie w porządku albo burzowa, to warunki mogą okazać się krytyczne. Najlepszym tego przykładem są chmury pierzaste, wyglądem przypominające ogon klaczy. Same niewiele powiedzą o czekającej nas pogodzie – mogą zwiastować nadciągający ciepły front lub front zimny. Dlatego musimy uważać na to, co po nich następuje. Jeżeli za chmurami pierzastymi podążają chmury warstwowo-pierzaste (ogon klaczy zostanie zastąpiony cienkim białym kocem i otoczką dookoła słońca lub księżyca), to możemy być pewni, że nadciąga ciepły front, a wraz z nim deszcz. Kiedy tej zmianie towarzyszą wiatry boczne, na sto procent tak się stanie.

Bardzo często nie mamy możliwości dłuższego obserwowania kierunków płynięcia i zmian chmur albo chcemy zebrać maksimum informacji w jak najkrótszym czasie. Wskazówką dla niecierpliwych są dokładne kształty chmur. Każda chmura to wskaźnik pokazujący, co dzieje się z powietrzem oraz jakie będą tego skutki. Wracając do chmur pierzastych: nadszedł czas na przestudiowanie pasm włosia w ogonie klaczy. Opadające chmury pierzaste pozostawią po sobie pasma włosia, a podnoszące się zbiorą go z nieba; obniżająca się chmura stanowi zapowiedź pogorszenia warunków, natomiast wznosząca się ku górze świadczy o poprawie pogody.

Pasma chmur pierzastych pokazują kierunek, w jakim wieją górne wiatry, pomagając nam zastosować zasadę wiatrów bocznych. Jeżeli są one prostopadłe do nisko wiejących wiatrów i przemykają przez niebo, kiedy jesteś odwrócony tyłem do ruchu powietrza, to zwiastują nadchodzące zmiany, opisane powyżej. Jeśli jednak za przerzedzonymi chmurami pierzastymi nie pojawiają się inne ich rodzaje i suną sobie one radośnie przez niebo w tym samym kierunku co wiatr, który czujesz na plecach, to nie warto się martwić, że przyjdą jakieś natychmiastowe zmiany.

Kształty wszystkich chmur mogą coś pokazać, na przykład zdradzić kierunek wiatru dookoła i wewnątrz nich. Ścięte góry chmur kłębiastych deszczowych zawierają wskazówkę co do kierunku nadciągającej burzy. Jednak czasem znacznie spokojniejsze chmury ujawnią ten „efekt ścięcia", gdy góra i dół chmury nie są idealnie wyrównane, a kierunek wiatru różni się w zależności od szerokości geograficznej.

Przyjazne i nieszkodliwe chmury kłębiaste mają nieco mniej przyjemnych kuzynów: *Cumulus congestus*, czyli wypiętrzoną chmurę pierzastą, oraz *Cumulus castellanus*. Chmurę podobną do mięciutkiego baranka, ale rosnącą wszerz i wzwyż, należy uważnie przestudiować. Już jej rozmiar i kolor powiedzą ci, na ile jest przyjazna, a potem jej wygląd możesz przeanalizować dogłębniej.

Przyjrzyj się uważnie górnej i dolnej części piętrzących się chmur kłębiastych. Jeśli ich dół jest wyrównany, a góra tworzy kształt przypominający różyczkę kalafiora, jest to przyjazna chmura. Mało prawdopodobne, żeby zwiastowała deszcz, a nawet jeśli on przyjdzie, nie będzie gwałtowny. Jednak gdy któraś z tych chmur ma przerzedzoną górę i zmierzwiony bądź sterczący dół, to zupełnie inna historia. Przerzedzona góra chmury świadczy o tym, że woda w jej górnych partiach zamarzła, co zwiastuje gwałtowne ulewy.

Ta chmura może wyglądać złowieszczo i warto mieć na nią oko, ale nie zwiastuje poważnego zagrożenia. Jej góra przypominająca różyczki kalafiora informuje o tym, że nie pojawił się jeszcze lód, więc nadal jest przyjazna, a każdy padający z niej deszcz da się przeżyć

Gdy góra chmury traci swoją konsystencję i staje się rzadsza, to zły znak. Oznacza to, że w chmurze zaczyna się tworzyć lód, a pogoda może się pogorszyć. Możliwe wystąpienie burz

Kiedy już ustaliłeś, że nadejdzie deszcz, ale starasz się dowiedzieć, jaki będzie mieć na ciebie wpływ, pamiętaj o najprostszej zasadzie: największe chmury deszczowe mają najdłuższe przerwy. Oznacza to, że ich ogólny kształt odpowiada za czas ulewy oraz długość przerwy pomiędzy deszczami. Możesz zdecydować, że nie warto zmieniać planów z powodu przelotnych deszczy, ale czasem warto zwolnić lub przyspieszyć marsz, aby przechytrzyć najgorsze opady. Ta sama zasada odnosi się do czasu rozbijania obozu. Na świecie jest siedem miliardów ludzi, lecz mogę śmiało powiedzieć, że żaden z nich nie lubi rozbijać ani zwijać namiotu w deszczu.

Smuga kondensacyjna

Długa cienka chmura stworzona przez odrzutowiec nazywa się śladem kondensacyjnym i daje wędrowcom kilka interesujących wskazówek. Po pierwsze, długie ślady pojawią się tylko wtedy, gdy powietrze jest nieco wilgotne, a jeśli jest suche, to niemal natychmiast znikną. Ślady kondensacyjne stają się dłuższe, gdy powietrze jest mokre, i mogą oznaczać pogorszenie się pogody.

Tak samo jak inne chmury, ślady kondensacyjne mogą pokazywać działanie wiatru: jeśli będą wyglądać jak długa, cienka i krucha linia, możesz być pewien, że wiatr nie wieje w stronę lecącego samolotu. Jeżeli wyglądają jak rozmazane smugi, to znaczy, że wysokie wiatry dmuchają na ślady kondensacyjne, co pozwoli ci zastosować w dedukcji zasadę wiatrów bocznych. Jeśli są rozmazane, to krucha krawędź jest krawędzią natarcia, a bardziej nierówna, niewyraźna strona to krawędź spływu, czyli kierunek, z którego wieje wiatr.

Większość wskazówek, które dają chmury, odnosi się do przewidywania pogody, ale kierunek śladów kondensacyjnych stanowi też wskazówkę nawigacyjną. Ptaki migrują z i do ciepłych krajów stałymi trasami, tak samo robią ludzie w wielkich metalowych ptakach. Większość samolotów pasażerskich w Wielkiej Brytanii lata w obrębie kontynentu lub w kierunku Ameryki Północnej. Tym samym obierają kurs północno-zachodni lub południowo-wschodni, co oznacza, że jeśli zobaczysz na niebie kilka śladów kondensacyjnych, to prawdopodobnie wskazują te właśnie kierunki. Pojedynczy samolot może się z tego wyłamać, ale większość będzie się trzymać tej zasady.

Mgła

Chmury położone nisko i dotykające ziemi nazywane są mgłą. Nie ma różnicy, poza perspektywą, pomiędzy chmurami, które widzimy nad głową, a mgłą, w której się znajdujemy. Jeśli szczyt góry, na którą patrzymy, jest ukryty w chmurach, to alpinista na tym szczycie będzie widział mgłę. Trzeba być świadomym, że mgła nie rozchodzi się w dowolnym kierunku. Gdy świeci słońce, kałuża zaczyna odparowywać od brzegów, czasami więc we mgle będzie widać lepiej z jednej niż z drugiej strony. Warto też patrzeć pionowo do góry. Przed zniknięciem mgła staje się coraz cieńsza, a patrząc na niebieskie niebo nad sobą, możesz oszacować, kiedy to nastąpi. Straciłem rachubę, ile razy musiałem czekać, zazwyczaj dla bezpieczeństwa, aż mgła się rozejdzie i będę mógł ruszyć dalej, i za każdym razem kończyło się to bolącą od patrzenia do góry szyją.

Mgła widoczna w letni poranek stanowi zazwyczaj oznakę zbliżającej się ładnej pogody, ponieważ ziemia przez noc uległa znacznemu ochłodzeniu, co samo w sobie zapowiada czyste niebo w ciągu dnia.

Jeżeli rano zauważysz, że na niebie nie ma chmur średnich rozmiarów i nie czujesz powiewów wiatru, poszukaj zapowiedzi mgły lub dymu uwięzionego pod „szklanym sufitem".

Takie zjawisko oznacza inwersję temperatury, o czym pisałem na początku książki.

Temperatura

Temperatura ma ogromny wpływ na wędrówki. Prawdopodobieństwo spotkania innych ludzi jest uzależnione od pory roku oraz dnia tygodnia, ale jest również powiązane z temperaturą. Lubię chodzić popularnym szlakiem South Downs, a liczba osób, które tam mijam w ciągu tygodnia, równa się temperaturze mierzonej w stopniach Celsjusza, razy dwa w weekendy.

Jeżeli lubisz zimowe wędrówki, szybko powiążesz temperaturę powyżej zera z dźwiękiem czap śniegowych spadających z drzew i żywopłotów. Jeśli jednak jest zimniej, to wskazówki znajdziesz w płatkach śniegu – bardzo małe płatki, o średnicy mniejszej niż milimetr, świadczą o 5-stopniowym mrozie. Spadający z nieba diamentowy pył oznacza, że temperatura musiała spaść poniżej –10°C[7].

Wielu ludzi odczuwa temperaturę w stawach – kolana i zatoki reagują na zimno i wilgoć; także domy wyczuwają niskie temperatury – zawiasy w drzwiach zaczynają skrzypieć. Na naszym podwórku mamy bramkę do wybiegu dla kur, a kiedy jest zimno lub wilgotno, nie chce się ona zamknąć. Pierwszą rzeczą, którą widzę rano przez okno, jest pół tuzina kur, które uciekły z wybiegu i chodzą po ogrodzie, i wtedy wiem, że muszę wstać i sięgnąć po kurtkę.

Burze[8]

W sobotę, 9 sierpnia 1952 roku, trzech Amerykanów zakończyło dzień wchodzenia na Górę Stuarta w Górach Kaskadowych i rozbiło obóz. Następnego ranka dwóch z nich wyruszyło zdobywać szczyt, a trzeci, Dusty Rhodes, osłabiony z powodu grypy, pozostał w obozie.

Poranne przyjazne chmury kłębiaste zaczęły się piętrzyć i rosnąć. Wkrótce ciemne chmury kłębiaste deszczowe zawisły nad górą. Bob Grant i Paul Brikoff, studenci uniwersytetu, dotarli na szczyt i właśnie mieli z niego schodzić, gdy uderzył w nich piorun. Upadli na ziemię, wijąc się z bólu. Zanim zrozumieli, co się stało, poraził ich drugi piorun. Grant opisuje, co stało się później:

> Doczołgałem się do Paula, który leżał na plecach. Starałem się go przesunąć, ale mogłem ruszać tylko jedną nogą. Gdy zacząłem go odwracać, uderzył trzeci piorun[9].

Podmuch wiatru zrzucił Granta z sześciometrowego urwiska. Stracił przytomność. Kiedy się ocknął, usłyszał przedśmiertny krzyk przyjaciela. Chciał mu pomóc, lecz nie mógł się ruszać. Uderzyły jeszcze dwa pioruny i Grant był przekonany, że zabiły Brikoffa.

Grant przeżył, choć jego ciało nosiło ślady oparzeń trzeciego stopnia. Kiedy ratownikom udało się ściągnąć na dół ciało Paula Brikoffa, zbadali je lekarze. Byli zszokowani tym, co zobaczyli, i doszli do wniosku, że uderzyło w niego siedem piorunów. Metalowa sprzączka przy jego plecaku prawie całkowicie się stopiła.

Rzadko się słyszy, że ktoś został porażony piorunem, tymczasem co sekundę dochodzi do około dwustu uderzeń pioruna, więc każdego dnia wiele osób znajduje się bliżej nich, niżby chcieli. Każdego roku w Wielkiej Brytanii od trzydziestu do sześćdziesięciu osób zostaje porażonych piorunem, z czego trzy osoby umierają. W ostatnich pięćdziesięciu latach w Stanach Zjednoczonych pioruny zabiły ponad osiem tysięcy osób. Jeżeli porażenie piorunem cię nie zabije, to może prowadzić do problemów z pamięcią, snem, stawami, mięśniami, koordynacją oraz słuchem. Krótko mówiąc, najlepiej ich unikać. Tylko jak?

Oznaki ogólnego pogorszenia pogody dają ku temu mocną podstawę, a umiejętność rozpoznawania chmur kłębiastych deszczowych jest niezbędna w czasie wędrówki. Każdy wie, jak wygląda błyskawica, i zna dźwięk grzmotu, a jedną z najstarszych metod, by określić oddalenie burzy, jest liczenie czasu pomiędzy nimi. Każde 3 sekundy to kilometr odległości. Można też liczyć słonie po angielsku: *one elephant, two elephants... six elephants* – sześć słoni to 6 sekund, a więc po tym czasie uderzenie nastąpi w odległości dwóch kilometrów od nas. Jeżeli słyszysz uderzenia piorunów, to jest wysoce prawdopodobne, że burza jest oddalona najwyżej o 20 kilometrów, ponieważ trudno ją usłyszeć z większej odległości. Jeżeli dudni, burza szaleje w kilku mniej i bardziej oddalonych miejscach; krótkie i ostre uderzenie pioruna sygnalizuje występowanie chmury poziomej oraz piorunów liniowych, pojawiających się między chmurami a ziemią, z kolei długotrwałe dudnienie może oznaczać występowanie chmur poziomych oraz piorunów poziomych, pojawiających się wewnątrz chmury. Pamiętaj, że liczenie pomaga ustalić odległość burzy, ale nie pozwala określić obszaru podatnego na uderzenia pioruna. Może być pomocne, gdy próbujesz ustalić, czy burza zbliża się w twoją stronę, ale nie pomoże przewidzieć, gdzie uderzy grom.

Jeżeli myślisz, że może ci grozić uderzenie pioruna, unikaj otwartych przestrzeni i znajdź schronienie – samochód czy szopa będę znacznie bezpieczniejsze niż przebywanie na zewnątrz, o ile nie dotykasz metalowych powierzchni. Oddal się od odizolowanych wysokich obiektów, takich jak samotne drzewa. Nie zbliżaj się do zbiorników wodnych, a jeśli jesteś w wodzie, to z niej wyjdź. Upewnij się, że nie masz przy sobie niczego metalowego, a jeżeli znajdujesz się wysoko w górach, zostaw wszystkie rzeczy zawierające metalowe części, takie jak kijki czy plecak z metalową ramą.

Oznaki bezpośredniego niebezpieczeństwa pojawiają się rzadko i nie każdy potrafi je rozpoznać, zanim będzie za późno. Sygnały wymagające natychmiastowej reakcji to: włosy tak naelektryzowane, że się unoszą, mrowienie na czubku głowy lub na ramionach, odgłos głośnego dzwonienia oraz zapach ozonu. Jeżeli zauważyłeś skałę lub wypukłość błyszczącą na niebiesko, to jesteś świadkiem wyładowania elektrycznego znanego jako ognie świętego Elma... i musisz czym prędzej uciekać.

Jeżeli znajdujesz się pośród drzew lub w ich pobliżu, wiedz, że istnieje odrobina prawdy w tym powiedzeniu:

Dąb o udar cię przyprawi.
Jesion też bezpieczny nie jest.
Skryj pod głogiem swą osobę,
kiedy pewnie wkoło nie jest.

Badania prowadzone w Wielkiej Brytanii i w Niemczech wykazały, że pioruny najczęściej uderzają w dęby, a następnie w jesiony. Głóg – przez to że jest niskim drzewem – został uznany za bezpieczne schronienie. Jeżeli jesteś zmuszony wybierać pośród drzew, to unikaj najwyższych, a z niższych wybierz buk, następnie świerk oraz sosnę. Wyniki badań wskazują, że na ponad sto trafionych piorunem dębów przypada zaledwie jeden buk.

Zakończmy te rozważania o burzach bardziej optymistycznym akcentem. Po olbrzymiej burzy z piorunami ludzie stają się milsi i bardziej towarzyscy. Prawdopodobnie burze przypominają nam, że w porównaniu z siłami natury nie jesteśmy ani zbyt duzi, ani ważni.

Porzekadła i przysłowia a przewidywanie pogody

Wielu ludzi uważa przysłowia dotyczące pogody za równie fascynujące, jak frustrujące. Gdy widzę wielką czarną chmurę, podejrzliwie patrzę na dęby, bo „dąb o udar cię przyprawi". Wędrowca do szału jednak mogą doprowadzić podobne wskazówki, jeśli nie jest pewien ich przydatności. Czy jest to uniwersalna prawda, czy stek bzdur? Zastanawiam się nad tym od lat. Czy kogut, którego słyszę, jak „pieje, kiedy idzie spać", zwiastuje brzydką pogodę i „obudzi się z mokrą głową"? Nie, to nonsens.

Nieustannie dręczony wątpliwościami zdecydowałem się w końcu przeanalizować najciekawsze powiedzenia i oddzielić praktyczne od niepraktycznych. W tych popularnych wyczuwało się atmosferę Dzikiego Zachodu i odczuwałem dziwną potrzebę, żeby zaprowadzić w nich jako taki porządek. Bez zastanowienia przypiąłem więc odznakę pogodowego szeryfa i wyruszyłem do miasta.

Dzięki dedukcji oraz metodom, którym przyjrzeliśmy się wcześniej, na pewno uda ci się odgadnąć, o co chodzi w czasem dziwacznych przysłowiach dotyczących pogody. Przeczytaj wymienione poniżej i zastanów się, czy jesteś w stanie sprawdzić prawdziwość tych mądrości ludowych. („W nocy" może oznaczać „późno w dzień" – w przysłowiach ważne są rymy i im podporządkowuje się dobór słów).

Tęcza widoczna w nocy, dobra pogoda cię zaskoczy.
Tęcza o poranku, pogoda nie obejdzie się bez szwanku.

Jest to dobry przykład przysłowia, które na pierwszy rzut oka wydaje się nieco chaotyczne, dopóki się nie zauważy, że zawiera dwie podstawowe mądrości. Pierwsza z nich jest taka, że pogoda nadchodzi z zachodu, druga jest mniej oczywista, lecz mówiliśmy o niej wcześniej: pora dnia, w której pojawi się tęcza, powie ci, czy deszcz przyjdzie ze wschodu czy z zachodu.

Tak jak każde przysłowie, i to ma swoją wartość, jeśli zrozumiemy jego logikę, nie da nam jednak ani grama pewnej wiedzy, jeśli będziemy rozumieć je dosłownie. Żadne przysłowie nie jest uniwersalne – to dotyczące tęczy nie sprawdzi się, jeżeli wiatry zachodnie zostały na jakiś czas wyparte przez wschodnie.

Przysłowie jest przydatne, jeśli łatwo zapada w pamięć i powoduje, że przyswajamy sobie informacje na temat naszego najbliższego otoczenia. Mam pewną radę – używaj rymowanych powiedzonek, które przypomną ci wskazówki i ukrytą w nich logikę, ale nie stosuj się do nich bezmyślnie.

Po wielu latach zbierania przysłów i ich badania zarówno na papierze, jak i na świeżym powietrzu, w styczniu 2013 roku poczułem, że jestem gotów przystąpić do wykonania zadania. Przypadkowo na górze stosu notatek znalazłem zdanie:

Jak w styczniu marzec, to w marcu styczeń.

To urocze przysłowie wzbudziło moją ciekawość, ponieważ styczeń w 2013 roku był łagodny, a temperatura wynosiła powyżej 10°C. Gdy przyszedł marzec, z nieba spadł płatek śniegu. Potem następny. Temperatura spadła poniżej zera, a mrozom towarzyszyły ogromne opady śniegu.

Choć przysłowie sprawdziło się w 2013 roku, nie ma logicznych przesłanek, by przyznać mu status prawdy uniwersalnej. Musiałem przełożyć je na kupkę z przysłowiami z kategorii „szczęśliwy traf", ponieważ nie mogę zaufać konstatacji, za którą nie stoi konkretna prawidłowość przyrody. Istnieje wiele takich przysłów – te łączące różne zjawiska pogodowe pojawiające się w dłuższym czasie, nawet w ciągu miesiąca, nie mają żadnej wartości dla wędrowca, niezależnie od ich kulturowego znaczenia. Mówi się, że duża ilość jagód ostrokrzewu oraz twardsza skórka jabłek zapowiadają surową zimę. Tajemnica okrywa jednak przyczynę tego zjawiska. Może rzeczywiście jagody i jabłka wiedzą coś, czego my nie potrafimy zgłębić.

Jeśli chodzi o przysłowia dotyczące krótszego czasu, musimy zacząć od czerwonego nocnego nieba i od zachwytu pasterzy. Ta wiedza ludowa pojawiła się w Nowym Testamencie oraz w tysiącu innych źródeł i zawiera w sobie wiele prawdy. Interpretacje są rozmaite, ale wszystkie koncentrują się na technice łączenia dwóch zależnych od siebie prawd: że pogoda nadchodzi z zachodu oraz że widok ładnego czerwonego nieba na koniec dnia na zachodzie oznacza, że niebo jest przejrzyste w kierunku, z którego nadchodzi pogoda. Jeżeli niebo w czasie zachodu słońca przybiera odcień krwistej czerwieni, może być to informacja o pyle unoszącym się w powietrzu z powodu wysokiego ciśnienia (a to oznaka ładnej pogody).

Jak już pisałem, wiele przysłów związanych z pogodą opiera się na tej podstawowej prawidłowości, że pogoda nadchodzi z zachodu. Oto kolejny przykład:

Krowa z ogonem na zachód zwiastuje upału zasób,
krowa z ogonem na wschód – deszczu będzie w bród.

Krowy padają ofiarą drapieżników, dlatego tak jak większość przeżuwaczy ustawiają się tyłem do wiatru. Jedna z teorii mówi, że łatwiej im się wtedy zorientować, czy nie skradają się drapieżniki – widzą całe pole z przodu i po bokach, a węch podpowiada im, co znajduje się za nimi. Powiedziałem o tej teorii kilku rolnikom i niektórzy z nich mnie wyśmiali, mówiąc, że krowy wolą mieć chłodny zad niż głowę. Osobiście uważam, że ta teoria ma związek z ewolucją i wiele razy udało mi się ją potwierdzić. Ta prawidłowość jest jednocześnie interesująca i zabawna, ale niekoniecznie użyteczna, ponieważ i tak czujemy wiatr na twarzy, i wiemy, że wschodni wiatr zwiastuje chłód oraz niespokojną pogodę częściej niż zachodni.

Gdy rosa na trawie, deszczu nie ma prawie.

Rosa o poranku oznacza, że grunt był wystarczająco chłodny, aby wilgoć skondensowała się w powietrzu. Zazwyczaj dzieje się tak, gdy niebo nie jest zachmurzone i ciepło ucieka do góry. Rosa nie gwarantuje długiej ładnej pogody, ale świadczy o bezchmurnym niebie i o tym, że prawdopodobnie pozostanie ono takie przez cały dzień. Szron to po prostu zamarznięta rosa i też stanowi pogodową wskazówkę. Taka sama zasada obowiązuje w wypadku porannej letniej mgły:

Gdy rano szarą mgłę zobaczysz, w dzień dobrą pogodą
się uraczysz.

Zmiany pogody mają wpływ na wahania wilgotności, więc dużo prawdy jest w tym powiedzeniu o ilości wody w powietrzu:

Kiedy włosy są oklapnięte, zbliża się deszcz[10].

Akurat ta fraza jest mało poetycka i nie zawiera rymu, ale za to jest przydatną radą. Włosy zmieniają swój wygląd w zależności od ilości wilgoci w powietrzu, jest to więc wskazówka dotycząca wzrostu jej poziomu, co świadczy o pogorszeniu się pogody. Jeszcze do niedawna meteorolodzy używali higrometru włosowego. Do pasma włosów albo końskiego włosia jest w nim przymocowana wskazówka, która wychylając się na wyskalowanej tarczy, wskazuje wilgotność. Higrometr wykorzystuje to, że wilgotny włos się wydłuża. Okazało się, że najbardziej czułe są włosy Azjatów.

Nie brakuje elementów, które reagują na zmianę wilgotności. Przy suchym powietrzu wzrasta prawdopodobieństwo ładnej pogody, ale też wodorosty zwiędną, szyszki świerku się otworzą, a gałązki będą pękać pod stopami.

Wiele kwiatów reaguje na poziom światła oraz wilgoci, na przykład mlecze, stokrotki i kurzyślad polny:

Stokrotki i mlecze, poinformujcie mnie,
czy będzie dziś padać, czy też nie.

Kurzyślad polny, który rośnie na łące, zamyka się w reakcji na dużą ilość światła, ale nie wskazuje słonecznego dnia. Spójrzmy na coś innego.

Gdy słońce chowa się do domu, deszcz zwiastuje po kryjomu.

Słowo „dom" odnosi się tu do zjawiska halo, a wcześniej powiedzieliśmy, że halo zwiastuje występowanie chmur warstwowo-pierzastych. Jeżeli te chmury pojawiają się po chmurach pierzastych, oznacza to, że nadciąga deszcz. Świetlista otoczka, o której mówi powyższe przysłowie, może przy tym spowijać nie tylko słońce, ale i księżyc:

Zeszłej nocy blade słońce poszło spać,
a księżyc za halo skrył swą jasną twarz.

I jeszcze jeden przykład, bardzo poetycki:

I błagam cię, zacumuj w tamtym porcie,
gdyż lękam się huraganu.
Zeszłej nocy księżyc złotym pierścieniem otoczony,
a dziś nie gości na niebie.

Gdy nadchodzą długotrwałe deszcze oraz ciepły front, niebo ostrzega nas znacznie wcześniej – zmiana kierunku wiatru, chmury pierzaste i warstwowo-pierzaste pojawiające się razem z halo to wystarczająco dużo znaków, żeby nie dać się zaskoczyć. Nagłe zmiany także da się w jakiś sposób przewidzieć, bo mówią o nich przemieszczające się ulewy i gwałtowne zimne fronty. Kolejne powiedzenie jest zatem prawdziwe:

Przewidziana pogoda długo trwa, a nagła minie raz dwa.

Niektóre przysłowia koncentrują się na znakach widocznych w atmosferze i pomagają nam dostrzegać pogarszające się warunki pogodowe:

Kiedy gwiazdy się chowają, ulewy i deszcz zapowiadają.

A oto obserwacja dotycząca dobrej widoczności i suchego powietrza, co daje krótkoterminową prognozę pogody:

Gdy młody księżyc trzyma na kolanach księżyc w pełni, spodziewaj się ładnej pogody.

Odnosi się ona do zjawiska światła popielatego (o którym więcej w rozdziale o księżycu) – sytuacji, gdy widzimy wąski sierp księżyca i poświatę na jego nieoświetlonej części. Zjawisko to można obserwować, kiedy powietrze jest czyste.

Gdy pszczoły latają blisko ula, deszcz sobie wkrótce pohula.

Pszczoły latają tylko przy ładnej pogodzie. Im więcej widzisz wskazówek związanych ze zwierzętami, tym większa powinna być twoja pewność siebie. Pszczoły nie będą się roić, gdy nadciąga burza. Pszczelarz, z którym rozmawiałem, potwierdził to i dodał, że pszczoły stają się bardziej agresywne i rozdrażnione w czasie niepewnej pogody. „Naprawdę?", zdziwiłem się. Wtedy wskazał na swojego asystenta, który miał spuchniętą twarz i rękę na temblaku. Dwa dni wcześniej został wielokrotnie użądlony przez pszczoły rozdrażnione pogarszającą się pogodą.

Kiedy się jaskółka zniża, deszcz się zbliża.

Nie wiadomo dokładnie, co wpływa na niski lot jaskółek: niższe ciśnienie powietrza i warunki pogodowe czy to, że owady latają niżej przed deszczem i gdy obniża się ciśnienie. Pewne jest jednak, że to porzekadło nie wprowadza w błąd.

Mewo, mewo, siedząca na piasku, gdy jesteś na lądzie, jesteśmy w potrzasku.

Przez ostatnie dekady mewy stały się lądowymi pionierami. Gdy tylko zbliża się brzydka pogoda, można je zobaczyć na brzegu, a nad morzem krążą wtedy, gdy zapowiada się pogodny dzień.

Świetlik świetlisty – powietrze od wilgoci iskrzy.

Rzeczywiście, świetlik świętojański mocniej świeci, gdy wieczorne powietrze jest wilgotne.

Nocny huk sowy zapowiada pogodny dzień.

Sowy są bardziej aktywne przy dobrej pogodzie, jest to więc marna wskazówka, szczególnie zimą.

Zwierzęta wykazują się zdrowym rozsądkiem, dlatego powinniśmy być wyczuleni na ich zachowania. Ich aktywność się zmniejsza, gdy nadciąga brzydka pogoda, ponieważ nie chcą się oddalać od schronienia. W pogodny dzień krowy włóczą się po odległych pastwiskach, ale w chwili zagrożenia znajdziesz je bliżej gospodarstwa. Ptaki nie siadają na najwyższych gałęziach, jeżeli zbliża się wichura. Nietoperze funkcjonują dzięki echolokacji i są bardzo wrażliwe na warunki atmosferyczne, więc nie podejmują wypraw, gdy powietrze jest bardzo wilgotne, a pogoda niepewna.

Wysokie ciśnienie działa jak wieko zapobiegające wydobywaniu się gazów znajdujących się w ziemi wokół nas. Gdy ciśnienie powietrza spada, gazy zaczynają buzować w błocie oraz stojącej wodzie. Choć często nie będziemy w stanie zobaczyć tego zjawiska, to możemy je wyczuć. Rowy, stawy, kałuże oraz mokre błoto uwalniają więcej zapachu, gdy barometr idzie na deszcz. Być może jest to jeden z powodów, dla których psy tropiące lepiej wyczuwają zapachy w określonych warunkach pogodowych. Czasami psi nos jest przytłoczony nagłym uwolnieniem gazów, do którego dochodzi tuż przed burzą.

Czując odór na spacerze,
zatkaj nos i okryj głowę,
deszcz nie będzie padał wiecznie,
lecz przyszedł czas na niepogodę.

Dziwne inwersje i dzielenie się obserwacjami

Na początku tej książki wyjaśniłem związek pomiędzy zapachem dymu a prawdopodobieństwem uwięzienia zimnego powietrza blisko ziemi, czyli inwersję temperatury. Opisałem też, jak dochodzi do uwięzienia w tej kanapce zapachów, widoków i dźwięków.

Niedawno rozmawiałem na temat tego zjawiska z moim przyjacielem Peterem Gibbsem, prezenterem pogody w BBC. Ożywił się, gdy dotarło do niego, że sam był świadkiem działania inwersji. Gdy w grudniu 2005 roku pełnił dyżur w Met Office, doszło do ogromnego wybuchu w magazynie paliwa Buncefield w Hertfordshire. Pracownicy biura byli zdumieni liczbą telefonów od osób zgłaszających wybuch, a jeszcze bardziej tym, że więcej zgłoszeń pochodziło z oddalonych miejscowości niż z Buncefield, w którym doszło do eksplozji. Okazało się, że dźwięk został uwięziony w warstwie inwersji, przez co z bliska wybuch był słabo słyszalny. Fale ugięły się pod wpływem ciepłego powietrza w kierunku chłodniejszych warstw. Oznacza to, że warstwy inwersji mogą zarówno skupić dźwięk, jak i go uwięzić.

Zdarzenie to obrazuje dwie prawidłowości: po pierwsze, zazwyczaj istnieje wiarygodne wytłumaczenie niezrozumiałych zjawisk zachodzących w powietrzu, nawet jeżeli jego znalezienie zajmuje dłuższy czas. Po drugie, pogoda to takie zagadnienie, które najlepiej poznajesz, dzieląc się swoim doświadczeniem z innymi. Jedna osoba nie zetknie się z taką liczbą zdarzeń jak dwie osoby. Mam nadzieję, że po przeczytaniu tego rozdziału będziesz dzielił się z towarzyszem wędrówek wrażeniami z obserwacji nieba oraz swoimi wnioskami.

GWIAZDY

Jak można określić godzinę za pomocą gwiazd?

Obecnie niewiele osób potrafi znaleźć drogę, posługując się gwiazdami, przez co utarło się, że jest to bardzo trudne. Prawdą jest, że korzystanie z gwiazd, by ustalić, gdzie dokładnie się znajdujemy, nazywane przez nawigatorów „określaniem własnego położenia", wymaga wprawy w obsłudze takich przyrządów jak sekstant. Jednak nie musimy wyznaczać swego położenia, jeśli chodzi nam tylko o znalezienie drogi. Ustalenie kierunków świata dzięki gwiazdom jest banalnie proste, a w tym rozdziale pokażę kilka łatwych metod, z których istnienia nie zdawałeś sobie sprawy. Jeśli dysponujesz odpowiednim doświadczeniem, gwiazdy pomogą ci określić każdy kierunek, jednak zawsze najlepiej zacząć od wyznaczenia północy.

Podczas kursów o naturalnej nawigacji, w których uczestniczą również profesjonalni nawigatorzy, często zadaję następujące pytanie: „Co oznacza termin »północ«?". (Oczywiście możesz podać własną odpowiedź, zanim przejdziesz do dalszej lektury). Zazwyczaj zapada wtedy krótka cisza, a na twarzy niektórych osób maluje się zdziwienie. Odpowiedzi są rozmaite, do najczęstszych zaś należą: „góra mapy", „tam gdzie jest zimno" i „coś na górze". Najlepszą odpowiedzią jest: „kierunek w stronę bieguna północnego". Nie ma znaczenia, czy masz na myśli ogródek skierowany na północ w hrabstwie Surrey, czy krótki spacer w Sydney – „północ" zawsze oznacza „w kierunku bieguna północnego".

Każdemu miejscu na Ziemi odpowiada znajdujący się bezpośrednio nad nim punkt na nocnym niebie. Zobaczysz go zawsze, kiedy uniesiesz głowę do góry. Astronomowie nazywają go zenitem. Wyobraź sobie teraz, że stoisz na biegunie północnym i patrzysz prosto w górę. Ten punkt, który widzisz, nosi nazwę północnego bieguna niebieskiego. Warto poświęcić mu nieco uwagi, bo gdy zrozumiesz jego rolę, nocne niebo nie będzie już miało przed tobą tajemnic.

Kiedy stoimy na biegunie północnym i patrzymy pionowo w górę na biegun niebieski, widzimy pewną gwiazdę. To najbardziej znana i najprzydatniejsza gwiazda na całym nocnym niebie. Występuje pod kilkoma nazwami: Gwiazda Polarna, Gwiazda Biegunowa, Polaris i Cynozura. Należy zapamiętać dwie najważniejsze informacje na jej temat: po pierwsze, widać ją na północy z każdego miejsca na półkuli północnej, po drugie, nie zmienia swego położenia na nocnym niebie. Znajduje się dokładnie nad osią obrotu Ziemi – gdyby Ziemia obracała się na słupie, a ten słup sięgał w przestrzeń kosmiczną, to dotknąłby Gwiazdy Polarnej.

Powszechnie uważa się, że Polaris jest najjaśniejszą gwiazdą na nocnym niebie, jednakże nie jest ona ani wyjątkowo jasna, ani zbyt ciemna. Gdybym miał jej dać notę w skali od jeden do pięć, oceniłbym ją na czwórkę, co astronomowie określają mianem „drugiej wielkości gwiazdowej". Oznacza to, że można ją łatwo dostrzec, poza sytuacjami największego zanieczyszczenia świetlnego[1] (czyli nadmiernej ilości oświetlenia nocą, szczególnie w dużych miastach) lub złej widoczności, ale nie poraża szczególnie swoim blaskiem. Jeśli zauważysz na nocnym niebie bardzo jasny biały obiekt świecący mocniej niż wszystkie inne, prawdopodobnie będzie to jedna z planet – Wenus albo Jowisz – lub Syriusz, który jest najjaśniejszą gwiazdą, ale na pewno nie będzie to Gwiazda Polarna ani żadne inne ciało niebieskie znajdujące się w północnej części nieba. Gdy już o tym wiesz, będzie cię zapewne dziwiło, jak często ludzie wskazują na najjaśniejszy obiekt na niebie i nazywają go Gwiazdą Polarną.

Teraz wyobraź sobie, że na biegunie północnym wsiadasz do lecącego nisko samolotu i ze stałą prędkością zmierzasz na południe, w kierunku Wielkiej Brytanii. Zimna Północ zostaje daleko w tyle, a punkt na nocnym niebie, który znajduje się nad biegunem północnym, coraz bardziej się obniża. Im dłużej będziesz leciał na południe, tym niżej Gwiazda Polarna będzie opadać, a w chwili lądowania w Wielkiej Brytanii będzie się znajdować w połowie nocnego nieba. Ale najważniejsze jest to, że nawet kiedy Gwiazda Polarna błyszczy znacznie niżej na niebie, wciąż jest punktem znajdującym się bezpośrednio nad biegunem północnym. Oznacza to, że kiedy patrzysz w jej kierunku... patrzysz prosto na północ. Tak po prostu. Musisz się tylko dowiedzieć, która z gwiazd jest Gwiazdą Polarną, i za jej pomocą zawsze znajdziesz północ.

Pora spojrzeć na sposoby odnajdywania Gwiazdy Polarnej. Zaczniemy od dwóch najprostszych i najbardziej znanych: z użyciem Wielkiego Wozu i gwiazdozbioru Kasjopei. Zaraz po nich przedstawię ci przegląd mniej popularnych metod, bo czasami warto znać się na rzeczach, o których prawie nikt nie ma pojęcia.

Wielki Wóz

Najprostszą metodą znalezienia Gwiazdy Polarnej jest odszukanie Wielkiego Wozu – łatwej do zidentyfikowania grupy siedmiu gwiazd[2], nazywanej przez Amerykanów Wielką Chochlą, a w wielu innych krajach – Wielkim Rondlem. Spójrz na dwie gwiazdy będące tylnymi kołami Wielkiego Wozu[3].

Gwiazda Polarna zawsze znajduje się w odległości pięciokrotnie większej niż odległość między tymi dwoma gwiazdami, na przedłużeniu linii, którą wyznaczają[4]. Północ geograficzna leży bezpośrednio pod Gwiazdą Polarną.

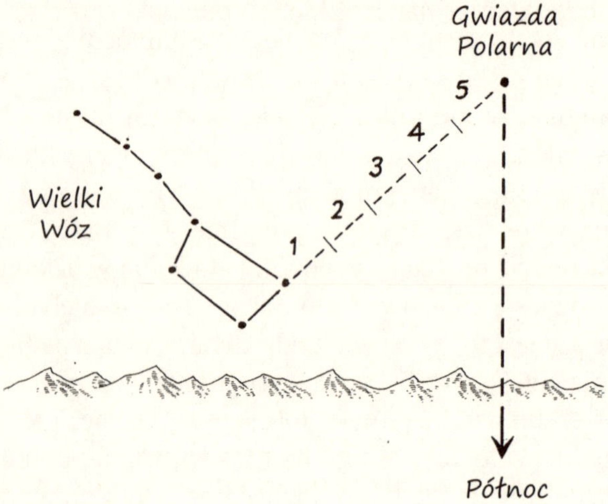

Wielki Wóz obraca się wokół Gwiazdy Polarnej w kierunku przeciwnym do ruchu wskazówek zegara, czasami więc widzimy go z boku, a nawet do góry kołami. Jednakże jego układ w stosunku do Gwiazdy Polarnej nigdy nie ulega zmianie i dlatego metoda ta jest niezawodna.

Gwiazdozbiór Kasjopei

Kasjopeja jest bardzo przydatną konstelacją, jeśli chodzi o szukanie Gwiazdy Polarnej, gdyż zawsze znajduje się po przeciwnej stronie tej gwiazdy, patrząc od strony Wielkiego Wozu, a zatem jest na niebie wyżej niż Wielki Wóz. Na czystym nocnym niebie z dobrze widoczną linią horyzontu będziesz w stanie zobaczyć zarówno Wielki Wóz, jak i Kasjopeję.

Jest to możliwe, ponieważ są one konstelacjami okołobiegunowymi, co oznacza, że kręcą się dookoła Gwiazdy Polarnej w kierunku przeciwnym do ruchu wskazówek zegara. Jeśli jedna z nich będzie usytuowana nisko i zasłonią ją chmury, wzgórza lub budynki, to druga będzie wysoko, i *vice versa*. Jeżeli masz zamiar nauczyć się tylko dwóch sposobów znajdowania Gwiazdy Polarnej, to polecałbym właśnie metody z wykorzystaniem Wielkiego Wozu i gwiazdozbioru Kasjopei.

Gwiazdozbiór Kasjopei wyglądem przypomina rozciągniętą na niebie literę W i tak jak Wielki Wóz oraz inne gwiazdy na północnym niebie obraca się dookoła Gwiazdy Polarnej w kierunku przeciwnym do ruchu wskazówek zegara. W zależności od swojego położenia czasem więc będzie wyglądał jak litera W, a czasem jak M, lecz jego kształt i metoda użycia pozostają niezmienne. Aby zlokalizować Gwiazdę Polarną z wykorzystaniem tego gwiazdozbioru, musimy sobie wyobrazić, że jego gwiazdy tworzą literę W z linią łączącą jej górne wierzchołki. Tę linię należy obrócić o 90° przeciwnie do ruchu wskazówek zegara oraz podwoić jej długość. Wtedy znajdziesz się już bardzo blisko Gwiazdy Polarnej.

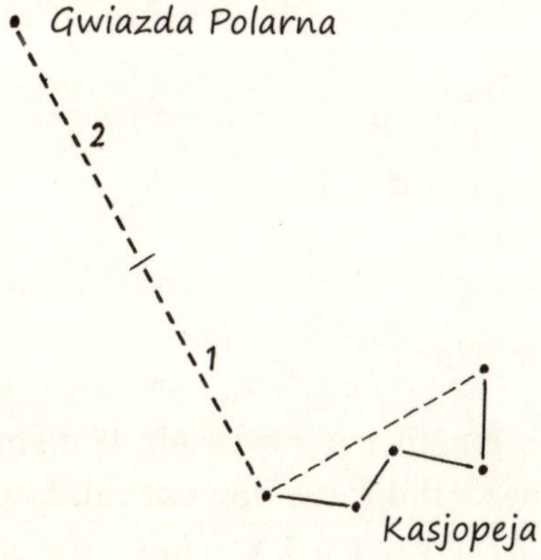

Krzyż Północy

Łabędź jest konstelacją składającą się z wielu gwiazd i tylko trochę przypominającą łabędzia. Na szczęście nie musimy się tym martwić, ponieważ najjaśniejsze gwiazdy, znajdujące się w samym sercu gwiazdozbioru, tworzą łatwy do rozpoznania kształt – krzyż, znany jako Krzyż Północy.

Jeśli już kilka razy udało ci się go znaleźć na niebie, z łatwością możesz go wykorzystać do odszukania Gwiazdy Polarnej. Moja metoda polega na wyobrażeniu sobie najsłynniejszego krzyża w historii, a następnie najsłynniejszej postaci, która się z nim kojarzy.

Najpierw znajdź Krzyż Północy, a następnie wyobraź sobie Jezusa na krzyżu, wskazującego ci północ prawą dłonią. Przyznaję, że to dziwne wyobrażenie, ale działa i raczej mało prawdopodobne, że o nim zapomnisz.

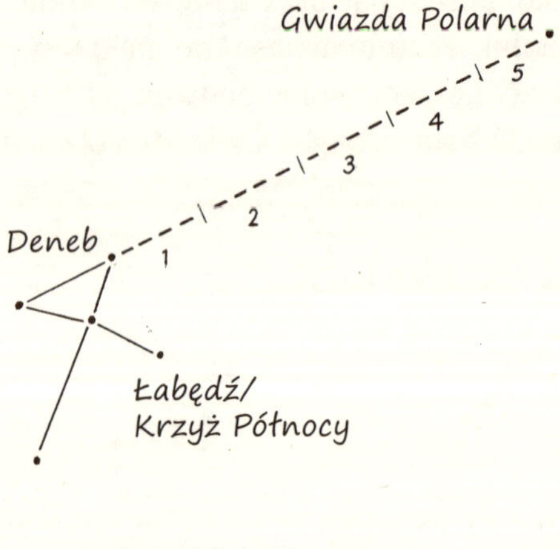

Gwiazdozbiór Woźnicy

Gwiazdozbiór Woźnicy jest konstelacją nieba północnego i gdy o nim mowa, trudno się powstrzymać od zagłębienia się w opowieści o rydwanach oraz o mitycznej kozie i małym

Zeusie, ale nie zboczymy tak łatwo z raz obranego kursu. Konstelacja ta może być postrzegana jako pierścień gwiazd, pośród których najjaśniejsza – i wyraźnie żółta – jest Kapella, znana też jako Koza lub Amalthea.

Jeżeli widzisz gwiazdozbiór Woźnicy, możesz znaleźć Gwiazdę Polarną na dwa sposoby. Pierwszy z nich jest bardzo łatwy do zastosowania w pogodną noc, ale nastręcza więcej trudności przy zanieczyszczeniu świetlnym, a także nawet niewielkim zachmurzeniu. Podążając zgodnie z ruchem wskazówek zegara od najjaśniejszej gwiazdy, Kapelli, znajdziesz trzy nieco bledsze gwiazdy układające się w wąski trójkąt, który wskazuje Gwiazdę Polarną. (Jeśli lubisz mitologię, to pewnie cię zainteresuje, że te trzy gwiazdy są dziećmi Kozy, czyli Koźlętami).

Istnieje nieco dokładniejsza metoda, odwołująca się do innych gwiazd, w związku z czym wydaje się bardziej skomplikowana, ale kiedy spojrzysz na ilustrację, wszystko stanie się banalnie proste. Poruszając się od Kapelli w kierunku przeciwnym do ruchu wskazówek zegara, spójrz na znajdującą się po niej pierwszą i drugą gwiazdę. Jeżeli przedłużysz pięciokrotnie linię łączącą obie gwiazdy, zaprowadzi cię ona do Gwiazdy Polarnej.

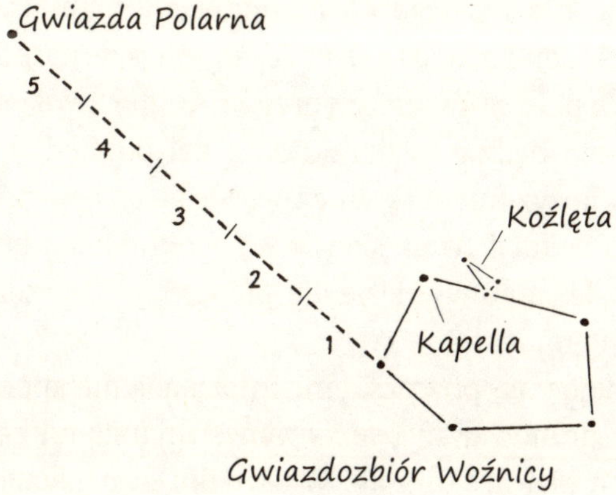

Jak za pomocą Gwiazdy Polarnej określić szerokość geograficzną

Wróćmy do twojej podróży lecącym nisko samolotem z bieguna północnego do Wielkiej Brytanii. Przypomnij sobie, że na biegunie Gwiazda Polarna znajdowała się tuż nad twoją głową, ale gdy samolot kierował się na południe, coraz bardziej opadała. Szerokość geograficzna na biegunie północnym wynosi 90°N, a w Wielkiej Brytanii – około 50°N. Jeżeli wyruszyłbyś z lotniska Heathrow i kierował się na południe, Gwiazda Polarna opadałaby coraz niżej, aż w końcu dotknęłaby linii horyzontu i znikła za nią. Stałoby się to wtedy, gdy samolot przekroczył równik. Istnieje niezwykle prosta oraz przydatna zależność pomiędzy naszą szerokością geograficzną (czyli tym, jak daleko na północ lub na południe się znajdujemy) a położeniem Gwiazdy Polarnej nad horyzontem.

Na biegunie północnym kąt między Polaris a horyzontem wynosi 90°, a twoja szerokość geograficzna to... też 90°N. Na równiku twoja szerokość geograficzna wynosiłaby 0°, a kąt między Gwiazdą Polarną a horyzontem... też byłby równy 0°, co oznacza, że gwiazda znajduje się równo z linią horyzontu. Dla każdego nawigatora najwspanialsze jest to, że ten związek zachodzi w każdym miejscu na półkuli północnej. Na południowym wybrzeżu Anglii[5] twoja szerokość geograficzna będzie bliska 50°N, a kąt pomiędzy Gwiazdą Polarną a horyzontem również wyniesie 50°, na północnym wybrzeżu Szkocji twoja szerokość geograficzna będzie bliska 60° i tyle samo wyniesie kąt pomiędzy Gwiazdą Polarną a horyzontem.

Posługując się powyższymi informacjami, możesz teraz odnaleźć północ oraz oszacować swoją szerokość geograficzną w mniej niż minutę, w dodatku bez użycia żadnych narzędzi. Prawdę mówiąc, masz już taką samą wiedzę, jaką przez stulecia wykorzystywali podróżnicy, aby nawigować po oceanach i pustyniach oraz odnajdywać drogę do domu. Opisaną powyżej metodą posługiwał się między innymi Krzysztof Kolumb.

Określanie kąta pomiędzy Gwiazdą Polarną a horyzontem jest najpopularniejszą i najpraktyczniejszą metodą wyznaczania szerokości geograficznej, ale poza nią istnieje jeszcze kilka innych technik. Wszystkie ciała niebieskie wschodzą pod pewnym kątem względem horyzontu i gwiazdy nie stanowią tu wyjątku. Ten kąt jest bezpośrednio związany z twoją szerokością geograficzną: kąt, pod którym wschodzą i zachodzą gwiazdy, wynosi 90° minus wartość twojej szerokości geograficznej. Mało prawdopodobne, by udało ci się go zmierzyć, ale wiedza ta w połączeniu ze zrozumieniem zależności pomiędzy szerokością geograficzną a Gwiazdą Polarną wiele ci ułatwi. Jeśli na przykład planujesz daleką podróż, warto się zastanowić nad szerokością geograficzną, na której będziesz przebywać, a także jej wpływem na pojawianie się oraz ruch gwiazd.

Jeżeli udajesz się w tropiki, gwiazdy będą tam wschodzić i zachodzić prawie pionowo i przez długi czas będą utrzymywać swoje położenie. Jednakże Gwiazda Polarna może znajdować się zbyt nisko, nawet poniżej linii horyzontu. Jeśli przebywasz na dużych szerokościach geograficznych, gwiazdy poruszają się w linii poziomej i dlatego trudno jest z nich korzystać, bo są nisko nad horyzontem, natomiast Polaris jest zlokalizowana niekiedy bardzo wysoko. Kiedy zaś odwiedzasz Arktykę, Gwiazda Polarna jest zbyt wysoko, aby się przydać do określenia szerokości. Ponadto pamiętaj, że w środku lata nie znajdziesz tam gwiazd, ponieważ trwa dzień polarny.

Bliżej domu nie mamy wprawdzie ani tropikalnej pogody, ani niedźwiedzi polarnych, możemy za to namierzyć niezwykle przydatną Gwiazdę Polarną oraz gwiazdy, które wschodzą i zachodzą w łatwy do śledzenia sposób.

Odnajdywanie wschodu i zachodu

W przeciwieństwie do Słońca, Księżyca oraz planet każda gwiazda będzie wschodzić w stałym punkcie nad horyzontem. Oznacza to, że jasna wschodząca gwiazda, poruszająca się nad wieżą kościoła lub pomiędzy dwiema gałęziami drzewa, powtórzy dokładnie to samo następnej nocy, a także za tydzień i za rok. Jeżeli gwiazda wschodzi na północny wschód od twojego domu, to zawsze będzie to robić w tym samym punkcie. Ponadto zawsze będzie zachodzić na północnym zachodzie, ponieważ gwiazdy poruszają się symetrycznie. (W przeciwieństwie do gwiazd Słońce, Księżyc oraz planety wschodzą każdej nocy w nieco innym miejscu, a w ciągu kilku tygodni te różnice mogą być znaczne).

Niektóre gwiazdy wschodzą na północ od wschodu, niektóre na południe od wschodu, a jeżeli będziemy patrzeć na nie z tego samego punktu, zawsze będą zachowywać się tak samo. Oznacza to, że muszą istnieć jakieś gwiazdy, które wschodzą pośrodku, to znaczy na wschodzie. Jeśli gwiazda wschodzi na wschodzie, to musi zachodzić na zachodzie, jest więc dla nas cennym punktem orientacyjnym. Najbardziej przydatna pod tym względem jest zimowa konstelacja Oriona. Orion przedstawia sylwetkę mężczyzny składającą się z jasnych gwiazd, ale najbardziej interesuje nas jego pas: jedyne trzy jasne gwiazdy na nocnym niebie ułożone w krótkiej prostej linii. Pierwsza z nich nazywa się Mintaka i za każdym razem wschodzi oraz zachodzi w obrębie zaledwie jednego stopnia od – odpowiednio – wschodu i zachodu.

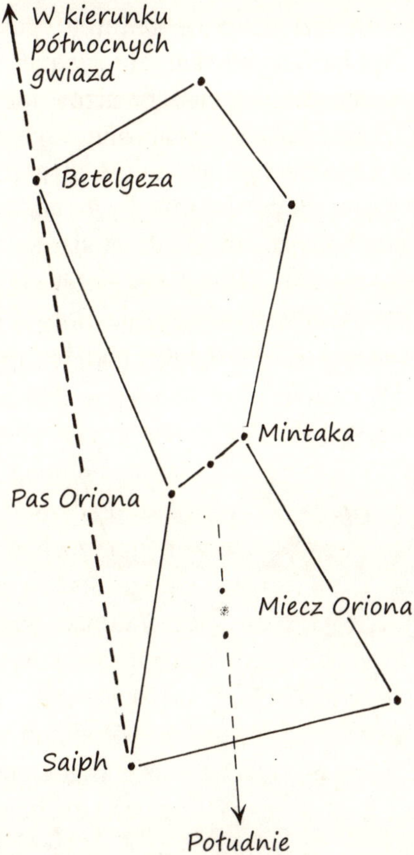

Jako że Orion jest widoczny w miesiącach zimowych, wspomnę również o gwiazdozbiorze Orła, który z kolei jest widoczny latem. Jeżeli nigdy wcześniej go nie widziałeś, spróbuj popatrzeć na wschodnią stronę czerwcowego nieba, gdy tylko zrobi się dostatecznie ciemno.

Ten gwiazdozbiór nie jest tak jasny jak Orion i nieco trudniej go rozpoznać, ale jeśli dostrzeżesz go nisko nad horyzontem, to znaczy, że musisz patrzeć albo na wschód, albo na zachód. Jeżeli po dwudziestu minutach zauważysz, że znajduje się odrobinę wyżej, masz pewność, że stoisz zwrócony na wschód. Jednakże jeżeli nieco się obniży, to spoglądasz w stronę zachodu. Drobna wskazówka: gdy gwiazdy usadowią się wzdłuż linii horyzontu, łatwiej stwierdzić, w którą stronę się poruszają, porównując ich położenie względem obiektów występujących na samej linii horyzontu. Czasem znacznie łatwiej określić kierunek poruszania się gwiazd, odnosząc ich pozycję do nieruchomego obiektu znajdującego się w bliskim zasięgu naszego wzroku, takiego jak płot lub wbity w ziemię patyk. Aby sobie to ułatwić, połóż się na ziemi. Astronawigacja może być łatwa, ale nie zawsze musi nam być przy niej ciepło.

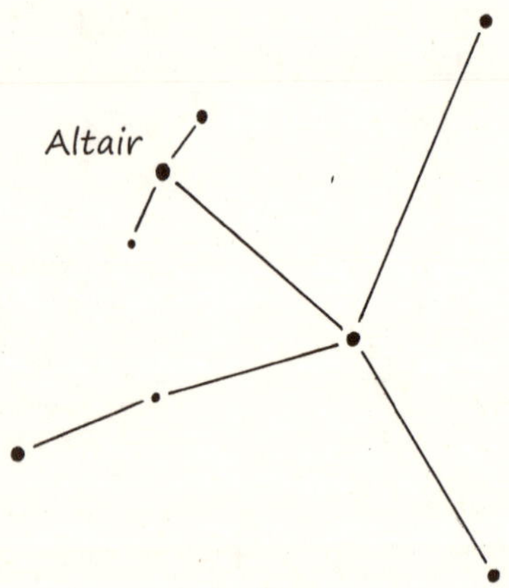

Gwiazdozbiór Orła wschodzi na wschodzie i zachodzi na zachodzie

Szukanie południa

Nawet najmniej uzdolnieni astronawigatorzy wiedzą, że jeden ze sposobów wyznaczenia południa polega na tym, aby odnaleźć północ i spojrzeć w przeciwnym kierunku. Jednak znacznie ciekawszą metodą jest korzystanie z gwiazd, które mogą nam bezpośrednio wskazać południe. Istnieje na to jeden prosty sposób oraz kilka trudniejszych, za to bardzo interesujących.

Gwiazdozbiór Skorpiona

Na średnich szerokościach geograficznych, na przykład w Wielkiej Brytanii, gwiazdozbiór Skorpiona, który rzeczywiście przypomina kształtem tego pajęczaka, można zauważyć na południowej stronie nieba w okolicy przesilenia letniego. Łatwo go rozpoznać dzięki czerwonej gwieździe Antares, która wyznacza głowę skorpiona. Najwyższe gwiazdy tej konstelacji wschodzą na południowym wschodzie, kierują się ku południu, a następnie zachodzą na południowym zachodzie. W pewnym momencie dwie ważne gwiazdy tworzą pionową linię, która poprowadzona w dół niemalże idealnie wskaże nam południe. Jest to metoda, którą można stosować latem, późno w nocy.

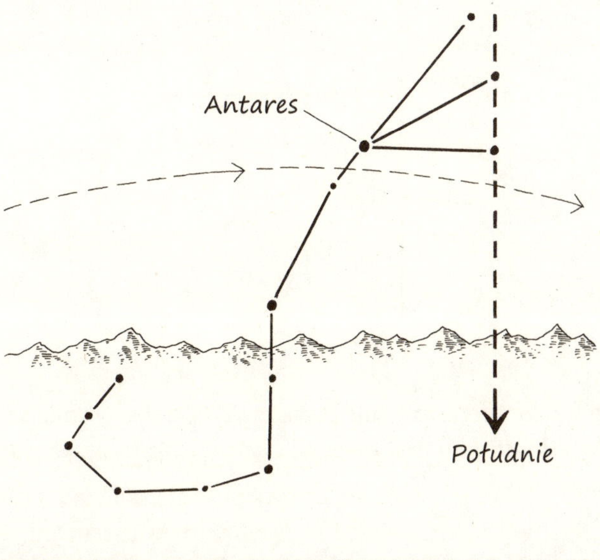

Im bliżej równika, tym gwiazdozbiór Skorpiona jest lepiej widoczny. Na średnich szerokościach geograficznych północnych, na przykład w Wielkiej Brytanii, dolna część Skorpiona jest do połowy schowana za horyzontem

Zad Lwa

Konstelacja Lwa jest dużym gwiazdozbiorem i podobnie jak Skorpion kształtem przypomina zwierzę, którego imię nosi. Po odnalezieniu Lwa musimy namierzyć dwie mniej znane, ale noszące piękne nazwy gwiazdy – Chertan i Zosmę, które tworzą jego zad.

Kiedy widzisz Zosmę bezpośrednio nad gwiazdą Chertan, tak jak pokazano na ilustracji, to znaczy, że patrzysz na południe. Ta metoda sprawdza się zwłaszcza w kwietniu, a moi studenci z wiosennych kursów nigdy nie zawiedli się na niej, gdy próbowali znaleźć drogę powrotną do łóżka.

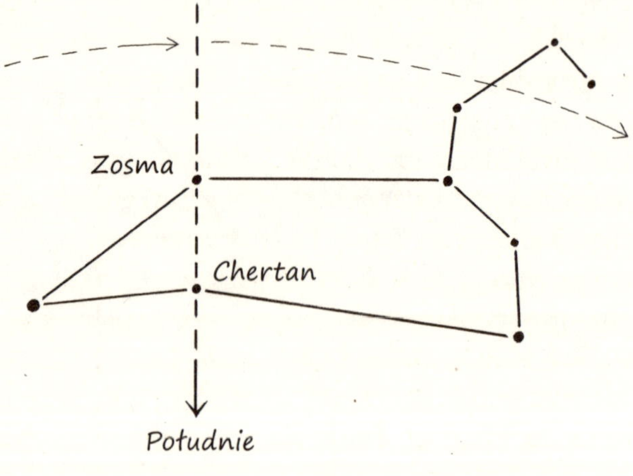

Chertan i Zosma tworzą zad gwiezdnego Lwa. Kiedy widzisz Zosmę bezpośrednio nad gwiazdą Chertan, to znaczy, że patrzysz na południe

Orion i jego miecz

Wracając do naszego przyjaciela Oriona, w pogodny zimowy wieczór możesz zauważyć, że przy jego pasie wisi miecz składający się z trzech gwiazd. Gwiazda znajdująca się pośrodku może wydawać się kolorowa, rozmyta i nieostra. Dzieje się tak, ponieważ to mgławica, Wielka Mgławica w Orionie, lecz jej obecność nie ma wpływu na naszą metodę.

Kiedy Miecz Oriona wisi pionowo w dół, wskazuje dokładnie południe na naszym horyzoncie.

W gwiazdozbiorze Oriona znajdują się jeszcze dwie gwiazdy, które także tworzą linie z północy na południe – Saiph i Betelgeza. Ale wolę metodę z zastosowaniem Miecza Oriona, ponieważ wydaje mi się ciekawsza, a uczestnicy kursu łatwiej ją zapamiętują.

Jeżeli potrzebujesz jedynie gotowych wskazówek, jak wyznaczyć południe, poszukaj na niebie trzech jasnych gwiazd, które ci je wskażą. Deneb, Wega oraz Altair są rozrzucone po całym nieboskłonie, a każda z nich jest najjaśniejszą gwiazdą w swojej konstelacji: Deneb w gwiazdozbiorze Łabędzia, Wega w gwiazdozbiorze Lutni, a Altair w gwiazdozbiorze Orła (dwie z wymienionych konstelacji rozpoznasz, wykorzystując metodę określania kierunku północnego, o której pisałem powyżej). Jasność tych gwiazd sprawiła, że zaczęto je traktować jako część osobnego, znacznie większego i prostszego układu zwanego Trójkątem Letnim. Stało się tak w dużej mierze dlatego, że o widoczności gwiazd oraz planet o zmroku decyduje ich blask. Zwykle najpierw zauważamy planety, lecz w miarę jak niebo ciemnieje, widoczne stają się również najjaśniejsze gwiazdy. W miesiącach letnich te trzy jasne gwiazdy można zobaczyć na niebie znacznie wcześniej niż konstelacje, do których należą.

Gdy tylko je odnajdziesz, utworzony przez nie trójkąt wskaże ci w przybliżeniu południe. Jeżeli wyobrazisz sobie linię zaczynającą się w połowie odcinka między dwoma najwyżej położonymi gwiazdami, Deneb i Wegą, i biegnącą aż do najniższej – Altair, linia ta zawsze wskaże południowy horyzont. Im bardziej będzie pionowa, tym dokładniejszy pomiar. Jeżeli linia jest idealnie pionowa, to znaczy, że wskazuje dokładnie południe.

Kalendarz oparty na gwiazdach

Być może zauważyłeś, że opisałem konstelacje widoczne na niebie tylko w określonym czasie: Oriona widocznego zimą i Skorpiona – latem, i zastanawiasz się dlaczego. Krótka odpowiedź: trudno zobaczyć gwiazdy, jeżeli w drogę wchodzi im Słońce. Ale dlaczego i kiedy Słońce im przeszkadza? Odpowiedź na to pytanie jest nieco dłuższa, ale pomoże nam zrozumieć kalendarze oparte na gwiazdach, a także gwiezdne zegary.

Najprościej wytłumaczyć to zjawisko na podstawie cyklu rocznego. Wyobraź sobie, że jesteś w biurze, w małym kwadratowym pokoju. Na każdej z czterech ścian zawieś na wysokości oczu rysunek innej konstelacji: na pierwszej ścianie rysunek gwiazdozbioru Oriona, na drugiej – Ryb, na trzeciej – Skorpiona, a na ostatniej – Wagi. Teraz z lampy z jasną żarówką zdejmij klosz i umieść go na środku pokoju na wysokości oczu. Jesteś gotowy, aby zacząć krążenie. W tym dość bezproduktywnym, ale pouczającym dniu w biurze odgrywąsz rolę Ziemi, lampa jest Słońcem, a konstelacje... są konstelacjami.

Usiądź na obrotowym fotelu i podjeżdżaj na nim do każdej ze ścian po kolei. Każda z czterech pozycji, którą przyjmiesz, będzie odpowiadała innej porze roku. Podczas tego eksperymentu bardzo szybko zobaczysz, że w każdej z pór roku jedna z konstelacji jest bardzo dobrze widoczna, dwie są dobrze widoczne po zmrużeniu oczu, a jednej w ogóle nie widać. Umieszczając krzesło przy Skorpionie, będziesz go dobrze widział (bo będziesz odwrócony plecami do światła), ale gdy znajdziesz się po drugiej stronie pokoju, stracisz go z oczu. Każdego lata Słońce wchodzi w drogę Orionowi. Wagi nie zobaczymy jesienią, Skorpiona – zimą, a Ryb – wiosną.

W prawdziwym świecie Ziemia ma nie cztery pozycje, lecz 365 i zmiana jest stopniowa, ale zasada pozostaje taka sama. Ziemia obraca się wokół swojej osi i dlatego mamy dzień i noc, a także – znacznie wolniej – dookoła Słońca, w konsekwencji Słońce stopniowo przesłania gwiazdy, tak że znikają nam z oczu.

Odległość pomiędzy Słońcem a gwiazdami widoczna z Ziemi każdego dnia ulega zmianie. Jednym z najważniejszych tego efektów jest dla wędrowca to, że gwiazdy na wschodzie co noc wschodzą o cztery minuty wcześniej, a gwiazdy na zachodzie zachodzą cztery minuty wcześniej w stosunku do wschodu i zachodu Słońca. (Te cztery minuty są wynikiem podzielenia dwudziestu czterech godzin przez 365). Nie jest to dużo, ale szybko się sumuje: po tygodniu gwiazdy będą wschodzić pół godziny wcześniej, a po miesiącu – dwie godziny.

Warto wspomnieć, że te sezonowe zmiany nie mają wpływu na widok gwiazd północnych. Gwiazdy okołobiegunowe, które poruszają się dookoła Gwiazdy Polarnej w kierunku przeciwnym do ruchu wskazówek zegara, są dla nas widoczne o każdej porze roku, ponieważ znajdujemy się w północnej części świata, kiedy więc patrzymy na północ, Słońce nigdy nie stanie na drodze nam i gwiazdom. Aby to lepiej zrozumieć, wyobraź sobie, że niektóre konstelacje umieściłeś na suficie w swoim biurze – nie ma znaczenia, gdzie znajdzie się krzesło, bo światło i tak nie wejdzie mu w drogę.

Skoro gwiazdy wschodzą każdego dnia o cztery minuty wcześniej względem Słońca, to raz do roku udaje im się wyprzedzić Słońce. Gwiazd nie można zobaczyć, gdy znajdują się za Słońcem, ale gdy tylko je wyprzedzą, stają się widoczne. Wschód gwiazdy na krótko przed wschodem Słońca, obserwowany po raz pierwszy po okresie jej niewidoczności wskutek bliskości Słońca, to heliakalny wschód gwiazdy. Ludzie od dawna wiedzą o tym zjawisku. Gorące i duszne letnie dni, kiedy powietrze stoi w miejscu, nazywamy kanikułą. W sierpniu Syriusz z konstelacji Wielkiego Psa, najjaśniejsza gwiazda na nocnym niebie, zaczyna wyprzedzać Słońce. Starożytni Rzymianie właśnie tę porę roku, od końca czerwca do końca sierpnia, gdy Słońce znajduje się w gwiazdozbiorze Wielkiego Psa, nazywali *canicula*, „piesek".

Wszystkie starożytne cywilizacje żyły w harmonii z sezonowym wschodem poszczególnych gwiazd oraz używały ich jako kalendarza prac polowych i łowów. Aborygeni z Mallee w północno-wschodniej Australii wiedzieli, że muszą udać się nad rzekę, aby upolować gęś skąpopłetwową, tuż po heliakalnym wschodzie pomarańczowego Arktura. Ta sama gwiazda przypominała im, że nadszedł czas zbierania larw mrówek gmachówek[6].

Inuici posługiwali się dwiema gwiazdami wyznaczającymi północ w inny sposób. Altair oraz gwiazdozbiór Orła tworzą ich własną konstelacją – Aagjuuk. Warto pamiętać, że wszystkie gwiazdozbiory są wytworem wyobraźni i możemy tworzyć własne, jeżeli miałoby nam to pomóc. Sam robię to regularnie. Inuici korzystają z gwiazdozbioru Aagjuuk, aby ustalić czas, kiedy foki wąsate wychodzą z morza na brzeg, co otwiera sezon polowań na nie. Wiele kultur, począwszy od starożytnego Egiptu do współczesnego ludu Mursi w Etiopii, wiąże sezonowe przybory rzek z corocznym i niezawodnym cyklem gwiazd.

Dziś znamy inne metody ustalania czasu zjawisk zachodzących w przyrodzie, jednak nic nie stoi na przeszkodzie, by nadal ustalać je, obserwując gwiazdy. W różnych częściach Wysp i oczywiście świata ważne będą lokalne czynniki, ale zasady są takie same dla całego globu. Oto kilka czynników istotnych w Wielkiej Brytanii.

O 22.30 przy czystym niebie spójrz na południe, a jeśli nie jesteś pewien, w którą to stronę, zastosuj opisane wyżej metody. Jeżeli na niebie błyszczy:

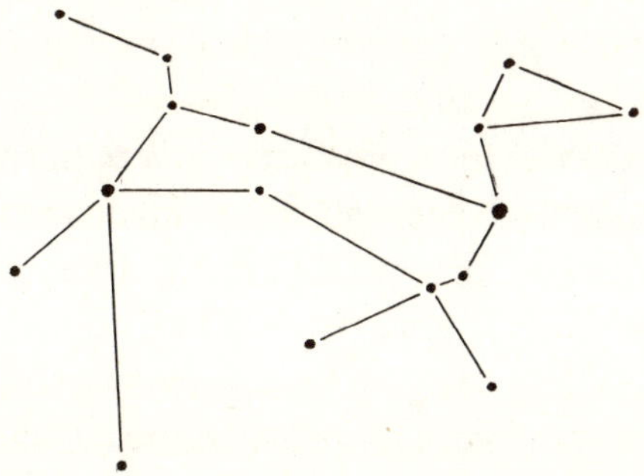

SYRIUSZ i ORION – możliwe jest występowanie przymrozków oraz śniegu. Ludzie są zmęczeni piciem i ciężkostrawnym jedzeniem. Jest to czas, który nowocześni kolesie nazywają styczniem

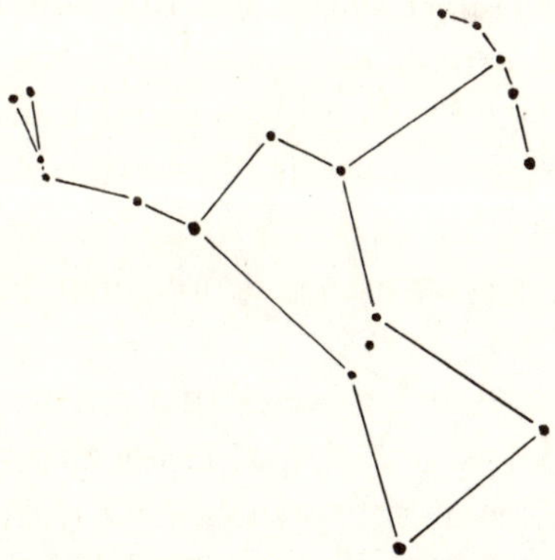

Głowa WĘŻA WODNEGO – rozwinęły się pierwsze przebiśniegi. Rzeki wylewają, a bazie na wierzbie zmieniają kolor ze srebrnego na złoty[7]*. Nadszedł luty*

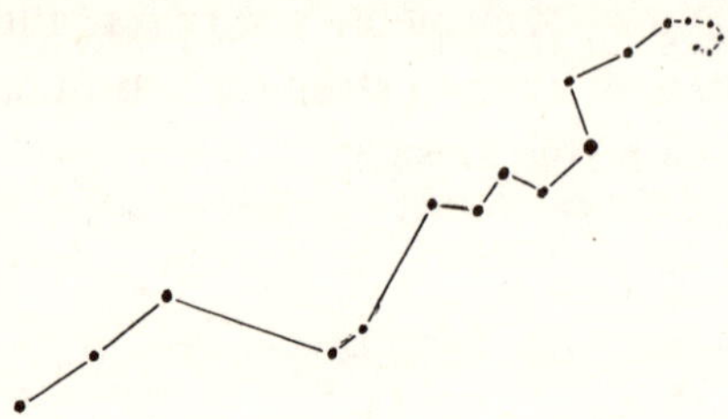

Ciało WĘŻA WODNEGO – na stawach można zobaczyć skrzek. Ptaki zaczynają śpiewać, pojawiają się pierwiosnki. Jest marzec

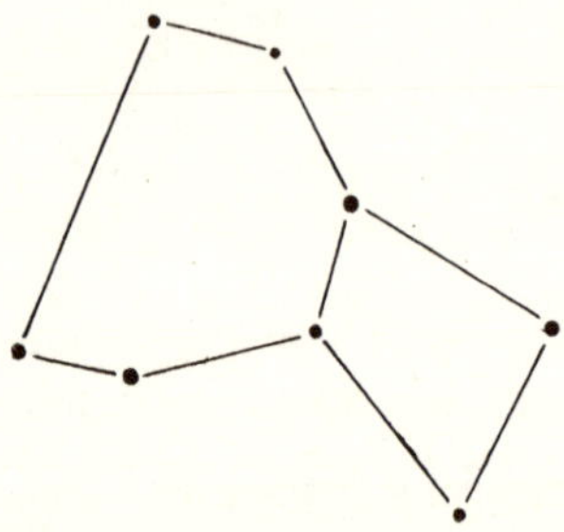

PUCHAR – pszczoły stają się odważniejsze. Żonkile nakłaniają wędrowców do takiej samej odwagi, a drzewa wiśni rozkwitają. Nadszedł kwiecień

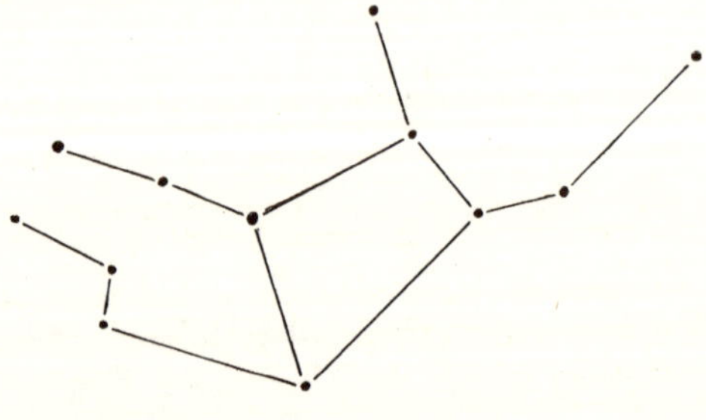

PANNA – wędrowcy i uczestnicy pikników stają się lekkomyślni z powodu pierwszych ciepłych dni, a kwiaty polne rosną jeszcze wyżej. Jest maj

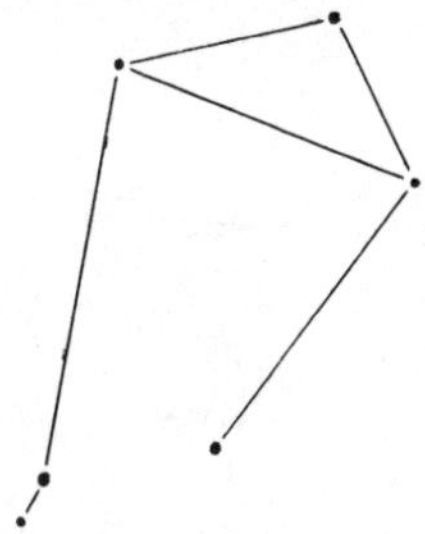

WAGA – węże wypełzają z jam, a pszenica zwraca się ku górze. To czerwiec – miesiąc sianokosów

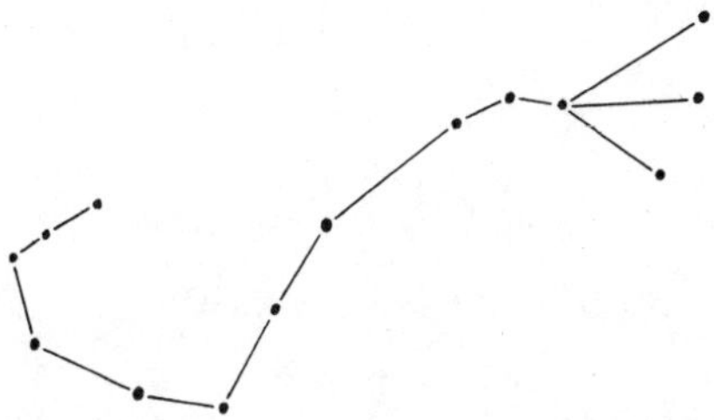

SKORPION – owoce zaczynają dojrzewać. Na plażach pojawia się dużo ludzi i rozpoczyna się sezon gry w piłkę. Nadszedł lipiec

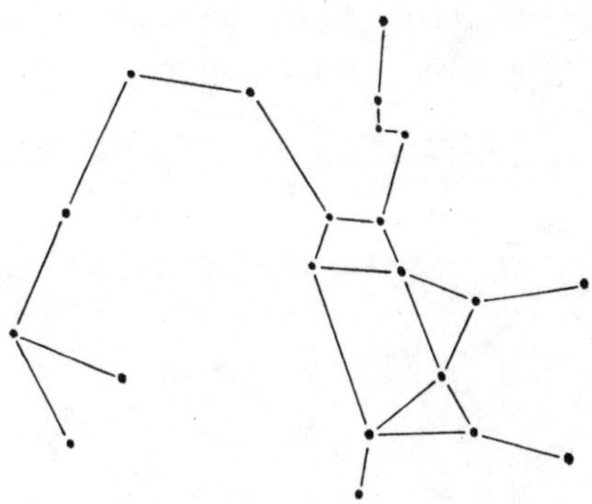

STRZELEC – komary wciąż uprzykrzają życie, na drogach tworzą się korki. Na ścieżkach słychać ciche kroki. Nad rozpalonymi grillami zbierają się burzowe chmury. Jest sierpień

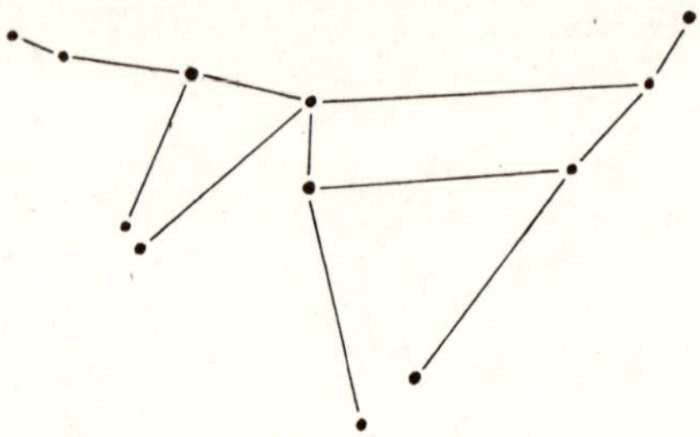

KOZIOROŻEC – morze jest zaskakująco ciepłe, ale dni stają się krótsze. W sprzedaży jest więcej dżemów, niż kiedykolwiek śniło się ekonomistom. Nadszedł wrzesień

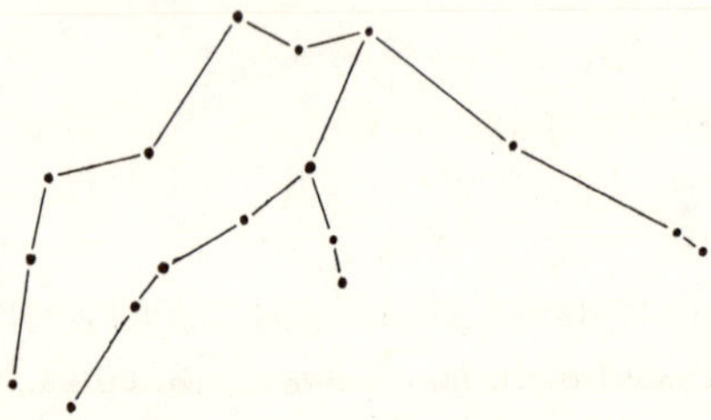

WODNIK – liście zmieniają barwę na brązową, a wszędzie pojawiają się grzyby. Jabłka spadają z drzew. Przyszedł październik

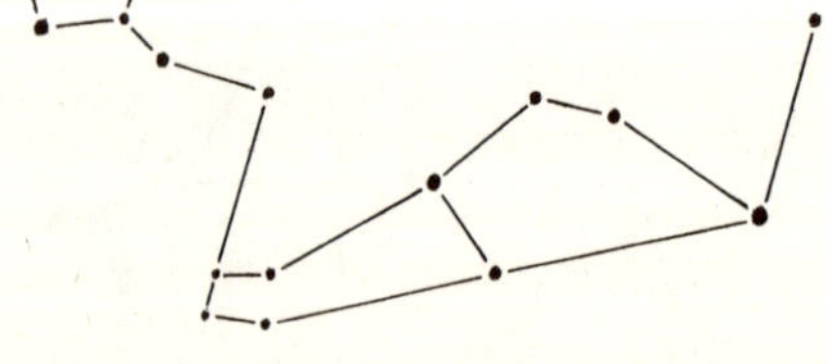

WIELORYB – jeże jeszcze się pojawiają, ale szybko znikają. Więcej liści znajduje się na ziemi niż na drzewach. Jest listopad

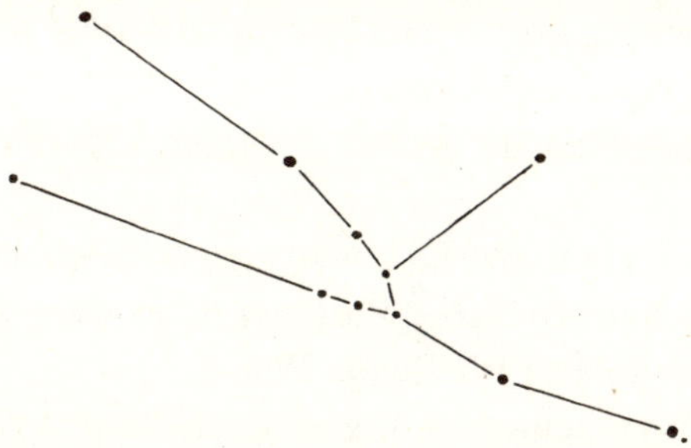

BYK – ten gwiazdozbiór zwiastuje czas łakomstwa. Rudziki i kosy żartują sobie z głupoty innych ptaków oraz z ich drugich domów. Przyszedł grudzień

Sezonowo pojawiające się konstelacje oraz czterominutowe zmiany każdej nocy to efekt tego samego zjawiska, tylko w innej skali. Kalendarz i zegar też odmierzają czas, także w innej skali.

Gdy patrzysz w niebo, czas i kierunek są z sobą ciasno splecione w braterskim uścisku. Jeżeli rozpracowujemy jedno, to zawsze myślimy o drugim, dlatego zrozumienie czasu jest naszym następnym zadaniem.

Zegar oparty na gwiazdach

Istnieje metoda, dzięki której określisz dokładny czas, patrząc w gwiazdy. Na początku może wydać się odrobinę nieefektowna, ale gdy się do niej przyzwyczaisz, możesz się nią posługiwać, gdy nocne niebo będzie czyste. Wykorzystuje się w niej gwiazdy północne, może więc nam służyć przez cały rok.

Jest to dwudziestoczterogodzinny zegar oparty na gwiazdach, którego wskazówka obraca się wstecz i który pokaże godzinę, jeżeli wykonasz kilka prostych działań arytmetycznych. Nie zniechęcaj się, dopóki kilka razy nie spróbujesz. Postępuj według poniższej instrukcji, a przekonasz się, że metoda ta dzięki praktyce staje się przystępna i łatwa.

1. Najpierw znajdź Wielki Wóz, a następnie za jego pomocą odszukaj Gwiazdę Polarną.

2. Gwiazda Polarna będzie środkiem zegara opartego na gwiazdach.

3. Zegar ma jedną wskazówkę – godzinową, którą tworzy linia biegnąca od Gwiazdy Polarnej przez dwie gwiazdy będące tylnymi kołami Wielkiego Wozu.

4. Na tarczy zegara są dwadzieścia cztery godziny, które biegną wstecz, zaczynając od góry. Oznacza to, że jeżeli wskazuje godzinę, która na zwykłym zegarze jest godziną dziewiątą, to na zegarze gwiezdnym jest to szósta rano. To, co dla nas jest godziną szóstą, według zegara gwiezdnego jest południem. Godzina trzecia po południu to na zegarze gwiezdnym szósta po południu. Północ pozostanie północą, nigdy nie będzie południem, ponieważ jest to dwudziestoczterogodzinny zegar.

5. Na ilustracji poniżej wskazówka godzinowa pokazuje trzecią po południu.

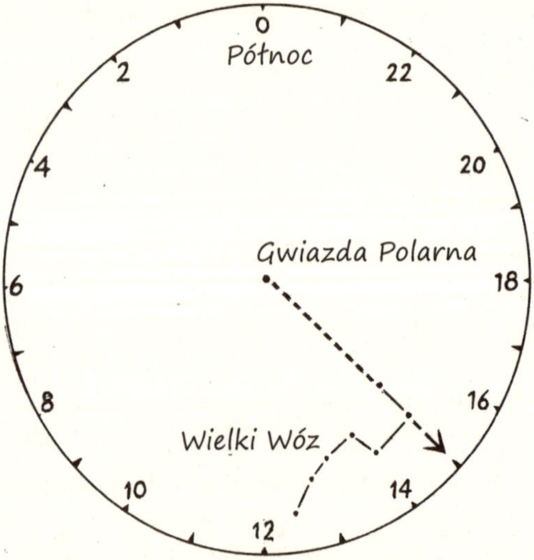

Zegar gwiezdny

6. Jeżeli odczytałeś, co pokazuje wskazówka, musisz wykonać w pamięci proste obliczenie, ponieważ zegar gwiezdny każdego dnia spieszy się o 4 minuty w porównaniu ze Słońcem. Musimy cofnąć się do dnia, kiedy pokazywał właściwy czas, czyli do 7 marca.

7. Do każdego tygodnia po 7 marca musisz dodać pół godziny, co w ciągu dwóch miesięcy daje dwie godziny. Za każdy tydzień lub miesiąc przed 7 marca musisz dodać taką samą wartość.

8. W powyższym przykładzie zegar wskazuje godzinę trzecią po południu, ale wyobraź sobie, że zobaczyłeś to 7 stycznia, czyli dwa miesiące przed 7 marca, musisz więc dodać cztery godziny (2 miesiące × 2 godziny). Zatem rzeczywisty czas to godzina siódma wieczorem.

9. Ten zegar w przybliżeniu odzwierciedla czas Greenwich. Jeżeli znajdujesz się w strefie brytyjskiego czasu letniego, dodaj jedną godzinę.

10. Wypróbuj tę metodę chociaż raz w plenerze. Śmiało!

Oto jeszcze jedno zadanie w ramach ćwiczeń.

Jest 14 września i Wielki Wóz znajduje się pod Gwiazdą Polarną. Godzinowa wskazówka zegara wskazuje poziomo w dół. Która jest godzina?

Zegar wskazuje południe (nie godzinę szóstą, tak jak zwykły zegar), ale ten zegar spieszy się o 4 minuty każdego dnia przez 6 miesięcy i jeden tydzień. Oznacza to, że spieszy się o 12 i pół godziny, czyli jest około 23.30. Nadal znajdujemy się w obrębie brytyjskiej strefy czasowej, więc dodajemy jedną godzinę. Godzina na zegarku będzie zbliżona do 0.30.

Spadające gwiazdy

Istnieje przekonanie, że spadające gwiazdy przynoszą szczęście, co może być związane z tym, że ludzie nigdy nie byli w stanie dokładnie przewidzieć, kiedy dana gwiazda spadnie. Nie oznacza to jednak wcale, że nie możemy określić prawdopodobieństwa ujrzenia spadających gwiazd.

Im lepsza widoczność oraz mniej zanieczyszczeń świetlnych, tym więcej ich zobaczysz. Efekt współdziałania tych dwóch czynników jest tak spektakularny, że za pierwszym razem zaskakuje wiele osób. W idealnych warunkach będziesz mógł zobaczyć od sześciu do dziesięciu spadających gwiazd na godzinę – jeśli będziesz miał pecha, w ciągu dziesięciu minut marszu nie zobaczysz żadnej.

Zasada jest taka: jeśli zauważysz dużo spadających gwiazd wcześnie wieczorem, posiedź do późna i oglądaj dalej ten pokaz. Z reguły więcej spadających gwiazd dostrzegamy po północy, gdy nasza część Ziemi jest skierowana do przodu, patrząc w kierunku, w którym porusza się Ziemia. Gdy jedziesz samochodem, więcej kropel deszczu pada na przednią szybę niż na tylną.

Możemy zrobić jeszcze coś innego. Spadające gwiazdy lub bardziej naukowo – meteory powstają w wyniku spalania małych cząsteczek po zetknięciu się z atmosferą. Ten proces możemy sobie zwizualizować, myśląc, że meteory pojawiają się w momencie, kiedy wpada na nie Ziemia i powoduje ich spalanie. Wiemy lub jesteśmy w stanie przewidzieć, kiedy Ziemia minie te cząsteczki w postaci kurzu gwiezdnego i gdzie ten kurz osiądzie. Najprostszym sposobem opisania tego miejsca na nocnym niebie jest użycie jako punktu odniesienia konstelacji znajdującej się najbliżej niego. Wykorzystując całą tę wiedzę, potrafimy zrozumieć, dokąd kieruje nasz wzrok deszcz meteorytów.

Być może spadające gwiazdy przynoszą szczęście, ale nasze polowanie na meteory lepiej podsumuje inna konstatacja: „Znajomość astronomii sprzyja szczęściu".

COROCZNE DESZCZE METEORYTÓW, O KTÓRYCH WARTO WIEDZIEĆ

PRZEDZIAŁ CZASOWY	NAZWA	KONSTELACJA
początek stycznia	Kwadrantydy	gwiazdozbiór Wolarza (niedaleko Wielkiego Wozu)
koniec kwietnia – środek maja	Eta Akwarydy	gwiazdozbiór Wodnika
koniec lipca – początek sierpnia	Perseidy	gwiazdozbiór Perseusza
środek grudnia	Geminidy	gwiazdozbiór Bliźniąt

Gwiazdy a nasze oczy

Patrząc uważnie na Wielki Wóz, możesz zauważyć, że w środku dyszla znajduje się nie jedna, lecz dwie gwiazdy. Gdy następnym razem na niego spojrzysz, pozwól swoim oczom skupić się właśnie na tych gwiazdach. Przeprowadzasz w ten sposób badanie okulistyczne – w średniowiecznej Arabii tak właśnie sprawdzano wzrok kandydatów do pracy i do służby w wojsku. Jeśli widzisz jedną gwiazdę, a nie dwie, to wizyta u okulisty zbliża się wielkimi krokami.

Gdy się okazało, że masz dobry wzrok, ale ciekawi cię, jak bardzo, to możesz spróbować zmierzyć się z Herkulesem. Znajduje się on pod linią, która łączy bardzo jasną Wegę z Wielkim Wozem.

Gdy w letni wieczór znajdziesz Herkulesa wysoko na niebie, na którym nie będzie większych zanieczyszczeń świetlnych, zrób następne badanie okulistyczne. Przyjrzyj się uważnie ciału Herkulesa, czyli spójrz na przestrzeń między czterema gwiazdami tworzącymi jego tors. W środku znajduje się kilka gwiazd piątej i szóstej wielkości gwiazdowej, co w języku astronomów oznacza „cholernie trudna do zobaczenia, ale nie niemożliwa". Jeżeli jesteś w stanie dostrzec którąś z nich, twoje oczy w nocy zobaczą wszystko, co tylko będziesz chciał.

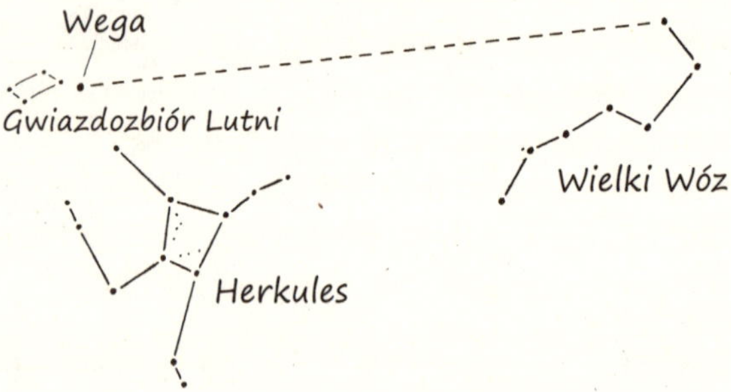

Czy jesteś w stanie zobaczyć najjaśniejsze gwiazdy w ciele Herkulesa?

Gwiazdy możemy również wykorzystać do testu na postrzeganie kolorów, a jego wynik pozwoli nam ocenić, na jakim etapie życia jesteśmy. Ten test najlepiej zrobić za pomocą Oriona. Większość ludzi uważa, że ramię olbrzyma, Betelgeza, ma pomarańczowe zabarwienie, jednakże postrzeganie koloru jest rzeczą subiektywną. Poza tym od czasu do czasu odcienie gwiazd będą się zmieniały z powodu warunków atmosferycznych oraz zanieczyszczeń świetlnych. Ponadto kolory ulegają delikatnej zmianie, gdy się starzejemy. Możemy nigdy nie zobaczyć zielonej gwiazdy, ponieważ nasze oczy nie będą w stanie odebrać tej części spektrum, ale astronomowie amatorzy, patrząc przez teleskop, zauważą, że mgławica planetarna, która młodym oczom wydawała się niebieska, dla starszych staje się zielona. Nocne niebo może powiedzieć nam, że staliśmy się ślepi jak krety, ale też i to, że staliśmy się starymi ślepymi kretami.

Istnieje wiele ciekawych badań wzroku z użyciem gwiazd, również takich, których światło nie świeci nam prosto w oczy, ale w ich kierunku, co ułatwia poznanie struktury gwiazd. Nasze oczy są niezwykłym narządem, zdolnym zobaczyć mniej więcej pięć milionów kolorów, ołówek znajdujący się 400 metrów od nas, człowieka oddalonego o 15 kilometrów czy krater na Księżycu, znajdujący się w odległości 400 tysięcy kilometrów[8].

Oczy mogą tego wszystkiego dokonać dzięki dwóm rodzajom receptorów – pręcikom i czopkom. Czopki są wrażliwe na kolor i skupiają się w małym, ale niezwykle ważnym obszarze oka, nazywanym dołkiem środkowym siatkówki, w którym soczewka oka skupia światło. Gdy patrzymy bezpośrednio na syzygię, dzięki gęstemu ułożeniu receptorów w tym miejscu wyraźnie widzimy to zjawisko, ale trudno jest nam zobaczyć w tym samym momencie zaćmienie. Spróbuj sam! (Syzygia to śliczna nazwa trzech ciał niebieskich ułożonych w jednej linii, na przykład podczas zaćmienia Ziemia, Słońce i Księżyc leżą w linii prostej).

Pręciki nie są wrażliwe na kolory, ale to od nich zależy nasza zdolność widzenia w ciemnościach. Jedną z konsekwencji posiadania pręcików na zewnątrz dołka środkowego jest to, że w nocy nie możemy analizować najwspanialszych szczegółów, patrząc bezpośrednio na gwiazdy. Jeżeli gwiazda jest bardzo blada, stanie się nieco lepiej widoczna, gdy tylko na nią zerkniemy i będziemy kierować wzrok bardziej w jedną stronę. Jeśli blada gwiazda znika, gdy nakierujesz wzrok bezpośrednio na nią, ale pojawia się ponownie, gdy pozwolisz swoim oczom przesunąć się na jej brzegi, to właśnie odkryłeś, że czopki wykonały pracę, której nie powinny były robić, i pozwoliły pręcikom na chwilę sławy. Możesz ponownie spróbować walki z Herkulesem, używając tej metody, aby się przekonać, czy wygrasz drugą rundę.

Technika zerkania nie ogranicza się jedynie do amatorskiej astronomii, ale można jej użyć przy każdej okazji, kiedy masz kłopot z zobaczeniem czegoś w nocy.

Zjawisko Purkyniego

Jeżeli chciałbyś sprawdzić swoją zdolność widzenia w ciemnościach, umożliwi ci to metoda nazywana efektem Purkyniego. Mechanizm wziął swoją nazwę od czeskiego badacza, który w 1819 roku ustalił, że nasze oczy inaczej postrzegają kolory w słabym oświetleniu niż przy jaśniejszym świetle.

Czopki znajdujące się w oczach są wrażliwe głównie na żółte światło, więc w ciągu dnia przedmioty czerwone, pomarańczowe i żółte wydadzą nam się jaśniejsze. Wraz ze zmianą natężenia światła o zmroku kontrolę przejmują pręciki, ale oczy tracą wtedy zdolność rozróżniania kolorów, reagują zaś na niebieską i zieloną część widma.

Rezultatem zróżnicowanej wrażliwości oka jest to, że gdy nadchodzi zmierzch, żółć i czerwień tracą swoją jasność, natomiast zieleń i błękit zaczynają wydawać się znacznie jaśniejsze w porównaniu z otoczeniem. Moim ulubionym przykładem tego zjawiska pochodzącym z przyrody jest pelargonia. W południowym słońcu czerwone kwiaty skradną całe przedstawienie, ale gdy tylko światło zacznie przygasać, kwiaty wydadzą się ciemne i nijakie, a liście rozbłysną.

Lubię wyruszać na wędrówkę o zmierzchu i pozwalać swoim oczom bawić się efektem Purkyniego, czekając, aż planety i gwiazdy do mnie dołączą. Jeżeli jesteś ciekaw tej właściwości oka, możesz pomalować kartkę na czerwono i zielono, a potem spojrzeć na nią za dnia i o zmierzchu.

Znajdowanie miast przez nieodnajdywanie gwiazd

Jeżeli udałeś się na nocną wędrówkę po ciemnym terenie, ale zauważasz, że zanieczyszczenia świetlne zaczynają uniemożliwiać ci zobaczenie gwiazd w jednym kierunku, to znalazłeś wskazówkę. Mimo że zanieczyszczenia świetlne bywają denerwujące, za ich pomocą można odgadnąć wielkość najbliższego miasta lub odległość, w jakiej się ono znajduje. Nawet jeśli masz tylko jedną z tych informacji, to drugą możesz zdobyć, posługując się poniższą tabelką. Te dane odnoszą się do poświaty na niebie znajdującej się o 10 procent wyżej niż naturalne światło, w połowie nieba[9].

ODLEGŁOŚĆ	LICZBA MIESZKAŃCÓW
10 km	3160
25 km	31 250
50 km	177 000
100 km	1 000 000
200 km	5 660 000

Przykładowo, jeżeli wychwycisz poświatę nad miastem znajdującym się w pewnej odległości i chcesz się dowiedzieć, czy jest to to miasto, o którym myślisz, wystarczy, że spojrzysz na powyższe zestawienie. Wiedząc, że ma ono około 30 tysięcy mieszkańców i że jesteś od niego oddalony o mniej więcej 20 kilometrów, wiesz także, że to prawdopodobnie ono. Jeżeli jednak miasto ma 15 tysięcy mieszkańców i leży w odległości 30 kilometrów, to prawdopodobnie uchwyciłeś poświatę nad innym miastem lub wsią. Sprawdźmy jeszcze przypadek skrajny – użycie tej techniki na pustyni pozbawionej osiedli ludzkich. Żeby określić na niej odległość, musiałbyś wychwycić poświatę znajdującą się nad wielkim miastem oddalonym o 200 kilometrów.

Wpływ zanieczyszczeń świetlnych nie jest zależnością liniową. Ulega podwojeniu, gdy zmniejszysz odległość ze 100 do 80 kilometrów, i zwiększa się aż pięciokrotnie, kiedy zredukujesz odległość z 20 do 10 kilometrów.

Widzę tylko jedną wadę tej metody – bardzo mało miejsc w Wielkiej Brytanii pozostaje wolnych od zanieczyszczeń świetlnych, a na południu Anglii w ogóle takich nie ma. Z drugiej strony, oddalając się o dodatkowe kilkaset metrów od miasta, będziesz mógł podziwiać gwiazdy.

Planety

Planety stanowią drobny problem. Poruszają się wokół Słońca po własnej orbicie, przez co mają własny czas, zatem przewidywanie, gdzie i kiedy będziemy mogli je zobaczyć w przeliczeniu na czas ziemski, jest niemal niemożliwe bez odwołania się do tabel.

Układ Słoneczny można sobie wyobrazić jako wielki zegar. Słońce znajduje się w jego centrum, a każda z planet jest przyczepiona do końca własnej wskazówki[10]. Gdy już sobie wyobrazisz wskazówki wychodzące ze środka zegara, czyli ze Słońca, to zmiana sposobu myślenia jest raczej prosta. Dookoła Słońca krąży wiele planet, każda po własnej orbicie oraz z inną prędkością. Kłopot sprawia nasza perspektywa: patrzymy na planety z końca jednej ze wskazówek, w dodatku krótkiej (na krótszej są przyczepione tylko Merkury i Wenus). Można to porównać do przejażdżki filiżanką w wesołym miasteczku. Pewnie zauważyłeś, że jeżeli próbujesz skupić wzrok na kimś w innej filiżance, udaje się to tylko przez kilka sekund, bo później zaczyna ci się kręcić w głowie. Nie czujemy ruchu naszej filiżanki, Ziemi, ale widzimy, że inne planety poruszają się i zwalniają. Z tej analogii płynie jeden wniosek: nie użyjemy planet w taki sam sposób jak gwiazd, ale ponieważ stanowią one dominujący i interesujący fragment nocnego nieba, warto się z nimi zapoznać.

Planety wschodzą na wschodzie, przesuwają się na wyższe, południowe partie nieba, po czym zachodzą na zachodzie. Jeśli więc zobaczysz którąś blisko horyzontu, to patrzysz na wschód lub na zachód: jej ruch ku górze sygnalizuje wschód, ruch w dół – zachód. Kiedy widzisz planetę wysoko na niebie, poruszającą się poziomo, to znaczy, że kierujesz wzrok na południe.

Gdy nie wiesz, czy patrzysz na gwiazdę, czy na planetę, możesz to sprawdzić na pięć sposobów. Żaden z nich nie daje stuprocentowej pewności, ale ich zsumowane wyniki wskażą ci poprawną odpowiedź.

Planety są jaśniejsze niż gwiazdy, więc zauważysz je szybciej o zmroku oraz chwilę po wschodzie. Jeżeli o zmroku spostrzegłeś na niebie jasny obiekt, ale nie widzisz żadnych innych gwiazd, być może patrzysz na planetę.

Planety znajdują się znacznie bliżej Ziemi, co oznacza, że ich światło wydaje się nam jednostajne. Nie mrugają – w przeciwieństwie do gwiazd.

Planety wykorzystują kolory, aby informować nas o swojej obecności. Wenus, Jowisz i Merkury są bardzo jasne i białe, Mars – pomarańczowy, a Saturn zauważalnie żółty. Jeżeli wypatrzysz coś bardzo jasnego i białego na zachodniej lub wschodniej części nieba o zmroku czy o brzasku, będzie to Wenus, która zachwycająco lśni. W specyficznych warunkach potrafi nawet rzucać cień.

Planety pojawią się jedynie na paśmie nieba prowadzącym ze wschodu na zachód przez wysokie południowe niebo. W północnych częściach świata, na przykład w Wielkiej Brytanii, nigdy nie znajdziesz planet wysoko na północnej części nieba lub nisko na południowej.

Ten ostatni sposób odróżniania planet od gwiazd jest niezawodny, ale i czasochłonny. Zapoznać się z nocnym niebem – to najlepsza droga do rozpoznawania gwiazd. Gdy nauczysz się rozróżniać poszczególne konstelacje, zaczniesz dostrzegać jasnych oszustów. Planety poruszają się przez gwiazdozbiory, o których już słyszałeś, jeśli więc patrzysz na jedną z bardziej znanych konstelacji, na przykład Lwa, i zauważasz jasny obiekt zakłócający jej wygląd, to możesz przypuszczać, że jest to planeta, a nie gwiazda.

W tym rozdziale gwiazdy pomogły nam znaleźć kierunek, określić szerokość geograficzną, sprawdzić ostrość wzroku oraz zdolność widzenia w nocy, wskazać miasta, odgadnąć godzinę, przewidzieć, kiedy spadną, oraz śledzić planety bez użycia teleskopu. Od zmierzchu do brzasku można się świetnie bawić w trakcie wędrówki, nawet jeśli idziesz tylko do ogródka.

SŁOŃCE

Dlaczego niektóre cienie są niebieskie?

Słońce jako kalendarz i kompas

W Europie i Stanach Zjednoczonych Słońce każdego dnia w roku znajduje się na południu w momencie osiągnięcia najwyższego punktu na niebie. Jest wtedy w połowie drogi między swym wschodem a zachodem. To środek dnia, w dosłownym znaczeniu tego słowa, przypadający i zimą, i latem około godziny dwunastej lub pierwszej na naszym zegarku.

Słońce wschodzi na wschodniej części nieba, a zachodzi na zachodniej, ale dokładniejszy kierunek zależy od pory roku. Wyobraź sobie, że przez 365 dni z rzędu budzisz się dokładnie o godzinie, o której wschodzi słońce, i z okna robisz zdjęcie tarczy słonecznej wychylającej się zza horyzontu. Jeśli wydrukowałbyś te zdjęcia na papierze i przekartkował je, zauważyłbyś, że Słońce porusza się w górę i w dół na wschodniej części horyzontu. Odnotowałbyś też, że prędkość tych ruchów ulega radykalnej zmianie.

Na obu końcach tego zestawu znajdują się wschody Słońca z czerwca oraz grudnia. W Wielkiej Brytanii Słońce wschodzi blisko północnego wschodu w środku lata, a w środku zimy bliżej południowego wschodu. W tym czasie kierunek wędrówki Słońca ulega z dnia na dzień minimalnej zmianie. Zatrzymuje się całkowicie na samych krawędziach – w czasie letniego i zimowego przesilenia. Angielskie „solstice” (przesilenie) pochodzi od łacińskiego słowa oznaczającego „słońce w bezruchu”. W marcu oraz we wrześniu Słońce przesuwa się na wschód i wschodzi na wschodzie tylko dwa razy – w równonoc wiosenną i jesienną. W praktyce oznacza to, że kierunek wschodu (lub zachodu) nie zmienia się widocznie w ciągu kilku tygodni w czerwcu i grudniu, ale ulega zmianie w marcu i we wrześniu.

Jeżeli po zrobieniu zdjęcia codziennie narysujesz na parapecie linię wskazującą wschód Słońca, a małymi cyferkami napiszesz obok datę, zauważysz, że ten kierunek i data są z sobą ściśle związane. Znając jedną zmienną, będziesz w stanie wydedukować drugą.

Już w starożytności znano kierunki świata, a wschodu i zachodu Słońca używano jako kalendarza. Istnieje kilkanaście starożytnych miejsce, takich jak Chankillo w Peru, gdzie z wielkim wysiłkiem tworzono kalendarze oparte na jego wschodach i zachodach.

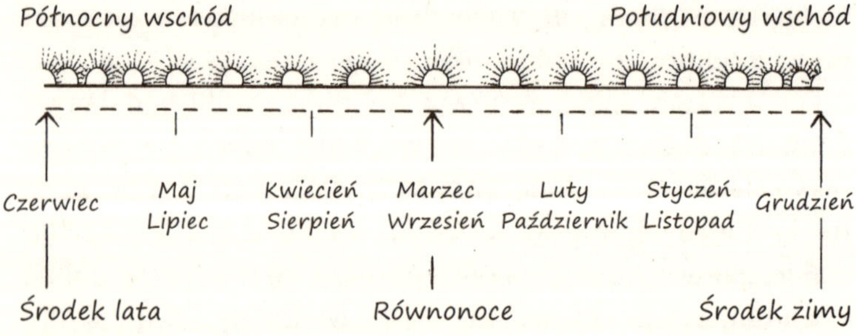

Słońce wschodzi daleko na południowym wschodzie w środku zimy, a w środku lata daleko na północnym wschodzie. W Wielkiej Brytanii w przybliżeniu odbywa się to w zakresie od południowego wschodu do północnego wschodu

Nawigatorzy na Oceanie Spokojnym wiedzieli, o jakiej porze roku wyruszali w podróż, a wschodu i zachodu Słońca używali jako kompasu. Możemy wybrać, czy chcemy, aby te zjawiska wskazały nam datę lub kierunek, ale nie wskażą ich obu jednocześnie.

Istnieje również związek między wysokością słońca w środku dnia, porą roku oraz szerokością geograficzną, na której się znajdujesz. Jeżeli znasz szerokość geograficzną lub datę, możesz posłużyć się położeniem słońca w południe, aby określić inne wartości.

Ponieważ słońce znajduje się w najwyższym punkcie na niebie pod koniec czerwca, a najniżej pod koniec grudnia (przesilenia), jego wysokość w południe lub jego cień mogą posłużyć za kalendarz. W grudniu w Wielkiej Brytanii słońce podnosi się zaledwie na dwie zaciśnięte pięści nad horyzont, a w czerwcu – na sześć pięści. W marcu i we wrześniu osiągnie połowę tego, co podczas przesilenia – od trzech do czterech pięści, w zależności od szerokości geograficznej miejsca, w którym się znajdujesz. Im bliżej równika (mniejsza szerokość geograficzna), tym wyżej słońce świeci na niebie, i na odwrót. Najprostszym tego dowodem jest to, że w południe w Londynie słońce zawsze jest o kilka palców wyżej niż w Edynburgu.

Przez tysiąclecia żeglarze polegali na prostej zależności między wysokością słońca a szerokością geograficzną. Kierowała ona ludźmi od najwcześniej opisanych podróży aż do tych ostatnich i na niej opiera się działanie sekstantu. Sekstant mierzy kąty dokładniej niż zaciśnięta pięść, a tabelki są dokładniejsze niż pamięć, ale posłużenie się rękami i pamięcią jest znacznie łatwiejsze.

Możesz spróbować tego w domu. Użyj kija lub czegokolwiek, co rzuca wyraźny cień. Najkrótszy cień każdego dnia będzie wskazywał linię wyznaczającą północ i południe (ponieważ słońce w najwyższym punkcie zawsze znajduje się na południu), może także służyć jako kalendarz. Najdłuższa linia będzie podczas przesilenia zimowego, najkrótsza w czasie przesilenia letniego. W marcu i we wrześniu linia jest takiej samej długości i liczy połowę długości linii w czasie przesilenia. Z każdym dniem linia marcowa będzie robiła się krótsza, a wrześniowa będzie się wydłużać. Jeżeli w słoneczne dni kilka razy w ciągu każdego miesiąca zaznaczysz koniec cienia w południe, stworzysz kalendarz słoneczny, z którego będziesz mógł korzystać, patrząc z własnego okna.

Słońce jako zegar

Na zegarach słonecznych polegano znacznie bardziej niż na mechanicznych, a także używano ich w sytuacjach oficjalnych, na przykład na stacjach kolejowych, aby ustawić czas, jeszcze w latach 20. XX wieku. Ustalenie dokładnej godziny za pomocą słońca jest możliwe, ale to prawdziwa sztuka i niektórzy poświęcili całe życie, by ją zgłębić. Łatwo zrozumieć ogólną ideę działania czasu. Jeżeli cienie się skracają, to jest ranek, jeśli się wydłużają, to jest popołudnie, a jeżeli są najkrótsze, to znaczy, że jest środek dnia. Gdy zaznaczysz czubek cienia dwa razy tego samego dnia, to odległość między punktami będzie równa czasowi, który upłynął. Tylko od nas zależy, jak bardzo udoskonalimy ten zapis.

Jedną z moich ulubionych czynności podczas wakacji jest używanie niezawodnego słońca oraz pory posiłku, aby zaznaczyć długość cienia na ziemi. W Bretanii znajduje się nadmorska kawiarnia, w której przyzwyczajono się już do mojego zwyczaju układania muszelki na końcu cienia rzucanego przez parasol tuż przed lunchem i po nim. Odległość między tymi dwoma muszelkami wyznacza czas potrzebny do spożycia posiłku.

Z powodu, który wyjaśniłem wcześniej, łuk wyznaczony przez słońce oraz rzucane przez nie cienie ulegają zmianie w zależności od pory roku. Dopóki świeci słońce, niech nic cię nie powstrzyma przed zaznaczaniem cieni, aby stworzyć dokładny zegar.

Zachody słońca oraz księżyca

Jeśli chodzi o wpatrywanie się w słońce, to zachody są znacznie popularniejsze niż wschody, ponieważ z końcem dnia mamy więcej czasu na wypoczynek. W przyjemnej atmosferze zachodzącego słońca można rozważać wiele ciekawych kwestii, na przykład zgadywać, za ile minut zajdzie. Możemy to ocenić, używając zaciśniętej pięści. Każdy knykieć, nad którym znajduje się słońce, to piętnaście minut do zachodu. Więcej czasu będzie trzeba dodać, jeżeli znajdziesz się w południowej części Wielkiej Brytanii, ponieważ kąt zachodzenia słońca, tak jak i gwiazd, ulegnie zmianie razem z twoją szerokością geograficzną. Im dalej na północ wędrujesz, tym węższe i dłuższe będą wschody i zachody słońca. Na biegunie północnym słońce obraca się poziomo dookoła horyzontu, ale w tropikach zachody słońca trwają krótko, a cztery knykcie dają – zamiast godziny – jedynie czterdzieści minut słońca.

Miłośnicy zachodów zauważą dwa intrygujące zjawiska: słońce jest wtedy zazwyczaj duże i nieco spłaszczone. Oba efekty często pojawiają się w tym samym czasie, ale nie są z sobą powiązane. To samo dzieje się z księżycem, a poniższe wyjaśnienie odnosi się zarówno do słońca, jak i księżyca.

W czasie zachodu słońce jest spłaszczone z powodu refrakcji. Atmosfera pomiędzy miejscem, w którym stoimy, a słońcem zachowuje się jak soczewka i załamuje światło. Temperatura oraz tym samym gęstość powietrza nie są identyczne na każdym poziomie i zazwyczaj spadają wraz z długością geograficzną, a światło padające z góry oraz z dolnych partii słońca nie załamuje się w ten sam sposób.

Aby dokładniej wyjaśnić ten efekt, musimy się zastanowić nad czymś, co może wydawać się nieco dziwne. Gdy widzimy zachód, słońca tam nie ma. W rzeczywistości jest ono nieco niżej niż punkt, w którym je widzimy. Powodem, dla którego dostrzegamy je w takim, a nie innym miejscu, jest to, że promienie słoneczne załamują się w naszym kierunku, przechodząc przez atmosferę, co pozwala nam zobaczyć słońce, nawet jeśli już zaszło. Różnica temperatury oraz gęstości pomiędzy górnymi i dolnymi partiami powietrza, przez które przedostaje się słońce, oznacza, że górna część załamuje się bardziej niż dolna, tym samym dając wrażenie spłaszczenia.

Z powodu refrakcji dolna część Słońca jest bardziej czerwona niż górna, a ciemną smugę otaczającą słońce zobaczysz nawet wtedy, gdy nie będzie ono przysłonięte chmurami.

Jeżeli wyraźnie widzisz zachód słońca, a słońce nie jest spłaszczone, będzie to wskazówka dotycząca niespotykanych w atmosferze temperatur, możesz więc spodziewać się niezwykłej pogody. Jeśli jednak zauważysz, że słońce nie jest spłaszczone, ale rozciągnięte w poziomie, uznaj to za znak inwersji temperatury oraz wszystkich związanych z nią gier i zabaw. Tak jak wspominałem, inwersja temperatury tworzy idealne warunki, by zobaczyć „zielony błysk", w chwili gdy słońce chowa się za horyzontem. Zielony błysk jest jeszcze jednym skutkiem załamywania się promieni słonecznych w atmosferze, ale tym razem spowodowane jest to tym, że różne kolory (o różnych długościach fal) są załamywane w innym stopniu.

Czasem słońce wydaje się większe niż zazwyczaj, gdy widzimy je na linii horyzontu, ale jest to tylko iluzja optyczna oraz psychologia. Jeśli w to nie wierzysz, to gdy następnym razem zauważysz, że słońce lub księżyc są znacznie większe niż normalnie, zrób proste doświadczenie. Wyprostuj rękę, wskaż jednym palcem słońce lub księżyc i zaobserwuj, jaką część twojego palca przykrywa dane ciało niebieskie. Szerokość wyprostowanego koniuszka palca jest równa jednemu stopniowi. Zarówno słońce, jak i księżyc mają mniej więcej pół stopnia szerokości, niezależnie od tego, czy znajdują się wysoko na niebie, czy zachodzą, są więc połowy szerokości twojego palca (znacznie łatwiej oraz bezpieczniej dla oczu będzie przeprowadzić ten eksperyment na księżycu niż na słońcu, ale zasada jest taka sama). Metoda ta przekona cię, gdy tylko ją zastosujesz – wystarczy kilka razy porównać pomiary obiektu znajdującego się wysoko i nisko na niebie. Prawda jednak nie zawsze dorównuje wyobrażeniu, dlatego nawet przekonani wykrzykniemy czasem: „To słońce jest olbrzymie!".

Złudzenie dotyczące wielkości słońca i księżyca

Jeśli chcesz poznać psychologiczny mechanizm tego zjawiska, oto możliwe wyjaśnienie. Niebo, które widzimy, powinno wyglądać jak kula rozciągająca się od horyzontu niczym kopuła, ale nie widzimy idealnej półkuli. Widzimy jedynie spłaszczone niebo, a obiekty znajdujące się pionowo nad nami wydają się położone bliżej niż te, które widzimy poziomo. Powodem, dla którego inaczej oceniamy rzeczy w zależności od tego, czy patrzymy na niebo, czy na ziemię, jest proces ewolucji powodujący, że obiekty postrzegamy poziomo, a nie pionowo.

Mózg jest uwarunkowany tak, aby rozumieć, że jeśli dwa widziane przez nas obiekty mają taki sam rozmiar, z czego jeden z nich znajduje się znacznie dalej niż drugi, to ten oddalony musi być znacznie większy. Skutkiem ubocznym tej prawidłowości jest założenie, które przyjmuje twój mózg: jeśli widzisz jakiś obiekt dalej, niż znajduje się on naprawdę, to ten obiekt jest większy niż w rzeczywistości. Możesz się bawić tymi złudzeniami – następnym razem gdy zobaczysz słońce lub księżyc, które będą bardzo duże albo bardzo małe, pochyli się lub odchyl, potem przekrzyw głowę, i zobacz, czy rozmiar obiektu się zmienił. Dla większości osób ulegnie on zmianie. A jeśli nie, spróbuj położyć się na ziemi. Baw się dobrze!

Kogo z nas nie zachwyca widok promieni zmierzchowych, gdy wiązki światła kierują się poniżej linii horyzontu? Luki widoczne pomiędzy tymi wiązkami spowodowane są przez cienie na niebie, rzucane przez chmury. Taki sam efekt zachodzi, gdy promienie światła padają przez luki na zachmurzonym niebie.

Niewiarygodne, ale naukowcy spróbowali określić, kiedy wzrasta prawdopodobieństwo ujrzenia tych promieni. Nie są oni w stanie przewidzieć dokładnego czasu pojawienia się wymaganej formacji chmur, ale mogą nam powiedzieć, że promienie zmierzchowe wystąpią wtedy, gdy słońce znajduje się pomiędzy trzema a czterema stopniami poniżej horyzontu, i z całą pewnością znikną, gdy słońce znajdzie się sześć stopni poniżej horyzontu[1]. Po tym małym wyjaśnieniu wiemy, że największą szansę na zobaczenie tych promieni mamy dwadzieścia minut po zachodzie słońca, ale nie będą one widoczne dłużej niż piętnaście minut.

Promienie zmierzchowe oraz promienie słoneczne to dwa najpiękniejsze, ale nie jedyne rodzaje cieni pojawiających się w odległych miejscach. Jeżeli ci się poszczęści, ze szczytu góry będziesz mógł zobaczyć jej cień. Niezależnie od kształtu góry cień zawsze pojawia się jako rozciągający się w oddali idealny trójkąt. Wierzchołek tego cienia zawsze znajduje się w punkcie antysolarnym – usytuowanym dokładnie obok słońca, patrząc z miejsca, w którym stoisz[2]. Możesz to wykorzystać, gdy będziesz rozglądał się za cieniami, spoglądając ze szczytu w kierunku przeciwnym do Słońca.

Wracając do zwykłych zachodów słońca: możemy posłużyć się nimi, aby odkryć coś ważnego. Stojąc na płaskiej powierzchni z równie płaskim horyzontem, najlepiej na nadmorskiej plaży, obserwuj zachodzące słońce. Zanim całkowicie się schowa, połóż się na plaży, skieruj twarz w jego stronę i poczekaj, aż zajdzie. W tej samej sekundzie, w której zachodzi, podnieś się i uchwyć ostatnie momenty, gdy jest widoczne na horyzoncie. To, co robimy, może wyglądać zabawnie, ale czego dowiedzieliśmy się z tego ćwiczenia? Udowodniliśmy, że Ziemia nie jest płaska.

Światło słoneczne

Kiedy światło słoneczne uderza w naszą atmosferę, jego część trzyma się bliżej tarczy słonecznej. Znaczna część promieni ulega dyfrakcji oraz rozprasza się po atmosferze, docierając do Ziemi bardzo okrężną drogą. Jest to wszystkim świetnie znane i uwielbiane niebieskie niebo. Światło wydobywające się z nieba, w przeciwieństwie do światła pochodzącego bezpośrednio ze Słońca, nazywa się *airlight*[3]. Tak jak wspomniałem we wcześniejszym rozdziale, gdyby nie było atmosfery, to niebo w ciągu dnia byłoby nocne, czarne i pokryte gwiazdami, ale z jedną bardzo jasną gwiazdą – Słońcem.

To, że istnieją dwa źródła światła – pochodzące bezpośrednio od Słońca oraz światło wydobywające się z nieba, prowadzi do pewnych konsekwencji, a najważniejsza z nich dotyczy cieni. Cienie w ciągu dnia nigdy nie są idealnie ciemne, ponieważ nawet jeśli promienie słoneczne nie są w stanie dotrzeć do ziemi, to światło z pozostałej części nieba nie będzie miało z tym problemu. Światło padające z nieba nie jest białe, więc cienie rzucane przez słońce przybiorą barwę nieba. Jest to ledwie widoczny efekt, ale możesz go dostrzec na powierzchniach pokrytych śniegiem w słoneczny dzień. Jeżeli spojrzysz na cienie pod takim kątem, zauważysz, że nie są czarne, ale niebieskie, ponieważ oświetla je niebieskie światło nieba. Jeśli trochę poćwiczysz, zaczniesz dostrzegać ten efekt nawet na nieco ciemniejszych powierzchniach, na przykład na chodnikach.

Oto proste doświadczenie, które warto przeprowadzić. W słoneczny dzień, gdy słońce znajduje się za twoimi plecami, trzymaj rękę przy ciele i rozszerz wyprostowane palce. Zauważ, jak kruche są krawędzie cienia rzucanego przez dłoń. Teraz podnieś rękę nad głowę i spójrz jeszcze raz. Ta sama ręka, to samo słońce, ale inny cień. Gdzie podziała się ta kruchość i przejrzystość?

Słońce nie jest czubkiem szpilki, tylko tarczą, a im dalej rzuca cień, tym bardziej prawdopodobne, że jedna strona tarczy będzie w stanie oświetlić którąś ze stron cienia. Powstaje wtedy efekt nazywany półcieniem, w którym jedna ze stron słońca dociera do ziemi, ale nie oświetla jej całej. Taki sam efekt uzyskasz wewnątrz pomieszczenia za pomocą latarki. Im dalej pada cień od obiektu, tym mniej wyraźny się staje. Jest to przydatna wskazówka, gdy za pomocą cieni chcesz znaleźć kierunek lub dowiedzieć się, która godzina. Musisz rzucać cień wystarczająco daleko, ale nie nazbyt, bo wtedy stanie się rozmazany.

Światło słoneczne tworzy wiele ciekawych efektów, którymi możemy się posłużyć, aby czytać w otaczającym nas obszarze. Kąt słońca oraz kąt powierzchni, od której odbija się światło, prowadzą do serii kontrastów uświadamiających nam, że dotyczące ich wskazówki zostały przed nami ukryte.

Wszyscy jesteśmy tak przyzwyczajeni do widoku pasów skoszonej trawy, że nie zauważamy w nich niczego wartego analizy. Jeżeli poświęcimy im chwilę, zauważymy, że jaśniejsze pasy to te powstałe, gdy kosiarka oddalała się od nas, a ciemniejszy ślad zostawiła, gdy zbliżała się w naszą stronę. Odwróć się, a zobaczysz odwrotny efekt – kosiarka kierowała się w twoją stronę, a teraz się oddala[4].

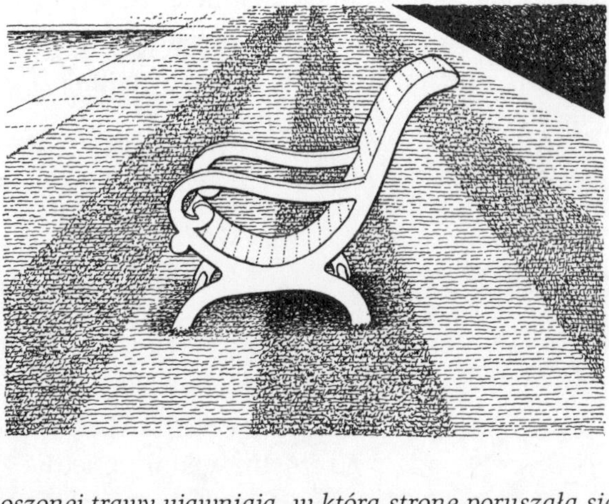

Pasy skoszonej trawy ujawniają, w którą stronę poruszała się kosiarka. Odwróć się, a ciemne i jasne pasy zamienią się miejscami, ponieważ kosiarka, która wcześniej kierowała się w twoją stronę, teraz się oddala

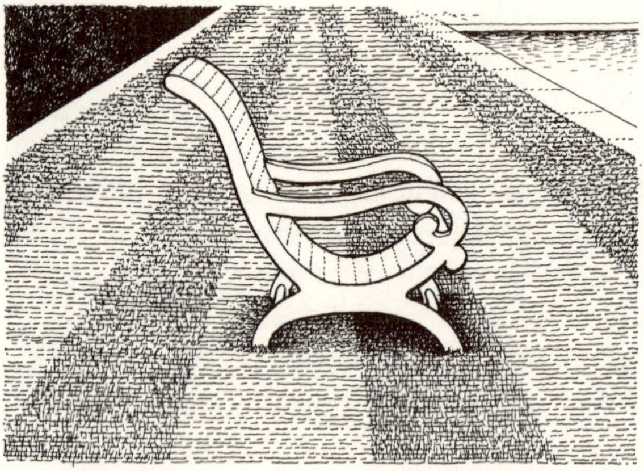

Taki sam efekt uzyskasz, przesuwając ręką po filcu. W tym kontekście efekt ten jest znany jako rozbijacz, a jego ślady widać najlepiej na stołach do snookera. Widząc jasne i ciemne pasy blisko domu, zaczynamy rozumieć, że wieś jest pełna tego rodzaju wskazówek. Możemy odgadnąć kierunek, który obrał kombajn, oraz posłużyć się nim, aby odnaleźć zaginione piłki, psy oraz towarzyszy podróży.

KSIĘŻYC

Jak przewidzieć, czy księżyc będzie pomocą podczas nocnych wędrówek?

W 1900 roku francuski astronom Camille Flammarion przeprowadził ciekawe doświadczenie. Poprosił czytelników czasopisma poświęconego astronomii, by narysowali mapę księżyca w pełni, patrząc na niego gołym okiem. Czterdzieści dziewięć osób podjęło się tego zadania i przysłało do redakcji sporządzone własnoręcznie mapy. Każda była inna, ponieważ każdy z nas inaczej widzi księżyc.

Księżyc da nam wiele wskazówek, ale najpierw powinniśmy poznać jego cykl.

Zanim jednak do tego przejdziemy, chciałbym ci dać pewną radę. Jeżeli nigdy wcześniej nie słyszałeś o kwestiach, o których wspominam w tym rozdziale, lub uważasz je za niejasne, nie martw się. Aby poczuć się pewnie w tej dziedzinie, najlepiej byłoby, gdybyś przeczytał kilka informacji, a następnie obserwował księżyc i rozważał to, co zobaczyłeś. Potem odczekaj trochę i powtórz te czynności. Z początku księżyc może wydać się trudny do studiowania, ale nauka o nim sprawia dużo radości.

W ciągu dwudziestu dziewięciu i pół dnia księżyc przechodzi cztery fazy, a ten regularny cykl zmian zaczyna się i kończy fazą nowiu. W nowiu księżyc jest niewidoczny, ponieważ jest mniej więcej na równi ze Słońcem i chowa się za jego blaskiem. Dzieje się to każdego dnia i nocy. Na początku jest małym srebrnym sierpem, który zmienia się w jasną połowę tarczy. Następnie pokazuje swoje pełne oblicze i maleje, aż w końcu przestaje być widoczny. Dzieje się tak dlatego, że zarówno Słońce, jak i Księżyc poruszają się po niebie ze wschodu na zachód, ale Księżyc jest nieco wolniejszy – każdego dnia ma dwanaście stopni opóźnienia względem Słońca. Półksiężyc zawsze będzie jasny od strony Słońca.

Patrząc na tarczę księżyca, możesz w przybliżeniu określić jego fazę, ale by robić to automatycznie, potrzeba trochę praktyki. Skoro obliczasz to po raz pierwszy, musisz zapamiętać kilka rzeczy.

Jeśli widzisz okrągły księżyc, ma on około piętnastu dni i jest prawie w pełni. Jeżeli widzisz mniej niż połowę tarczy, to spójrz, której części brakuje, to znaczy która jest ciemna. Skoro nie widzisz części po lewej stronie, to ma on mniej niż piętnaście dni, a im więcej księżyca widać, tym bliżej pełni i tym jest starszy. Gdy brakuje fragmentu po prawej stronie, księżyc ma ponad piętnaście dni, a im więcej możesz dostrzec, tym jest młodszy.

Jeżeli na przykład księżyc jest prawie pełny, ale brakuje mu fragmentu po prawej stronie, to musi być niewiele starszy niż piętnaście dni – prawdopodobnie liczy około osiemnastu dni. Natomiast jeżeli jest wybrakowany z lewej strony i widzisz jedynie malutki półksiężyc, to prawdopodobnie ma trzy dni. Wypróbuj tę metodę, korzystając z poniższej ilustracji.

Kolejną wskazówką dotyczącą wieku księżyca jest to, jak bardzo zostaje w tyle za słońcem, gdy każde z nich pokonuje trasę ze wschodu na zachód.

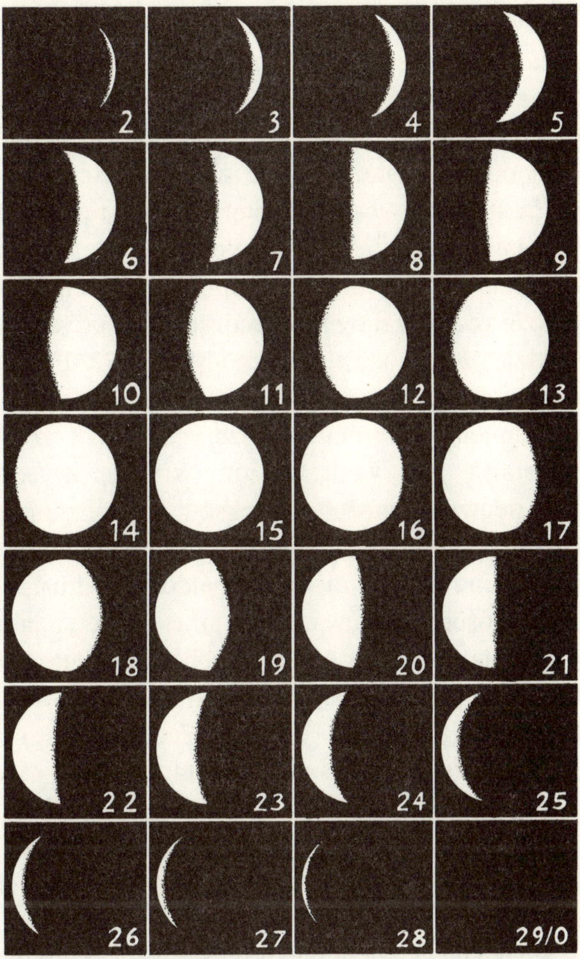

Fazy Księżyca. Każdego dnia kształt Księżyca oraz ilość światła, którą odbija, ulegają zmianie.

Każdego dnia Księżyc przesuwa się na wschód dwanaście stopni względem Słońca – zaciśnięta pięść plus knykieć. Jeżeli nigdy wcześniej z tym się nie spotkałeś, to warto sprawdzić, gdzie znajduje się księżyc w stosunku do gwiazd i naszkicować ich układ oraz powtórzyć tę czynność następnej nocy. Porównując kilka szkiców, zobaczysz, jak księżyc skacze na szerokość pięści, kierując się tak jak gwiazdy i słońce na wschód. Dzięki tej pracy zachowanie księżyca już nigdy nie będzie cię dziwić.

Siedmiodniowy księżyc pozostaje dwanaście stopni za słońcem (w kierunku wschodu) każdego dnia przez siedem dni. Tym samym w czasie całej wędrówki ze wschodu na zachód będzie dziewięćdziesiąt stopni za słońcem. Oznacza to, że będzie znajdował się na południu, gdy pod koniec dnia słońce będzie na zachodzie. (Słońce jest blisko 270°, a księżyc 180°, co daje 270 – 90).

Używając jednej lub obu powyższych metod, zawsze będziesz w stanie obliczyć przybliżony wiek księżyca. Każdy, kto trochę poćwiczy, może to zrobić.

Jeżeli dasz radę zapamiętać tę metodę, to istnieje trzeci przydatny sposób oszacowania, w jakiej fazie znajduje się Księżyc. Tak jak większość moich technik i ta może być na początku męcząca, ale zastosowana kilka razy staje się niezawodnym przyjacielem.

Przede wszystkim musisz zapamiętać, w jakiej fazie jest Księżyc w wybrany dzień. Im nowsza data, tym łatwiejszy będzie kolejny krok. Zalecam wybrać jakąś ważną datę, na przykład dzień twoich urodzin, i obserwować w tym okresie fazy Księżyca. Następnie:

Do każdego pełnego roku po tym, z którego wybrałeś datę, dodaj 11. Jeżeli da to liczbę większą niż 30, odejmij 30.

Potem do każdego miesiąca po twojej dacie dodaj 1. I znowu – jeśli wyjdzie więcej niż 30, odejmij 30.

Teraz dodaj numer daty (na przykład 6 dla szóstego dnia miesiące) i odejmij 30, jeżeli liczba będzie większa niż 30.

W ten sposób poznasz przybliżony wiek księżyca[1].

Każdego roku zmieniam wybraną datę, co pozwala mi na zapamiętanie nowych dat i dzięki temu mogę pominąć pierwszy krok i zaoszczędzić trochę czasu. W tym roku posługuję się datą 1 marca 2014 – datą pojawienia się księżyca w nowiu (taki księżyc ma zero dni).

Jak mogę przewidzieć, czy księżyc będzie mi pomagał w czasie nocnej wędrówki w sobotę, 31 maja 2014 roku?

Jest to data wypadająca dwa miesiące po marcowej, dodaję więc 2. Jest 31 dzień miesiąca, dodaję zatem 31, co daje 33. Odejmuję 30 i dostaję odpowiedź, że w sobotę księżyc będzie miał trzy dni. Trzydniowy księżyc będzie w tyle za słońcem o około 3 × 12°, co daje 36° lub 1/10 koła. Oznacza to, że księżyc nie będzie daleko za słońcem, a na niebie będzie można zobaczyć półksiężyc. Nie będzie przeszkadzał przy późniejszym patrzeniu w gwiazdy, gdyż zajdzie chwilę po słońcu, ale nie będzie przydatny w trakcie nocnych wędrówek. Następna sobota będzie znacznie lepsza.

Zabawmy się trochę: co będzie robił księżyc w Boże Narodzenie w 2017 roku?

To trzy lata po mojej dacie, więc mnożę 3 przez 11, co daje 33. To ponad 30, więc odejmuję 30 i zostaje 3.

To dziewiąty miesiąc od mojej daty, więc dodaję 9 i wychodzi 12.

Jest 25 dzień miesiąca, więc do 12 dodaję 25 i otrzymuję 37. Odejmuję 30 i zostaje 7.

W Boże Narodzenie w 2017 roku księżyc będzie miał siedem dni, będzie widać jego ćwiartkę wschodzącą blisko południa, wysoko na południowym niebie, aż do zachodu.

Gdy poznamy już fazy Księżyca oraz sposób ich przewidywania, możemy zająć się ich wpływem na nasze wędrówki. Im więcej widzimy tarczy księżyca oświetlanej przez słońce, tym więcej światła ona odbija, dzięki czemu nocą łatwiej widzieć bez latarki. Pełnia księżyca jest niepożądana, gdy naszym jedynym celem jest obserwowanie gwiazd, bo księżyc tylko zakłóci widoczność.

Chwila zastanowienia nad celem wyprawy pomoże wybrać odpowiednią datę. Jeżeli chcesz przejść kawał drogi, to jasno świecący księżyc wyraźnie poprawi warunki twojej wędrówki i będzie znacznie lepszy niż latarka. Jednakże istnieje kilka wyjątków.

Księżyc w pełni wzejdzie bliżej zachodu słońca, ponieważ znajduje się naprzeciwko Słońca. Jeżeli jest młodszy, to będzie wschodzić szybciej, niż nastąpi zachód słońca, lecz jeśli jest po pełni, wzejdzie później, ponieważ każdego dnia znajduje się w większej odległości od Słońca. Oznacza to, że między księżycem dwunastodniowym i osiemnastodniowym jest znaczna różnica. Jednakże oba są podobnej wielkości i odbijają zbliżoną ilość światła, wystarczającą przy nocnych wędrówkach. Dwunastodniowy księżyc będzie zazwyczaj wschodził, zanim zajdzie słońce, co oznacza, że w czasie wędrówki nie zaskoczy nas całkowita ciemność. Starszy księżyc będzie idealnym towarzyszem wycieczek zaczynających się przed świtem, na przykład górskiej wspinaczki.

Aby udoskonalić tę metodę, musimy pamiętać, że księżyc w nowiu wschodzi o tej samej godzinie co słońce, ale jest niewidoczny. Każdego następnego dnia będzie wschodził piętnaście minut później niż słońce. Do czasu pełni księżyc będzie wschodził bliżej zachodu słońca.

Istnieje bardzo ciekawe zjawisko dotyczące faz Księżyca oraz ilości światła, które do nas dociera. Jeżeli jasna tarcza księżyca rośnie, to dostajemy więcej światła. Jednakże jego ilość przyrasta nie liniowo, lecz wykładniczo. Gdy pojawia się księżyc w pełni, nie dostajemy dwa razy więcej światła dawanego przez połowę księżyca, a dziesięć razy więcej. Powód, dla którego tak się dzieje, zwany jest efektem opozycji.

Wielkość powierzchni Księżyca oświetlanej przez słońce jest uzależniona od tego, gdzie w porównaniu ze słońcem widzimy księżyc. Im bliżej słońca on się znajduje, tym mniej jest dla nas widoczny, a jeżeli całkowicie zrówna się ze słońcem, to staje się niewidoczny – księżyc jest wtedy w nowiu. Jeżeli patrząc z ziemi, widzimy księżyc obok słońca, to większa część jego tarczy zostaje oświetlona, jak również więcej promieni słonecznych odbija się od jego powierzchni. Jednakże są na nim góry i doliny, a więc we wszystkich fazach poza pełnią część jego powierzchni jest ciemna i pokryta cieniami. Gdy uważnie przyjrzysz się półksiężycowi, będziesz mógł je zobaczyć.

Kiedy księżyc jest w pełni, nie widzimy żadnych cieni – cała jego powierzchnia odbija światło. W domu możesz sprawdzić ten efekt przy zgaszonym świetle, używając pomarańczy i latarki. Jeżeli poświecisz latarką na pomarańczę, zauważysz, że jej kolor stał się wyraziście pomarańczowy i nie widać na jej skórce gruczołków olejowych. Teraz przyłóż latarkę do jednej ze stron pomarańczy i poświeć na nią pod odpowiednim kątem, zgodnym z kątem twojego widzenia. Zobaczysz wtedy pełną zagłębień skórkę. Jej faktura stanie się bardziej wyrazista, ponieważ możesz zobaczyć cienie, przez które powierzchnia traci na jasności. Do tego doświadczenia możesz również wykorzystać cytrynę, limonkę, orzech włoski, a nawet zwinięty w kulkę papier.

Jeżeli poziom światła jest zbyt niski, liczy się każdy dzień. Ustalenie, kiedy dokładnie pojawi się księżyc w pełni, patrząc jedynie na jego kształt, jest niezwykle trudne. Dzieje się tak dlatego, że ten kształt niewiele się zmienia, gdy zbliża się pełnia. Dzień przed pełnią wygląda prawie tak samo jak dzień po niej, tylko jest mniej jasny. Zmiana w jasności jest dobrą wskazówką, czy księżyc jest już w fazie pełni, czy dopiero się do niej zbliża. Czas wschodu księżyca, opisany wyżej, jest kolejną pomocną wskazówką.

Jeśli zauważysz, że księżyc w kształcie sierpa znajduje się całkiem wysoko na niebie, połącz jego dwa rogi prostą linią i przeciągnij ją dalej, aż po horyzont. Twój wzrok będzie się kierował teraz mniej więcej na południe. Im wyżej znajduje się księżyc, tym bardziej niezawodna jest ta metoda. Jeśli księżyc znajduje się niżej, bliżej horyzontu, wyznaczenie kierunku staje się nieco trudniejsze.

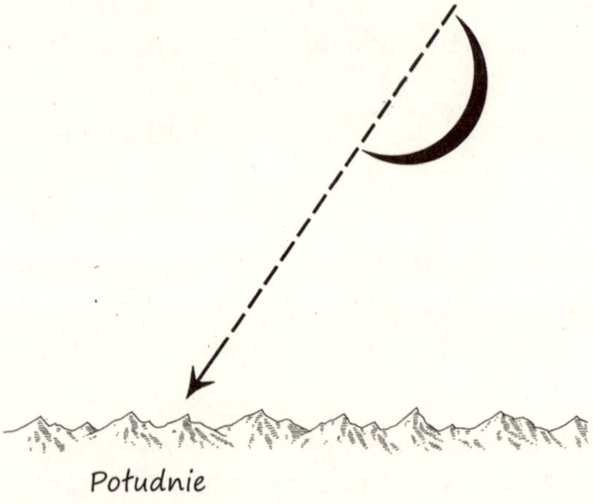

Linia poprowadzona od rogów księżyca i rozciągnięta aż po horyzont będzie wskazywała mniej więcej południe na szerokościach geograficznych północnych

Kiedy księżyc osiąga najwyższy na niebie punkt i porusza się z lewej do prawej, a nie do góry i na dół, znajduje się on dokładnie na południu. W praktyce jedynym sposobem na ścisłe ustalenie jego pozycji jest oznaczenie cieni, które rzuca. Tak jak w wypadku słońca najkrótszy cień rzucany przez księżyc w którejkolwiek fazie będzie idealną linią wskazującą północ i południe.

Precyzyjne posługiwanie się księżycem w czasie jego wschodu lub zachodu jest bardziej skomplikowane. Księżyc będzie wstawał ponad wschodnim horyzontem, a zachodził poniżej zachodniego, ale dokładny kierunek jest trudny do przewidzenia i zależy od cyklu trwającego niemal dziewiętnaście lat.

Najprostsza zasada jest taka: im większa szerokość geograficzna, tym więcej możliwości związanych z kierunkiem wschodu i zachodu księżyca. Ogólnie rzecz biorąc, księżyc będzie wschodził w niedużej odległości od miejsca, w którym wschodziło słońce sześć miesięcy wcześniej.

Księżyc w pełni będzie wschodził niemalże w przeciwnym kierunku do tego, w którym zaszło słońce, zatem ze wschodu w stronę południa w środku lata i ze wschodu w stronę północy w środku zimy.

Światło księżyca

W rozdziale dotyczącym słońca zauważyliśmy, że całkowite cienie w ciągu dnia są rzadkością, gdyż światło padające z nieba choćby nieznacznie oświetli części, do których słońce nie może bezpośrednio dotrzeć. Jednakże księżyc nie jest wystarczająco jasny, aby sam mógł oświetlić niebo i przez to w nocy ilość światła padającego z nieba jest znikoma. Skromna ilość światła gwiazd jest nieporównywalna do ilości światła w trakcie dnia.

Oznacza to, że każdy obszar, który nie otrzymuje bezpośrednio światła księżyca, znajduje się w jego cieniu, a cienie księżyca są czarne jak smoła. Jeśli coś znajduje się bezpośrednio w świetle księżyca, to twoje oczy będą w stanie wychwycić mnóstwo szczegółów dotyczących kształtu, lecz mało kolorów. W samym cieniu jednak zobaczysz niewiele.

Może to mieć poważne konsekwencje, kiedy w nocy będziesz chodził choćby po łagodnym wzgórzu. Zbocze zwrócone w kierunku księżyca nie będzie trudniejsze do pokonania nocą niż w ciągu dnia, ale zwrócone w drugą stronę sprawi dużo więcej kłopotów. Jeśli jesteś sprytny, możesz zmienić kierunek marszu na zachód, a księżyc będzie podążał za tobą i oświetlał ci drogę.

Księżyc a nasze oczy

Księżyca, tak jak gwiazd, możemy użyć do oszacowania naszej zdolności widzenia na dużą odległość. Test opracowany przez amerykańskiego astronoma Williama Henry'ego Pickeringa jest również dobrym sposobem na lepsze poznanie kilku cech księżyca. Warto spróbować go wykonać, gdyż przy pierwszym kontakcie z tym tematem czujesz, jakbyś odkrywał inny świat.

Pickering wymienił dwanaście księżycowych cech, od najłatwiej do najtrudniej zauważalnych gołym okiem[2]. Numer jeden jest łatwy i każdy go zauważy. Numer dwanaście jest uznany za niemożliwy do zobaczenia nieuzbrojonym okiem, numer jedenaście jest więc najtrudniejszym możliwym do osiągnięcia celem. Aby dać sobie szansę, najlepiej zrobić test o świcie lub o zmierzchu. Niebo w ciągu dnia jest za jasne, a nocne niebo za ciemne, aby mieć idealny kontrast i dobre warunki obserwacji.

Nadwerężając nieco nasze oczy w pogoni za coraz to nowym odkryciem, jakiś czas po zobaczeniu księżyca w pełni warto rozejrzeć się za młodym księżycem „trzymającym stary księżyc na kolanach". Jest to odwołanie do tego momentu, gdy jednocześnie widać jasny biały półksiężyc i słabo oświetloną część księżyca. Jeżeli jesteś w stanie to dostrzec, widoczność jest dobra. Księżyc nie emituje żadnego światła, a słońce dociera jedynie do tej jego części, która jest jasna. Światło znajdujące się znacznie niżej może pochodzić tylko z jednego miejsca – z Ziemi. „Światło popielate Ziemi" to nazwa nadana światłu odbijanemu od Ziemi (która odbija je znacznie lepiej niż Księżyc) i jest ono wystarczająco jasne, aby oświetlać ciemne partie Księżyca, abyśmy mogli go zobaczyć. Światło słoneczne odbija się od Ziemi, dociera do Księżyca, odbija się od niego i trafia wprost do naszych oczu, jakby grało w ping-ponga.

1. Najjaśniejsze otoczenie krateru uderzeniowego Copernicus
2. Mare Nectaris (Morze Nektaru)
3. Mare Humorum (Morze Wilgoci)
4. Najjaśniejsze otoczenie krateru uderzeniowego Kepler
5. Obszar krateru Gassendi
6. Obszar krateru Pliniusz
7. Mare Vaporum (Morze Oparów)
8. Obszar krateru Lubieniecki
9. Sinus Medii (Zatoka Centralna)
10. Blaknące cienie niedaleko krateru Sacrobosco
11. Ciemny punkt u podnóża pasma Montes Apenninus
12. Pasmo Montes Riphaeus

Niebieski księżyc

Każdy słyszał wyrażenie „*once in a blue moon*", „raz na niebieski księżyc", które opisuje jakieś rzadkie bądź nieprawdopodobne wydarzenie, ale jego pierwotny sens został dawno zapomniany.

Wyrażenie „niebieski księżyc" ma dwa znaczenia. Pierwsze z nich odnosi się do zjawiska, gdy w trakcie jednego miesiąca kalendarzowego dochodzi do dwóch pełni księżyca. Jest ono rzadkie i obserwuje się je raz na trzy lata. Drugie znaczenie jest bardziej interesujące, jeśli chodzi o plenerowe wskazówki.

Widok nisko położonego słońca lub księżyca, o ciemnopomarańczowej lub ciemnoczerwonej barwie, jest stosunkowo częsty, ponieważ stanowi efekt rozproszenia kolorów w atmosferze. Niebieska barwa księżyca mówi, że światło zostało rozproszone przez coś innego niż cząsteczki powietrza. Niebieski księżyc wskazuje zatem, że coś spowodowało zawieszenie cząsteczek w atmosferze. Prawdopodobnie doszło do ogromnego pożaru lasu, erupcji wulkanu, burzy piaskowej lub pyłowej.

W tym rozdziale przyjrzeliśmy się kilku metodom wykorzystania tarczy księżyca do ułatwienia naszych wędrówek. Znalazło się wśród nich także kilka zabawnych technik. W części dotyczącej wybrzeża powrócimy do księżyca oraz jego związku z pływami. Wzmianka o nim pojawi się również w rozdziale *Rzadkie i zdumiewające*.

Ostatnią uwagą, jaką chciałbym się z tobą podzielić, jest podpowiedź, że księżyc ma wpływ na pogodę, aczkolwiek w minimalnym stopniu. Temperatura w trakcie pełni księżyca wzrośnie o 0,02°C, a w Indiach i Australii mogą się zmniejszyć opady deszczu. Wierzę, że nie zakłóci to twojej wędrówki.

Powinniśmy pożegnać się już z księżycem, pamiętając, że ma on wpływ na niezliczoną ilość nieprawdopodobnych zjawisk, od złego samopoczucia do wzrostu przestępczości. Teoria o wpływie księżyca na pogorszenie się samopoczucia nie została potwierdzona, ale na pewno ma on wpływ na przestępców, na przykład kłusowników.

> Sieci najlepiej użyć nocą, podczas której chmury są ledwie widoczne na niebie, ale jest zbyt ciemno, żeby zobaczyć swoje linie papilarne. (...) Zdecyduj się na noc, w którą światło będzie odpowiednie, co ułatwi ci bezpieczną ucieczkę, gdy zostaniesz nakryty[3].

NOCNY SPACER

Słońce zachodziło na styczniowym niebie, tworząc ciemnopomarańczową poświatę na południowym zachodzie. Jako pierwszy pojawił się Jowisz, a zaraz za nim jasna czerwona gwiazda Aldebaran, bycze oko w konstelacji Byka. Z oddali słyszałem pohukiwania sów, zwiastujące dobrą pogodę. Gwiazdy oraz sowy – rozpoczęła się nocna wędrówka.

Chlupotanie błota pod nogami ustąpiło chrzęstowi kamieni, a później łagodnemu skrzypieniu śniegu. Patrząc w dół, widziałem jasne blizny na ciemnej ścieżce, gdzie stopniał śnieg, tworząc strumyczki i wypłukując kredową ziemię. Te poskręcane białe węże uciekały spod moich stóp, znikając w ciemnym błocie. Na południowym zachodzie rogi półksiężyca wyznaczały linię prowadzącą w dół, na południe. W lesie w Sussex księżyc walczył o pozycję z bukami, a ja wędrowałem pod ciemniejącym niebem i drzewami dekorującymi obie strony ścieżki. Pomiędzy huczeniem sów słyszałem odgłosy dochodzące z drogi.

W nocy jesteśmy pozbawieni zmysłu wzroku, dlatego większą wagę przykładamy do tego, co słyszymy. Często do naszych uszu dobiega znacznie więcej, na przykład odgłosy dochodzące z daleka, ponieważ dźwięki lepiej rozchodzą się blisko ziemi, gdy powietrze jest chłodne. Wędrowałem niedaleko domu w Eartham Wood, a odgłosy z drogi były inne niż zwykle. Przeważnie gdy tylko wchodziłem na pewną wysokość, docierał do mnie dudniący dźwięk z autostrady A27, niesiony przez południowe wiatry w stronę pól uprawnych i lasów. Tamtej nocy te dźwięki nie były jednostajne i monotonne, ale dolatywały zrywami. Najwidoczniej była to inna droga, mniej uczęszczana A285. Przypomniało mi to o sprawdzeniu bryzy, ale zaraz się uspokoiłem, bo wiała ona z północnego zachodu. Krajobraz się zmieniał wraz z poziomem i natężeniem światła, a środowisko akustyczne zmieniało się wraz z kierunkiem wiatru oraz jego siłą; na oba te zjawiska miała wpływ temperatura.

Podążałem ścieżką do chwili, kiedy skręciła na północny zachód, a wtedy poczułem na twarzy bryzę, bo między drzewami prowadziła mnie jasna gwiazda – Wega. Tylko ona przebijała się przez półmrok i gałęzie. Ruszając naprzód, utknąłem w gąszczu drzew, po czym znów się z niego wyłoniłem. Ścieżka skręciła na północny wschód i ujawniła długie pasy śniegu, które uchowały się na południowych skrajach, z dala od światła dziennego. Śnieg utrzymuje się dłużej na południowych częściach ścieżek, tak samo jak kałuże.

Zatrzymując się w bezpiecznym miejscu, przyjrzałem się uważniej niebu. Głowy Bliźniąt, Kastora i Polluksa, znajdowały się nad sobą, a ich korpusy leżały wyciągnięte na łóżku stworzonym przez ciemną koronę drzewa rosnącego na wschód ode mnie. Wkrótce będą musieli wstać, gdyż o tej godzinie zaczyna się ich nocna zmiana, każdej kolejnej doby będą się budzić o cztery minuty wcześniej, a późnym latem będą kłaść się spać przed zachodem słońca.

Nad Bliźniętami znajduje się pierścień, gwiazdozbiór Woźnicy, łatwy do zobaczenia za sprawą bardzo jasnej, żółtej Kapelli. Użyłem obu metod z zastosowaniem gwiazdozbioru

Woźnicy, aby określić swoją pozycję względem nieba oraz odnaleźć Gwiazdę Polarną. Gdy poznałem już to położenie, nadszedł czas, aby przeanalizować kierunek wiatru. Wiał dokładnie z północnego zachodu, a w ciągu nadchodzących godzin miały mierzyć się z nim moje policzki oraz uszy. Zmiana pogody w ciągu dnia może być niedogodna, ale w styczniową noc jest czymś wręcz niebezpiecznym.

Cis pospolity był olbrzymi i ciemny, przez co straciłem na chwilę z oczu gwiazdy. Dzięki temu sprawdziłem, które drzewa o tej porze roku mogą całkowicie przysłonić niebo. Wszystkie próbowały to zrobić, ale między nimi znajdowały się luki zaanektowane przez bluszcz. Drzewa porośnięte gęściej bluszczem izolują szerokie pasma nocnego nieba od naszego wzroku. Drugi etap wzrostu był obfitszy na południowej stronie wysokiego jesionu i wskazywał w kierunku nieba oświetlonego przez księżyc.

W górze dostrzegłem zielone i czerwone światła odrzutowca, który nie zostawił żadnych smug kondensacyjnych – powietrze było suche i przejrzyste, ale wkrótce miało się to zmienić. Sowy wciąż pohukiwały, zapowiadając ładną pogodę. Wtedy po raz pierwszy mignęła mi przed oczami Kasjopeja, kolejny ważny punkt na północnym niebie. Chmury kłębiaste pojawiły się przed gwiazdami, ale ich nie więziły. Wątłe i słabe chmury kłębiaste sygnalizują śladowe ilości wilgoci w niższych partiach nieba. Przy niskich temperaturach nie potrzeba dużo wilgoci, aby powstała słaba chmura, natomiast w lecie pojawienie się takiej chmury będzie oznaczało, że w powietrzu jest dużo wody.

Dostrzegłem Siedem Sióstr, Plejady, i nie po raz pierwszy ich piękno przykuło mój wzrok o sekundę za długo. Lewą nogą wdepnąłem w głęboką kałużę. Popatrzyłem w dół, na ścieżkę, zaskoczyło mnie słabe natężenie światła. Szeroka dróżka, którą podążałem, zniknęła mi z oczu. Przed sobą widziałem jedynie pięćdziesiąt metrów ścieżki, później stawała się niewidoczna. Dostrzegłem ją dopiero w oddali. Widziałem ją dokładnie pod stopami oraz dużo dalej, ale jej środkowa część znikła. Czułem się tak, jakbym podróżował przez ciemny kanion. Poczułem lekkie zaniepokojenie, ale spojrzałem przez ramię i znalazłem winowajcę. Uśmiechnąłem się do księżyca i pomyślałem o jego sztuczkach: szedłem na północny wschód, a księżyc był za moimi plecami. Ścieżka przede mną znikła, a światło księżyca nie mogło się odbić od pochyłości i wrócić do moich oczu. Około dwustu metrów dalej ścieżka pojawiła się ponownie, tym samym tworząc idealną powierzchnię do odbicia światła. Znikanie i pojawianie się ścieżki stało się zrozumiałe, skoro światło księżyca padało zza moich pleców, mogłem więc kontynuować wędrówkę bez obaw, że wpadnę do kanionu.

Każdy dźwięk niósł inny sygnał. Moje buty przedostawały się przez śnieg aż do krzemienia i wydawały odgłos szpadla ze złością wbijanego w żwir. Gdy przechodziłem przez gęsty skrawek lasu, pohukiwania sów nie uległy zmianie i przywoływały na myśl coś znacznie gorszego. Zatrzymałem się, gdy gałązka spadła na moje lewe ramię. Ciemność sprawiała, że słyszałem lepiej, i czułem lekki niepokój, jak po wypiciu kawy. Wystarczy odrobina praktyki, aby zmienić strach w poczucie bezpieczeństwa, a ten stan podwyższonej gotowości pomaga w odkryciach. Usłyszałem, jak śniegowe czapy spadają z drzew, i zdałem sobie sprawę, że po raz pierwszy od kilku dni temperatura wzrosła do zera.

Ścieżka zaczęła piąć się w górę i w końcu mogłem zobaczyć swój własny księżycowy cień prowadzący mnie na wzgórze. Zatrzymałem się i spojrzałem najpierw do przodu, później jeszcze raz za siebie. Mając księżyc za plecami, widziałem przed sobą drzewa, ścieżkę oraz kilka miejsc pokrytych śniegiem, ale ich zarysy były dość słabe – wszystko zlewało się na skrajach i patrząc dwadzieścia metrów w przód, nie dostrzegałem żadnych szczegółów. Odwracając się w stronę księżyca, poczułem, jakby ktoś nagle podkręcił kontrast na maksa. Nie tylko ścieżka stała się przejrzysta, ale byłem w stanie rozpoznać kształt poszczególnych kamieni oraz brzegi śniegu na odległość stu metrów.

Ścieżka prowadziła mnie wyżej, za gęstą część lasu. Przestrzeń między drzewami umożliwiła mi zobaczenie Oriona oraz jego pasa, usytuowanych na wschodzie. Sekundę zajęło mi znalezienie Mintaki, głównej gwiazdy w pasie, wschodzącej na wschodzie, a zachodzącej na zachodzie. Następnie kierowałem się za Mieczem Oriona aż na południe. Ruch powietrza na lewym policzku utwierdził mnie w przekonaniu, że wiatr nadal wieje z północnego zachodu.

Na południowo-zachodnim niebie pojawiły się chmury kłębiaste, które zlały się z księżycem i przysłoniły część nieba, mieszając z sobą jasne brzegi oraz białe światło. Niebo wydało się bardziej zatłoczone. Wysoko lecący samolot mrugnął i przeciął rogi gwiazdozbioru Byka, podążając północno-zachodnim–południowo-wschodnim torem, jak większość samolotów w Wielkiej Brytanii.

Ogłuszający dźwięk skrzydeł helikoptera wydał się dziwnie przyjazny. Helikopter wyłonił się z ciemnej kępy drzew iglastych, na minutę przytulił się do horyzontu i zasygnalizował światłami swoje intencje. Gdy oddalał się ode mnie, rozbłysło białe światło stroboskopowe, po czym zapaliło się pojedyncze czerwone światło, gdy helikopter poruszał się z prawej do lewej. Zawrócił, błyskając zielonym światłem stroboskopowym, i poruszał się przede mną z lewej do prawej. Następnie zobaczyłem zarówno czerwone, jak i zielone światła i wiedziałam, że przeleci nade mną, a dźwięk śmigieł ponownie wypełni wzgórza. Gdy się wznosił, silnik i łopaty pracowały na najwyższych obrotach. Hałas ucichł, gdy tylko helikopter się oddalił.

Wchodząc wyżej, rozkoszowałem się widokiem wzgórz skierowanych na południe, powoli ujawniających pomarańczową poświatę na południowym wybrzeżu Anglii. Spojrzałem na morze w poszukiwaniu świateł statków, nie dostrzegłem żadnych świateł miast. W przeciwnym kierunku widać było trzy gwiazdy tworzące rączkę pługu. Pierwszy meteor przemknął pomiędzy Wielkim Wozem a gwiazdozbiorem Bliźniąt – albo raczej pierwszy, jaki zauważyłem.

Ucichły dźwięki samolotu i helikoptera, mogłem więc usłyszeć słabe odgłosy okolicznych zwierząt. Odgłosy kroków owiec na pobliskim polu przykuły moją uwagę do czarnych twarzy na tle księżycowo białej sierści.

Mój cień miał więcej energii ode mnie i patrzyłem, jak wędruje przede mną, biegnąc i przeskakując przez bramę. Nie podążałem za nim. Zdecydowałem się usiąść przy płocie i bramie. Zajadałem herbatniki, za pomocą Wielkiego Wozu oraz Gwiazdy Polarnej określałem czas, a południowe gwiazdy zdradziły mi, jaką mamy datę. Ze znakami jest tak jak z poznawaniem ludzi – musisz spędzić z nimi trochę czasu, żeby móc powiedzieć, że je naprawdę znasz. Patykiem zaznaczyłem na ziemi Mintakę i ułożyłem ją w jednej linii ze słupkiem płotu na wschodzie, potem zrobiłem to samo z Wegą na zachodzie. Gdy skończyłem jeść, Mintaka znalazła się nad płotem, a Wega pod jego linią. Wspaniały zegar nie potrzebuje nakręcenia.

Ścieżka prowadziła mnie teraz na południe i w nogach oraz na skórze czułem, że schodzę w dół. Jeśli idziesz nocą na przemian pod górę i z góry, organizm się przegrzewa, a próbując się ochłodzić, wydziela pot, który po pewnym czasie zaczyna robić się lepki. Lubię nocne spacery po trasach nieprowadzących ciągle w dół. Wkrótce krajobraz się ustabilizował, a ścieżka minęła gospodarstwo. Mimo słabego światła zwierzęta wiedziały, że tam jestem, a ja myślałem, czy farmer miał świadomość, że obcy przechodzi przez jego ziemię, do tego o tak nietypowej godzinie. Największą wskazówką było szczekanie psa pasterskiego, ale nigdy się nie dowiem, czy ten farmer odróżnia ujadanie swojego psa w nocy.

Kolejny las był mieszaniną drzew liściastych i iglastych. Wysiliłem węch, aby wyczuć rozmaite zapachy po wejściu do niego. Różnicę między otwartym pastwiskiem a zamkniętym podwórkiem łatwo wyczuć, prawdziwym sprawdzianem dla nozdrzy staje się las. Latem jest prościej, ale w styczniu o tej godzinie zimno tłumi większość zapachów. To ciągła walka, gdy delikatny aromat cisu pospolitego bierze się w moim umyśle za bary z widokiem Jowisza odbijającego się w kałuży. Brak jakichkolwiek zapachów może być oznaką wysokiego ciśnienia powietrza, które odpycha brzydkie wonie.

Po kilku godzinach wędrówki mój wzrok do tego stopnia przyzwyczaił się do ciemności, że byłem w stanie zobaczyć cienie rzucane nie tylko przez drzewa, ale i przez pojedyncze gałęzie. Kępa młodych, niskich buków rzucała na ścieżkę przede mną cienie przypominające zagrodę dla bydła i rozbawiło mnie to, że uważnie następowałem na belki, starając się z nich nie ześlizgnąć. Skręcając na południowy zachód, w kierunku nisko wiszącego księżyca, mogłem policzyć tysiące kamieni przede mną. Nieco dalej kamienie schowały się w błocie, a ścieżka wtopiła się w ciemne bagno. Takie grzęzawiska często powstają na szlakach, gdy w jednym miejscu wymieszają się z sobą woda i natężony ruch pieszy, a doświadczenie podpowiadało mi, że większość wędrowców w takiej sytuacji nie zawróci, lecz znajdzie drogę omijającą problem. Z pewnością byłem w stanie znaleźć banana – tak nazywam krótki zakrzywiony odcinek drogi utworzony przez wędrowców próbujących ominąć minigrzęzawiska. Banany łatwo odszukać w dzień, ale warto je też przewidzieć i odkryć w trakcie nocnej wędrówki.

Zauważyłem kawałek otwartego nieba i chciałem przeprowadzić prosty test dotyczący liczenia gwiazd. Na środku dyszla Wozu znajdowały się dwie gwiazdy. Więcej gwiazd, niż do tego przywykłem, widać było w gwiazdozbiorze Byka, gdzie doszło również do efektu scyntylacji. Znaki dawane przez naturę zapowiadały dobrą pogodę.

Gdy ponownie wszedłem do lasu, powitał mnie stukot kopyt i pomruki samotnego jelenia, a pod stopami poczułem wibracje. Mało prawdopodobne, bym swoją obecnością zaskoczył jakieś zwierzę – zza moich pleców wiał wiatr. Nastała cisza, jakbyśmy razem z jeleniem nasłuchiwali się nawzajem. Docierał do mnie chrzęst gałązek załamujących się pod ciężarem odchodzącego spokojnie zwierzęcia. Ciemność lasu po raz kolejny spotęgowała świadomość tego, co słyszę. Zauważyłem, że znacznie pewniej poruszałem się po kamieniach niż po trawie. Zastanawiałem się, czy to dlatego, że kamienie pod stopami wydawały kruchy odgłos, który dodawał mi pewności siebie, czy też dlatego, że odbijały echo przeszkód. Dziwne było to, że powróciwszy na ścieżkę, którą znam, obawiałem się potknięcia. Nocne wędrówki stanowią idealną okazję, aby przekształcić znaną ścieżkę w nieznany obszar – każda zmiana światła księżyca tworzy nową przestrzeń, odmieniając nocny krajobraz.

Docierając do końca nocnej wędrówki, obserwowałem, jak mój oddech ulatuje ode mnie w świetle księżyca. Spojrzałem na drzewo, o którym myślałem, że doskonale je znam, ale wyglądało zupełnie inaczej, niż je zapamiętałem. Zajęło mi chwilę, zanim znalazłem poziome gałęzie wskazujące południe. Prawdopodobnie już nigdy nie zobaczę tego w ten sam sposób. Następnym razem poziom światła oraz kąty będą inne, tak samo jak cały krajobraz.

ZWIERZĘTA

Który motyl mi powie, jak daleko do pubu?

Kiedy w latach 60. XIX wieku francuski astronom Flammarion unosił się w swoim balonie nad francuską wsią, odkrył, że jest w stanie wyczuć charakter gruntu nawet w najciemniejszą noc.

> Obecność żab wskazywała na ekosystem torfowy oraz bagna; psy były dowodem, że znajdujemy się nad wsią; całkowita cisza świadczyła o tym, że przelatujemy nad wzgórzami lub lasami[1].

Zwierzęta tworzyły mapę dla podróżującego balonem astronoma, patrzącego na ziemię z wysokości tysiąca metrów. Idąc po ziemi, z wyostrzonymi zmysłami, też widzimy bogactwo tego rodzaju kartografii. W tym rozdziale przyjrzymy się wskazówkom, które każdy wędrowiec może znaleźć i zinterpretować podczas wyprawy, ale także tym, które przez lata będą stanowić dla nas wyzwanie.

Zacznijmy blisko domu. Z wygiętego grzbietu kota można wywnioskować, że kot zauważył jakiegoś gryzonia. Przez długi czas będzie siedział lub stał rozluźniony na swoim ulubiony pniaku. Potem jego plecy wygną się w łuk, a dziesięć minut później w kuchni znajdziemy krwawą niespodziankę. Żadna z tych rzeczy nie zdziwi tego, kto kiedyś miał zwierzę domowe, ale wielu osobom trudno jest zaakceptować takie zachowanie zwierząt, jeśli nigdy z nimi nie mieszkali.

Warto poświęcić czas na zrozumienie świata, który widzą zwierzęta. Jest znacznie bardziej szczegółowy niż świat widziany przez ludzi, a prosty eksperyment udowodni, jak czujne są zwierzęta. Jeżeli oderwiesz kawałek czerstwego chleba i zostawisz go na otwartej przestrzeni, nie upłynie dużo czasu, zanim zainteresuje się nim jakiś owad lub ptak – zobaczysz to, jeśli będziesz obserwował to miejsce z pewnej odległości. Ten sam kawałek chleba mógłby spleśnieć, rozkruszyć się i złączyć z naturą, zanim zauważyłby go człowiek. Począwszy od jastrzębia obserwującego maleńką ryjówkę aż do motyla górówkę medeę, który przestanie latać, gdy chmury przysłonią słońce, królestwo zwierząt jest wrażliwe na najmniejsze zmiany w naszym otoczeniu. Gdy tylko zwierzęta zauważą coś interesującego, informują o tym inne. Jeżeli nauczymy się podsłuchiwać te komunikaty, zdecydowanie mniej zjawisk umknie naszej uwagi i zyskamy metodę odkrywania rzeczy bardziej fascynujących niż kawałek czerstwego chleba.

„Spójrz, jaki ogromny jest ten gołąb!", wyszeptałem do syna, pokazując przez szybę w drzwiach na grubą szarą bestię na trawniku. „Złapię go", oznajmił i sięgnął do klamki. Gołąb nie był w wielkim niebezpieczeństwie. Syn nacisnął klamkę, drzwi się uchyliły, a gołąb odleciał, zanim mój syn zdążył wyjść na zewnątrz.

Godzinę później zauważyliśmy kolejnego gołębia siedzącego na trawniku i tym razem mój syn uśmiechnął się tak, jak uśmiecha się chłopiec, który ma plan. „Tym razem uda mi się go złapać", oznajmił. Poszedł do tylnych drzwi. Wiedziałem, że gołąb znowu odleci, ale myślałem, że mojemu synowi uda się tym razem podejść bliżej. Myliłem się. Zostałem na swoim miejscu i obserwowałem przez szybę w drzwiach, jak gołąb odlatuje, zanim syn wyszedł na dwór, mimo że był po drugiej stronie domu. Gołąb nie mógł słyszeć ani widzieć otwierających się drzwi, a jednak wiedział, że musi odlecieć, i wiedział również, w którą stronę to zrobić. Wyprzedzał nas o kilka kroków. Po kilku sekundach zrozumiałem, co się stało, i wytłumaczyłem wszystko mojemu przygnębionemu synowi. Czy i ty umiesz rozwiązać tę zagadkę?

Zwierzęta są z natury ciekawskie. Większość czasu spędzają na rozpracowywaniu okolicy oraz zdobywaniu wiedzy na temat szans i zagrożeń w ich otoczeniu. Robią to, aby łatwiej unikać drapieżników, szybciej zdobywać jedzenie i kopulować. Przypominają młodych turystów nad morzem, w którym czają się rekiny. Informacje o świetnym barze, restauracji czy płetwie w wodzie rozchodzą się po kurorcie w mgnieniu oka. Taka sama zasada panuje w królestwie zwierząt – zwierzęta bez przerwy się komunikują, przekazując sobie informacje o zdarzeniach w najbliższym otoczeniu. Używają do tego różnych języków, ale nam łatwo jest podsłuchać te wiadomości. Gdy zaczniemy to robić, przestaniemy czuć się wykluczeni z tej wymiany i będziemy mieli możliwość jej interpretowania. W tym momencie każda wędrówka staje się szansą na założenie własnego Bletchley Park.

Wracając do sytuacji z moim synem i gołębiem, trzeba wiedzieć, że ptak siedzący na naszym trawniku polegał na bardzo prostym systemie czujności i komunikacji, zapożyczonym od ludzi, czyli na metodzie wartownika. Widzieliśmy gołębia siedzącego na trawie, ale nie dostrzegliśmy tego na dachu. Gdy mój syn otworzył drzwi i wyszedł na zewnątrz, zauważył to gołąb na dachu i natychmiast odleciał. Ucieczka gołębia wartownika z dachu była wyraźnym sygnałem dla drugiego o nagłym niebezpieczeństwie, wskazała też najlepszy kierunek ucieczki.

Wracając do młodych turystów – wiedzą, że pływają w miejscu, gdzie są narażeni na ataki rekinów, a mimo wszystko decydują się podjąć ryzyko. Wszystko dlatego, że na brzegu znajduje się ratownik z lornetką, zachowujący się jak wartownik i gotowy krzyknąć, żeby wszyscy wyszli z wody, gdy zobaczy oznaki niebezpieczeństwa.

Przykład gołębia jest najprostszy, ale istnieje też wiele bardziej intrygujących. Najpierw poznamy najbardziej wyraziste wskazówki, a potem przejdziemy do tych subtelniejszych. Zanim grzywacz odleci, zacznie nerwowo przeszukiwać teren, a białe plamy na jego szyi staną się bardziej widoczne. Chwilę przed odlotem pokaże skrzydła, a każdy ze znaków tworzy szereg: zaczynając od tych, które łatwo przegapić, aż do widocznego trzepotania i hałasowania.

Jeżeli jesteśmy wystarczająco ciekawscy i czujni, możemy wzorować się na ich zdolności obserwacji i rozwikłać samemu niezliczoną ilość tajemnic. Nie powinniśmy się tego wstydzić – zwierzęta pożyczają od nas, co tylko mogą. Wiele gatunków ptaków, na przykład wróble, nauczyło się żyć między ludźmi, ponieważ zapewniają im ochronę przed drapieżnikami. Ptaki buszujące w ogrodzie wiedzą, że przydomowa zieleń jest połączeniem dużej ilości jedzenia z niewielkim zagrożeniem – poza kotami.

Ci, którzy nauczyli się żyć poza miastem, poznali język zwierząt. Jeżeli życie i utrzymanie zależą od wiedzy dotyczącej zwierząt i ludzi, to ta zdolność zaczyna być doskonalona jak forma sztuki. Wszyscy leśniczy, których poznałem w każdym zakątku świata, znają sygnały ostrzegawcze wysyłane przez ptaki chroniące się przed drapieżnikami. W minionych wiekach myśliwi musieli się nauczyć, „co należy robić pod osłoną nocy oraz jak odczytywać podekscytowanie sroki czy śmiech sójki”[2]. Wędrowcy, którzy nie chcą nic przegapić, muszą to sobie przyswoić.

Zwierzęta potrafią dużo ujawnić, nawet jeśli się z sobą nie komunikują. Ich samodzielne życie jest odzwierciedleniem środowiska, a w nim znajdują się wskazówki. Modraszek adonis składa jaja prawie wyłącznie na konikleci czubatej, ba, jest jeszcze bardziej wybredny – wybiera te mające od 1 do 4 centymetrów wysokości. Tę roślinę można znaleźć jedynie na wapiennych obszarach trawiastych, a do składania jaj modraszek adonis wybiera ich najcieplejszą, południową stronę. Jeżeli zobaczymy motyla tego gatunku, możemy być pewni kilku rzeczy: stoimy w osłoniętym miejscu skierowanym na południe, pod naszymi stopami znajduje się wapień, a z tego możemy wydedukować, jakie inne rośliny i zwierzęta spotkamy. Ponadto mamy pewność, że nie natkniemy się na jeziora ani stawy. Modraszek adonis nie tylko przyciąga oko swoim wyglądem, ale jest również kluczem do tego, co dzieje się dookoła nas.

Ptaki

Pomyśl, jak często się zdarza, że widzisz uciekające przed tobą zwierzę, a jak rzadko udaje się złapać jakieś z zaskoczenia. Ptaki zauważają nas i wyczuwają znacznie szybciej niż my je. Zazwyczaj widzimy je z bliska tylko dlatego, że podstępnie zdecydowały się opóźnić swój lot. Zauważamy dopiero ich szaloną ucieczkę, a one obserwują nasze postępy przez jakiś czas. Regularnie zaskakują mnie bażanty kryjące się w zaroślach. Chciałbym myśleć, że są one wtedy zaskoczone w takim samym stopniu jak ja, ale niestety tak nie jest. Bażanty czekają cierpliwie w ciszy, dopóki nie przekonają się, że nasza ścieżka zaprowadzi nas dokładnie tam, gdzie one się znajdują. W ostatniej chwili decydują się na ucieczkę.

Zwierzęta wiedzą, że jesteśmy w pobliżu, ponieważ dociera do nich jeden z alarmów innego zwierzęcia. Musimy jedynie zwrócić uwagę na ich system i zacząć rejestrować wcześniej pomijane sygnały.

Spójrzmy na naszego przyjaciela gołębia. Idąc cichą leśną ścieżką, najpierw zauważysz jednego odlatującego ptaka, następnie kolejnego lecącego w tym samym kierunku. Jest to system ostrzegawczy, tak zwany ptasi pług. Dzięki niemu wszystkie gołębie w okolicy wiedzą, że coś się dzieje. Znika element zaskoczenia, nie tylko dla gołębi, ale dla wszystkich zwierząt znajdujących się w pobliżu. Jeżeli w okolicy są jelenie, króliki czy lisy, i one mogą zdecydować się na ucieczkę.

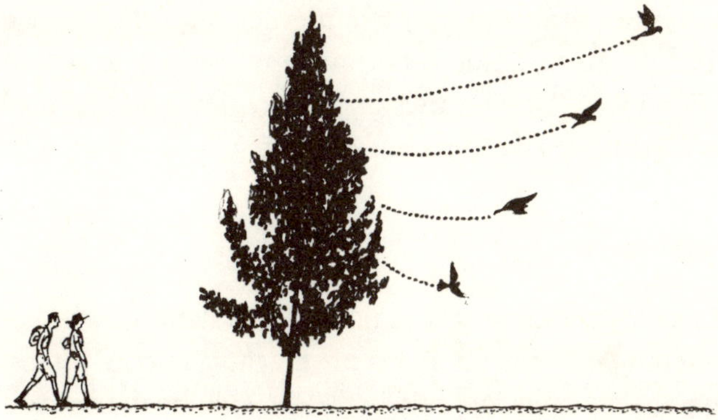

Ptaki siedzące najwyżej pełnią funkcję wartowników. Kierunek obierany przez ptaki w czasie ucieczki jest kierunkiem, w którym zmierzają ludzie bądź drapieżniki

Wygląda na to, że nie mamy szans na złapanie żadnego z nich. Za każdym razem zwierzęta pokonują nas w grze na czujność. Ale możemy zagrać inaczej. Musimy jedynie obserwować reakcję gołębi, dzięki czemu rozpoznamy, czy jest spowodowana obecnością człowieka czy innego zwierzęcia.

Aby móc obserwować ptaki, trzeba stać nieruchomo. Wielu wędrowcom przychodzi to z trudem, ale warto poćwiczyć w czasie przerwy na odpoczynek lub lunch. Jeżeli zatrzymasz się w lesie na dłuższy czas, powinieneś wyczuć innego wędrowca bez patrzenia. Reakcja ptaków zawsze zdradzi ci kierunek, z którego nadchodzą ludzie lub w którym zmierzają. (Jeżeli szukasz samotności, możesz posłużyć się tą techniką, aby wędrować cały dzień bez spotkania kogokolwiek. Natomiast jeśli akurat nie stronisz od ludzi, możesz wypróbować tę metodę dla zabawy).

Ptak, który ani nie ucieka, ani nie odpoczywa na gałęzi, ale krąży w powietrzu, prawdopodobnie szuka na ziemi ofiary. Jeżeli przy drodze spotkasz tak zachowującego się ptaka, najpewniej będzie to pustułka. W momencie unoszenia się w powietrzu ptak stara się być nieruchomy, choć powietrze nie będzie nieruchome. Ptak może unosić się w powietrzu i zachowywać jak wiatrowskaz – jego głowa będzie ustawiona w kierunku, z którego wieje wiatr.

Ptasi śpiew

Za każdym razem, gdy ptak wydaje z siebie dźwięk, istnieje ku temu jakiś powód. Ptaki nie marnują energii i nie świergotają ani nie śpiewają bez potrzeby. Gdy poznamy powody ich treli i nauczymy się odróżniać te kluczowe, zrozumiemy, o czym mówią.

Kiedy większość ludzi myśli o ptakach wydających dźwięk, przychodzi im do głowy ich śpiew. Te piękne zmieniające się odgłosy często nam towarzyszą, gdy spędzamy czas na zewnątrz. Jak na ironię, im piękniejszy dźwięk wydaje z siebie ptak, tym mniej interesująca jest wskazówka, na którą nas naprowadza. Ale jest to dobra wiadomość, ponieważ rozróżnianie setek rodzajów ptaków i śpiewu może być trudne, chyba że jesteś zaznajomiony z danym obszarem. Na szczęście ptaki wydają z siebie również prostsze dźwięki, i to one powiedzą nam najwięcej o otoczeniu.

Aby zrozumieć istotę ptasiego śpiewu, musimy pojąć cel ich różnych zawołań. Jeżeli ptak wydaje z siebie jakiś dźwięk, to prawdopodobnie oznacza terytorium, powiadamia swoich towarzyszy o tym, gdzie się znajduje, błaga o jedzenie, odstrasza intruzów lub ostrzega nas przed czymś. Pierwsze trzy są najczęstszymi powodami i możesz uznać je za ptasi soundtrack grający w tle. Jeżeli ptak stara się przepędzić innego ptaka lub zwierzę ze swojego terytorium, jest to zazwyczaj bardzo głośna i dramatyczna scena, wymagająca wsparcia innych ptaków tego samego lub innego gatunku. Wrony i sójki[3] będą wydawać z siebie ostrzegawczy krzyk w czasie ataku sowy, aby wspólnie odstraszyć intruza, który znalazł się na ich terenie. Dźwięk, który z siebie wydają, często pomaga ludziom szukającym sów.

Te cztery dźwięki, które składają się na ptasi śpiew jako samcze znaczenie terytorium, razem wzięte nie ujawniają tylu ukrytych informacji, ile piąta kategoria, która obejmuje ptasi system ostrzegawczy lub sygnały alarmowe.

Ptaki będą się zawsze ostrzegać, gdy napotkają coś, co je zaniepokoi. Drapieżnik wkraczający na ich teren to najczęstszy przypadek, ale ptaki będą reagować na każdą zmianę w ich środowisku, w tym na zmiany pogody.

Wiedza o tym, że nie tylko istnieją setki gatunków ptaków, ale i każdy z nich ma swój repertuar, może na początku zniechęcać. W jaki sposób możemy wyodrębnić, a następnie zidentyfikować dźwięk, jeżeli nie jesteśmy ornitologami? Tymczasem jest to całkiem proste z dwóch powodów.

Po pierwsze, ewolucja nam sprzyja. Same ptaki by ucierpiały, jeżeli nie mogłyby szybko rozróżnić zawołań, więc wszystkie gatunki używają podobnego systemu. System zawiadomień jest ważny dla ptasiego przetrwania, dlatego musi osiągnąć kilka celów. Młode muszą go opanować najszybciej jak się da, wyklucza to więc skomplikowane melodie i oznacza, że każdy alarm musi się składać z jak najprostszych dźwięków. Ponadto ich system musi osiągnąć podstępny i paradoksalny cel: ma przekazywać jasne ostrzeżenie innym ptakom tego samego gatunku, które znajdują się w pobliżu, ale nie zdradzić za dużo drapieżnikom czyhającym na dole. Naukowcy odkryli, że ewolucja doprowadziła do powstania ostrzeżeń, które nie zawierają w sobie niskich tonów. Niskotonowe dźwięki przemieszczają się dalej; z tego powodu dźwięk rogu mgłowego jest niski, a nie wysoki i skrzeczący. Ponadto im dłużej słychać dźwięk, tym łatwiej wskazać jego źródło. Dlatego też dźwięk wydobywający się z rogu mgielnego jest długi, a ostrzeżenia alarmowe ptaków krótkie. Ptaki mają w zwyczaju wielokrotnie powtarzać dźwięki, a nie wydawać z siebie te długie i ujawniające za dużo. Większość śpiewu ogrodowych ptaków będzie odbiegać od melodyjnych treli lub wspólnych ostrzeżeń na rzecz przerywanego świergotania, chrypiących i grzechoczących dźwięków, jeżeli ptaki coś zaniepokoi. Rudzik wydaje z siebie ostrzegawcze „tk-tk-tk-tk-tk". Ostrzegawczy dźwięk sójki przypomina dźwięk strzelania z karabinu maszynowego: „rak-rak-rak-rak-rak". Kląskawa nosi taką nazwę, ponieważ wydaje odgłosy przypominające uderzanie o siebie dwóch kamyków.

Istnieje jeden ogólny rodzaj ostrzeżeń używany przez wiele ptaków, które są zaniepokojone obecnością drapieżników poruszających się w powietrzu. Jest to krótki, chrypiący odgłos, nieco wyższy niż inne, znany jako chrząkliwe ostrzeżenie. Słysząc je, spójrz w górę – ptak szukający ofiary został zauważony.

Rozpoznawanie ostrzeżeń jest łatwe także i z tego powodu, że musimy skupić się na jednej rodzinie ptaków. Każda szeroka grupa ptaków ma swój własny schemat zachowań – ptaki drapieżne nie zachowują się w ten sam sposób co inne.

Ponieważ akurat my jesteśmy najbardziej zainteresowani ptasim śpiewem i to jego rozszyfrowanie jest przydatne do naszych celów, skupimy się na tych, które są najłatwiejsze do rozpoznania: śpiewie rudzika, sikorki modrej, kosa oraz strzyżyka. Ptaki te są dobrze znane, ponieważ nie odlatują na zimę. Rudzik zdobył miejsce na świątecznych kartkach tylko dlatego, że nie migruje każdej zimy do ciepłych krajów, a sikorki modre, kosy i strzyżyki towarzyszą nam na spacerach przez cały rok i słychać je przez cały czas. Przewagą tych ptaków jest również to, że tworzą małe terytoria oraz wiją gniazda blisko ziemi[4].

Pierwszy krok z ptakami

Na początku warto się skupić na ptasim śpiewie. Jest kilka technik, które powinieneś szybko sobie przyswoić.

Krok pierwszy

Zanim zamienisz się w słuch, upewnij się, że nie przegapiłeś żadnej widocznej wskazówki. Pierwszym krokiem pomagającym zrozumieć środowisko dzięki ptakom jest zwrócenie uwagi na to, jak ptaki wskakują na wyższe gałęzie, kiedy koncentrują się na czymś, co jest na ziemi, a gdy wyczują zagrożenie, odlatują, tak jak gołąb z wcześniejszego przykładu.

Krok drugi

Drugim krokiem jest zwrócenie uwagi na dźwięki wydawane przez ptaki, słyszalne w tle w czasie każdej wędrówki, oraz ich brak. Ciszę łatwiej rozpoznać niż jakiekolwiek ostrzeżenie.

Często ptasie głosy, które słyszymy, są towarzyskim nawoływaniem – jest to niemalże ciągłe świergotanie, którego używają ptaki, aby pozostać w kontakcie z innymi lub, co ważniejsze, forma zameldowania, że wszystko jest w porządku. Odpowiednikiem tego towarzyskiego nawoływania pośród wędrowców jest regularne sprawdzanie, czy wszystko w porządku, gdy znajdują się na wąskiej półce skalnej lub gdy widoczność jest słaba. To tak, jakby ptaki ciągle wołały do siebie: „Tutaj jestem, wszystko dobrze!". Pod koniec dnia możesz usłyszeć nieco inny dźwięk, ale równie przyjemny, któremu bliżej do „czink czink czink", wydawany przez kosy, informujące, że pora spać[5].

Najlepsze jest to, że nie trzeba uczyć się tych towarzyskich nawoływań, wystarczy jedynie wsłuchać się w ich ogólny charakter. Kiedy uda ci się zarejestrować soundtrack w tle, zauważysz, jak nagle cichnie. Jest to ogromnie ważna wskazówka, mówiąca o tym, że ptaki obawiają się kogoś albo czegoś. Kiedy w czasie wędrówek w West Sussex zauważam, że natężenie dźwięków się zmniejsza, przede wszystkim patrzę do góry i często widzę tam myszołowy. Ich pojawienie się będzie powodem, dla którego ptaki znajdujące się niżej zamilkną. Ten sposób może być wykorzystany przez każdego zainteresowanego wskazówkami dotyczącymi aktywności dookoła ich. Regularnie słyszę historie o użyciu tej metody przez osoby łamiące prawo.

Kiedy organy ścigania w Stanach Zjednoczonych przeszukują lasy w poszukiwaniu bimbrowników oraz ich nielegalnych destylarni, często znajdują porzucony sprzęt, a rzadko samych przestępców. Dzieje się tak dlatego, że doświadczeni bimbrownicy wiedzą, że jeżeli ptaki lub żaby ryczące milkną, musi to oznaczać, że zbliża się karząca ręka sprawiedliwości. Ogólnie mówiąc, jeżeli jedna grupa ludzi poszukuje drugiej w dziczy, to wygra ta, która będzie skupiona na zwierzętach. Sam lubię stosować tę technikę, aby zaskoczyć moje dzieci, kiedy znajdują się w lesie. Przerwa w ptasim śpiewie i gołębi pług powiedzą mi, gdzie one są, dokąd zmierzają i ile mam czasu.

Niestety, czasem to my sami tworzymy ciszę. Im więcej hałasu w trakcie wędrówek robimy, tym mniej słyszymy, ponieważ zmuszamy ptaki do milczenia. Powinniśmy zachować spokój i ciszę, a zostanie nam to wynagrodzone większą liczbą obserwacji oraz kolejnymi odkryciami. Dobrze jest nasłuchiwać dalej, niż jesteśmy w stanie sięgnąć wzrokiem[6]. Im więcej będziesz praktykował, tym bardziej świadomy się staniesz, że każdy z nas ma strefę świadomości oraz strefę niepokoju[7]. Obie możemy ukształtować poprzez zwiększenie tej pierwszej i zmniejszenie drugiej, co w rezultacie podkręci dźwięk i kontrast krajobrazu dookoła ciebie.

Im częściej będziesz ćwiczył słuchanie ciszy, tym lepiej poznasz ptasi śpiew twojego obszaru, a także to, jak się on zmienia w zależności od pory dnia i pory roku, ale też od pogody. Ptaki reagują na wahania pogody; w związku z ostatnimi opadami śniegu słyszałem, jak zimowe ptaki ogrodowe narobiły niespotykanego hałasu.

Istnieje pogląd, że wiosna i lato to najlepsze pory roku na obserwowanie ptaków, z czego mogą cieszyć się ci, którzy są zainteresowani oglądaniem jak największej liczby gatunków oraz słuchaniem ich śpiewu. Natomiast jeżeli twoim celem jest nauczenie się, co znaczą dźwięki wydawane przez ptaki, to warto pamiętać, że w tym sezonie najtrudniej to osiągnąć właśnie z powodu bogactwa dźwięków. Jeżeli nigdy wcześniej się tym nie zajmowałeś i jest to dla ciebie niejasne, to najlepszym okresem na uczenie się śpiewu ptaków jest środek zimy. Niezależnie od pory roku powinieneś umieć wsłuchać się w ptasi soundtrack grający w tle oraz w ciszę.

Krok trzeci

Gdy już automatycznie będziesz rejestrował, że w lesie zapadła cisza, jesteś gotów, aby zacząć ćwiczyć kolejną umiejętność. Pomiędzy nieregularnymi dźwiękami wydawanymi przez ptaki a całkowitą ciszą mieszczą się jeszcze inne sygnały alarmowe. Najłatwiej nauczyć się ich odczytywania na kawałku znajomego gruntu – zapoznaj się dobrze z jego mieszkańcami i z gośćmi. Jeżeli opanujesz tę metodę blisko domu, możesz od razu przenieść ją na większy obszar, choć lepiej, żeby wciąż był on zawężony.

Zawsze gdy piszę w mojej chatce, bez względu na pogodę i porę roku lubię mieć otwarte okno przez cały rok – czy deszcz, czy śnieg. Widok z okna jest ograniczony i może dlatego udaje mi się ukończyć kolejne książki. Widzę z niego biegające kurczęta oraz mieszaninę buków, cisów i jabłoni. Ponad zielenią słychać różne odgłosy. Próbuję się nie rozpraszać śpiewem ptaków, ale lubię słuchać ptasich ostrzeżeń.

Ptaki są wyczulone na powszechne zagrożenia w ogrodzie. Wiedzą, że nasz pies jest zbyt głupkowaty, aby przysporzyć im problemów. Kot za to stanowi spore zagrożenie. Oznacza to, że zazwyczaj potrafię powiedzieć, kiedy kot jest na zewnątrz, na długo przed tym, gdy go zobaczę, ponieważ ptaki w ogrodzie przekazują sobie, a jednocześnie i mnie, tę informację. Robią to na dwa sposoby. Pierwszą rzeczą, jaką wychwytuję, są ostrzeżenia. Ptaki często odwiedzające nasz ogród – rudzik, kos, sikorka modra i sikorka sosnówka – zmieniają radosne świergotanie (towarzyskie nawoływanie) czy ptasi śpiew (domaganie się terytorium) na krótsze, głębsze, głośniejsze i przerywane ostrzeżenia. Słysząc te dźwięki, spoglądam do góry i zawsze widzę kilka ptaków wskakujących na wyższe gałęzie. Jest to środek ostrożności, ale też widoczny znak dla innych. Zazwyczaj towarzyszą temu ich napuszone ogony.

Gdy tylko usłyszę i zobaczę takie zachowanie ogrodowego ptactwa, wsłuchuję się uważnie w dźwięki w tle, rozchodzące się na tyłach ogrodu. Jeżeli sygnały alarmowe są ograniczone do mojego najbliższego otoczenia, a ptaki znajdujące się w oddali nie odpowiadają, wiem już, że mój kot zdecydował się wyjść na spacer. Jest to częsty schemat, jeśli chodzi o zagrożenia czyhające na ziemi, ale ich zakres jest inny w porównaniu z zagrożeniami z powietrza.

Jeżeli ptak śpiewający dostrzeże drapieżnika w powietrzu, ostrzeżenie celowo najpierw obejmie duży obszar, a później podzieli się na strefy. Ptaki znajdujące się bezpośrednio pod zagrażającym im ptakiem zamilkną, te będące dalej i dowiadujące się o niebezpieczeństwie zaalarmują kolejne ptaki, a te w jeszcze większej odległości, którym nic nie zagraża, będą kontynuowały trele oraz towarzyskie nawoływania.

Zachowują się w ten sposób, ponieważ każdy wydany dźwięk, gdy w pobliżu znajduje się jastrząb, może oznaczać ich koniec. Jeżeli słyszymy ptaki, które ostrzegają inne, gdy wkraczamy na ich teren, jest to dla nas sygnał o podwójnym znaczeniu. Przekazują sobie informację: „Och, witaj, człowieku. Powiadomię innych, że panoszysz się na naszym terytorium, ale w sumie to nam nie zagrażasz".

Strzyżyki bardzo łatwo jest zauważyć, ponieważ są jedynymi ptakami, które zobaczysz nisko i z bliska. Notorycznie wskakują w zarośla i śmigają między nimi. Strzyżyki znają ścieżki, które są często uczęszczane przez ludzi, i nie zareagują nerwowo, gdy będziesz nimi podążał, ale jeżeli ty lub twój pies zboczycie z takiej dróżki, to ptak wyda krótkie „tek-tek-tek", po czym odleci, wydobywając z siebie wysokie dźwięki.

Powinniśmy być zadowoleni, jeżeli uda się nam wychwycić pojedyncze ptasie ostrzeżenie. Gdy trochę poćwiczysz, nauczysz się je łączyć z innymi zachowaniami. Sygnały alarmowe i ptasi pług zazwyczaj oznaczają, że ktoś zaskoczył ptaki. Pamiętam, jak raz usłyszałem zbitkę ostrzeżeń, następnie zauważyłem ptasi pług, a owce na sąsiednim polu zrobiły się bardzo gadatliwe. Przez chwilę nie wiedziałem, co doprowadziło do takiego połączenia. Wtedy zauważyłem, że rolnik zbliża się z jedzeniem dla owiec.

Jak zdobyć większe doświadczenie

Najłatwiej jest z zachowania ptaków wyciągnąć wnioski na temat tego, czym się martwią lub niepokoją, czasem jednak sygnalizuje ono coś trudniej uchwytnego. Amerykański przyrodnik i ekspert w dziedzinie ptaków Jon Young ujął to w następujący sposób:

> Ptaki tworzą dla nas mapę najbliższego obszaru. Tutaj jest woda, tutaj są jagody, a tutaj nieruchome o poranku koniki polne[8].

Young jest zdania, że wskazówki ukryte w ptasim śpiewie dotyczą rozmaitych wydarzeń w naszym otoczeniu. Przejeżdżający pociąg lub przelatujący samolot, rechotanie żaby, powiew wiatru czy szczekanie psa – wszystko może być uznane za refren piosenek śpiewanych przez ptaki[9].

Najlepiej zacząć od ich najwyraźniejszych reakcji. Zauważ, jak ptaki reagują na hałasy. Odgłos wystrzału niekiedy podrywa gołębie w powietrze, nawet jeśli znajdują się w dużej odległości od źródła dźwięku, ale nie udało mi się zarejestrować, jakim odgłosem odpowiadają na wystrzał ptaki śpiewające. To raczej logiczne: te ptaki już od długiego czasu nie są celem polowań, ale gołębie wciąż znajdują się w niebezpieczeństwie.

Gdy już nauczymy się oczywistych reakcji ptaków, możemy wznieść się o poziom wyżej. Warto zapoznać się z ziębą zwyczajną, ponieważ jej śpiew jest bogaty, zróżnicowany i fascynujący. Zięby wydają z siebie kilka łatwych do odczytania ostrzeżeń, jak chrząkliwe odgłosy lub agresywne „zzzz". „Szeleszczą", aby powiadomić innych o swoim odlocie, oraz

„brzęczą”, komunikując zaniepokojenie rozdzieleniem. Ponadto wydają kilka tajemniczych dźwięków, jak na przykład ostrzeżenie przed deszczem: „huit”. Naukowcy odkryli, że większość odgłosów zięb jest stała, a ten dotyczący deszczu jest lokalny i wywodzi się z regionalnych akcentów i dialektów. Brzmi on inaczej w Niemczech, a inaczej na Wyspach Kanaryjskich, a nawet w poszczególnych regionach na tych obszarach[10].

Jeżeli hodujesz kury lub robi to ktoś w twojej okolicy, możesz zbadać odgłosy poszczególnych gatunków oraz przypisywane im znaczenie. Głośne gdakanie jest oznaką pojawienia się drapieżnika na ziemi, a długie i przeciągłe świadczy o obecności drapieżnika w powietrzu. Najprostszy do rozpoznania jest dźwięk, który wydają, gdy wołają o jedzenie. Będzie szczególnie wyraźny, gdy w pobliżu znajdują się kurczęta, a matka upewnia się, że młode wiedzą, że mają przyjść do stołu.

Kury ponoć wydają z siebie osiemnaście różnych ostrzeżeń, więc nie wyczerpią ci się teorie dotyczące tego, co chcą ci przekazać. Jestem pewny, że moje kury mają jedno zawołanie, gdy moja żona wchodzi na ich ścieżkę, i drugie, nieco inne, kiedy robię to ja. Ma to sens: zazwyczaj karmi je moja żona, podczas gdy ja zbliżam się z taczką pełną skoszonej trawy lub czegoś równie nieciekawego[11].

Kruki zanurkują z pewnej wysokości, jeżeli na ziemi zobaczą coś interesującego, na przykład padlinę. Nadzwyczajny zasięg widzenia ptaków pewnie nas zaskoczy, ale może nam również pomóc[12]. Na tym jednak nie kończą się ich zdolności. Przez długi czas wierzono, że ptaki nie mają węchu, ale to właśnie zapach padliny, który przylgnął do firmy naftowej, pokazał, jak mylny był to pogląd.

W latach 30. XIX wieku władze Union Oil Company w Kalifornii wiedziały, że sępiki różowogłowe będą gromadzić się przy wyciekach gazów z rur. Wykorzystały to w metodzie wykrywania wycieków, choć nie rozumiały, dlaczego ptaki gromadzą się w takich miejscach. Przypadkowa rozmowa z opiekunami ptaków uświadomiła przedstawicielom biznesu naftowego, że gaz wyciekający z pękniętych rur zawiera ślady etanotiolu, który ptaki wyczuwały, szukając padliny. Władze Union Oil zdecydowały się sztucznie zwiększyć ilość tej substancji w gazie. Ptaki gromadziły się przy rurach, dzięki czemu ludzie szybko mogli namierzyć wyciek[13]. Jeżeli miniesz na spacerze gnijące szczątki zwierzęcia lub przez przypadek zostawisz w domu odkręcony gaz, to zapach podobny do tego uwalniającego się z rur zapamiętasz na długo.

Istnieje jeszcze jedna rodzina ptaków, która uświadomi nam, jak ważne mogą być pochodzące od nich wskazówki. Krukowate – wrony, kruki, gawrony, sroki oraz sójki – znalazły się na końcu tej opowieści nie bez powodu. Poziom ich inteligencji, umiejętność obserwacji i komunikacji między sobą sprawiają, że możemy być pewni jednego: te ptaki zauważają dużo więcej i dzielą się znacznie większą ilością informacji, niż nam się wydaje. Sygnały, które wyłapujemy, kuszą, by kontynuować badania nad ich zachowaniami, a uświadomieni w tym zakresie wędrowcy zwrócą uwagę na umykające im do tej pory szczegóły i wiadomości.

Ptaki z rodziny krukowatych dobrze rozwiązują problemy. Jeżeli istniały jakiekolwiek wątpliwości co do ich umiejętności posługiwania się narzędziami, zniknęły one, gdy naukowcy przeprowadzili następujące doświadczenie. Przed wroną postawiono małą ilość jedzenia umieszczoną w pojemniku na tyle głębokim, że nie dało się do niej sięgnąć dziobem. W eksperymencie położono obok także cienki, prosty kawałek drutu. Wrona zrobiła z niego hak, wyciągnęła jedzenie z pojemnika i zaczęła zajadać. Ten poziom zaradności może wprawić w zakłopotanie wiele dzieci oraz dorosłych w niedzielny poranek.

Doświadczenia w Seattle potwierdziły również, że wrony rozpoznają ludzkie twarze i będą unikać lub nawet besztać tych, na których kiedyś się natknęły. Naukowcy, którzy więzili ptaki, byli traktowani inaczej niż ci, który zostawiali je w spokoju. Czterdzieści siedem na pięćdziesiąt trzy wrony nakrzyczało na „złego" naukowca, nawet jeżeli większość z nich nie miała z nim bezpośredniego kontaktu. Oznacza to, że ptaki dzielą się informacjami, kogo trzeba się wystrzegać. Świadomość takiego zachowania zmieniła sposób, w jaki traktowali je naukowcy. Stacia Backensto, magistrantka na Uniwersytecie Alaskańskim, zdecydowała się założyć sztuczną brodę oraz wepchnąć pod fartuch poduszkę, aby w czasie badań zbliżyć się do kruków, ponieważ była przekonana, że zaczęły postrzegać jej obecność jako oznakę czegoś złego.

Esther Woolfson, która poświęciła mnóstwo czasu na opiekowanie się ptakami z rodziny krukowatych, nauczyła się rozpoznawać różne ich zachowania, począwszy od „wyglądu ucha" symbolizującego złość sójki, aż po wyjątkowe reakcje zarezerwowane dla różnych członków rodziny oraz dźwięki wydawane przez ptaki przed pojawieniem się silnych opadów śniegu[14].

Język krukowatych jest niezaprzeczalnie złożony. Za każdym razem gdy widzę na drzewach parę wron, lubię myśleć, że wymieniają informacje na temat ich własnej Enigmy. Pewnego dnia ich kod zostanie złamany i może doprowadzą do tego właśnie wędrowcy. Wcześniej jednak spróbujmy nie czuć się zbyt skrępowani tym, że patrzą na nas z lekką dezaprobatą, zastanawiając się nad naszymi intelektualnymi niedostatkami.

Ptaki oferują również wskazówki nawigacyjne. Ich schemat migracyjny wyznacza czasem linie na niebie, na przykład migracja bernikli obrożnej, która poprowadziła mnichów z Culdee w podróży z Irlandii na Islandię pod ołowianym niebem.

Ich zwyczaje sprawdzą się też na lokalnych terenach. Ptaki żyjące na wybrzeżu krążą prostopadle do wybrzeża: z rana nad morze i późno w ciągu dnia – na wybrzeże. Ptasie gniazda także są pomocne i niekiedy będziesz mógł zauważyć, że znajdują się po jednej stronie drzewa. Na odsłoniętym obszarze gniazda można znaleźć po stronie północno-wschodniej, ponieważ jest ona najbardziej zaciszna.

Motyle

Miłośnicy przyrody z całego świata kierują się jedną zasadą. Chcą poznać naturalne środowisko ulubionego gatunku oraz wykorzystać tę wiedzę w poszukiwaniu innych miejsc jego występowania. Tak właśnie działają lepidopterolodzy, znani jako zagorzali miłośnicy motyli. Jest to dla nas, przyrodniczych detektywów, spore udogodnienie, ponieważ oznacza, że preferencje tych motyli zostały dobrze poznane. Możemy zastosować tę samą logikę, odwracając jednak kierunek myślenia. Motyle są wrażliwe na rodzaj gleby i roślin, światło, wodę oraz temperaturę i dzięki temu ujawniają wiele informacji o danym otoczeniu.

Motyla karłątka akteona można zobaczyć jedynie na południowym wybrzeżu Anglii, w zachodniej części cieśniny Solent[15]. Nie jest to gatunek często spotykany, ale warto go poznać, bo zapewnia wgląd w sposoby, w jakie motyle mogą nam pomagać. Każdy motyl jest zależny od pewnych roślin, a wiemy, że każda roślina ma inne wymagania co do środowiska. Jeżeli napotkamy motyla w miejscu, w którym występują rośliny niepasujące do niego, jest to dla nas znak, że coś niezwykłego dzieje się z lokalnym środowiskiem. Karłątek akteon wymaga trawy, która porasta jedynie gleby wapienne, więc jeżeli wyrosną one na kwaśnych ziemiach lub na gliniastych wrzosowiskach w Dorset, pośród tego gatunku motyli powstaje zamęt. Dlaczego motyl, który pojawia się jedynie na glebach wapiennych, niespodziewanie występuje na skalistym obszarze, całkowicie dla niego nieodpowiednim? Odpowiedź jest prosta i wynika z tego, co łączy te dwa miejsca, w których go widziano. Karłątkowi akteonowi najlepiej żyło się na trawie rosnącej na wapiennym rumowisku, kiedyś służącym za podsypkę przy budowie torów kolejowych w XIX wieku.

Pozostało niewyjaśnionych kilka tajemnic. Mało znane są upodobania i zwyczaje nieuchwytnego mieniaka tęczowca, ale precyzyjne monografie większości gatunków, na które się natkniemy, zostały opracowane w ciągu wielu lat. Musimy skupić się na tych motylach, które chętnie odpowiedzą na nasze pytania.

Niektóre wskazówki nie zaprowadzą nas daleko. Widok pokłonnika kamilla oznacza, że w pobliżu znajduje się wiciokrzew, ale nic poza tym. Niektóre z podpowiedzi są zbyt ogólne, żeby uznać je za cenne. Rusałka ceik jest pospolitym gatunkiem, lecz nie zdradzi nam niczego ciekawego: jeżeli ją widzisz, to w pobliżu znajduje się las, ale na tyle blisko, że sam go już pewnie zauważyłeś. Kolejne wskazówki nie są zbyt szczegółowe: jeżeli wypatrzysz kosternika palemona, to jesteś bardzo blisko Fort William w Highlands w Szkocji, a widok paziowatych świadczy o tym, że trafiłeś do Norfolk Broads, ale to też są fakty, których prawdopodobnie jesteś świadom bez podpowiedzi.

Potrzebujemy motyli, które ujawnią nam informacje o otoczeniu wystarczająco ogólne i zarazem konkretne, abyśmy mogli wyciągnąć z nich pewne wnioski. Będą to trzy rusałki: admirał, pawik oraz pokrzywnik. Tę trójkę można spotkać głównie blisko pokrzyw, które, jak pamiętamy, są całkiem gadatliwe. Pokrzywy wskazują na bliskość cywilizacji, jeżeli więc idziesz z dziczy do pobliskiego pubu, to obecność admirała może wyczarować myśli o obfitym posiłku składającym się z chleba, sera i marynowanych warzyw.

Ogończyki można zauważyć na drzewach, ale są bardziej wybredne niż pokłonnik kamilla, ujawnią więc nieco więcej. Pazik brzozowiec zdradzi ci, że gleba jest ciężka, a pazik dębowiec, który jest jeszcze bardziej wymagający, nie osiądzie w starym lesie, w dodatku tylko na dębach. Przeplatka atalia uwielbia obszary, z których dopiero co wycięto drzewa, przez co zyskała miano motyla podążającego za drwalem[16]. Osadnik egeria najchętniej lata po zacienionych obszarach leśnych. Jeżeli napotkasz go w cienistym lesie, spodziewaj się, że znajdujesz się na jego skraju.

Rzadko kiedy spotka się motyle latające w deszczu, ponieważ są wrażliwe na temperaturę. To oznacza, że każdy z nich może służyć jako dziwaczny termometr. Widok latającego karłątka klinka oznacza, że temperatura wzrosła do 19°C[17]. Ich wrażliwość na otoczenie równie precyzyjnie wskazuje wysokość. Górówkę medea spotkamy do 500 metrów n.p.m., podczas gdy gurówka epifron występuje dopiero powyżej tej wysokości.

Wymagania motyli odnośnie do temperatur kierują ich uwagę ku konkretnym cechom środowiska, szczególnie zaś upodobały sobie najcieplejsze, południowe zbocza. To, że znajdujesz się na południowym zboczu, zasygnalizują ci następujące motyle: modraszek adonis, karłątek klinek oraz szlaczkoń sylwetnik. Niektóre motyle wskażą ci swój kierunek migracji. Rusałka pawik na początku sezonu podąża na północny zachód, a w późniejszym okresie na południowy wschód. Vanessa zmierza wiosną na północ i północny zachód, a jesienią na południe, jednakże to jej wiosenna migracja jest najbardziej znana[18]. Migruje również szlaczkoń sylwetnik; w czasie drugiej wojny światowej chmara tych motyli została zauważona, gdy zmierzała od strony kanału La Manche w kierunku wybrzeża Wielkiej Brytanii i została omyłkowo wzięta za atak trującym gazem.

Niektóre ze wskazówek wymagają myślenia nieschematycznego, inne – nieco specjalistycznej wiedzy. Dostojka aglaja nie toleruje wiejskich okolic[19], jeśli więc spotkasz ją w pobliżu terenów, które dawno temu zostały porzucone przez rolników, oznacza to, że prawdopodobnie znajdujesz się w pobliżu stromego zbocza. Motyle występują rzadziej w środowisku miejskim, ale możemy wymienić kilka dzielnych gatunków. Obecność modraszka wieszczka świadczy o tym, że w okolicy rośnie bluszcz, który sam przynosi wiele wspaniałych wskazówek.

Istnieje pewna technika, niespecjalnie użyteczna, ale pozwala ona określić, czy rusałka pokrzywnik jest rodzaju męskiego czy żeńskiego. Jeżeli rzucisz patyk w stronę jednego z tych motyli, to chłopiec go zaatakuje, a dziewczynka zignoruje[20]. *Plus ça change.*

Pozostałe owady

Wiele owadów daje bardzo proste wskazówki dotyczące środowiska. Obecność komarów świadczy o tym, że słabo wieje lub wcale nie ma wiatru, a ważki można znaleźć jedynie blisko wody, głównie stojącej. Pospolite muchy dostarczają więcej ogólnej wiedzy o wodzie i życiu – szczególnie w miejscach ubogich w życie, takich jak pustynie czy oceany. Na pustyniach lub na morzu widać, kiedy zbliżasz się do cywilizacji, ponieważ wzrasta ilość much. Pamiętam, jak posługiwałem się tą metodą, gdy wędrowałem razem z Tuaregiem po Pustyni Libijskiej w kierunku oazy. Po ilości much na plecach mężczyzny idącego przede mną byłem w stanie poznać, ile czasu pozostało do końca wędrówki. Zanim wspięliśmy się na ostatnią wydmę i zobaczyliśmy pierwsze drzewa, na jego plecach siedziało około setki much. Ta metoda działa również blisko domu, a nagły wzrost ilości much będzie oznaczał, że w okolicy znajdują się ludzie lub duże zwierzęta.

Owady są zimnokrwiste, tym samym bardzo podatne na skoki temperatur. Świerszcze reagują nerwowo na zmiany, dlatego można je traktować jako prymitywne termometry. Każdy z gatunków świerszczy ma swoją własną skalę – jedno cykanie na sekundę, gdy jest 13°C, częstotliwość odgłosów wzrasta wraz ze zwiększającą się temperaturą. Gdy zapoznasz się z tymi, które napotykasz najczęściej, zaczniesz zauważać, że liczba cyknięć, które słyszysz, związana jest właśnie przede wszystkim z temperaturą. W Stanach Zjednoczonych przeprowadzono eksperyment, w którym udowodniono, że jeżeli do liczby cyknięć wydanych przez świerszcze w 14 sekund doda się 40, będzie to wynik odpowiadający temperaturze w stopniach Farenheita[21]. Brzmi niezwykle, ale jest to prawda.

Wrażliwość owadów na temperatury może posłużyć także jako wyznacznik kierunku. Jeżeli zauważysz na trawiastym wzgórzu dużo wybojów o wysokości dużego kretowiska, ale ukrytych w trawie, będziesz wiedział, że prawdopodobnie patrzysz na mrowiska podziemnic zwyczajnych. Ich mrowiska dają kilka wskazówek. Aby zgromadzić jak najwięcej ciepła pochodzącego ze słońca, mrowiska ustawia się z zachodu na wschód. Przyjrzyj się uważnie roślinom rosnącym u podstawy tych wybojów, a dostrzeżesz delikatną różnicę – na południowej stronie będą rosnąć rośliny kochające słońce, takie jak macierzanka piaskowa, a rośliny lubiące cień na północnej. Warto pamiętać, że podziemnice zwyczajne zadomowią się na obszarze, który pozostawał nie niepokojony przez dłuższy czas.

Jeżeli zbocze jest pokryte skrawkami gołej ziemi, w której znajdują się dziurki, to prawdopodobnie gnieżdżą się w nich pszczolinki rude oraz osy. Są to owady, które preferują głównie zbocza skierowane na południe. Dostrzegłem podobne dziurki na południowej stronie drewnianego słupa, ale zazwyczaj są one wydrążone przez żuki.

Ssaki

Ewolucja nauczyła zwierzęta wielu chwytów pomagających oszczędzić im wysiłku. Jednym z nich jest wyczulenie na ostrzeżenia innych gatunków, w szczególności jeśli boją się one tego samego drapieżnika. Najbardziej czujne i niepewne leśne stworzenia tworzą leśny system wczesnego ostrzegania, a ptaki, wiewiórki oraz jelenie są wyczulone na przekaz płynący ze strony innych zwierząt. To współuzależnienie występuje na całym świecie. Na afrykańskich sawannach antylopy gnu mieszają się z zebrami, aby korzystać z ich systemu ostrzegania. Antylopy gnu mają słaby wzrok, ale dobry węch, zebry natomiast odwrotnie. Razem są w stanie więcej dostrzec i alarmują się nawzajem[22].

Może nam się wydawać, że przebiegle zbliżamy się z wiatrem do jelenia, ale jeżeli nasze zachowanie stwarzałoby jakiekolwiek zagrożenie, to ptaki poinformowałyby go o tym swoim śpiewem. Jeleń stojący z wiatrem może nas wyczuć na długo, zanim zobaczy nas strzyżyk siedzący na niskiej gałęzi, a jego brzmiące jak kaszlnięcie ostrzeżenie będzie idealne dla ptaka. Każde zwierzę, od gryzonia do ssaka naczelnego, ma swój własny język, a my powinniśmy się zapoznać z mową zwierząt, które najczęściej spotykamy.

Nie wszystkie ostrzeżenia są słyszalne – nie możemy zapominać o mowie ciała. Jelenie i króliki podniosą ogon lub tupną nogą, więc jeżeli kątem oka widzisz coś białego, to może oznaczać, że zwierzę coś zwęszyło i prawdopodobnie cię wyczuło.

Tak jak ptaki, wiewiórki wydają z siebie ostrzegawcze dźwięki, zróżnicowane w zależności od drapieżnika, przed którego nadejściem ostrzegają. Naukowcy odkryli, że na dźwięk wydawany przez wiewiórkę wpływa to, czy drapieżnik znajduje się w powietrzu czy na ziemi. Ponadto ustalili, że wśród tych dźwięków są takie, które wskazują, jak szybka powinna być reakcja. Wiewiórka, zobaczywszy wysoko nad głową lecącego drapieżnika, podniesie alarm innego rodzaju niż ta, która dostrzegła go między drzewami. Ostrzeżenia wiewiórki szarej brzmią jak „czak, czak, czirii" lub „tuk-tuk". Wiewiórka na widok drapieżnika na ziemi wyda z siebie serię krótkich dźwięków, a dostrzegłszy latającego, wyartykułuje znacznie większą liczbę dźwięków brzmiących jak „czurr". Machanie ogonem oraz tupanie nogami to dwie oznaki zaniepokojenia demonstrowane przez wiewiórki.

Istnieje kilka ciekawych możliwości wykorzystania zachowania ssaków tak, aby wskazały nam kierunek. Naukowcy z Uniwersytetu Duisberg-Essen odkryli, że jelenie oraz bydło ustawiają się na linii północ–południe z dokładnością ±5 stopni znacznie częściej niż na innej. Brzmi świetnie, ale wpływa na to również wiatr, który wieje z południowego zachodu (zobacz rozdział *Niebo a pogoda*, s. 132). Rolnicy, których o to zapytałem, roześmiali się i powiedzieli, że to nieprawda. W imieniu wszystkich wędrowców postanowiłem to zbadać.

To, jak zwierzęta szukają schronienia, daje nam niezawodne wskazówki. Wszystkie ssaki będą kryć się przed wichurami, a że większość wichur przychodzi z południowego zachodu, jest wiele dowodów na to, że najlepiej szukać schronienia po północno-wschodniej stronie wszystkiego, co może stanowić osłonę. Owce chowają się w północno-wschodniej części krzaków janowca, przez co część tych roślin obumiera. Poszukuj oberwanych gałęzi, zwisających liści oraz kępek wełny zaplątanych między nimi.

Po jednej stronie krzaków, drzew oraz skał można napotkać więcej zwierzęcych odchodów. Z reguły to północny zachód lub północ, bo zwierzęta chowają się tu przed silnymi wiatrami oraz słońcem w gorące dni. Ich obyczaje tłumaczą również asymetrię wzrostu roślin dookoła drzewa.

Ssaki będą się dobrze rozwijać w zdrowym i zróżnicowanym ekosystemie. Jeżeli w trakcie wędrówki zauważysz norniki, króliki oraz jelenie, to możesz się spodziewać, że wokół ciebie znajduje się bujna dzika przyroda. Wszystkie zwierzęta dają podstawowy obraz obszaru w zależności od jedzenia, wody oraz składników mineralnych, a ssaki są grupą, którą najłatwiej się obserwuje. Myśliwi posługiwali się tą wiedzą od czasów prehistorycznych. Prymitywna metoda cierpliwego wyczekiwania w bezruchu blisko wody została udoskonalana przez myśliwych, którzy wiedzieli, w którym dokładnie miejscu pojawi się zwierzyna, aby polizać sól.

Jednym ze ssaków najczęściej spotykanych na spacerach jest pies. Psy są człowiekowi tak znane, że większość osób bierze ich zachowanie za coś oczywistego i nie poświęca mu dużo uwagi. Jednakże czasem mylimy się co do podstawowych wskazówek. Powszechnie szczekanie psa wiąże się z agresją, tymczasem znajduje się ono dość nisko na skali zachowań agresywnych. Istnieje hierarchia takich reakcji, którą warto poznać, szczególnie jeżeli czasami boisz się przechodzić obok olbrzymich psów.

Najwyżej na tej skali znajduje się cichy atak – jest to bardzo rzadkie zachowanie i mało prawdopodobne, żebyś napotkał psa, który postąpi w ten sposób wobec innych psów lub ludzi. Czy kiedykolwiek widziałeś jeden z filmów demonstracyjnych, na których specjalnie wyszkolony pies policyjny, wytresowany do agresywnych zachowań, goni uciekającego „przestępcę"? Jeżeli tak, to prawdopodobnie zauważyłeś, że pies ścigał i zaatakował, gryząc wywatowane ramię, bez szczekania. W czasie spacerów pies zareaguje w taki sposób tylko wtedy, gdy zauważy zająca lub inną zwierzynę. Sytuacje, w których pies zachowuje się cicho, są tak rzadkie, ponieważ nieczęsto się zdarza, żeby pies był dostatecznie agresywny i jednocześnie niczego się nie bał. Inne psy oraz ludzie wywołują przynajmniej odrobinę strachu u psa, który ich nie zna, i ten niepokój można wyczytać z jego zachowania.

Poza cichym atakiem psy także warczą: odsłaniają dziąsła, pokazując zęby, i wydają z siebie warczący dźwięk. Jest to znak, że pies jest agresywny i jedynie trochę przestraszony; mimo że zdarza się to rzadko, nie powinno się tego bagatelizować. Niższą pozycję na skali agresji zajmuje pomrukiwanie – groźniejsze niż szczekanie. Psi pomruk zazwyczaj oznacza, że zwierzę jest w stanie się obronić oraz jest wystarczająco skoncentrowane, aby zaatakować. Jeżeli pies rzeczywiście się boi, to pomruk przekształca się w głośne szczekanie i może pojawiać się na przemian: pomruk i szczeknięcie, pomruk i szczeknięcie. Jeżeli pies nie jest agresywny, lecz jedynie czujny i ostrożny, to będzie tylko szczekał. Na pozycji niższej niż szczekanie znajduje się wiele sygnałów świadczących o uległości, na przykład obniżona pozycja ciała, skomlenie oraz zachowanie właściwe szczeniętom[23]. Teraz możesz być pewny, że nie musisz przesadnie się martwić szczekającym psem. W rzeczywistości jest on bardziej przerażony od ciebie.

Wyniki najnowszych badań pomogą nam zrozumieć charakter psów, zanim zauważymy któryś z wyżej wymienionych sygnałów. Naukowcy odkryli, że psy mogą być prawo- lub lewonożne, tak jak ludzie są prawo- lub leworęczni. Dowiedzieli się również, że lewonożne psy są nieco bardziej agresywne niż prawonożne[24]. Jeżeli w trakcie spaceru zauważysz psa, który cię niepokoi, zwróć uwagę na to, którą łapą przytrzymuje przedmioty oraz od której zaczyna się poruszać. W trakcie badań dowiedziono ponadto, że pies, który merda ogonem w lewą stronę (z perspektywy właściciela ogona) jest mniej szczęśliwy i bardziej przestraszony niż pies merdający w prawą stronę[25]. Każdy pies sam wybiera stronę.

Wielu wędrowców czuje się niekomfortowo w towarzystwie krów, i to nie bez powodu: każdego roku doznają oni urazów, a nawet ponoszą śmierć z powodu ataku krów. Rozmawiałem o tym z rolnikami prowadzącymi gospodarstwa mleczne i oto ich rada: nie ma się czego bać, ale warto być świadomym kilku prawidłowości. Samotny byk na polu jest bardziej niebezpieczny niż pasące się krowy. Znam rolnika, który całe życie miał do czynienia z krowami i tylko raz był zmuszony przeskoczyć przez płot: było to wtedy, gdy szarżował na niego byk. Sam kiedyś poczułem potrzebę ucieczki z pastwiska, gdy w stadzie krów znajdował się młody byk. Kolejną rzeczą jest pora roku: krowy, tak jak większość zwierząt, opiekują się swoimi młodymi, więc wiosną trzeba być szczególnie ostrożnym, jeżeli na łące są cielęta. Nigdy nie wchodź między zwierzę a jego młode – taka jest zasada. Powinieneś także uważać na psy – wywołują wśród krów niepokój, a krowy drażnią psy, co oznacza, że w swoim towarzystwie zachowują się mniej przewidywalnie. Pewien rolnik ujął to w następujący sposób: „Ludzie często idą z psami na przedzie, przed stadem, ale jeśli krowy się przestraszą, mogą stratować psa. A jeżeli właściciel i pies będą na czele, to obaj mogą wpaść w kłopoty".

„Co zrobić, jeśli nie ma psów, cieląt ani byków, a mimo to źle się czuję w pobliżu stada krów?", spytałem. „Stój nieruchomo lub oddal się spokojnie".

Zwierzęta zmuszają nas, aby patrzeć ponad to, co jest oczywiste. Rzadko się zdarza, aby zwierzęca wskazówka prowadziła donikąd – raczej wiedzie do kilku kolejnych rozwiązań. W parkach w Stanach Zjednoczonych znajdują się obszary, gdzie nie wolno wyprowadzać psów. Jest to prawo ustalone po to, aby chronić dziką roślinność oraz środowisko, ale trudno tego dopilnować, ponieważ parki są ogromne, a środki ograniczone[26]. Patrząc na wysokość zarośli, sprawdź, czy jesteś w stanie odkryć, na jaki przebiegły sposób wpadli strażnicy, aby ustalić, które z obszarów parku są uczęszczane przez psy.

Znalezienie terenów, na których problem stanowią psy, wymaga lepszej znajomości zwierzęcych nawyków od tej, jaką mają ludzie łamiący prawo. Jelenie będą unikać miejsc w parkach, po których swobodnie biegają psy, wysokość zarośli daje więc wskazówkę, gdzie ludzie nie przestrzegają przepisów. Tam gdzie psy są trzymane na smyczy, znajdziemy wygryzione rośliny, a jeżeli są puszczone wolno, zarośla rosną wysoko. Dlatego właśnie na wyspie Wight zarośla są tak bujne: nie ma na niej jeleni.

Im bardziej złożona organizacja społeczna pośród gatunków, tym bardziej skomplikowaną komunikację napotkamy. Małpy odpowiadają inaczej niż leopardy, orły, węże czy pawiany. Ciekawe, czy odpowiadają inaczej ludziom czujnym i poszukującym wskazówek, a inaczej tym obojętnym na wszystko?

Jako dzieci uczymy się prostych dźwięków, które wydają z siebie zwierzęta, takich jak muczenie, rżenie czy szczekanie. Czasami zastanawiam się, czy nasze dzieciństwo nie byłoby bogatsze, gdybyśmy nauczyli się ich podstawowych znaczeń. Jest to naskórkowa metoda, podobna do nauki języka obcego bez zrozumienia. Powiedziano nam, że Francuzi używają słowa „*Bonjour!*", ale nie wiemy, co ono znaczy. We wczesnym dzieciństwie nauczono mnie, że świnie wydają dźwięk „chrum, chrum", ale nic mi on nie mówił, dopóki mój teść, hodowca świń, nie powiedział mi, że to ich towarzyskie nawoływanie[27]. Świnie nie są zbyt spostrzegawcze, ale tak jak każde stadne zwierzęta lubią wiedzieć, że nie zostały same, więc co chwila to sprawdzają, gdy szukają i ryją w nowych miejscach. I oto ona – twoja pierwsza lekcja języka świńskiego.

Gady i inne stworzenia

Zaskroniec zwyczajny poluje na ropuchy, żaby, ryby oraz traszki i tak jak większość tych stworzeń, przebywa w wodzie lub blisko niej. Żmije można spotkać pomiędzy połową marca a połową października, jeżeli temperatura wzrasta powyżej 8°C.

Ślimaki potrzebują dużo węglanu wapnia, aby zbudować muszle, więc gdy zobaczysz je z dala od stawów, będzie to dla ciebie wskazówka, że znajdujesz się na wapiennym obszarze. Naukowcy odkryli, że pobrzeżka kieruje się w stronę słońca i czasami zostawia za sobą ślad odzwierciedlający sposób poruszania się słońca po niebie. Ów ślad możemy wykorzystać w oryginalnym śledztwie: z kierunku śladu pozostawionego przez pobrzeżkę – jego kąta oraz powiązania z czasem – możesz wywnioskować, kiedy ten ślimak tamtędy przepełznął. A potem możesz dojść do wniosku, że za długo już przebywałeś na słońcu.

Odskocznia

Gdy napotykamy jakieś zwierzę, pozostaje nam określić wskazówki i sygnały, które nam ono przekazuje. Moja ostatnia rada: staraj się zbadać wszystko, co wyda ci się niezwykłe. Zamiast poprzestawać na jednym możliwym rozwiązaniu, staraj się znaleźć kilka.

Widząc królika, możesz z tego trafnie wywnioskować, że jego nora znajduje się w pobliżu, zazwyczaj w odległości 50 metrów. Ale dlaczego dostrzegasz krzaki czarnego bzu rosnące tylko nad norą królika i nigdzie indziej? Jakie jest powiązanie pomiędzy królikiem a tym gatunkiem krzewu? Brakuje tego ogniwa. Białorzytki wiją gniazda w niezamieszkanych norach i karmią się bzem czarnym, składując nasiona niedaleko od domu.

Zauważenie rozmaitych korelacji w otaczającym cię środowisku nie zajmie ci dużo czasu. Jeżeli zauważysz modraszka ariona, będzie on dla ciebie podwójną wskazówką, ponieważ na różnych etapach życia potrzebuje on macierzanki piaskowej oraz obecności mrówek. Mrowiska oraz macierzanki piaskowe będą stanowiły wskazówki dotyczące kierunku, ponieważ preferują stronę południową.

WĘDRÓWKA Z DAJAKIEM – CZĘŚĆ PIERWSZA

Do tej pory skupiałem się na wskazówkach i znakach, które można znaleźć i wykorzystać podczas wędrówek blisko domu i trochę dalej. Lata poznawania tych technik nauczyły mnie, że istnieje jeszcze wiedza, która sprawdza się z dala od znanych nam szlaków. Te znaki i wskazówki nie są łatwe do odkrycia z prostego powodu – stosuje je rdzenna ludność, która ich nie spisuje ani nie przekazuje nikomu spoza rodziny lub plemienia.

Zawsze chciałem napisać książkę, która by zawierała jak najszerszy zestaw wskazówek dla wędrowca. Miałem poczucie, że aby móc dokończyć swoją pracę, powinienem się udać w niezwykłą podróż i ruszyć na ich poszukiwanie razem z ludźmi, których życie wciąż zależy tylko od nich samych. Postanowiłem więc odnaleźć plemię Dajaków w samym sercu Borneo.

Miałem trochę obaw, ale też wielkie nadzieje w związku z tym, co mogłem odkryć na tej wspaniałej wyspie. Wyruszając, nie miałem jednak pojęcia, że nauczę się tam kilku prostych rzeczy, które na zawsze zmienią mój sposób postrzegania najbliższego otoczenia. Do tych zasad można się odwołać zarówno podczas długich, jak i krótkich wędrówek.

Bystrze prowadzące nas do serca Borneo

Autor przygotowuje się do zjedzenia kolejnej żaby na lunch

Pod skrzydłami samolotu widziałem blizny pozostałe po wykarczowanych fragmentach lasu deszczowego, nad którym unosiło się ciepłe powietrze i piętrzyły niewielkie chmury. Promienie słońca załamały się i rozdzieliły, gdy odbiły się od skrzydła. Czerwień i oranż rozświetliły jedną stronę kabiny, potem samolot się przechylił i wylądował w Balikpapan. Nieco ponad dobę trwała moja podróż z Londynu do tego miasta, stolicy stanu Kalimantan. Znacznie więcej czasu miało mi zająć dotarcie do samego środka Borneo, ale to właśnie tam musiałem się dostać, ponieważ byłem umówiony z Dajakiem.

Borneo zamieszkuje około dwustu plemion, które łącznie nazywa się Dajakami. Są to ludzie, którzy nie tyle ignorują współczesny świat, ile raczej wolą żyć z dala od niego. Wkradł się do nich XXI wiek, ale nie zadomowił się na tyle, żeby całkowicie wyrugować stary świat. Dość szybko po przyjeździe zobaczyłem telefon komórkowy leżący obok ustnej dmuchawki.

Pożegnałem się z Teksańczykiem, który siedział obok mnie w czasie lotu do Balikpapan, miasta, które się wzbogaciło na ropie naftowej. Wtedy na to nie wpadłem, ale był to ostatni człowiek Zachodu, którego miałem zobaczyć przez następne ponad trzy tygodnie.

Z Balikpapan miałem kolejny lot, a potem czekało mnie osiem dni w małej łódce, aby dotrzeć do wioski Apau Ping i rozpocząć podróż z Dajakiem. Miała to być wyprawa rozpoznawcza, lecz nie zamierzałem czekać, aż dotrę do serca Borneo, tylko od samego początku chłonąłem wskazówki, które oferowała mi ta trzecia pod względem wielkości wyspa na świecie.

Talerze anten satelitarnych dzieliły się na dwie grupy: jedne były ułożone pionowo, drugie poziomo, nie istniało żadne inne ustawienie. Można było się tego spodziewać. Satelita telekomunikacyjny porusza się dookoła równika, więc jeżeli tak jak ja dotrzesz do najdłuższego równoleżnika, to anteny będą ustawione prostopadle lub równolegle do ziemi. Później dotrzemy do tych ustawionych na wschód oraz zachód.

W czasie lotu z Balikpapan na wyspę Tarakan zauważyłem piętrzące się chmury kłębiaste ze spodami znacznie bardziej ściętymi niż ich górne części: wiatr wiał mocniej na niższych wysokościach, co jest rzadko spotykane, i miałem nadzieję, że pilot również zauważył ten znak ostrzegawczy.

Na całym świecie podczas lotu do trudno dostępnych miejsc pasażerowie regionalnych linii lotniczych naginają zasady dotyczące bagażu podręcznego. Widziałem podróżnych dźwigających ogromne telewizory, części maszyn, a nawet zapasową oponę. W samolocie otaczała mnie masa przedmiotów o najdziwniejszych kształtach, a gdy koła samolotu dotknęły mokrego asfaltu na lotnisku w mieście Tarakan, ze schowka nad moją głową wyleciało trochę słomy.

Stojąc pod odstraszającym komary wiatrakiem, dostrzegłem uśmiechającego się wojownika. „Wojownik" to najlepsze słowo na opisanie Muhammada Syahdiana, który pozwolił mi mówić do siebie Shady. Był on kluczem do tej przygody – wykształcony mieszkaniec Kalimantan, mój tłumacz oraz towarzysz podróży przez dżunglę do serca Borneo, miał rozwiązywać moje problemy. Mimo wszystko, gdy kilkakrotnie spojrzał na mnie skrzywiony, jego twarz nabierała przerażającego wyglądu i przypominała wtedy drewniane maski wojowników, które widziałem w Indonezji. Jego niezwykłą twarz okalały czarne włosy. Na szczęście był cierpliwy i przyjazny, nawet gdy droga stawała się niełatwa.

Shady uśmiechnął się, gdy mu powiedziałem, że wszystkim, czego szukam, jest wiedza. Kiedy czekaliśmy na łódkę, opowiedział mi, że w Kalimantan używa się ziaren kawy, aby zatamować krwotok, i pokazał bliznę po skaleczeniu.

Nasza łódź wyłoniła się spośród gromady łódek, łodzi i stateczków znajdujących się przed nami.

– Ty i ja jesteśmy badaczami, Shady. Wyruszamy na poszukiwania, ale nie złota, ropy czy diamentów – powiedziałem, bo poszukiwacze tych skarbów odcisnęli swój ślad na

Borneo. – My szukamy wskazówek, które daje nam natura, aby móc zrozumieć coś innego.

Opisałem mu koncepcję naturalnej nawigacji. Jego oczy rozbłysły i zaczął mi wyjaśniać, że umie oszacować, ile dni ma księżyc, pozwalając swoim oczom utracić ostrość. Okazało się, że Shady – tak jak wielu jego rodaków, a także muzułmańskich znajomych – patrzy na półksiężyc tak, żeby jego obraz się rozmazał. Liczba powstających wtedy nieostrych i zachodzących na siebie półksiężyców wskazuje wiek księżyca: jeśli są dwa, to księżyc jest dwudniowy, jeżeli trzy, to trzydniowy, i tak aż do czterech lub pięciu. Próbowałem kilka razy zastosować tę metodę, ale nadal nie wiem, czy rzeczywiście działa. Podziękowałem Shady'emu za tę wskazówkę, bo była dla mnie całkiem nowa.

Dzieci na innej łódce pokazały na mnie i zaśmiały się. Ich rodzice się uśmiechnęli, a ja zrobiłem to samo. Wytykające nas palcami i śmiejące się dzieci są oznaką tego, że zbaczamy z utartego szlaku, uwielbiam więc ten widok.

Wraz z trzydziestoma tubylcami siedziałem ściśnięty na szybkiej, ale już rozsypującej się dwunastometrowej łodzi. Dopłynęliśmy nią do wioski Tanjung Selor. Łodzie z silnikami o napędzie śrubowym płynęły przez otwarte wody aż do ujścia rzeki Kayan – naszej bramy do wnętrza wyspy. Miałem z sobą najlepszą mapę, jaką udało mi się zdobyć, była jednak tragiczna. Narysowana w skali jeden do miliona, nie zawierała nazw dziesięciu najważniejszych miejsc, do których chciałem dotrzeć w nadchodzących tygodniach. Nie potrzebujesz nazw, aby poddać się zakrętom rzeki, podążałem więc za nimi, trzymając się metalowej burty i używając cieni, aby śledzić drogę.

Był środek lutowego dnia, a my znajdowaliśmy się blisko równika: słońce wciąż było nad południową półkulą i miało tam pozostać aż do ostatnich dni marca, więc cienie padały w kierunku północy. Posługiwanie się cieniami w środku dnia w tropikach nie jest łatwe, ale możliwe. Indonezyjski piechur usiadł obok mnie na rufie łódki, a gdy zobaczył, jak śledzę naszą drogę, uniósł brwi ze zdziwienia. W niektórych częściach świata należy unikać okazywania zainteresowania lokalnymi mapami w czasie spotkań z żołnierzami, ale miałem pewność, że to był inny żołnierz.

Odrywając oczy od mapy, zauważyłem, że chmury gromadzące się nad morzem i nad lądem wyraźnie się różniły. Nad morzem nie było żadnych niskich chmur, za to nad lądem piętrzyły się chmury kłębiaste tworzące średniej wielkości wieże. Ląd nadal był widoczny, ale po moich niezliczonych podróżach wiedziałem, że to ten biały kierunkowskaz wskazuje drogę podróżnym.

Zatrzymaliśmy się w Tanjung Selor, gdzie słońce zostało pożegnane głośnymi dźwiękami wydawanymi przez modlącego się muezina. Po zjedzeniu sataju z ryżem na miejscowym targu, wskazałem na konstelację Oriona widoczną przez lampiony powieszone z okazji chińskiego Nowego Roku i wytłumaczyłem Shady'emu, jak za pomocą Miecza Oriona można wyznaczyć południe. Nauczanie innych, jako że sam jestem żądny wiedzy, stało się moim zwyczajem; jest to pomocne w wymianie pomysłów oraz mniej męczące od długich monologów. I zadziałało. Shady wyjaśnił mi, że zna Oriona, który na tych terenach jest nazywany Baur, i że używa się go do przewidywania, kiedy można zacząć sadzenie roślin oraz kiedy nadejdą deszcze. Dajakowie w ten sam sposób posługiwali się Plejadami, nazywanymi tu Karantika.

Zapytałem, czy zna jakieś inne wskazówki pomagające przewidzieć zmiany pogody, i dowiedziałem się, że przed ulewą żaby stają się bardziej hałaśliwe. Żaby są głośne również wtedy, gdy kopulują, dlatego Shady opowiedział mi dowcip dotyczący pogody, oparty na skojarzeniu ulewnych deszczy z okresem godowym żab. (Żarty oparte na grze słów niestety są nieprzetłumaczalne). Nie mogliśmy przestać się śmiać – obraz kopulujących w deszczu żab był niezwykle zabawny.

Rano zajęliśmy się szukaniem miejsca dla nas obu na łodzi, która przygotowywała się do popłynięcia w głąb lądu. Shady dowiedział się, że łódź nie odpłynie aż do następnego ranka, więc poprosiłem go, aby pomógł mi spenetrować okolicę.

– Musimy znaleźć starą mądrą kozę – wyjaśniłem.

– Co musimy znaleźć? – Shady popatrzył na mnie zdziwiony.

– Starą mądrą kozę. Lokalnego mieszkańca, który zna dawne ścieżki i którego umysł jest sprawny, a wspomnienia jeszcze nie wyblakły. No wiesz, kogoś mądrego, kto wie, w jaki sposób żyło się dawniej.

– I twierdzisz, że to jest stara mądra koza?

– Tak. Można to uznać za idiom – odpowiedziałem.

Twarz Shady'ego się rozjaśniła. Okazało się, że nie tylko z zapałem uczy się wszystkich nowych dla niego rzeczy, w tym astronawigacji, ale że bardzo interesuje się angielskimi idiomami. Podrzucałem mu je przez następne tygodnie przy różnych okazjach, a potem słyszałem, jak je wymawia z silnym obcym akcentem.

Wyruszyliśmy na poszukiwanie naszej kozy, lecz widząc kolor mojej skóry, miejscowi byli pewni, że jestem zainteresowany tylko zwiedzaniem, i skierowali nas prosto do wapiennych jaskiń. Wspinaliśmy się po śliskich stromych zboczach, a potem po jeszcze bardziej stromych i śliskich kamieniach, żeby zobaczyć jaskinie. Następnie weszliśmy na szczyt jaskini, aby odpocząć. Po plecach spływały mi strużki potu. Napiłem się wody i zacząłem się rozglądać w poszukiwaniu porostów. Zauważyłem jeden biały, który upodobał sobie poziome powierzchnie oświetlone przez słońce. Shady patrzył, jak się wspinam po śliskich kamieniach i przyglądam się skorupiastej roślinie.

– Więc – zaczął ze zmieszaną miną – to czegoś takiego szukasz?

Wyglądał na zmartwionego, jak gdyby nie był w stanie zrozumieć, co naprawdę skłoniło szalonego Anglika do pojawienia się w jego kraju.

– Czegoś w tym rodzaju.

Usiadłem koło niego i podziwialiśmy widok na rzekę i miasto.

– Chodzi o to, że nie szukam atrakcji turystycznych. – Wiedzieliśmy, że nie stanowi to problemu, ponieważ do żadnej nie zmierzaliśmy. – Bardziej interesują mnie wskazówki i znaki.

– Wskazówki, znaki?

Na jego twarzy odmalowała się konsternacja, ale nie wiedziałem, jak mu wytłumaczyć, o co chodzi. W takich sytuacjach jedyne, co można zrobić, to być cierpliwym.

– Tak – odrzekłem. – Wskazówki. Niektórzy ludzie wchodzą do jaskini i myślą: „Jak tutaj ładnie, jak uroczo". Potem robią kilka zdjęć i wracają do domu.

Shady przytaknął.

– Ale ja chcę patrzeć na obiekty pod innym kątem. Kiedy jechaliśmy tu autobusem, zauważyłem kamienie i pomyślałem: „Dzień dobry, wapieniu...". Czy wiesz, co to jest wapień?

Shady pokiwał głową.

– Oczywiście, że wiem.

– OK. Tam gdzie jest dużo wapienia, jest też dużo dziur w gruncie i zazwyczaj dużo jaskiń.

– Rozumiem – rzekł Shady.

– Więc wtedy pomyślałem: „To dobrze". Bo tam, gdzie są jaskinie, są również nietoperze, a nietoperze zjadają wiele rzeczy, w tym owady. Hamują wzrost liczby owadów, także komarów.

Po wyrazie twarzy Shady'ego poznałem, że za mną nadąża.

– Zdjęcie ładnej jaskini nie jest dla mnie tak cenne jak dostrzeżenie wapienia wskazującego na istnienie jaskiń zamieszkanych przez nietoperze. Występowanie tych białych skał oznacza, że nie nabawię się tutaj malarii ani gorączki tropikalnej. Bardziej prawdopodobne, że zachoruję po zjedzeniu czegoś takiego jak wczorajszy sataj.

Shady uśmiechnął się, pomasował brzuch i odpowiedział:

– Gdy Chińczycy widzą wapień, myślą: „Jaskółki... Mmm... Zupa z jaskółczych gniazd".

– Zrozumiałeś!

Uśmiechnąłem się do niego i zaczęliśmy schodzić z góry.

Wracając z wycieczki, słyszałem spadające liście. Były tak ogromne, że uderzały głucho o ziemię. Podczas naszej rozmowy dowiedziałem się, że lokalni mieszkańcy stosują nasiona tamaryndowca jako antytoksynę i że węże stały się ostrożniejsze, ponieważ Dajakowie są świetnymi łowcami. Minęliśmy plantację pieprzu oraz ananasów, a dookoła nas podskakiwał kraśniak żółtorzytny, okazujący więcej ciekawości niż strachu. Dźwięk spadających liści uległ zmianie – w górze dał się słyszeć gwałtowny szelest.

– Tam! – Shady wskazał na długie kończyny i czerwone futro.

– Orangutany? – wyszeptałem.

– Nie. Spójrz na ogony. To langury kasztanowe, podobne do orangutanów.

Małpy oddaliły się od nas.

Podjechaliśmy autobusem do przydrożnej kawiarni. Wybierając coś w takim miejscu albo na zakurzonym ulicznym straganie, trzeba wiedzieć, że dostanie się tam wszystko, pod warunkiem że jest jaskrawo kolorowe i nie wybuchnie przez następne dziesięć lat.

Shady pił napój tak kolorowy, że większość ssaków uznałaby go za truciznę, z jasnozielonej butelki z czarnymi i różowymi zawijasami. Mieszkaniec wioski pił słodką herbatę, a ja ze zdumieniem spoglądałem na jego paznokcie u lewej dłoni, które wyginały się od opuszków palców na długość kilku centymetrów. Tak czy inaczej nie mogliśmy tam znaleźć żadnej lokalnej mądrości, której tak poszukiwałem. Shady wyjaśnił mi później, że znajdowaliśmy się w wiosce imigrantów – ludzie, którzy siedzieli w kawiarni, prawdopodobnie przybyli z Jawy.

– Tutaj nie znajdziesz starej mądrej kozy – powiedział, posługując się swoim nowym ulubionym idiomem.

Pojechaliśmy autobusem do miasta i tam spotkaliśmy naszego człowieka – tubylca bez zębów, alę za to z sokolim wzrokiem.

– Jest takie powiedzenie, że jeżeli krowa muczy o poranku, to jakieś dziecko umrze – powiedział nam. – Im wcześniej muczy, tym młodsze będzie dziecko.

Zmarszczyłem brwi. Znalazłem wreszcie starą mądrość, ale to były jakieś ponure bajdy. Zmieniłem temat i zaczęliśmy rozmawiać o gwiazdach, księżycu i słońcu. Nic. Dopiero wzmianka o zwierzętach przyniosła niewielkie rezultaty.

– Gdy nad ich głowami latają nietoperze, wiedzą, że nadeszła pora zbioru owoców – powiedział mężczyzna.

Shady przetłumaczył i dodał:

– Widząc nietoperze kierujące się w tamtą stronę – wskazał ręką na wschodnią część nieba – ludzie wiedzą, że niedługo rolnicy przywiozą do miasta gujawę i owoce mango.

– A ten owad powie ci, kiedy zacznie padać. Pełnia księżyca przywołuje więcej komarów – rzekł mężczyzna.

Niestety, owad nie miał angielskiej nazwy.

Podziękowałem naszemu nowemu przyjacielowi, a Shady wręczył mu kilka papierosów, które były walutą w tej wymianie. Objąłem ramieniem starego mądrego człowieka i byłem szczęśliwy, że zrobiłem sobie zdjęcie jak turysta.

Wieczorem zjedliśmy smażony makaron z zieleniną w lokalnej restauracji. Elegancko ubrany muzułmański właściciel oraz jego rodzina od czasu do czasu spoglądali na telewizor znajdujący się w rogu. Wyniki Ligi Mistrzów przeszły płynnie w reklamy kremu gwarantującego jaśniejszy odcień skóry. Sprawiło to, że na chwilę straciłem humor.

Łódź nie była wystarczająco długa i szeroka, aby pomieścić nas wszystkich. Trzydziestu dziewięciu ludzi próbowało wejść do piętnastometrowej łodzi, w której na szerokość mieściły się dwie siedzące obok siebie osoby. Właściciel łodzi oraz kapitan nie chcieli przegapić takiej okazji, wysłali więc tragarza po deski, które następnie przycięto i wmontowano pomiędzy istniejące już ławki. Wyobraziłem sobie kierowcę londyńskiego autobusu, który w godzinach szczytu dorabia miejsca dla pasażerów, co wywołało uśmiech na mojej twarzy, lecz niestety nie trwał on długo.

Mój wzrok przyciągnęły drewniane chaty, nerwowe, chude psy oraz kobiety w średnim wieku kierujące się nad rzekę. Nie zwolniły kroku ani nie przerwały rozmowy, gdy wrzucały do wody wielkie worki z odpadami. Plastikowe opakowania, butelki oraz kolczaste łupiny z durianu przepłynęły koło nas, gdy pakowaliśmy bagaże na łódź. Shady zauważył moje zaniepokojenie i powiedział, że czuje to samo i że największym problemem jest tutaj edukacja. Problem stanowiło również to, że nie była to rzeka pływowa – ta płynęła w jedną stronę niczym taśmociąg, który wywozi wszystko i dzięki któremu mieszkańcy miasta nie muszą więcej oglądać swoich śmieci. Tak chyba właśnie myśleli.

Między smużkami dymu snującymi się wokół domów widać było elegancko ubrane dzieci idące do szkoły. Śnieżnobiałe koszule, krawaty i wyprasowane spódnice nie pasowały do ponurego brzegu rzeki. Ten obraz mnie pocieszył, ale jednocześnie trudno mi było uwierzyć, że ich świadomość wpływu na otoczenie jest tak mizerna, skoro tyle uwagi poświęcają swemu wyglądowi. Chciałbym go uznać za zwiastun lepszego traktowania rzeki i morza.

– Jaja ślimaków wyznaczają górną granicę wód pływowych – powiedział siedzący za mną Shady, gdy tylko rozpoczęliśmy naszą drugą i najdłuższą wyprawę rzeczną.

Nie wiedziałem, czy to prawda ani skąd to wie, ale i tak zanotowałem. Starszy mężczyzna, który przez dwa następne dni siedział ściśnięty obok mnie, pokiwał głową i uśmiechnął się, kiedy zobaczył, że coś piszę. (Potem się dowiedziałem, że zachowanie pobrzeżek jest regulowane przez pływy, a zatem połączone z fazami Księżyca, ale nieco inne u rozmaitych gatunków. Jaja niektórych sygnalizują wysokość pływów).

Dzioborożec przefrunął mi nad głową i zobaczyłem, że w górze rzeki zgromadziły się ogromne stosy drewna. Na małych wysepkach powstały drewniane wyboje, stworzone z gałęzi i całych drzew. Potem zaczęło padać i padało bez końca. Podczas wielu godzin spędzonych na szybko poruszającej się łodzi niewiele widziałem. Okrywaliśmy się pelerynami i wodoodpornymi plandekami, siedząc po turecku i gapiąc się bezmyślnie w pokład. Gdy zwracaliśmy wzrok w górę, krople deszczu odbijały się od naszych twarzy. Padało przez trzy godziny, a pięciu sterników stojących na rufie kontynuowało przeprawę przez deszcz oraz szybki nurt za pomocą pięciu zewnętrznych silników – nigdy wcześniej nie spotkałem się z czymś takim, ale nie zamierzałem tego kwestionować. W żadnym innym miejscu na ziemi nie polegano w takim stopniu na transporcie rzecznym. Kapitan siedział na dziobie i sygnalizował dłońmi skierowanymi w stronę piątki stojącej na rufie, czy mają skręcić w lewo czy w prawo. Obserwował ruch wody, szukał zmarszczek na powierzchni i wybrzuszeń zdradzających jakąś przeszkodę, na przykład zaklinowany konar. Gdy coś zauważył, machał ręką, a łódź skręcała, prześlizgując się obok przeszkody.

Minęliśmy długoogonkowe makaki skaczące pomiędzy drzewami i zatrzymaliśmy się na chwilę na przystani, na którą składały się mokre kamienie i śliskie błoto. Niektórzy z pasażerów wysiadali, ale dosiadali się też nowi. Im dalej płynęliśmy, tym mniej miejski wygląd mieli nowi pasażerowie. Psy, broń, włócznie – wszystko było upychane pośród naszego bagażu oraz między nogami. Zatrzymaliśmy się w obozie dla drwali i przespałem całą noc mimo natarczywej chmary komarów.

Rano rozprostowałem nogi, zanim ponownie skazałem je na kilkugodzinny pobyt na pokładzie. Obóz dla drwali był otoczony ogromnymi stertami świeżo ściętych drzew, co nie było żadnym zaskoczeniem, ale fakt, że były to drzewa z pierwotnej puszczy, zaniepokoił Shady'ego. Stojąca na środku tablica miała nieco ironiczną wymowę. Dumnie oznajmiała:

Lindingilah Mereka Dari Kepunahan
Bez lasów nie ma przyszłości.

Borneo tkwiło w epicentrum ścierania się przeciwstawnych sił, starego i nowego porządku, rozwoju, bogactwa, ochrony środowiska, polityki, chciwości, tradycji... Czułem się tak, jakby na moich oczach miała się rozstrzygnąć walka o przyszłość wyspy. Ale ja tylko tamtędy przechodziłem i nie miałem prawa nikogo oceniać.

Na horyzoncie pojawił się ostry wierzchołek, a nam zepsuły się dwa silniki, akurat wtedy gdy znajdowaliśmy się pomiędzy bystrzami. Jeden z silników często się wyłączał i przeciążona łódź ledwie płynęła na czterech pod prąd. Teraz zaczęło nas znosić w kierunku pierwszego bystrza. Patrzyłem to na kapitana, to na silnik. Kapitan wydawał się spokojny i wkrótce znowu płynęliśmy naprzód. W końcu woda zrobiła się za płytka, a bystrze zbyt niebezpieczne dla naszej olbrzymiej łodzi. Musieliśmy z niej wysiąść i poczekać na mniejsze łódki, które sobie poradzą ze wzburzoną wodą i kamieniami.

Dotarliśmy do wioski, w której spędziliśmy resztę nocy, i mimo zesztywniałego ciała oraz zmęczenia byłem podekscytowany tym, że mogę porozmawiać z jej mieszkańcami – pierwszymi ludźmi z wnętrza wyspy, których miałem okazję poznać. Niski, muskularny mężczyzna siedział na drewnianej werandzie razem ze swoim synem i córką obdarzoną najpiękniejszymi na świecie oczami oraz zajęczą wargą. Był wędrowcem przemierzającym dżunglę, z dużym doświadczeniem, tak jak większość mężczyzn w wiosce.

– Poruszają się w trzy- lub czteroosobowych grupach – przetłumaczył mi Shady, gdy tylko skończyliśmy palić dla towarzystwa. – Kiedy jeden z nich znajdzie szlak lub zbyt się oddali, zaczynają się nawoływać. Zostawiają na drzewach nacięcia i kierują się nimi aż do krańca dżungli.

Zwyczaj nacinania drzew jest jedną z najstarszych metod znaczenia drogi, stosowaną do dziś przez tubylcze ludy wędrujące przez lasy. Na Zachodzie mówi się o tym *blazing a trail* (przecieranie szlaku) i stąd wziął się termin *trailblazers* (pionierzy).

Poprosiłem Shady'ego, aby zapytał o wskazówki, a on kiwnął głową.

– Zwierzęta zawsze wracają do źródła, które wymywa sól na powierzchnię – przetłumaczył. – A oni wiedzą, że jeśli cierpliwie poczekają koło takiego źródła, to uda im się coś upolować.

Kolejna wynajęta łódka była mniejsza, miała około czterech metrów długości, a na szerokość mieściła się w niej tylko jedna osoba, ale za to można nią było płynąć po płytszej wodzie oraz między wystającymi z wody kamieniami. Trzymaliśmy się teraz nieco bliżej brzegów. Gdy zmieniło się ukształtowanie linii brzegowej, zauważyłem, że zmienił się też dźwięk silników. W czasie kolejnych dni spędzonych na wodzie, wciśnięty na samo dno łodzi, wymyślałem sobie różne zajęcia, na przykład rozpoznawanie krajobrazów z zamkniętymi oczami. Najprostszą wskazówką był odgłos silnika. Mogłem z łatwością zgadnąć, kiedy brzeg składał się z poplątanych korzeni i błota, bo dźwięk silnika przypominał wtedy poruszanie folią aluminiową w oddali. Gdy słyszałem mocniejszy, perkusyjny odgłos, jakby ktoś włączył piłę, wiedziałem, że płyniemy wzdłuż skalistego, wapiennego brzegu.

Dwa orły krążyły nad gęsto porośniętym zielonym szczytem. Wtedy zauważyłem znak w postaci dryfujących, ale nie płynących z nurtem przedmiotów. Prawie na całym świecie ludzie wyławiają z mórz i rzek skorupiaki, jeżeli tylko tam występują. Metody połowu różnią się w szczegółach, ale co do zasady pozostają takie same. Obciąża się różnego rodzaju garnki, a następnie przywiązuje do nich spławiki swobodnie unoszące się na powierzchni. Spławiki, na przykład plastikowe butelki, podskakują na wodzie, tworząc w silnym prądzie falę w kształcie litery V. Plastikowe spławiki nie są zagrożeniem dla łodzi, ale linki przymocowane do garnków mogą się okręcić wokół śruby i nagle ją zatrzymać, uszkadzając silnik. Z tego powodu większość kapitanów małych łodzi ich nienawidzi, choć uwielbiają krewetki i homary.

Dla mnie spławiki były znakiem czegoś ekscytującego – obecności ludzi. Nikt nie zastawia takich pułapek daleko od domu, ponieważ trzeba je sprawdzać, widząc więc co parę minut kilka garnków, wiedziałem, że zbliżamy się do celu. Godzinę później dobiliśmy do brzegu. Przycumowaliśmy łódź i błotnistą ścieżką wspięliśmy się do Long Alango. Nazywano ją „wsią, w której nie wschodzi słońce", przez co miałem poczucie, że zaraz wydarzy się coś złego. Szybko jednak się okazało, że jej nazwa odnosi się do topografii. Long Alango leży na zachodniej części góry, przez co poranne promienie słoneczne docierają tam z opóźnieniem.

Nigdy wcześniej nie widziałem tak pięknej wioski. Rzędy drewnianych domów położonych między wzniesieniami a rzeką były pomalowane na delikatne pastelowe kolory:

niebieski, zielony, blady róż. Z jednego końca widać było strzechy ze słomy ryżowej, z drugiego szkołę, a w samym środku znajdował się drewniany kościół. W każdym miejscu na ziemi, w którym nie ma elektryczności, muzyka jest grana na żywo, a Long Alango nie stanowiło pod tym względem wyjątku. Najpierw usłyszałem śpiew, a później brzdąkanie na gitarze. W wiosce, którą opuściliśmy następnego ranka, w sklepie były setki przedmiotów i znalazło się tam też miejsce dla strun do gitary.

To właśnie w Long Alango poznaliśmy naszą naprawdę mądrą starą kozę. Miał na imię Daniel, był Dajakiem i znał ten obszar jak nikt inny. Wyruszył do miasta, aby zdobyć wykształcenie, zanim założy rodzinę. Udało mu się nie tylko wykształcić, ale i napisać wiele dotyczących życia na Borneo prac, które z chęcią nam pokazał. Siedzieliśmy w kręgu na drewnianej podłodze domu razem z jego żoną, dużą ilością słodkiej herbaty oraz ciastkami, które przynieśliśmy w prezencie. Nie padło żadne słowo w języku angielskim, poza tłumaczeniem, ale po raz pierwszy rozmowa toczyła się swobodnie, a mój ołówek szybko się stępił.

Pierwsze informacje dotyczyły zwyczajów. Jeżeli przeleci przed tobą cudowronka od prawej do lewej strony, to możesz iść dalej, ale jeżeli będzie lecieć od lewej do prawej, to musisz na chwilę się zatrzymać i rozpalić ognisko. Nadal w to wierzono, choć żmudny proces rozpalania ogniska zamieniono na zapalenie papierosa. Trudno nazwać to inaczej niż przesądem, ale jest on szeroko rozpowszechniony – mówiło mi o nim wielu mieszkańców wyspy i w końcu uwierzyłem, że coś się za tym kryje. Zastanawiałem się, czy ma to związek z tym, że może Dajakowie lubią wędrować, mając rzekę po jednej stronie, i że umieją odczytywać kierunek z lotu ptaków, jednak gdy Daniel opowiedział mi o ptaku *okung*, pojawiającym się, gdy ludzie mają kłopoty, a potem dodał, że zwiastuje on malarię, moje zainteresowanie znikło. Przeszliśmy do znacznie pewniejszych wskazówek.

Mundżak lub *kijang*, jak nazywają go Dajakowie, jest źródłem pożywienia w lasach deszczowych na Borneo. Ma smaczne mięso, dlatego często urządza się na niego polowania. Dajakowie muszą znać zwyczaje mundżaków i innych zwierząt, a ja zauważyłem, że odróżniają dwa dźwięki wydawane przez *kijang*. Jeden z nich oznacza, że mundżak zwęszył ludzi. Jest to cenna wskazówka dla myśliwych, ponieważ znacznie trudniej upolować zwierzę, które jest świadome obecności łowcy, niż zaskoczone.

W przeszłości znajomość zwyczajów mundżaka była jednym z warunków przetrwania. Drugim było ujście cało z walk toczonych przez ludy mieszkające na Borneo. Polowanie na głowy, polegające na atakowaniu wroga i obcięciu mu głowy, było często praktykowane na wyspie. Ograniczyli je dopiero podróżnicy z Europy, tacy jak brytyjski poszukiwacz przygód James Brook. W połowie XX wieku zaprzestano tych polowań. Trudno jest pojmać kogoś z zaskoczenia i odrąbać mu głowę, szczególnie jeśli mundżak wydał dźwięk ostrzegający przed zbliżającymi się ludźmi.

Daniel powiedział mi, jak z szyku, w jakim lecą ptaki *ibu*, czyli muchodławki rajskie, można określić położenie rzeki. Synogarlice perłoszyje, które rzadko występują w dżungli, ale często w pobliżu pól ryżowych oraz plantacji, informują wędrowca o tym, że zbliża się do osiedla.

Przy trzecim kubku herbaty dowiedziałem się, że Dajakowie znają zwyczaje ryb i że łowią je nocą, ponieważ posługują się kalendarzem księżycowym, także aby ustalić czas sadzenia roślin i zbierania plonów, i że Penan, grupa Dajaków uznana za odrębne plemię ze względu na nietypowy koczowniczo-łowiecki tryb życia, ma podobno czerwone stopy i paznokcie.

Następnego ranka rozpoczęliśmy wędrówkę. Aby dostać się do właściwego celu naszej wyprawy, musieliśmy jeszcze przez jakiś czas płynąć łodziami, a później przez godzinę wędrować do kolejnej rzeki. Byłem zachwycony. Ośmiodniowa podróż małą łódką sprawiła, że w marszu nadal łapały mnie skurcze, czułem, jak pot spływa mi po twarzy, a po dziesięciu minutach poślizgnąłem się na błocie i upadłem na ziemię. Mimo to dobrze było wrócić do wędrowania.

Shady przywołał mnie gestem pod młode drzewo rosnące w lesie na skraju niewyraźnej ścieżki, którą podążaliśmy. Wyciągnął z kieszeni nóż, odłupał nim z drzewa kawałek kory i podał mi ją.

– Powąchaj.

Zawahałem się, ponieważ dżungla oferuje wiele zapachów, zarówno wspaniałych, jak i paskudnych. Przyłożyłem korę do nosa i poczułem świeżą i słodką woń cynamonu, jednocześnie aromatyczną i cierpką, która od razu pobudziła mój umysł. Był to jeden z najpiękniejszych zapachów, jaki kiedykolwiek poczułem. Różnił się od stęchłych zapachów z odświeżaczy, które rozstawia się w domu – był z innego świata. Całkowicie zawładnął moim umysłem, a Shady powiedział mi, że zapach cynamonu nabiera intensywności wraz z wysokością.

– Cynamonowy wysokościomierz! – zawołałem radośnie.

Drugi etap mojej podróży po Borneo rozpoczął się znacznie piękniej, niż się spodziewałem. To właśnie dla takich chwil wyrusza się na wędrówki.

MIASTO, MIASTECZKO I WIEŚ

Dlaczego kawiarnie znajdują się tylko po jednej stronie ulicy?

Istnieje stare francuskie powiedzenie: *Avec une bouche, on va à Rome.* Współczesna wersja mogłaby brzmieć: *Avec un iPhone, on va à San Francisco.* Obie metody pasują do swoich czasów – wiele miejsc w mieście możemy znaleźć, pytając o nie ludzi lub szukając ich w sieci. Gdy jednak polegamy na innych, tracimy z oczu bogactwo miasta. Przechodzień lub strona internetowa mogą wskazać drogę na miejski basen, ale jest mało prawdopodobne, by powiedzieli, że już tam będąc i idąc w stronę hałasu, trafisz na płytką wodę.

Wszystko, co widzimy, nawet kałuże, ulega zmianie, gdy napotykamy cywilizację. Wszystkie kałuże odbijają światło, ale efekt jest inny, jeżeli woda zmiesza się z pyłem lub olejem, co dzieje się bliżej miast. Będzie on widoczny w ciągu dnia, lecz najbardziej wyrazisty staje się nocą. Obserwując kałuże po zmroku, zauważ, jak zmienia się odbicie światła, gdy przechodzisz z obszaru wiejskiego do zabudowanego. Na wsiach kałuże wiernie odbijają światło, w miastach zaś cząsteczki znajdujące się na powierzchni wody zniekształcają obraz, często ukazując słupy światła z latarni. Efekt ten będzie najlepiej widoczny, gdy w pozycji poziomej będziesz patrzeć na stojące w oddali lampy, ponieważ wtedy najłatwiej dostrzec odbicie w kałuży. W miastach znajdziesz mnóstwo wspaniałych miejsc, które pozwolą ci zastosować tę metodę.

Szukając nowych wskazówek w mieście, najlepiej zacząć od ogólnego planu, a potem przejść do szczegółów i zbadać wszystkie obiekty od góry do dołu. Najpierw zwróć uwagę na główne elementy naturalne krajobrazu: rzeki, wzgórza lub linię brzegową. Następnie poszukaj wzniesień stworzonych przez człowieka: w centrum czynsze są wysokie, co prowadzi do zwiększenia zainteresowania wynajmem i dlatego budynki są tam wyższe, podobnie jak w dzielnicach finansowych dużych miast.

Jeżeli znajdujesz się w części metropolii, w której postawiono wysokie budynki, możesz napotkać dziwne i czasem silne wiatry. Wszystkie budynki tworzą efekt leja oraz obszary wysokiego i niskiego ciśnienia, a bardzo wysokie budynki robią to na dużą skalę. Badania wykazały, że te silne wiatry doprowadziły do tego, że część sklepów zlokalizowanych na parterze budynków pozamykano, ponieważ piesi nie czuli się komfortowo w niektórych strefach. Nie to jednak jest najgorsze. Brytyjskie władze z reguły wymagają sprawdzenia wpływu wiatru przed wydaniem pozwolenia na budowę wysokiego budynku, szczególnie po doniesieniach o tym, że podmuch na dole zabił dwie starsze kobiety[1].

Każde miasto wymaga rozbudowanego systemu infrastruktury – nie będzie funkcjonowało bez prądu, gazu, wody, kanalizacji oraz dróg, a wszystkie one oferują nam wskazówki. Tory i linie wysokiego napięcia stają się bardziej widoczne, gdy zbliżamy się do cywilizacji, ponieważ widać je z daleka. Aby znaleźć rury kanalizacyjne w mieście, musiałbyś mieć w oczach promienie Roentgena[2], ale zdarza się, że natura użycza nam tej zdolności. Gdy śnieg przykryje miasto, drogi i ścieżki uczęszczane przez ludzi szybko są od niego wolne. Innymi miejscami, na których śnieg szybko stopnieje, są te znajdujące się nad instalacją wodną i rurami kanalizacyjnymi.

W każdym z dużych miast jest lotnisko, a samoloty są widoczne, gdy wzbijają się w powietrze lub podchodzą do lądowania. Pasy startowe będą ułożone ze wschodu na zachód, ponieważ samolot musi startować i lądować pod wiatr, więc im niżej będzie duży samolot, tym bardziej możesz być pewny, że wskazuje ci któryś z tych kierunków. Nisko lecący samolot, który startuje bądź ląduje, częściej obiera kierunek na zachód z powodu panujących wiatrów[3].

Stacje kolejowe mają ogromny wpływ na otaczający je obszar. Dawniej pociągi wyrzucały z siebie kłęby czarnego dymu, czego ślady można nadal spotkać w starym budownictwie w dużych miastach. Czernienie kamienia nie jest symetryczne, a kiedy zauważysz już tę tendencję, wszystkie stare budowle staną się dla ciebie kompasem.

Jeżeli styl budynków zmienia się blisko centrum miasta, przyczyna może być wystrzałowa. W Bristolu są miejsca takie jak Broadmead, gdzie współczesność zaczęła pojawiać się od środka, bo wiele nowych budynków powstawało na terenie zbombardowanym w czasie drugiej wojny światowej[4].

Konflikty zmieniają każdy aspekt miejskiego życia i zostawiają znaki, niekiedy w najmniej oczywistych miejscach. Pamiętam, jak w 1992 roku, gdy opuściłem szkołę, pracowałem w dziale wysyłek firmy prawniczej. Kiedy jechałem metrem z kolegami z pracy, regularnie zatrzymywano nas kilka minut pod ziemią z powodu zagrożeń – były to czasy ataków bombowych przeprowadzanych przez IRA. Ataki te nie zmieniły miasta, ale doprowadziły do całkowitej zmiany i usunięcia wielu koszy na śmieci. Po kilku eksplozjach z ofiarami śmiertelnymi zorientowano się, że metalowe pojemniki zostały jakby specjalnie stworzone dla terrorystów[5]. Znalezienie kosza, do którego możesz wrzucić papier po kanapce, nie jest dzisiaj łatwe, co stanowi odzwierciedlenie ciągłej troski o bezpieczeństwo. Wrogowie mogą się zmienić, ale stare obawy pozostają.

Przewidywanie ludzkich zachowań

Każda osoba w mieście ma swój własny cel, swoją własną misję. Odgadnięcie ich może stanowić nie lada wyzwanie, ale większość ludzi zachowuje się w przewidywalny sposób. Rano kieruj się w stronę przeciwną niż tłum, a po południu podążaj razem z tłumem, a dotrzesz na stację. (Jeżeli znajdziesz się na nowej dla ciebie stacji, to ta metoda może ci się przydać do odszukania wyjścia). W porze lunchu pracownicy będą się kierować z biur do parków. W drodze do parku będą unikać zarówno matek z wózkami, jak i psich odchodów znaczących chodniki od samych domów aż do parku. Trasa ta zmienia się w soboty, kiedy ludzie kierują się w stronę centrów handlowych.

Zauważyłeś, że niektóre sklepy i restauracje wydają się istnieć od zawsze, a pozostałe pojawiają się i szybko znikają, co z łatwością można było przewidzieć? Jedzenie, produkty i usługi odgrywają w tym procesie dużą rolę, ale to nie wszystko. Jednym z istotnych czynników jest lokalizacja – za jej sprawą wiele dobrych punktów sprzedaży bankrutuje, a te nieciekawe istnieją przez lata. Kto z nas, gdy był głodny i spragniony, nie kupił czegoś w miejscu, które było zaniedbane, ale za to pod ręką? Na rogu pewnej ulicy w Londynie znajduje się restauracja, która zmienia właściciela co dwa lata, a istnieje przynajmniej od trzydziestu. Za każdym razem, gdy widzę nową nazwę wymalowaną nad oknami, mam ochotę znaleźć lekkomyślnego właściciela, usiąść z nim przy drinku i powiedzieć: „Ten jest na mój koszt. Nie upomnę się także o pięćdziesiąt tysięcy funtów, które zaoszczędzisz dzięki mnie. Nie otwieraj restauracji w tym miejscu. Ten biznes nie wypali. Chyba że masz trzy gwiazdki Michelina, program w telewizji, ukrytą armię, doświadczenie życiowe oraz pakt podpisany z diabłem. Żaden człowiek nie uczyni z tego miejsca popularnej restauracji!".

Jako jednostki możemy mieć wolną wolę, ale nie jako gatunek. Jako poszczególni mieszkańcy miasta możemy wyznaczać swoje własne trasy, ale jako masa podążamy przewidywalnymi szlakami. Możesz nie być w stanie dokładnie określić, w którą stronę na skrzyżowaniu skręci idąca przed tobą osoba, ale uda ci się przewidzieć, którędy pójdzie większość. W północnej części świata większość osób będzie poruszać się bardziej nasłonecznioną stroną ulicy, więc północna strona ulic biegnących ze wschodu na zachód jest bardziej zatłoczona niż zacieniona południowa. Sklepy po tej stronie lepiej sobie radzą, a po pewnym czasie podwyższa się im czynsze, najemca musi zarabiać więcej pieniędzy, sklepy muszą sprzedawać droższe produkty, przez co zmienia się ich charakter. W cieplejszych regionach, takich jak południowa część Stanów Zjednoczonych, obowiązuje przeciwna zasada – towary luksusowe są sprzedawane po stronie schowanej w cieniu[6].

Osoby dojeżdżające do pracy zmieniają trasy, aby ich porządek dnia nie był aż tak monotonny. Mogłoby to prowadzić do zachowania równowagi, lecz tak nie jest. Częściej robimy zakupy, wracając do domu niż w drodze do pracy, ponieważ wtedy jesteśmy mniej zajęci terminami i spotkaniami. Jeśli więc jedna z dróg jest częściej uczęszczana przez ludzi wychodzących ze stacji metra, a druga przez tych zmierzających w jej stronę, to kawiarnie na pierwszej trasie będą funkcjonowały lepiej, ale po drugiej stronie lepiej będą sobie radzić sklepy i bary. Istnieją setki drobnych czynników, które odgrywają rolę na każdej ulicy i są doceniane głównie przez ludzi, którzy żyją lub pracują w tym miejscu przez wiele lat. Czy osoba, którą odwiedzasz, powiedziała ci kiedyś, gdzie znajduje się parking, bez wyglądania przez okno? Nie potrafimy czytać w myślach innych osób, ale możemy przewidzieć ich zachowanie.

Po jakimś czasie każdy sklep, bar, kawiarnia i restauracja zaczynają odzwierciedlać przepływ i zachowania lokalnych mieszkańców, a z tego możemy wyciągnąć wnioski. Znajdź szpital, a zapewne gdzieś w pobliżu będzie kwiaciarnia. Wiata przystanku autobusowego zwiększa prawdopodobieństwo znalezienia kiosku. Szkoła doprowadzi cię do przejścia dla pieszych, co kształtuje przepływ ludzi, który wpłynie na sklepy znajdujące się w pobliżu. Niedaleko gimnazjów znajdują się fast foody[7]. Jeżeli na drodze, którą regularnie chodzisz, pojawia się nowe przejście dla pieszych, rozejrzyj się za sklepami i restauracjami w najbliższym otoczeniu. Z czasem będą ulegać zmianie i odzwierciedlać nowy przepływ ludzi. Jeżeli natkniesz się na obszar w mieście, w którym wolno parkować, to sklepy, które tam się znajdują, prosperują lepiej niż te kawałek dalej, koło których nie ma miejsc parkingowych.

Rozumienie tego, w jaki sposób poruszamy się po mieście, przekłada się na finansowy sukces, dlatego też w tym obszarze zaczęto prowadzić wiele badań. Liczne badania potwierdzają to, co już przeczuwaliśmy, ale ujawniają również jedną lub dwie zagadki, o których nie mieliśmy pojęcia. Starsi ludzie oraz ci, którzy dźwigają torby, poruszają się wolniej, lecz gdy jest zimno lub pada, wszyscy poruszają się szybciej – nie jest to dla nas żadnym zaskoczeniem. Ale czy wiedziałeś, że idziemy szybciej, gdy mijamy biura, a w szczególności banki? Szybciej poruszamy się także po parkingach, zwalniamy za to przy witrynach sklepowych, w których dobrze widać nasze odbicia. Płeć nie ma większego znaczenia, jeśli chodzi o prędkość poruszania się w mieście.

Płeć oraz krąg kulturowy są za to istotne, gdy mówimy o poruszaniu się pieszych. Jeżeli dwie osoby idą z przeciwnych kierunków i widzą, że mogą się zderzyć, to podejmują próbę wyminięcia. Skręcą, ale w którą stronę? Europejczycy skręcają w prawo, a w wielu częściach Azji skręca się w lewo. Mężczyźni skręcają tak, żeby móc na siebie spojrzeć, kobiety natomiast odwracają się do siebie plecami. Badania ujawniły, że Niemcy i Hindusi poruszają się w podobnym tempie, jeżeli nie brakuje im miejsca, ale gdy robi się tłoczno, Hindusi chodzą nieco szybciej niż Niemcy[8].

Na sposób poruszania się w miastach mają także wpływ nowe technologie. Ludzie zwalniają, gdy rozmawiają przez telefon, ale przyspieszają, kiedy mają założone słuchawki. Żadna z tych informacji nie stanowi użytecznej wskazówki, następna jednak może się przydać: jeżeli zastanawiasz się, dlaczego koło stacji metra znajduje się tak wielu sprzedawców, których punkty dopiero od niedawna zaczęły dobrze prosperować, poświęć chwilę i pomyśl o nowinkach technologicznych. Dlaczego ludzie zaczęli zatrzymywać się w miejscach, w których do tej pory tego nie robili? Czasami na stacjach i w pociągach nie ma zasięgu, więc stają, aby po raz ostatni sprawdzić swoje telefony przed wejściem do strefy bez zasięgu[9]. W każdym miejscu, w którym się zatrzymują, ludzie widzą rzeczy, których potrzebują, i kupują je.

Krótko mówiąc, sposób poruszania się określa naszą tożsamość. W tym, jak człowiek idzie ulicą, znajdziesz wskazówki dotyczące jego pochodzenia i charakteru. Najprostsza z nich: nową osobę w mieście poznamy po tym, ile czasu spędza na skrzyżowaniu, zastanawiając się nad wyborem dalszej drogi.

Świat przestępczy jest często bardziej kreatywny i świadomy ukrytych wskazówek niż zapracowani i praworządni mieszkańcy miasta. Jeżeli kiedykolwiek zwątpiłeś w pomysłowość przestępców szukających okazji do kradzieży, pomyśl o amerykańskiej sieci supermarketów Walmart. Jest to jedno z najlepszych miejsc sprzedaży na świecie. Pracownicy Walmarta wiedzą, że złodzieje będą próbowali kraść, i utrudniają im to wszelkimi sposobami. Wydają krocie na ochronę oraz kamery i monitoring. Walmart ujawnił, że któregoś roku wydał na ten cel 3 miliardy dolarów[10].

Złodzieje pilnie studiują ludzkie zachowania i nawyki. Nie powinniśmy obnosić się z mapą turystyczną w niebezpiecznej okolicy, ale prawda jest taka, że każdy z nas byłby zaskoczony tym, jakie daje znaki, nie będąc tego świadom. Przebiegłą i sprzeczną z intuicją taktyką stosowaną przez kieszonkowców jest wołanie: „Złodziej!" przez jednego z nich, który szybko znika w tłumie, udając pościg. Po kilku minutach świadkowie wydarzenia orientują się, że zostali okradzeni. Drugi kieszonkowiec obserwował bowiem reakcję przechodniów na słowo „złodziej". Większość łapała się za kieszenie, sprawdzając je, co ujawniało, gdzie trzymali najcenniejsze rzeczy. Tym sposobem na swoich ubraniach narysowali mapę dla drugiego kieszonkowca.

Jeżeli zauważysz dwie osoby, które zatrzymały się, aby porozmawiać, to w tym zachowaniu będą kryć się wskazówki dotyczące łączącej je relacji, a z odległości pomiędzy nimi wyczytasz ich pochodzenie. Nieznajomi stoją dalej niż osoby, które się znają, a jeszcze bardziej zbliżają się osoby będące w związku. Kryje się za tym jeszcze wspanialsza sztuczka. Jeśli widzisz dwie rozmawiające z sobą osoby i przypuszczasz, że się znają, możesz odgadnąć, skąd pochodzą. Mieszkańcy zachodniej Europy zazwyczaj stoją od siebie na wyciągnięcie ręki, tak że opuszkami palców mogą dotknąć ramienia towarzysza. Mieszkańcy wschodniej Europy stoją nieco bliżej, tak że ich nadgarstek może dotknąć ramienia rozmówcy. Europejczycy mieszkający na południu kontynentu zbliżają się jeszcze bardziej: mogą dotknąć łokciem ramienia drugiej osoby. Jeżeli spotkasz dwie osoby należące do którejś z tych grup, odgadniesz, że pochodzą z tego samego obszaru. Jeżeli natomiast widzisz dwie osoby przepychające się niezręcznie, jedna nieco do przodu, a druga do tyłu, niemogące znaleźć idealnej odległości, może to oznaczać, że to ludzie należący do różnych kultur, próbujący ustalić dogodny dystans. Zupełnie różne uwarunkowania kulturowe sprawią, że jedna z tych osób będzie czuła się trochę zagrożona, a druga odrzucana[11].

Tłumy w miasteczkach i miastach pokazują, że wszyscy sprawnie odczytujemy mowę ciała, co pozwala nam chronić nasze własne terytorium. Gdy następnym razem znajdziesz się w zatłoczonym miejscu, na przykład w metrze, zauważ, jak wiele osób unika kontaktu wzrokowego. Pusty wzrok i pozbawiona wyrazu twarz nie są naturalne – są znakiem: za ich pomocą ludzie komunikują, że nie mają ochoty na interakcję. Książki, gazety oraz telefony – to wszystko ma wysyłać właśnie taki sygnał. Osoba, która naprawdę nie chce, żeby ktoś zakłócał jej spokój lub naruszał przestrzeń, często przyłoży obie dłonie do skroni, gdy ktoś będzie wpatrywał się w jej książkę. Jest to mocny przekaz: nie waż się mi przeszkadzać.

To, jak zachowujemy się w towarzystwie obcych ludzi, jest mniej przypadkowe, niż mogłoby się wydawać. Badania pokazały, że jeżeli w poczekalni stoi wiele wolnych krzeseł, to pierwsza osoba usiądzie blisko końca, ale nie na samym końcu. Kolejna nie usiądzie obok ani na drugim końcu, lecz bliżej środka, w połowie drogi między zajętym krzesłem a drugim końcem rzędu. Trzecia osoba usiądzie pośrodku największej przerwy, i tak dalej, dopóki ludzie nie będą zmuszeni siadać tuż obok siebie. W tym zachowaniu widać wpływ kultury, w której zostaliśmy wychowani: jeżeli ktoś siada koło ciebie, zamiast dać ci dużo przestrzeni, to na pewno nie jest Brytyjczykiem, ale pochodzi z południowej Europy. (Zauważyłem, że tak samo dzieje się na plaży: na dużej plaży, na której jest garstka ludzi, Włosi rozłożą się blisko tej grupy, choć to nieznajomi – jest to coś, co nie mieści się w głowie brytyjskim wczasowiczom).

Badania dowodzą też, że przestrzeń, którą dla siebie tworzymy, jest tak cenna, że używamy znaków, aby ją chronić, nawet jeśli jesteśmy nieobecni przez dłuższy czas. Sterta gazet na stole powstrzyma ludzi przed zajęciem sąsiedniego krzesła przez siedemdziesiąt siedem minut, ale jeśli przez krzesło przewieszona jest kurtka, to będzie ono wolne przez co najmniej dwie godziny.

Drogi

Spójrz na plan miasteczka lub miasta, a szybko zauważysz, że główne drogi są ułożone w promienisty schemat. Jest to logiczne – przy projektowaniu tras przelotowych chodzi o to, aby pozwalały one ludziom wjeżdżać do miasta i wyjeżdżać z niego (analogia z sercem i ciałem jest tu oczywista). Praktycznie oznacza to, że główne drogi znajdujące się – dajmy na to – na północy, będą prowadziły dalej na północ. Ten schemat nie jest idealny i na pewno mógłbyś wskazać wiele odstępstw, takich jak obwodnice, ale okazuje się pomocny. Jeżeli wiesz, że znajdujesz się w północno-zachodniej części miasta i widzisz trasę szybkiego ruchu, to bardziej niż pewne jest, że została ona poprowadzona z północnego zachodu na południowy wschód. Podobny, ale nieco inny schemat można napotkać w samym sercu miasteczka, w którym drogi rozpoczynają się z rogów głównego rynku. Układ ten przypomina place targowe, na których handlowano bydłem, ponieważ najłatwiej było zaganiać bydło do rogów przy ogrodzeniu.

Jakieś piętnaście lat temu pewien instruktor latania opowiedział mi przerażającą historię o tym, jak chmura się obniżyła, a on, kompletnie zdezorientowany, zgubił się w powietrzu. Wybrnął z tego zagrożenia, lecąc nisko aż do chwili, gdy znalazł się nad autostradą i był w stanie odczytać znaki drogowe. Przeżył, żeby o tym opowiedzieć. Jako wędrowcy możemy kierować się znakami drogowymi, ale zabawniej jest szukać znaków pośród innych sygnałów. W sieciach dróg znajdują się sekretne kody. W każdym kraju są one inne, ale zawsze dużą satysfakcję przynosi ich odkrycie i rozszyfrowanie. Autostrady międzystanowe w Stanach Zjednoczonych są numerowane według prostej zasady: nieparzyste numery oznaczają drogi prowadzące z północy na południe, a parzyste – ze wschodu na zachód.

W Anglii i Walii istnieje system zgodny z ruchem wskazówek zegara. Kraj jest podzielony na sześć sektorów, a wszystkie drogi wychodzą z Londynu, zaczynając od położenia na godzinie 12.00. System ten jest kontynuowany w Szkocji, ale strefy mają tam numery 7, 8 i 9. Pierwsza litera oznacza rodzaj drogi: M to autostrada, A oznacza drogę główną, B – drogi rzadziej uczęszczane. Pierwsza cyfra pojawiająca się za którąś z liter oznacza strefę, a druga cyfra wyjaśnia, jak daleko od tej pierwszej się znajdujesz[12].

Autostrada M1 prowadzi z Londynu na północny wschód, a M11 biegnie z grubsza w tym samym kierunku, ale zaczyna się za Londynem, w kierunku zgodnym z ruchem wskazówek zegara. Aby dostać się z M1 na M11, powinieneś kierować się na wschód. Trasa A30 prowadzi na południowy zachód, a jeśli chcesz się dowiedzieć, jak z A303 dostać się na A30, to drapiąc się po głowie, pomyślisz, że musisz kierować się na południe. Nie jest to idealne rozwiązanie, ale oznacza, że każdy numer drogi może coś podpowiedzieć, nawet jeśli będzie to dość ogólna wskazówka.

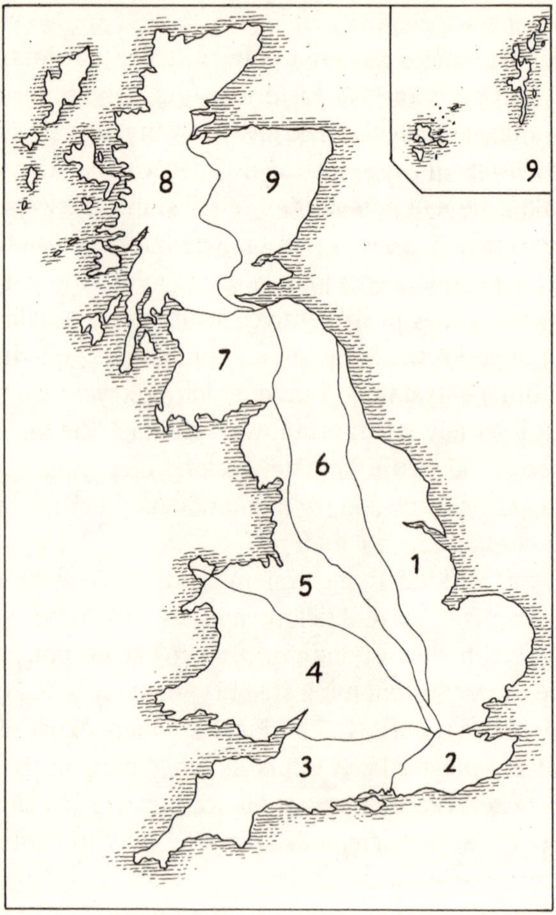

Brytyjski system numerowania dróg

Jeśli jesteś naprawdę zdezorientowany, warto rozejrzeć się za tak zwanymi znakami wskazującymi pikietaż drogi, które w Wielkiej Brytanii można znaleźć co 500 metrów na autostradzie. Pierwsza część określa samą autostradę, na przykład „M4". Druga część jest literą wskazującą kierunek jazdy, zazwyczaj jest to A albo B. Litera A oznacza drogi prowadzące z Londynu, a B – w przeciwnym kierunku. W wypadku M25,

A wskazuje trasę zgodną z ruchem wskazówek zegara, B zaś – przeciwną do ruchu wskazówek zegara (litery J i K oznaczają zjazdy z trasy A, a litery L i M – zjazdy z drogi B). Cyfry poniżej to identyfikacja położenia wyrażona w kilometrach od punktów takich jak słupy, które są pomocne służbom drogowym. Jeżeli zobaczysz znak wskazujący pikietaż drogi taki jak ten poniżej, sprawdź, czy potrafisz wykorzystać informacje z tego podrozdziału, aby ustalić kierunek, w którym prowadzi trasa.

Ten znak znajduje się na odcinku drogi biegnącym na zachód od Londynu – wystarczy trochę poćwiczyć, a nauczysz się odczytywać każdy taki znak, nawet jeśli nigdy nie jechałeś daną autostradą[13].

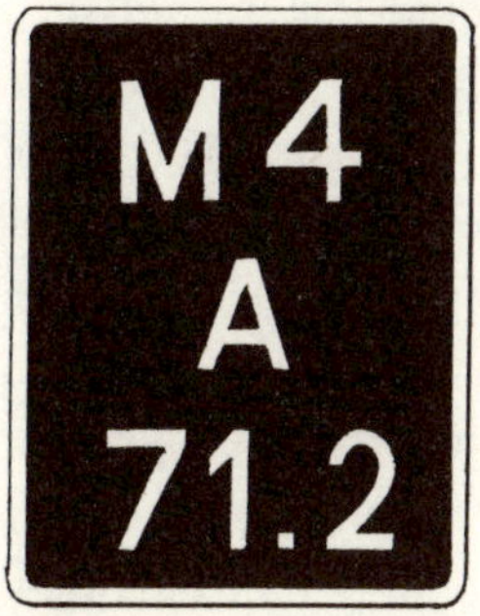

Znak wskazujący pikietaż drogi

Warto wspomnieć, że na drogach znajduje się wiele znaków łatwych do przeoczenia. Są one znacznie bardziej przydatne kierowcom niż wędrowcom, ale brytyjscy wędrowcy podążają większą ilością dróg, niż możemy tu przedstawić, warto więc posiadać wiedzę pozwalającą na wydedukowanie, co oznacza dany znak.

Jeszcze kilka informacji o ruchliwych drogach, zanim oddalimy się od hałasu i zanieczyszczeń. Jeżeli przechodząc obok drogi ekspresowej, zauważysz przy niej kwiaty, prawdopodobnie ktoś w tym miejscu stracił życie. Wiele osób zapomina, że pobocze to miejsce, w którym pieszy musi szczególnie uważać, gdyż prawdopodobieństwo, że samochód bądź motocykl wjadą na nie, jest ogromne. Jeżeli idziesz chodnikiem w mieście i zauważysz, że płyty są popękane i ściśnięte, ich zniszczenia mogą być skutkiem zapadającej się ziemi, ale także i tego, że w tym miejscu często rozładowuje się ciężarówki i furgonetki. Kierowcy tych samochodów bardzo się spieszą i wjeżdżają na krawężnik, więc uważaj, żeby nie skończyć pod kołami.

Jeżeli w nocy będziesz jechał lub szedł drogą, niewiele czasu upłynie, zanim napotkasz kolejną parę oczu. Wiele zwierząt ma zdolność widzenia w nocy przy małej ilości światła. Robią to za pomocą odbijającej warstwy znajdującej się z tyłu ich oczu, tak zwanej błony odblaskowej. Kolor odbijający się od przednich świateł lub naszych oczu pomoże zidentyfikować właściciela. Oczy większości psów są zielone, koni – niebieskie, lisów – białe lub jasnoniebieskie, wydr – czerwone, a kun leśnych – niebieskie. Oczy kotów wyglądają na zielone, ale oczy kotów syjamskich wydają się czerwone. Jeżeli używasz latarki, aby znaleźć małe oczka w żywopłotach przy drodze, to większość z nich będzie należeć do ciem i pająków[14].

Budynki

Przemysł wymaga wody, w pobliżu rzek napotkasz zatem dziwną mieszankę przemysłu lekkiego oraz obszarów postindustrialnych, które całkowicie zmieniły charakter. Przemysł nadaje miastom kolory i zapachy – ciemna sadza roznoszona przez dominujące wiatry południowo-zachodnie będzie nierówno rozprowadzona dookoła budynków. Dawniej wiatry te sprawiały, że zachodnie krańce miasta były mniej zanieczyszczone, przez co mieszkańcy cenili je wyżej niż krańce wschodnie. Każdego roku przemysł ciężki ogranicza swą aktywność, możemy więc zauważyć, że ten schemat powoli się odwraca. Stare londyńskie stocznie są dziś modnymi apartamentami The Docks[15].

Pożądane krajobrazy, takie jak parki, przyciągają ludzi, więc nieruchomości stają się droższe, gdy zbliżasz się do tych obszarów. Zauważyłem, że wiek farby na elewacji domów jest związany z odległością od parku. Jeżeli widzisz jakieś wyjątki, to natknąłeś się na świetną wskazówkę. Rząd domów z widokiem na park będzie bardzo pożądaną lokalizacją w dużych i średnich miastach. Widać to po cenie, a domy będą zamieszkane przez zamożnych właścicieli inwestujących w utrzymanie budynków. Jeżeli zauważysz, że jeden się odróżnia, to mieszkająca w nim osoba jest prawdopodobnie starsza bądź młodsza od swoich sąsiadów. Zaniedbany dom, na którym widać efekty działania zjawisk atmosferycznych, w rzędzie świeżo pomalowanych domów może świadczyć także o tym, że osoba, która w nim mieszka, nie jest jego właścicielem – lokatorzy są młodsi niż właściciele lub starsi i zamieszkali w nim przed zmianą charakteru całego obszaru.

Jeżeli skupimy naszą uwagę na samych budynkach, odnajdziemy wskazówki ukryte w zaprawie murarskiej oraz betonowy kod, który można odczytać nawet bez podstawowej wiedzy architektonicznej. Zacznijmy od góry: zobacz, czy któryś komin jest pochyły. Kominy z cegieł, w szczególności te z wapienia i zaprawy, z czasem przechylają się ku północy. Dzieje się tak, ponieważ słońce ogrzewa południową stronę, co powoduje rozprężenie zaprawy na jednej ze ścian[16].

Niedaleko kominów znajdziesz anteny. Anteny telewizji naziemnej ustawia się według pewnego schematu. Większość z nich będzie skierowana ku najbliższej stacji nadawczej i warto zwrócić uwagę, co to za kierunek, na wypadek gdybyśmy później się zgubili. Talerze satelitarne są bardziej niezawodne, a w Wielkiej Brytanii są skierowane bardziej na południowy wschód[17].

Patrząc nieco niżej, zauważymy, że dachy są porośnięte wskazówkami w postaci porostów i mchów, a dzięki nim z łatwością możesz określić kierunek, poziom zanieczyszczeń oraz zdobyć informacje o florze i faunie (wróć do wcześniejszego rozdziału). Niesymetryczność dachów również stanowi wskazówkę dotyczącą kierunków. Strona pionowa dachów pilastych (tych z jedną stroną ukośną, a drugą pionową) jest skierowana w stronę przeciwną do równika, na północnej półkuli więc – w kierunku północnym.

Posługiwanie się dachami pilastymi jako kompasem

Dużą popularnością cieszą się panele słoneczne zamontowane na dachach. Nietrudno sobie uświadomić, że częściej są położone na słonecznej, południowej części dachów, niż na północnej, gdzie okazałyby się złą inwestycją.

Poniżej dachów znajdują się wysokie okna. Ogromne okno na najwyższym piętrze stanowi wskazówkę dotyczącą historycznego wykorzystania tych budynków. W czasach przed pojawianiem się elektryczności każdy, kto wykonywał w domu jakąś pracę wymagającą precyzji, polegał na tych ogromnych oknach. Ślad na budynkach pozostawili również ci, który wykonywali niszowe usługi, od koronczarek do malarzy. Po południowej stronie Talgarth Road w zachodniej części Londynu (część A4, więc bez wątpienia prowadzi na zachód) znajduje się sieć byłych pracowni artystycznych, których szklane łuki rozciągają się ku górze i kierują na północ. Te nieruchomości do dzisiaj znane są jako Studia St Paul's.

Odbicie w oknie pomoże ci oszacować jego wiek. Współczesne szkło ma jednakową grubość i gładką powierzchnię. Odbicie w starym szkle będzie nakrapiane, a niekiedy podwójne w miejscach, w których światło odbija się od szyby pod różnymi kątami. Kolejna zabawna ciekawostka dotyczy szybko poruszających się świateł w zacienionych obszarach. Nasz mózg skupi uwagę na nietypowych ruchach i kształtach, jeżeli więc w słoneczny dzień zauważysz wiązkę szybko poruszającego się światła pośród ciemnych cieni, to możesz podnieść głowę i pomachać, bo ktoś właśnie otworzył okno.

Teraz, gdy nasze oczy patrzą na dół budynku, możemy zauważyć numer domu lub mieszkania. Nie ma ścisłych reguł, według których numeruje się domy na ulicach, ale numery rosną, gdy oddalamy się od centrum miasta, numery nieparzyste będą po lewej, a parzyste po prawej stronie.

Obok numerów znajdziesz nazwy domów i ulic. We wcześniejszym rozdziale przyjrzeliśmy się nazewnictwu związanemu z ukształtowaniem ziemi, ale nazwy przydają się również w środowisku miejskim. Pamiętam, jak kiedyś przechodzień w Staines zapytał mnie, jak dojść do rzeki. Powiedziałem, że nie jestem pewien, ponieważ nie znam dobrze tego miasta, ale wskazałem na stronę, gdzie moim zdaniem powinna znajdować się rzeka. Staliśmy na Bridge Street, więc wywnioskowałem, że rzeka będzie położona w dole ulicy. Station Road, Embankment, Castle Street – ci, którzy zajmują się nazewnictwem ulic, nie chcą sobie ani innym utrudniać życia. Czasem w nazewnictwie ujawniają się pewne schematy.

Niedaleko Bishop's Park w południowym Londynie znajdują się równolegle ułożone ulice nazwane tak, że zna je każdy mieszkaniec oraz taksówkarz: Bishopsgate Road, Cloncurry Street, Doneraile Street, Ellerby, Finlay, Greswell, Harbord, Inglethorpe, Kenyon, Langthorne Street. Dlaczego nie ma ulicy na literę J? Nie jestem pewien, ale być może dlatego, że litery I i J wyglądają bardzo podobnie pisane czcionką, której używa się do oznaczania ulic[18].

Każde miasto lub wieś ze słowem *marsh* w nazwie jest wskazówką, że w pobliżu znajduje się mokry grunt, ale powie ci też, gdzie jest sucha ziemia, gdyż to te obszary właśnie są zaludnione. W wielu dużych miastach pozostałości ukrytych rzek zdradzają takie nazwy, jak Fleet Street, Westbourne Grove, Stamford Brook[19].

Każde miejsce o nazwie zakończonej na *-ham* było pierwszym, w którym osiedlili się ludzie, a te kończące się na *-ton* lub *-by* były kolejnymi wioskami, w których zamieszkali[20]. Miejsca, których nazwy kończą się na *-ley*, były dawniej otoczone lasami[21] – tak zresztą może być do dzisiaj[22].

W walijskich miastach i wioskach, których nazwy zawierają *-betws-* lub *-llan-*, najważniejszym punktem jest kościół. Słowo *glebe* również świadczy o tym, że w pobliżu jest kościół, i posłużyłem się raz tą metodą, aby sprawdzić, czy na pewno znajduję się na drodze prowadzącej do wioski Bury w West Sussex. W Wielkiej Brytanii znajduje się około 50 tysięcy kościołów i w czasie każdej wędrówki mijasz co najmniej jeden. Warto wiedzieć, że kościoły stanowią skarbnicę wskazówek, w szczególności tych dotyczących naturalnej nawigacji[23].

Kościoły

Stare kościoły były budowane z drogich materiałów przywożonych z daleka, czasami z zagranicy. Pierwszą wskazówką dla wędrowca jest sama lokalizacja – ktoś zdecydował się zainwestować pieniądze w to konkretne miejsce. Pozwala nam ona dostrzec więcej rzeczy. Po pierwsze, mógł to być bogaty obszar, a jeżeli jest to kościół średniowieczny, to w pobliżu mógł się znajdować zamożny dwór. Po drugie, jeżeli kościół stoi teraz samotnie, prawdopodobnie w pobliżu doszło do jakichś tragicznych wydarzeń historycznych, które spowodowały śmierć okolicznych mieszkańców: choroby, wojna oraz głód są najpowszechniejszymi winowajcami.

W tym, że budowa kościołów była tak kosztowna, w ich dokładnie przemyślanym położeniu, kształcie bryły oraz stylu, również znajdziemy ważne wskazówki. Wielu ekspertów bada tajemniczą historię takich budynków, ale nawet laikowi może się poszczęścić przy odkrywaniu tajemnic kościołów.

Kościoły, w szczególności gotyckie, są w większości zorientowane ze wschodu na zachód, a ołtarz znajduje się przy wschodnim końcu. Bardzo łatwo znaleźć kościoły, które odbiegają nieco położeniem od tej idealnej wschodnio-zachodniej linii. Najczęstszym wyjaśnieniem jest to, że kościół był sytuowany w kierunku, w którym wschodzi słońce w dniu jego patrona[24].

Południowa strona kościoła była uważana za najświętszą i ulubioną. Z tego powodu kościoły budowano na północnej stronie terenu przy cmentarzu, po północnej stronie drogi, która do nich prowadziła. Pozwalało to ludziom nadchodzić od strony południowej i wchodzić do kościoła przez drzwi znajdujące się na tej stronie[25]. Drzwi były zazwyczaj usytuowane na południowej stronie kościoła, ale bliżej zachodniego końca: pozwalało to ludziom wchodzić od południa, a następnie podczas szukania wolnej ławki kierować twarz w stronę wschodnią, na ołtarz. Wieże kościoła znajdują się na zachodnim krańcu, co jest bardzo pomocne, jeżeli z odległości posługujesz się kościołem jako kompasem, gdyż niekiedy jest to jedyny widoczny z dala obiekt.

Obrazy i witraże również odzwierciedlają preferowany wschodni kierunek. Na wschodnim końcu często przedstawiały pocieszające i pełne nadziei sceny, a te na zachodniej części koncentrowały się wokół śmierci oraz Sądu Ostatecznego[26].

Jeśli orientacja w przestrzeni była ważna za życia, to jeszcze ważniejsza była po śmierci. Cmentarze okazują się niemal tak samo bogate w informacje jak kościoły, do których przylegają. Groby są zazwyczaj ułożone ze wschodu na zachód, nagrobek znajduje się po zachodniej stronie. Powód, dla którego tak są budowane, jest niejasny: być może gdy zmarli zmartwychwstaną, mają patrzeć w kierunku Ziemi Świętej, a może ich stopy powinny kierować się w stronę wschodzącego słońca. Istnieje jeszcze jedna niezwykła prawidłowość, o której słyszałem od wielu osób, ale do tej pory udało mi się zauważyć ją tylko na kilku cmentarzach, przede wszystkim w Kornwalii. Choć jest rzadka, wspomnę o niej, ponieważ jest dość zaskakująca. Księży grzebano czasem w kierunku przeciwnym niż parafian, więc ich ciała były skierowane w stronę wiernych, aby po zmartwychwstaniu mogli stać się ponownie pasterzami swojej trzódki.

Większość osób chciała być grzebana po południowej stronie kościoła, a zachodnia i wschodnia były mniej pożądane. Północną zarezerwowano dla wyrzutków – nieochrzczonych, skazanych, samobójców. Jeżeli na cmentarzu zaczynało się robić zbyt tłoczno, rozpoczynano pochówki wokół całego kościoła. Tym samym najstarszy nagrobek można znaleźć na stronie południowej, a najnowszy na północnej.

Wybór miejsca pochówku był związany z położeniem kościoła – znajdował się bliżej strony północnej na działce, tak by było więcej miejsca na groby na najlepszym, południowym obszarze, co dzisiaj stanowi nieco makabryczną wskazówkę. Tysiące ludzi zostało pochowanych dookoła małych kościołów, a ziemia w pewnym momencie zaczęła się unosić od nadmiaru ciał. Niektóre części terenów dookoła kościoła będą się wznosić względem poziomu ziemi, czasem nawet bardzo. Gdy wychodzisz z kościoła i spacerujesz dookoła niego, przechadzasz się po nieboszczykach.

Zewnętrzna część kościoła również kryje w sobie wskazówki. Najłatwiej zauważyć wiatrowskaz znajdujący się na samej górze. Dość łatwo przeoczyć zegary słoneczne, które najczęściej znajdują się na południowej stronie albo też nad wejściem do kościoła. Niezależnie od tego, gdzie je umieszczono, zegary słoneczne są skierowane w stronę południa, a gnomon – podobny do sztyletu kawałek metalu, który rzuca cień – powinien być idealnie zorientowany na południe. Zegary wyznaczające godziny mszy miały prostszą konstrukcję i trudniej je spotkać niż słoneczne, ale łuki zarysowane na południowej stronie kościołów pełniły taką samą funkcję.

Nie możemy zapomnieć o wskazówkach, które odnajdziemy w naturze. Kościoły i cmentarze to jedne z najlepszych miejsc, na jakich rosną porosty. Każdy nagrobek umożliwia sprawdzenie, jak konkretny porost reaguje na kamień, który porasta, na światło oraz kierunek geograficzny.

Porosty na budynkach kościelnych

Na stronie południowej znajdziesz więcej porostów, ponieważ to tam trafia więcej światła. Jeżeli obejdziesz cały kościół dookoła, zauważysz kolorowe kompasy. Na północnej stronie dachów będzie więcej zielonych mchów, a szarych na północnej ścianie. Więcej obszarów pokrytych złotym porostem *Xanthoria* będzie na południowej stronie, w szczególności poniżej dachów, tam gdzie lubią gnieździć się ptaki.

Spójrz poniżej kościelnego okna. Możesz tam zauważyć wyraziste pionowe pasma, które nie będą pokryte porostami. Jest to informacja dotycząca występowania metali, ołowiu lub cynku, których używano w konstrukcjach okiennych. Porosty niszczy nawet minimalna ilość metali wypłukiwanych przez deszcz. Nagie obszary pozwalają nam zobaczyć, jak wyglądałby kościół bez dekoracji w postaci porostów: miałby o wiele mniej charakteru.

Wiele kościołów ma na dachach piorunochron. Błyskawica zostanie poprowadzona aż do samej ziemi po miedzianym drucie puszczonym po zewnętrznej ścianie kościoła, co będzie łatwo zauważalne, ponieważ oddziałuje na rosnące w pobliżu porosty.

Większość kościołów była budowana etapami, na każdym z kamieni znajdziesz więc inne porosty. Na zaprawie murarskiej pomiędzy kamieniami również możesz je zobaczyć, zwłaszcza gdy jest bogata w wapień. Porównaj wielkość porostów rosnących na głównym budynku do tych rosnących na murze otaczającym teren kościelny: ten mur często jest starszy niż kościół, a wielkość porostów dokładnie to wskaże[27].

Są również inne kościelne budynki, które dają wskazówki dotyczące kierunków. Każdy meczet ma wnękę, która pokazuje kiblę, kierunek na Mekkę. Nietrudno jest ją znaleźć, ponieważ wszyscy modlący się muzułmanie zwracają się w tę stronę. Ciała zmarłych muzułmanów grzebie się w pozycji leżącej na prawym boku, z twarzą skierowaną ku Mekce, a ich groby są ułożone prostopadle do kibli.

Arka w synagodze jest usytuowana tak, że ludzie, patrząc na nią, kierują wzrok ku Jerozolimie. Większość indyjskich świątyń jest zorientowana na wschód, z kolei starożytne miejsca kultu były zorientowane w stosunku do ciał niebieskich, takich jak Słońce czy gwiazdy, a także stron świata.

Najlepszym podejściem jest założenie, że wszystko w miastach jest wskazówką. Dzięki temu więcej zauważysz, ale częściej będziesz się spóźniał na spotkania.

SPACER PO MIEŚCIE
Z NIEWIDZIALNYMI WĘŻAMI

Zmierzając na północ, w kierunku mostu Jerzego IV w Edynburgu, dostrzegłem, że słońce starannie wybierało lokalne przedsiębiorstwa. Na zachodniej stronie wyżej położonych ulic sklepy tworzyły atmosferę poranka: delikatesy i cukiernia, do tego kilka kawiarni. Na wschodniej części, tej, do której słońce dociera popołudniami i wieczorami, znajdowały się restauracje ze stolikami na zewnątrz. Uncle's Take Away miał w ofercie kebaby, hamburgery i pizzę.

Zanim dotarłem do Royal Mile, rozejrzałem się w poszukiwaniu wskazówek. Talerze satelitarne były skierowane na południowy wschód, a anteny telewizyjne w przeciwną stronę. Powiewająca na budynku flaga z krzyżem świętego Andrzeja sygnalizowała, że wiatr wieje z północnego wschodu. W mieście interesującym zjawiskiem są wiatry wiejące z północnego wschodu, południowego wschodu, południowego zachodu bądź północnego zachodu, ponieważ część ulic biegnie dokładnie według ich kierunku. Czasem czuje się, jakby jednego dnia wiały dwa różne wiatry. Idąc na północ, czułem, że wiatr wieje z północy, ale gdy zboczyłem na wschód, w Royal Mile, wiaterek skręcił i zaczął wiać ze wschodu. Właśnie dlatego chmury, flagi, dym, para, wiatrowskazy oraz inne wskazówki są tak przydatne w mieście.

Na północnej stronie katedry Świętego Idziego znalazłem zielone glony, a białe porosty w szczelinach pomnika na południowej stronie. Obszedłem dookoła katedrę i pomniki i zauważyłem dwa rodzaje cieni. Były tam obszary zacienione przed słońcem oraz te ukryte przed dźwiękiem gitar ulicznych grajków. Edynburg jest miastem literatury i nie brakuje w nim ludzi siedzących i czytających w słoneczny letni dzień. Tego dnia część z nich przebywała na słońcu, część ukrywała się w cieniu, ale wszyscy zadbali o to, by nie docierały do nich dźwięki muzyki.

Wydało mi się ważne, że kolejnym pomnikiem, który mnie powitał, był pomnik Adama Smitha. Słynny ekonomista stworzył metaforę „niewidzialnej ręki" tłumaczącą, jak jednostki dają się prowadzić niewidzialnym siłom rynku. Ten pomysł nadaje się do opisania przepływu ludzi w mieście. Odnośnie do przepływów – lubię sobie wyobrażać, że patrzę na ludzi z pewnej wysokości, z lotu ptaka, i widzę, jak sznur ludzki tworzy węże prowadzące z jednego miejsca do drugiego. Nie sądzę, aby wyrażenie „niewidzialne węże" stało się tak znane jak termin ukuty przez Adama Smitha, ale mnie się podoba.

Idąc dalej tą drogą, zauważyłem mężczyznę stojącego na rogu, trzymającego znak reklamujący lokalną restaurację. Później tego samego dnia widziałem go po przeciwnej stronie ulicy. Doskonale zdawał sobie sprawę z czegoś, co ja zarejestrowałem dopiero po kilka minutach. Rankiem turyści szli tędy z hoteli i tędy do nich wracali wczesnym wieczorem. Mężczyzna ze znakiem znał przepływ ludzi w mieście.

South Bridge biegł równolegle do mostu Jerzego IV, ale wyraźnie się od niego różnił. Przede wszystkim był brudny. Cash Generator – punkt należący do sieci brytyjskich lombardów – i tablica „Do wynajęcia" powodowały, że wcale nie chciałem wydawać pieniędzy w tym miejscu. Z jakichś powodów turyści także uciekali z tej drogi. Patrząc na znak, na którym było napisane „ulica Szpitalna", nie mogłem przestać się zastanawiać, czy ma ona podłoże historyczne.

Zdecydowałem się zmienić kierunek wędrówki i rozejrzeć się po terenie uniwersytetu na South Street, kiedy sroka siedząca na gałęzi zaalarmowała całe sąsiedztwo. Była wyraźnie nieszczęśliwa, dlatego rozejrzałem się za powodem jej rozpaczy, ale nie mogłem niczego znaleźć. Prawdopodobnie chodziło o mnie – stałem pod jej drzewem.

Znów idąc po górkę, bo Edynburg jest miastem na wzgórzach, i unikając tłoku na South Bridge i Royal Mile, skręciłem w Cockburn Street. Ulica była kręta i stroma. Potwierdzała teorię, że najwięcej dzieje się po zewnętrznej stronie łuku drogi. Znajdowało się na nim jeszcze więcej sklepów, barów, kawiarni i restauracji wypełnionych ludźmi. Działo się tak, ponieważ południowe słońce padało na tę stronę (łuk Cockburn Street jest wygięty tak, że jego zewnętrzna część znajduje się po północnej stronie), ale głównym powodem była asymetria. Nieważne, czy chodzimy, jeździmy na rowerze czy samochodem – zewnętrzna strona krętej drogi jest bardziej widoczna niż wewnętrzny zakręt, niezależnie od kierunku, w którym idziesz.

Przepływ ludzi po krętych ulicach można porównać do pływu wody w rzece, gdzie zewnętrzne zakola są szybciej podmywane. Zewnętrzna część ulicy staje się szybciej rozpoznawalna przez tych, którzy ją często odwiedzają. Jest bardziej zatłoczona, lepiej prosperuje i jest na niej więcej życia. Biedna wewnętrzna strona żyje w ukryciu, ale to nie jej wina.

Droga prowadziła mnie do Princes Street Gardens. Natknąłem się na turystę, który z uśmiechem spytał: „Przepraszam bardzo, którędy dojdę do zamku?". „Nie jestem pewien, ale chyba tamtą drogą", odpowiedziałem, wskazując kierunek. Moja wiedza ograniczała się do tego, że niewiele zamków postawiono w dolinach, a Edynburg zbudowano na wielkiej skale wulkanicznej. Tego wszystkiego potrzebowałem, aby odgadnąć, że rozwidlenie prowadzące w górę to właściwa droga.

Wkrótce do mojego nosa dotarł silny zapach róż, do którego szybko dołączył widok różowych i brzoskwiniowych kwiatów. Podpowiedziało mi to, że musiałem podążać w kierunku północno-zachodnim, co potwierdził widok mokrego skrawka ziemi po jednej stronie dzikiej wiśni. Zraszacz zmoczył większy obszar, ale tylko ścieżka na północ od drzewa oraz jego cień pozostały mokre w ten gorący dzień. Patrząc na ziemię między drzewami, znalazłem stokrotki, które wskazały mi południe.

Znacznie głębsze cienie chroniące przed hałasem znajdowały się w parku. Dudniący dźwięk dochodził z Princes Street, ale południowa strona, gdzie na górze wybudowano zamek, tłumiła hałas, wpuszczając tylko syreny i odgłosy pociągów wracających na południowy zachód. Szybko stworzyłem mapę dźwięków obszaru znajdującego się dookoła mnie. Ciszę zakłócały tylko okrzyki osób korzystających z letniej pogody oraz dzieci próbujących podejść jak najbliżej zraszacza. Wyczuwało się, że słońce nie będzie długo gościło na niebie, ale kilka chmur pierzastych płynęło spokojnie, nie było śladu chmur warstwowo-pierzastych ani smug kondensacyjnych i wyglądało na to, że dobra pogoda utrzyma się tego i następnego dnia.

Wiele osób leżało na trawie. Kilka w pełnym słońcu, kilka w cieniu, a najbardziej pożądanym miejscem był obszar nakrapiany cieniem. Cień rzucany przez jesiony był lepszy niż ten rzucany przez dach.

Wyszedłem z ogrodu i zatrzymałem się, żeby zawiązać sznurowadło, ale przesunąłem się dalej, ponieważ zauważyłem pękniętą płytę chodnikową i miałem przeczucie, że jest to miejsce rozładunku ciężarówek zaopatrujących sklepy na Princes Street.

Ścieżka doprowadziła mnie na Calton Hill, gdzie National Monument sięgał nieba. Nowożeńcy robili sobie zdjęcia przy posępnym kamieniu, lecz mój wzrok podążył w kierunku długich pionowych linii, ciemnych i jasnych, znajdujących się na kolumnach. Zanieczyszczenia osiadły ciemnymi pasami, ale strona południowo-zachodnia była czysta. Rozrósł się na niej złoty porost *Xanthoria*, lecz tylko w górnych południowo-zachodnich rogach. Pozgniatane puszki, butelki oraz pozostałości po grillu świadczyły o tym, że jest to popularne miejsce imprez po zachodzie słońca.

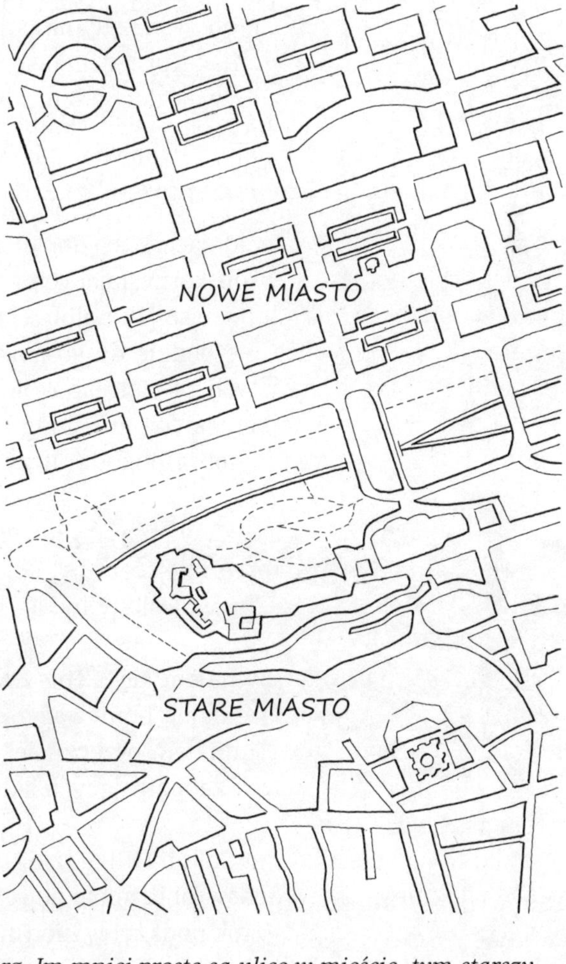

Edynburg. Im mniej proste są ulice w mieście, tym starszy jest obszar

Stojąc w najwyższym punkcie, można było zauważyć różnicę pomiędzy Nowym a Starym Miastem w Edynburgu. Proste linie Nowego Miasta kontrastowały z krętymi uliczkami Starego Miasta, pokazując, jak przez lata zmienił się wygląd ulic na całym świecie.

W starej części miasta znajdowały się kościoły i nagrobki wskazujące kierunek na każdej stronie wzgórza. Z oddali widać było parę kompasów w formie ogromnych wzgórz wulkanicznych Salisbury Crags i Arthur's Seat. Lodowiec przesunął się na zachód, zostawiając wschodnią stronę bardziej stromą, a zachodnią łagodniejszą. Tego ukształtowania nie da się pomylić z żadnym innym w regionie.

Salisbury Crags i Arthur's Seat

W ramach ostatniego punktu wycieczki przeszedłem przez Parlament Szkocki, gdzie sprawdziłem kierunek wiatru marszczącego wodę w sadzawkach. Minąłem pałac Holyrood i kontynuowałem wspinaczkę na Salisbury Crag. Ścieżki były dobrze utrzymane, ale pośród koniczyny rosnącej w trawie zauważyłem drogi na skróty.

W skałach i błocie widać było plamy czerwieni, co oznaczało, że w glebie znajduje się żelazo. Nad głową zawzięcie dyskutowały mewy, wyrażając swoje niezadowolenie, a niżej protestowała sroka, bo przy jej terenie węszył pies.

Z oddali łatwo dostrzegłem, że zbliża się pływ, co ujawniały spokojne wody przy wyspie Inchcolm. Szybko obliczyłem, że księżyc ma trzy dni i że zbliżają się wiosenne pływy, a to oznaczało, że moja wędrówka wybrzeżem musi zaczekać – wkrótce woda będzie zbyt wysoko.

Później tego samego dnia znalazłem się wyżej i obserwowałem zacumowane statki, utwierdzając się w przekonaniu, że rozpoczął się odpływ. Zaczynając od metalowych kadłubów dryfujących na morzu, przez fale na płytkich stawach, flagi na wietrze, talerze satelitarne, sadzę na pomnikach, kościoły, człowieka stojącego z reklamą na rogu ulicy aż po wędrowca dostrzegającego wszędzie znaki – miasto ujawniło swój charakter.

WYBRZEŻA, RZEKI I JEZIORA

W jaki sposób wodorosty znaczą plaże?

Wędrując po wybrzeżu, można wytyczyć linię pomiędzy stałym i znanym lądem a dzikim i słonym światem. Jest to środowisko pełne tajemniczych wskazówek.

Wybrzeże ma swój własny ekosystem, ponieważ słona woda działa wysuszająco na większość istot żywych oraz niszczy większość roślin, które znamy z naszych wędrówek w głębi lądu. Nad morzem znajdziemy wyjątkowe rośliny, które przystosowały się do tego trudnego środowiska, takie jak piękny kielisznik wydmowy – różowy kwiat przypominający kształtem gramofon, otwierający się w ciągu dnia, a zamykający w nocy. Rzadkie okazy znajdziemy nad morzem również z innego powodu. Zwierzęta roślinożerne rzadko trafiają na nabrzeżne ścieżki, rośliny więc mają szansę rozkwitnąć i nie zostaną zjedzone na przykład przez owce. Wąwóz Avon niedaleko Bristolu jest schronieniem dla wielu rzadkich gatunków, które można znaleźć na naszym wybrzeżu[1].

Kilka lat temu pewien rolnik z Sussex pokazał mi coś, czego nigdy wcześniej nie zauważyłem, ale teraz uwielbiam się za tym rozglądać. Wiatry wiejące wzdłuż zachodniego i południowego wybrzeża zawierają sól. Oznacza to, że pola uprawne znajdujące się blisko południowo-zachodnich brzegów mają się gorzej niż te zlokalizowane dalej. Niekiedy możesz zauważyć na polu zboża o różnej wysokości – im dalej od nadmorskiego wiatru, tym wyższe.

Gdy ów rolnik zauważył moją ekscytację, zaprowadził mnie do grupki drzew na południowym brzegu jego pola. Po jednej stronie drzew rośliny były wystawione na działania słonych wiatrów, ale na północno-wschodniej, w zaciszu, rosły wysokie i dumne. Teraz często się rozglądam za „solnym cieniem".

Ląd nie przekształca się gwałtownie w nabrzeże, dzieje się to stopniowo, zaczynając od głębi lądu; zrozumienie efektów solnych cieni może pomóc w sytuacjach, które są dla nas zagadką. Bardzo blisko morza znajduje się jedynie nabrzeżna roślinność, w głębi lądu – lądowa, ale pomiędzy nimi, na odcinku od kilkuset metrów do kilku kilometrów, znajdziemy połączenie roślin nadmorskich i lądowych. Nie są one ułożone przypadkowo. W tej środkowej strefie rośliny nabrzeżne będą rosnąć na południowo-zachodniej stronie lasów, budynków oraz innych obiektów, a pozostała roślinność – na północno-wschodniej. Dzieje się tak, ponieważ nabrzeżne rośliny najlepiej rozwijają się w słońcu, dlatego wolą południową stronę. Nie musimy znać nazwy każdej z tych roślin, ale warto się przyjrzeć, jak rosną, i odróżnić polne kwiaty od nadmorskich po tym, po której stronie rosną. Później zaczniesz zauważać, że po różnych stronach nabrzeżnych budynków kwitną różne kwiaty.

Gdy następnym razem będziesz się przechadzał po piaszczystej plaży, przyjrzyj się piaskowi. Jeżeli jest gruboziarnisty i nieco nieprzyjemny dla bosych stóp, oznacza to, że w pobliżu znajdują się wzniesienia oraz granit. Jeśli piasek jest biały i wymieszany z tysiącem połamanych muszelek (widocznych gołym okiem), to woda jest gospodarzem bogatego morskiego życia. Dlatego też biały piasek często występuje w pobliżu raf koralowych oraz na szkockim wybrzeżu, gdzie w morzu żyje wiele organizmów. Jeżeli piach przykleja ci się do stóp, prawdopodobnie znajduje się w nim sól, a w pobliżu znajdziesz skamieniałości. Jeśli zaś piasek jest czarny, niedaleko muszą być wulkany. Gdy razem z moim przyjacielem Samem dochodziliśmy do siebie po wyprawie na indonezyjski wulkan, która o mało nie skończyła się tragicznie, wylegiwaliśmy się właśnie na czarnym piasku.

Od czasu do czasu w piasku na plaży możesz znaleźć niezwykłą wskazówkę. Piasek na plaży na greckiej wyspie Delos ma rzadko spotykaną konsystencję. Jest mieszaniną różnych marmurów, które przez tysiące lat kruszyło morze. Na wyspie nie ma naturalnych źródeł marmuru – pochodzi on z ruin świątyń zbudowanych przez starożytnych Greków.

Piaszczysta plaża to idealne środowisko, by zainteresować się tropieniem. Znajdziesz tam wiele śladów ludzi, psów, ptaków oraz koni. W ramach rozrywki odszukaj ślady dwóch osób, które szły obok siebie, i postaraj się odgadnąć, jaka łączy je relacja. Biegną blisko i równolegle do siebie, więc może trzymały się za ręce? Czy możesz pokazać, w którym momencie poczuły się głodne? Czy na myśl o lodach ich krok zrobił się dłuższy? W ten sam sposób spójrz na ślady psa, który zwęszył drugiego.

Jeżeli rozejrzysz się po plaży, dostrzeżesz wiele innych wskazówek, niekoniecznie słonych. Bujny i jaskrawy pas zieleni porastający plażę od góry w kierunku morza wskazuje na obecność ścieków kanalizacyjnych[2] – to nieodpowiednie miejsce na piknik.

Na górze plaży możesz dostrzec kępy piaskownicy zwyczajnej, która stabilizuje piach i pozwala na tworzenie wydm. Wydmy powstają pod wpływem wiatru wiejącego z lądu tylko wtedy, gdy wieje z prędkością około 16 kilometrów na godzinę lub szybciej. Tym samym stanowią wskazówkę co do kierunku wiatru. Jeżeli wędrując pomiędzy wydmami, poczujesz dziwny i mocny zapach palonej siarki lub gumy, prawdopodobnie zakłóciłeś spokój ropusze paskówce, która wydziela ten fetor, aby odstraszyć intruza[3].

Wydmy wyznaczają górną część plaży, bo każda plaża ma kilka stref. Dzieje się tak dlatego, że środowisko bliżej wody znacznie się różni od tego na górze. Strefy te mają wpływ na nabrzeżne życie. Istnieją dwa organizmy, które wyznaczają zakres pływów: glony oraz porosty.

Na kamiennym wybrzeżu znajdziesz wielokolorowe środowisko, a każdy z kolorów odpowiada innemu porostowi. Na najniższym poziomie, gdzie kamienie znajdują się pod wodą, znajdziemy czarne jak smoła porosty o nazwie *Verrucaria*. Ludzie często się boją, że to ślady wycieku ropy, i zgłaszają obecność ropy na skałach, a potem się okazuje, że te czarne ślady to właśnie ten porost. Nad czarnymi pasami znajdują się pomarańczowe porosty – *Xanthoria* i *Calopaca*. Nieco wyżej porosty zmieniają barwę na szarą – te chrupiące to *Lecanora*, a krzaczkowe to odnożyca i *Parmelia*.

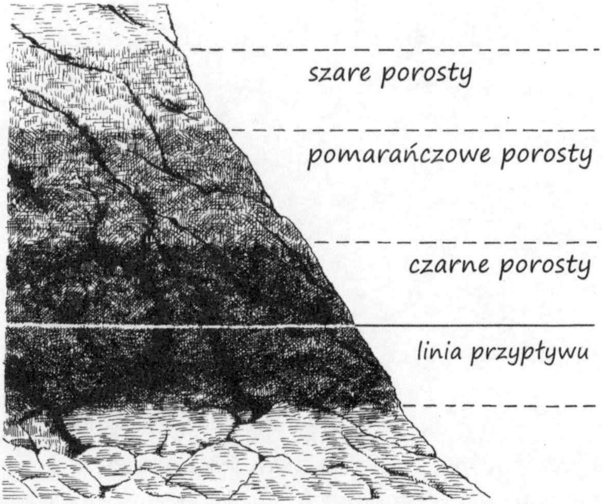

Strefy występowania porostów

Żeby to zapamiętać, powiedz sobie, że „wychodzisz z morza prosto do Ciepłej Piaszczystej Strefy" – od Czarny, Pomarańczowy, Szary. Im więcej światła, tym więcej porostów, więc ten kolorystyczny efekt jest najlepiej widoczny na południowych stronach kamiennych wybrzeży.

Istnieje wiele gatunków glonów, ale z trzema powinien się zaznajomić każdy nadmorski wędrowiec. *Pelvetia* (ang. *channeled*), morszczyn pęcherzykowaty (ang. *bladder*) oraz *Fucus serratus* (ang. *saw wrack*) są ważne, ponieważ w swojej nazwie zawierają wskazówki. Angielska nazwa glonu *Pelvetia* zawiera słowo „kanał" (ang. *channel*), morszczyn pęcherzykowaty – słowo „pęcherz", a *Fucus serratus* słowo „zęby" („*saw*" to „piła" z zębatym ostrzem)[4]. Na brytyjskich wybrzeżach najczęściej można spotkać morszczyn pęcherzykowaty, ale nie brakuje również pozostałych dwóch gatunków, a każdy z nich wyewoluował tak, aby porastać określony pas wybrzeża.

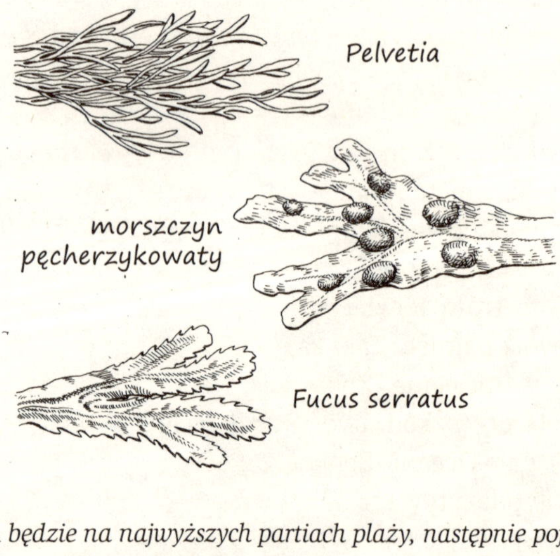

Pelvetia *będzie na najwyższych partiach plaży, następnie pojawi się morszczyn, a na samym dole zagości* Fucus serratus. *Pamiętaj: „Przyjrzeć się Morskim Falom", czyli* Pelvetia, *morszczyn,* Fucus serratus

Glony są również wskazówkami dotyczącymi stanu wody. W trudnych warunkach morszczyn ma tylko kilka pęcherzyków, a w zacisznej lokalizacji – znacznie więcej[5]. Workoliść członowaty pojawia się jedynie w osłoniętych miejscach. W pewnych częściach Szkocji można się natknąć na glony znane pod nazwą peruka zagrodnika. Pływają swobodnie w tym samym miejscu, mimo ciągłych przypływów i odpływów, wskazując, gdzie znajdują się bezwietrzne miejsca[6].

Istnieje wiele innych wskaźników życia morskiego. Pąkle można spotkać blisko miejsc nawiedzanych przez przypływ, tak samo jak rukwiel, której nasiona są wymywane przez morze[7]. Gdy pierwszy raz zobaczysz walisnerię, może wydać ci się upiorna. Pamiętam, jak zetknąłem się z nią niedaleko Lymington w Hampshire i zastanawiałem się, czy patrzę na ląd czy na morze. Odpowiedź brzmi: na morze. Walisneria rośnie na głębokości od 1 do 4 metrów i warto na nią uważać, gdy płynie się łódką[8].

Powierzchnia morza jest bogata w szczegóły. Pomyśl o niej tak, jak myślisz o lądzie, gdy szukasz tropów – może nie zachowa wskazówek tak długo jak błoto, ale ślady i tak utrzymują się dłużej, niż myślisz. Gdy następnym razem będziesz lecieć samolotem za granicę, zajmij miejsce przy oknie i popatrz w dół na powierzchnię morza. Spójrz, jak łatwo zauważyć ślad zostawiony przez łódź i jak go widać z odległości wielu kilometrów. Powierzchnia wody ulega wpływom, ale ma też swoją pamięć. Taki sam efekt osiągniesz, patrząc na morze ze wzniesienia. Zobaczysz wtedy, jak woda porusza się dookoła przeszkód, tworząc widoczne wzory. Żeglujący wokół wysp na Oceanie Spokojnym postrzegali to jako sztukę i uczyli się odczytywać znaki charakterystyczne dla każdej z wysp, obserwując fale. Wiedza ta pozwalała żeglarzom na rozpoznanie wyspy po tym, jak zachowuje się woda, zanim zdołali zobaczyć ląd. Nie musisz wypływać w morze, aby się dowiedzieć, jak to działa – wystarczy, że wejdziesz na jakieś wzniesienie i będziesz obserwował wodę. Każdy kamień, półwysep, cypel czy wyspa będą tworzyły charakterystyczny wzór na powierzchni wody.

Morze jest mapą odzwierciedlającą zachowanie wiatru. Nie istnieje technologia pozwalająca przewidzieć zachowanie lokalnych wiatrów, dlatego żeglarze opierali się na tym, co mogli wyczytać z powierzchni morza – obserwowali zmarszczki, grzbiety fali oraz pył wodny.

Kształt fal rozbijających się o brzeg odzwierciedla pochyłość dna morskiego: im bardziej strome fale, tym bardziej nachylone jest dno i mniej czasu potrzeba, aby woda zakryła cię aż po szyję. Jeżeli fale są nadzwyczaj duże, to prawdopodobnie gdzieś panuje sztorm. Sztormy przekazują wodzie dużą ilość energii; przemierza ona oceany i wpływa na miejsca, gdzie panuje dobra pogoda. Jest to raj dla surferów, którzy śledzą sztormy na Atlantyku, aby przewidzieć, gdzie pojawią się wzburzone fale. Jeżeli czas pomiędzy pojawieniem się kolejnych fal jest coraz krótszy, to sztorm jest coraz bliżej.

Patrząc na morze, zauważysz niekiedy skaczące zwierzęta wodne. Delfiny robią to dla zabawy, ryby natomiast nie szukają rozrywki – większość z nich, skacząc, stara się uciec przed drapieżnikiem. Nie stanowi to problemu w Wielkiej Brytanii, ale w niektórych częściach świata, na przykład w Stanach Zjednoczonych, u wybrzeży Południowej Karoliny, widok skaczących ryb oznacza zbliżającego się rekina... oraz jest sygnałem, że ratownicy powinni wywołać wszystkich ludzi z wody[9].

Wschody i zachody słońca odbijające się w wodzie dają najpiękniejsze widoki. Słońce rzuca na wodę cień – jasne wiązki światła rozciągające się aż po horyzont. Interesujące jest to, że linie te robią się węższe, gdy obniża się słońce, ale szersze, gdy wzburza się morze. Jeżeli woda jest spokojna, jasne linie nie będą szersze niż samo słońce, ale jeżeli wiatr zakłóca wodę, linie się rozszerzą. Lekko wzburzona woda sprawi, że linie się rozciągną, tworząc szeroki trójkąt. Warto rozejrzeć się w poszukiwaniu tego efektu w trakcie nadmorskich spacerów.

Pływy

Jednym z moich ulubionych miejsc na spacery jest położona na wybrzeżu wieś Bosham w West Sussex. Na mapie zaznaczono ścieżkę prowadzącą od południa tej uroczej wioski i przecinającą nietypowe oznaczenia i kolory. Niekiedy ta przerywana linia sygnalizuje miejsce idealne na wędrówki, a innym razem takie, w którym znajduje się woda. Pływy są jednym z czynników regulujących nadmorskie wędrówki – zmieniają pole widzenia, dźwięki i zapachy, więc nawet jeśli nie decydują o kierunku naszego spaceru, warto coś o nich wiedzieć.

Niewielu ludzi rozumie złożoność rytmu pływów. Istnieje trzydzieści siedem głównych i niezależnych czynników oddziałujących na ich rytm, ale w sumie jest ich trzysta dziewięćdziesiąt sześć. Te najważniejsze mogą być zaskoczeniem dla wielu ludzi. Słońce także determinuje pływy i odpowiada za jedną trzecią widzianych przez nas wahań. Poziom wody w morzu ulegnie podwyższeniu nawet o 30 centymetrów, jeżeli ciśnienie powietrza będzie niskie. Poziom wciąż będzie wzrastać, jeśli temperatura wody okaże się wyższa niż zazwyczaj.

Zanim utoniemy w tych skomplikowanych zagadnieniach, możemy uprościć sobie tę dziedzinę, skupiając się na najważniejszym czynniku – Księżycu. Jeżeli zrozumiemy związek między Księżycem a pływami, uda nam się rozwiązać wiele zagadek, ponieważ są one regulowane przez mechanizm Księżyca. Można przewidzieć zarówno wysokość pływów, jak i czas ich występowania, pod warunkiem że wykorzystamy naszą wiedzę na temat Księżyca oraz informacje o regionie.

W ciągu dwudziestu czterech godzin występują dwa przypływy i dwa odpływy. Po każdym przypływie pojawia się odpływ w odstępie około sześciu godzin. Jeżeli z jakiegoś powodu będziesz zawiedziony wysokością pływu (zbyt wysoki lub za niski, żeby wędrować albo pływać), to wiedz, że za sześć godzin to się zmieni.

Każdego dnia Księżyc wschodzi średnio 50 minut później, a cykl pływów będzie bardzo podobny do tego, który pojawił się poprzedniego dnia, ale wystąpi 50 minut później. Jeżeli któregoś dnia udasz się na wędrówkę na plażę lub pójdziesz popływać, to rozważ wyjście kilka godzin później.

Niedługo po nowiu i po pełni Księżyca odnotowuje się największe pływy, znane jako pływy syzygijne. W tym czasie woda najmocniej wzbiera i opada. Po tym, jak na niebie widoczna jest połowa tarczy księżyca, występuje pływ kwadraturowy, kiedy czas między przypływem a odpływem jest najkrótszy. Około siedmiu dni po pływach syzygijnych będą pływy kwadraturowe i odwrotnie.

Każdy punkt na świecie ma swój niezawodny schemat i zegar: przypływy i odpływy syzygijne oraz przypływy i odpływy kwadraturowe występują w tym samym czasie, niezależnie od tego, którego dnia się pojawią. Ujmując to prościej, jeżeli oszacujesz, o której godzinie zacznie się przypływ syzygijny w twojej ulubionej miejscowości, będzie to dla niego stała pora. Weźmy na przykład Portsmouth – przypływ syzygijny zawsze jest chwilę po porze lunchu, a przypływy kwadraturowe pojawią się chwilę przed śniadaniem. Łącząc wszystko razem, jeśli wędruję blisko Portsmouth i pamiętam, że ostatnio widziałem prawie pełny księżyc, to wiem, że muszą się zbliżać pływy syzygijne. Mogę się zatem spodziewać, że w ciągu dnia będą duże przypływy, a małe odpływy na jego początku i na końcu.

Jedno z najczęstszych pytań w sprawie pływów brzmi: to przypływ czy odpływ? Wilgoć kamieni i piasku jest wskazówką, ale lepiej rozejrzeć się w poszukiwaniu mew, kulików, wron i ostrygojadów. Te ptaki wiedzą, że znajdą na piasku znacznie lepsze jedzenie podczas odpływu.

Ostatnia rzecz, której warto być świadomym, dotyczy występowania pływów. Poziomy przepływ wody jest największy pomiędzy najwyższym i najniższym pływem w każdym kierunku. Jeżeli idziesz popływać i wolisz mniejsze prądy, to przypływ i odpływ jest lepszy niż czas pomiędzy nimi.

Istnieją dwa ogólne czynniki decydujące o rozmiarze pływów, które widzimy, i pomogą ci one przewidzieć, co możesz napotkać na swojej drodze. Księżyc sprawia jedynie, że poziom morza wzrasta o około 30 centymetrów, a słońce może dodać kolejne 15. Wszystkie pozostałe zmiany są konsekwencją innych czynników, z których najważniejsza jest topografia. Większość pływów na wybrzeżu powstaje, gdy małe wybrzuszenie wody napotka twardą przeszkodę. Pływy o dużych wysokościach powstają w wyniku efektu leja, gdy woda zostaje ściśnięta przez linię brzegową – dużych pływów nie odnotowuje się w głębi morza.

Im większy zbiornik wodny, tym większe prawdopodobieństwo powstania ogromnych pływów. Morze Śródziemne ma małe pływy, a wybrzeża Oceanu Atlantyckiego widziały już te olbrzymie. Brzegi skierowane na zachód doświadczyły większych pływów niż te skierowane na wschód. Dzieje się tak dlatego, że kierunek obrotu Ziemi wpływa na wschodnio płynące fale, zwane falami Kelvina.

Bristol i Lowestoft to dwa brytyjskie porty, które mają dostęp do Oceanu Atlantyckiego. Po połączeniu powyższych prawidłowości zrozumiemy, dlaczego zachodni Kanał Bristolski jest świadkiem dużych, dwunastometrowych pływów, a wschodni Lowestoft tych niższych, sięgających tylko dwóch metrów.

Rzeki, jeziora i stawy

Odbicia niskich i odległych przedmiotów zobaczysz jedynie na spokojnej powierzchni wody; z tego powodu w wodzie morskiej nie odbijają się drzewa ani budynki. Odbicia tych obiektów są widoczne na nieruchomej wodzie, na przykład na osłoniętych jeziorach, tylko wtedy gdy nie wieje wiatr lub jest słaby. Opis powierzchni wody jako lustra stał się banałem, ale jeżeli dostrzeżesz taki efekt, to zatrzymaj się i rozkoszuj nim, ponieważ nie będzie on trwał długo. Zauważ, jak najdelikatniejsza bryza sprawia, że odbicie zanika. Ostatnio miałem dużo szczęścia i w czasie pikniku mogłem podziwiać odbicie linii drzew oraz odległych gór na szkockim jeziorze. Drzewa były idealnie widoczne na nieruchomej tafli, a kilka metrów dalej, na powierzchni zmarszczonej wiatrem, odbicia znikły.

Przewidywanie tego, gdzie na jeziorze czy rzece zobaczysz zmarszczki, jest sztuką. Patrząc na powierzchnię wody, dostrzeżesz ciemne i jasne obszary. Będzie to mieszanina jasnych i ciemnych odbić, w zależności od tego, czy patrzysz na odbicie nieba czy lądu. Delikatne zmarszczki są widoczne pomiędzy granicami jasnych i ciemnych obszarów, ponieważ jest to strefa, w której zmarszczki widoczne na wodzie mieszają jasne i ciemne odbicia. Gdy następnym razem dostrzeżesz nienaruszoną taflę wody i pomyślisz, że nic się na niej nie dzieje, poszukaj linii między ciemnymi a jasnymi odbiciami, a dostrzeżesz delikatne zmarszczki[10].

Patrząc na linię, na której łączą się jasne i ciemne odbicia, dowiesz się, co robi woda

Jeżeli przez chwilę będziesz szedł wzdłuż prostego odcinka rzeki, zwróć uwagę na jej szerokość. Żadna rzeka nie będzie prosta na odcinku dłuższym niż dziesięciokrotność jej szerokości – nie pozwoli na to fizyka przepływu rzeki[11]. Istnieje wiele odcinków, na których rzeka jest prosta przez wiele kilometrów, ale to wskazówka dotycząca ludzkiej inżynierii. Szerokość rzeki podpowiada również, jak ostre będą jej zakręty, a promień zakrętu jest dwa lub trzy razy większy niż szerokość rzeki. Innymi słowy, im węższa rzeka, tym ostrzejszych zakrętów możesz się spodziewać.

W rzece znajdziemy różnego rodzaju śmieci, od plastikowych butelek po liście i gałęzie. Punkt zatrzymania śmieci sygnalizuje bieg rzeki, ponieważ zbierają się one w miejscach, w których woda zwalnia lub stoi. Niektórzy twierdzą, że śmieci zbierają się na prawo od kierunku płynięcia wody[12]. Wszystko, co na północnej półkuli pokonuje duże odległości, będzie popychane na prawą stronę przez efekt Coriolisa, co sprawdza się w wypadku systemów pogodowych, efekt ten jest jednak za słaby, żeby zaobserwować go na rzece.

Jeżeli wiosłujesz kajakiem po rzece i potrzebujesz pomocy w odczytywaniu prądów, szukaj wskazówek u roślin. Tak samo jak drzewa i wiatr rośliny będą odzwierciedlać przepływ wody. Im bliżej ziemi się znajdują, tym szybciej płynie woda, więc w zależności od tego, czy płyniesz w górę, czy w dół, wskażą ci miejsca, którymi chcesz popłynąć, lub takie, których wolisz uniknąć.

Jedną z ogólniejszych prognoz dotyczących rzek i jezior jest to, że z czasem rzeki stają się głębsze i szersze, a jeziora się kurczą. Brzegi jezior ulegają zamuleniu, zaczynają rosnąć na nich rośliny i rozpoczyna się proces samowzmacniającego się zarastania. Proces ten jest widoczny na brzegach jezior, które nie nadają się do wędrówek, a jeziora – do pływania.

Patrząc na czysty staw, zdołasz zobaczyć jego dno, a rozrywką stanie się efekt optyczny. Zauważ, jak gładkie brzegi liści lilii wodnej różnią się od spodu. Liście delikatnie unoszą się na brzegach, a powierzchnia wody zamienia się w soczewkę załamującą światło i marszczącą cień rzucany przez liść.

Za każdym razem gdy słońce spotyka się z wodą, jego światło zostaje załamane i odbite. W słoneczny dzień spójrz na płytką wodę, a na jej dnie zobaczysz sieć tańczących jasnych linii, będącą wynikiem załamania promieni słonecznych. Takie same tańczące linie, odzwierciedlające światło, zobaczysz pod mostami. Jeżeli znajdziesz biały kamyk, wrzuć go do czystego stawu, oddal się i spójrz na niego z pewnej odległości. Z góry będzie wydawał się niebieski, a na dole czerwony, ponieważ z każdej strony światło pokonuje nieco inną drogę, zanim trafi do naszego oka.

Coś rybnego

Dobrym sposobem zdobywania informacji na temat wody jest zrozumienie zwyczajów ryb. Istnieją dwie główne grupy ryb, którymi możemy się zainteresować: słodkowodne i morskie. Ryby słodkowodne żyją zazwyczaj w jednym miejscu, a morskie ciągle się poruszają w poszukiwaniu pokarmu. Ten pokarm, a za nim ryby, przemieszcza się wraz z prądami, dlatego warto śledzić występowanie prądów pływowych. Na samym początku pływu, w górze rzeki, będzie więcej ryb niż w jej dolnym biegu, pod koniec pływu. Właśnie dlatego ryby morskie najlepiej łowić blisko pełni lub nowiu, gdy pływ jest największy.

Łowienie ryb słodkowodnych to zupełnie co innego. Tutaj znaczenie mają nawet najmniejsze zmarszczki pojawiające się na powierzchni wody. Pomyśl o tym jak o tropieniu: każda ryba będzie na swój własny sposób znaczyć powierzchnię wody. Ślady na wodzie powstają od ruchu małych ryb, takich jak jelce, wynurzających się, aby schwytać owady. Jeśli woda wydaje się wrzeć, to może oznaczać, że karp zamierza się wynurzyć, aby złożyć ikrę. Jeżeli słyszysz pluski i chlapanie, odszukaj miejsce, w którym znajduje się ryba, przypominające powiększający się okrąg. Zarówno łososie, jak i pstrągi skaczą w ten sposób; patrz na to miejsce, a jeżeli spod powierzchni wyskoczy ryba, prawdopodobnie będzie to pstrąg. Gdy znajdziesz pod wodą pstrąga, który się nie rusza, będziesz mógł określić kierunek przepływu wody, ponieważ pstrągi lubią kierować się w górę i czekać, aż przypłynie do nich jedzenie.

Złote wskazówki

Każdy widział na plaży poszukiwaczy skarbów – samotne osoby ze słuchawkami na głowie, chodzące w ciszy i machające wykrywaczami metalu. Poszukiwacze nie są lubiani, bo większość z nich zapomina, że za każdą aktywnością związaną z ludzką ciekawością musi kryć się kunszt. Poszukiwanie skarbów za pomocą wykrywacza z kunsztem ma niewiele wspólnego.

Dobrzy poszukiwacze skarbów znają plażę lepiej niż niejeden przyrodnik. Plaża zmienia się wraz z każdą falą oraz przeobraża po każdej wichurze – jest to rzeźba nieustannie zmieniająca swój kształt. Ten, kto to zrozumie, może zostać wynagrodzony złotem. To nie przypadek decyduje o miejscu porzucenia biżuterii, lecz siły natury działające według prostych zasad. Zgubioną biżuterię można odnaleźć przy odrobinie pracy detektywistycznej. Oczywiste jest to, że więcej złotych przedmiotów znajdziemy w okolicy drogich hoteli niż na bezludnej wyspie, ale to tylko wstęp do znacznie ciekawszych spostrzeżeń.

Kiedy poszukiwacz wypłukuje złoto, oczyszcza je z brudu w misce z wodą do chwili, aż cięższy obiekt spadnie na dno. Gdy giną małe i ciężkie przedmioty, takie jak złote pierścionki, plaża sama zaczyna je wypłukiwać. Fale obmywają piasek i ciężkie złote przedmioty grzęzną coraz głębiej, dopóki nie natrafią na barierę w postaci twardszego podłoża pod piaskiem, na przykład na kamienie i muszelki, i tam się nie zatrzymają.

Złoto można znaleźć w miejscach, gdzie ruch piasku jest pionowy, warto więc patrzeć na jego powierzchnię. Plaża nie jest ani płaska, ani równa. Za każdym razem gdy znajdziesz miejsca, gdzie piasek wydaje się zanurzać i znikać przy linii brzegowej, masz przed sobą punkt, w którym możesz znaleźć złoto. Dołeczki w piachu najłatwiej znaleźć, patrząc z pozycji poziomej oraz gdy słońce jest nisko na niebie – takiej samej techniki używają poszukiwacze. Dziury występują najczęściej w miejscach, gdzie krzyżują się fale. Najbardziej zagorzali poszukiwacze skarbów udoskonalają tę technikę, zakładając okulary polaryzacyjne, które pomagają im wybrać właściwe zagłębienie.

Gotowy?

Połączenie wiedzy o nadmorskich roślinach, porostach oraz zwierzętach z tym, czego dowiedziałeś się o pływach, otwiera przed tobą możliwość sprawdzenia siły dedukcji. Jeżeli w południe, rozkoszując się kubkiem herbaty, wyglądasz z okna kawiarni wprost na plażę, to w jaki sposób wywnioskujesz, czy tego dnia wybrać się na nocny spacer? Warto wiedzieć, ile światła księżycowego oświetli ziemię (zobacz rozdział o księżycu), ale patrząc na niebo, nie zobaczysz księżyca. Jak rozwiązać ten problem?

Najpierw musisz znaleźć na kamieniach czarne, pomarańczowe i szare porosty, następnie odszukać na plaży ostrygojady i zaobserwować, że woda opada po przypływie. Następnie dostrzeżesz, że ledwie dociera do czarnych porostów i nie ma jej nigdzie w pobliżu pomarańczowych – oznacza to, że musi być to pływ kwadraturowy; jeżeli jest wiosna, to przypływ będzie znacznie wyższy. Pływ kwadraturowy świadczy o tym, że tej nocy księżyc znajdzie się między nowiem a pełnią, co oznacza, że wzejdzie sześć godzin przed słońcem (trzecia kwadra) lub sześć godzin po nim (pierwsza kwadra). Jeśli widzisz go na południowo-wschodniej części nieba, znajduje się w pierwszej kwadrze i będzie świecił wczesnym wieczorem. Gdy księżyca nie widać w tym miejscu na niebie, to musiał zajść kilka godzin temu, jest w trzeciej kwadrze, a noc będzie bardzo ciemna aż do najwcześniejszych godzin porannych – będzie zbyt ciemno, aby wędrować bez latarki.

Nie przejmuj się, że nagle otrzymałeś za dużo informacji na raz. Tak powinno być i każdy dodatkowy krok oznacza, że technika i dedukcja stają się lepsze. Sztukę dedukcji trzeba ćwiczyć, a tutaj miałeś sporo okazji. Chciałem ci pokazać, jak za pomocą kamieni, porostów, wody morskiej, pływów, ptaków oraz księżyca możemy przewidzieć, w jakich warunkach będziemy wędrować.

ŚNIEG I PIASEK

Dlaczego płatki śniegu rosną?

Jeżeli zdarzy się, że będziesz wędrował po śniegu lub piasku, powinieneś pamiętać o kilku rzeczach.

Piasek jest ciągle przesuwany przez wiatr. Od czasu do czasu śnieg będzie padał pionowo, ale częściej towarzyszą mu podmuchy wiatru. Dzięki temu otoczenie jest pełne wskazówek, ponieważ zarówno na stronie nawietrznej, jak i zawietrznej, mimo przeszkód takich jak rośliny, znajdziemy na piasku i śniegu różne charakterystyczne znaki. Możesz je wykorzystać do wyznaczenia stron świata, gdy tylko skręcisz w stronę, z której wieje wiatr.

Piasek

Ślady działania wiatru można znaleźć w każdym piaszczystym miejscu na świecie, zaczynając od olbrzymich pustyń, a kończąc na plaży blisko domu.

Wydmy piaskowe mają takie same grzbiety jak wzgórza, a obie strony grzbietu różnią się od siebie. Strona nawietrzna jest mniej stroma i zrobiona z ubitego piasku, po którym człowiek łatwo się porusza. Strona zawietrzna jest stroma, piasek jest miękki i trudno się po nim chodzi, dlatego nosi nazwę „śliskie zbocze". Na pustyni zaoszczędzisz dużo czasu, wiedząc, z której strony zazwyczaj wieje wiatr. Nie musisz udawać się na pustynię, aby doświadczyć tego efektu – znajdziesz go na piaskowym wzgórku nie sięgającym ci do kostek.

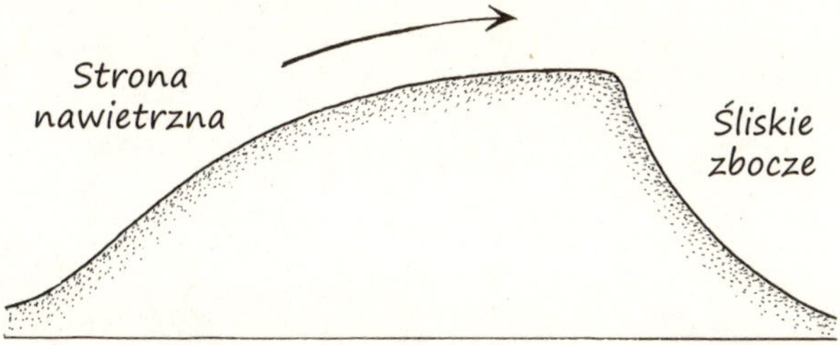

Jeśli rozumiesz działanie wiatrów dominujących na danym obszarze, każda wydma pokaże ci kierunek. Nie ma znaczenia, czy mają wysokość dwóch pięter czy dwóch centymetrów

Podczas kursów prowadzonych na pustyni proszę uczestników, aby stanęli na szczycie wydmy i zeszli najpierw z jednej, a potem z drugiej strony. Wszyscy czują ogromną różnicę. Później schodzimy w kierunku zagłębień między wydmami i wtedy proszę, żeby każdy położył się na brzuchu i obserwował małe piaszczyste kopczyki, których nie widać z pozycji stojącej, a następnie delikatnie dotknął obu stron tej miniaturowej wydmy. Wszyscy są zaskoczeni różnicą między nimi. Możesz spróbować tego samego na jakiejkolwiek wydmie: dużej czy małej, blisko czy daleko.

Piasek zazwyczaj nie przywiera do napotkanych przeszkód, ale zostawia na nich ślady w postaci erozji. Na Saharze natknąłem się na niezliczoną ilość kamieni, które wyglądały tak, jakby ktoś z jednej strony potraktował je papierem ściernym, dzięki czemu służyły mi za niezawodny kompas.

Śnieg

Śnieg po stronie nawietrznej będzie znacznie cięższy i ubity, a ten po zawietrznej – bardziej sypki. Powód jest prosty: cząsteczki na stronie nawietrznej były popychane w kierunku przeszkody, z drugiej zaś strony śnieg sypał łagodniej, tworząc długie puszyste wały.

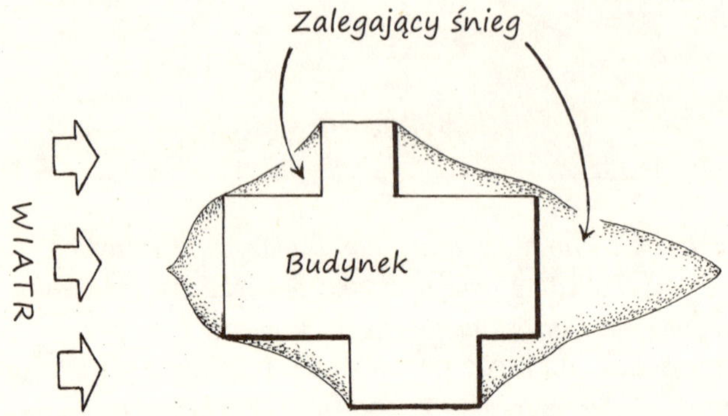

Śnieg osiada w inny sposób na różnych przeszkodach, takich jak drzewa czy budynki, znajdujących się po stronie zawietrznej i nawietrznej. Śnieg na stronie zawietrznej jest twardszy, a na nawietrznej – miększy

Dobra wiadomość jest taka, że nie musisz wiedzieć, jak padał śniegu ani co dokładnie robił wiatr, aby użyć śniegu jako kompasu. Musisz obserwować otoczenie i wkrótce zauważysz powtarzalny schemat. Jeżeli wiał silny wiatr, na jednej stronie drzewa zobaczysz długie, cienkie pionowe śniegowe pasy – prawdopodobnie pomiędzy północną a wschodnią stroną. Ta prawidłowość powtórzy się na całym obszarze, niezależnie od tego, o którą stronę drzewa chodzi.

Po obfitych opadach poszukaj na drzewach przyklejonych pasów śniegu. Będzie to ta sama strona dla całego obszaru

W miejscach, na które pada więcej promieni słonecznych, śnieg roztopi się szybciej. Tak samo jak kałuże śnieg utrzymuje się dłużej po południowej stronie ścieżek, co można zaobserwować na północnej części kępki trawy oraz na całym zboczu góry.

Inne śnieżne wskazówki

Śnieg daje wspaniałe możliwości tropienia. Nawet najmniejszemu stworzeniu trudno jest uniknąć pozostawienia śladów na śniegu, ponadto łatwo odczytać z niego dokładny kierunek poruszania się ludzi. Istnieje pewna reguła, której warto być świadomym podczas szukania tropów. Otóż słońce padające bezpośrednio na śnieg sprawi, że wyparuje on – zmieni się z substancji stałej w gazową. Zbity śnieg wyparowuje znacznie wolnej niż znajdujący się dookoła niego sypki śnieg. Oznacza to, że na cienkich warstwach śniegu, na które pada słońce, możesz znaleźć ślady, które mimo topniejącego śniegu są nadal widoczne, lub ścieżki, które wydają się wyższe niż otaczający je śnieg. Nawet nieznacznie ubity śnieg będzie bardziej odporny na proces sublimacji, a czasami może się zdarzyć, że znajdziesz w śniegu pozostałości tuneli wykopanych przez gryzonie.

Jeżeli zauważysz, że spadające płatki śniegu rosną, może to oznaczać, że zbliża się odwilż. W najzimniejszym powietrzu pojawią się jedynie malutkie i twarde ziarenka śniegu, ale wraz ze wzrostem temperatury płatki będą coraz większe. Największe i najbardziej efektowne płatki śniegu spadają przy temperaturze tuż poniżej zera. Może wydawać się to sprzeczne z intuicją, ale zostało zbadane naukowo.

Widok niebieskiego nieba i spokojnej doliny nie gwarantuje miłej wędrówki. Jeżeli planujesz wyprawę w górzyste tereny, warto zwrócić uwagę na śnieżne „banery". Są to białe pasy śniegu, które zostały zdmuchnięte z grzbietów lub szczytów i stanowią przydatną wskazówkę ostrzegającą przed surowymi warunkami i kierunkiem wiatru na odkrytym terenie.

Biała i wyżłobiona powierzchnia śniegu pokazuje, że na danym obszarze wiały silne wiatry i że jest to teren narażony na ich działanie. Jeżeli stoisz poniżej linii drzew, ilość śniegu na drzewach oraz ich wysokość i kształt wskażą ci bardziej zaciszny lub wyeksponowany obszar.

Lawiny[1]

Umiejętność przewidywania lawin jest wiedzą ekspercką, a najmniejsza pomyłka może spowodować śmierć wielu osób. Warto jednak znać kilka ogólnych zasad, którymi kierują się specjaliści.

Wiele osób patrzy na śnieżny krajobraz i myśli, że niczym się on nie wyróżnia, tymczasem każdy śnieg ma swój charakter i historię. Każda jego linia czy warstwa jest wskazówką dotyczącą wyjątkowego sposobu formowania się, i tym samym mówi nam, jak on się zachowuje. Niektóre związane z tym kwestie są wszędzie takie same.

Zimny ubity śnieg jest bardziej podatny na lawiny niż ciężki, lekko rozmrożony, ponieważ jego warstwy są słabo związane. Gdy następnym razem zobaczysz pęknięcie w śniegu lub sam je zrobisz, zauważ, że każda warstwa śniegu jest inna, bo mówi o warunkach i temperaturze, w jakich powstawała. Ze zboczy osłoniętych przed wiatrem również może zejść lawina. Lawiny najczęściej występują na północnych i wschodnich zboczach. Zbocza skierowane na północ przyciągają osoby jeżdżące na nartach i na desce, a to ludzie najczęściej inicjują najbardziej niebezpieczne lawiny.

Prócz tych ogólnych zasad można wskazać kilka bardziej szczegółowych. Pęknięcia na powierzchni śniegu świadczą o niepewnych warunkach pogodowych. Jeżeli ulegają powiększeniu i mają ponad 10 centymetrów, ryzyko lawiny jest bardzo duże. Małe śnieżne kuleczki, które toczą się ze zboczy, gdy wzrasta temperatura, same w sobie nie są zagrożeniem, ale jeżeli zaczną się powiększać, stają się śnieżnymi kulami i zwiastunem lawiny.

Śnieżne kulki to zwiastun lawiny

Nie spotkałem się jeszcze ze śnieżnym lub piaszczystym krajobrazem, który nie podsuwałby wielu wskazówek dotyczących stron świata, w postaci fal czy wydm, których jest pełno od Omanu po Aviemore. Może się zdarzyć, że uda ci się posłużyć śnieżnymi i piaskowymi wskazówkami w tym samym czasie.

Kilka lat temu wspiąłem się w końcu na Tubkal, najwyższy szczyt w górach Atlas, i stanąłem, żeby podziwiać widok. Pod nogami miałem kurz i piasek, wskazujące południowy zachód, osiadłe z dala od nieosłoniętej od wiatru strony. Słońce było coraz wyżej na niebie i przez wszystkie poprzednie dni wspinaczki panowały letnie temperatury, mimo to w szczelinach skierowanych na północ chowały się niezliczone śnieżne kompasy, pobłyskujące na całej górze.

WĘDRÓWKA Z DAJAKIEM – CZĘŚĆ DRUGA

Cena paliwa jest realną miarą odległości od cywilizacji – ostatnie tankowanie w głębi Borneo kosztowało nas cztery razy więcej niż pierwsze, jeszcze na wybrzeżu. Zacumowaliśmy łódź niedaleko pływających w rzece dzieci z Apau Ping. Ta wieś stanowiła bazę zaplanowanej wyprawy. Aby do niej dotrzeć, podróżowaliśmy rzeką przez osiem dni, pokonując niecałe 200 kilometrów od wybrzeża, a wszystko miało się jeszcze bardziej spowolnić.

Nad talerzem smażonego manioku omawialiśmy nasze plany z naczelnikiem wsi. Plan był bardzo prosty: chciałem się dostać do Long Layu, wsi położonej na północ od Apau Ping. Był to szlak, którym średnio raz w roku wędrowali ludzie z Zachodu z doświadczonymi Dajakami z miejscowych wsi jako przewodnikami. Na pierwszy rzut oka wyprawa wydawała się łatwa, ale prawdę mówiąc, prowadziła skrajem utartych szlaków. Nie każda wcześniejsza wędrówka tą trasą była udana. Ludziom z Zachodu powinno na jej przejście wystarczyć sześć dni, ale nie zawsze wszystko szło zgodnie z planem.

Później dowiedziałem się o prowadzonej przez Dajaków wyprawie, która zgubiła się czwartego dnia, a ósmego wróciła do punktu wyjścia. W czasie kolejnej wyprawy biali zboczyli z trasy i cztery dni zajęło im ustalenie, gdzie się znajdują. Dziesiątego dnia dotarli do Long Layu. Po tej wyprawie Dajakowie wymyślili nowe powiedzonko, które niezwykle mnie bawiło: *Long Layu tidak ada*, czyli „Nie ma takiej wsi Long Layu". To właśnie powtarzaliśmy przez nadchodzące dni.

Wyprawa z Apau Ping do Long Layu idealnie odpowiadała zaplanowanemu przeze mnie badaniu. Trudno jednak było wymagać, aby dajacki przewodnik poprowadził nas trasą, której nie zna. Oni po prostu tak nie robią. Nie mają map, kompasu ani GPS-u i ich wiedza dotycząca szlaków jest oparta na doświadczeniu i przekazywana, a bardzo rzadko zdobywa się ją, przecierając nowy szlak. Ta wyprawa była trudna nawet dla najbardziej doświadczonych przewodników. Ja tymczasem zbierałem materiały i chciałem jak najwięcej nauczyć się o tym, jak Dajakowie szukają drogi z punktu A do punktu B, i poznać wskazówki, na których polegają.

Po kolacji złożonej z gotowanych rybich głów i ryżu zauważyłem, jak korzenie drzew zmieniają się w pobliżu wsi. Ich kształt zależał od temperatury – im bardziej otwarta przestrzeń, tym niższe i grubsze są drzewa. Istniała jeszcze jedna wspólna zasada – wraz ze wzrostem wysokości nad poziomem morza drzewa w dżungli stają się niższe. Mieszkaniec prostego drewnianego domku wyjaśnił mi, że palmy rosnące wzdłuż rzeki sygnalizują sąsiedztwo wsi, co też spostrzegłem w czasie mojej rzecznej podróży.

Później tego wieczoru odkryłem, że indonezyjska armia miała w okolicy swój oddział, który generatorem zasilał przez dwie godziny tymczasową wieżę przekaźnikową dla telefonów komórkowych. Z wodoodpornej torby w wodoodpornym plecaku wyciągnąłem wodoodporne etui i włączyłem swój telefon – pierwszy i ostatni raz w ciągu dwóch tygodni. Mieszkańcy wsi i młodzi żołnierze stłoczyli się na skrawku murawy, gdzie sygnał był najsilniejszy, i próbowali wysłać SMS.

Następnego ranka poznaliśmy naszych przewodników. Miał nas prowadzić Titus. Nie da się go opisać bez użycia języka homoerotycznego: świetnie zbudowany, opalony na całym ciele i wspaniale umięśniony. Na Zachodzie zostałby uznany za kulturystę, tutaj jego ciało zostało wyrzeźbione podczas pracy, od której prawdopodobnie pękłby mój kręgosłup.

To właśnie z powodu Titusa przeleciałem tysiące kilometrów i spędziłem kilka dni w drewnianej łódce. Dla niego też wyrwałem się z komfortowej wioski Dajaków i udałem się na wędrówkę z dala od cywilizacji. Titus nie tylko był Dajakiem, ale należał również do ludu Penan, jednej z najciekawszych społeczności na świecie. Do niedawna prowadzili koczowniczy tryb życia, byli też ludem zbieracko-łowieckim zamieszkującym w samym sercu Borneo. Teraz stali się ludem osiadłym – niektórzy nie dalej jak dziesięć lat temu. Jednakże będąc tam, słyszałem, że koczowniczy tryb życia nadal jest praktykowany przez małe grupy[1].

Titus nie był koczownikiem, ale wywodził się z koczowniczego plemienia i był związany z tym tradycyjnym trybem życia jak nikt inny na Borneo. Pod koniec tygodnia, który spędziliśmy, wspólnie wędrując, nie miałem wątpliwości co do jego znajomości lasów deszczowych oraz niezwykłych umiejętności.

Titus miał do pomocy asystenta, Nusa, który mieszkał w tej samej wsi. Nus miał wiele zdolności, był znakomitym myśliwym, lecz nikt nie miał wątpliwości, który z nich był liderem i ekspertem. Kiedy później tego dnia Shady tłumaczył im moje pytanie, czy kiedykolwiek któryś z nich się zgubił, Nus pokiwał głową i uśmiechnął się z zakłopotaniem. Później spojrzał na Titusa i powiedział, że ten nigdy się nie zgubił i nie zgubi. Dawał do zrozumienia, że pomysł, że Titus może się zgubić w lesie, jest absurdalny.

Tuż po tym, jak rozpoczęliśmy naszą wyprawę, rzeka okazała się niemal nieżeglowna, więc ulżyło mi, kiedy Titus powiedział, że razem z Shadym powinniśmy wysiąść i iść brzegiem, podczas gdy on i Nus spróbują popłynąć. Wydawało mi się niemożliwe sterowanie łódką po takich bystrzach. Już wcześniej z naszą czwórką na pokładzie łódź tarła dnem o kamienie, a później miałem przeczucie, że wydarzy się coś złego, więc propozycja Titusa bardzo mi odpowiadała.

Z rzeki sterczały kamienie, silnik co chwila gasł. Wydawało się, że nie damy rady popłynąć. Nus zdjął koszulę, wskoczył do spienionej wody i trzymając łódź za dziób, prowadził ją między kamieniami. Śruba silnika wyskoczyła z wody, a potem wydała przerażający dźwięk, jak gdyby uderzała o kamienie. W końcu łódź ruszyła. Przeciągnęliśmy ją na drugą stronę rzeki, a Titus założył zapasową śrubę na długi wał napędowy. Następnie podniósł z brzegu kamień wielkości pięści, wybrał drugi duży płaski kamień, który miał mu służyć za kowadło, i zaczął przywracać zepsutą śrubę do stanu pierwotnego.

Od samego początku uderzyło mnie doświadczenie Titusa i Nusa. Byli zajęci od wschodu do zachodu słońca i nigdy nie widziałem, aby próżnowali. W najgorszym razie palili i ostrzyli maczety, ale zazwyczaj tworzyli coś z materiałów dostarczonych przez las.

Gdy przepakowywaliśmy swoje rzeczy, Shady i ja spoglądaliśmy zaskoczeni na Titusa, który miał w bagażu trzy kilogramy białego cukru. Zaczęliśmy wchodzić pod górę. Patrząc w dół, na dopływ rzeki towarzyszący nam przez długi czas, poczułem dziwną chęć oddalenia się od niego. Cieszyłem się, że znów wędrujemy pieszo. Zapisałem w notesie: „Kolor dopływu różni się od koloru rzeki głównej. Dopływ – przezroczysty, niebieskawy, główna – mulisty, mętny brąz".

W ciągu nadchodzących tygodni wędrówki chciałem osiągnąć trzy główne cele. Po pierwsze, zgromadzić jak najwięcej informacji o tym, w jaki sposób Titus używa naturalnej nawigacji. Po drugie, sprawdzić własne umiejętności nawigacji, porównując za każdym razem oszacowany przeze mnie kierunek lub odległość z mapą oraz wskazaniami kompasu i GPS-u, które z sobą miałem. Po trzecie, przekonać się, czy potrafię znaleźć jakieś wskazówki dotyczące kierunków świata w lesie deszczowym. Ostatni cel był ambitny, ponieważ znajdowaliśmy się bardzo blisko równika i spostrzegłem, że wskazania wiatru były rzadkie i mylące. W klimacie umiarkowanym, takim jaki występuje w większej części Europy oraz w Stanach Zjednoczonych, bardzo szybko można dostrzec te wskazówki, ponieważ każdy krajobraz charakteryzuje się asymetrią. Do tej pory twierdziłem, że ani słońce, ani wiatr nie przydają się w nawigacji w równikowych lasach deszczowych. Ale nie mogłem być tego pewny, dopóki nie sprawdziłem.

Dostrzegłem pierwszą z naturalnych wskazówek: prawie każde drzewo miało pokaźne korzenie skarpowe. Grunt w tropikach jest zazwyczaj rozmokły, co sprawia, że drzewa nie są w stanie się dobrze w nim zaczepić. Drzewa znalazły na to sposób – zamiast próbować wrastać w głąb, wypuszczają ogromne korzenie skarpowe, które działają jako podpora. Wchodząc pod górę, zauważyłem, że korzenie skarpowe były znacznie większe i dłuższe przy dolnej części drzewa. Kierowały się w stronę rzeki płynącej dnem doliny. Korzenie skierowane w stronę rzeki to dobry pomysł, wskazówka ta nie miała jednak żadnego znaczenia, bo taki układ wymuszało nachylenie terenu.

Poprosiłem, żebyśmy się zatrzymali, bo chciałem zrobić kilka zdjęć. Zauważyłem wtedy, że grzyby porastające drzewa preferowały stronę południową. Zastanawiałem się dlaczego. Tak blisko równika w czerwcu słońce znajduje się wysoko na północnej części nieba, w grudniu – wysoko na części południowej, a w marcu i we wrześniu – prosto nad głową. Dlaczego więc grzyby rosły od południa? Nie wiedziałem, ale czułem podniecenie, że tak od razu udało mi się coś zauważyć. Po zapisaniu tego spostrzeżenia spojrzałem w górę, na

Titusa. Był niezadowolony, bo butelka oleju przesuwała się w jego plecaku i gniotła go w plecy. Wyjął *mandau*, maczetę używaną przez wszystkich Dajaków, odciął nią kawałek kory z drzewka *kidau* i w mgnieniu oka zaklinował butelkę. Titus i Nus mieli plecaki w kształcie worka, uplecione z naturalnych surowców. Jeśli plecak okazał się za mały lub za duży, przerabiali go od ręki.

Kiedy przekraczaliśmy pierwszy z wielu dopływów, przekonałem się, co będzie dla mnie najtrudniejsze. Moje europejskie buty nie nadawały się do chodzenia po kamieniach w rzece. W dżungli musisz podjąć decyzję w sprawie obuwia i nie ma tu jednej obowiązującej zasady, która by ułatwiła wybór. Zachodni świat wybiera buty za kostkę, utrzymujące suche stopy, przynajmniej na początku dnia – sam takie nosiłem. (Z czasem wszystko staje się mokre, ale rzeczy można wysuszyć nad ogniskiem). Natomiast miejscowa zasada głosi, że tylko przyczepność ma znaczenie. Titus i Nus nosili białe tenisówki z małymi plastikowymi kolcami na podeszwach. W ciągu dnia ich stopy były stale mokre, ale nigdy się nie ślizgali. Moje buty mają świetną przyczepność w czasie wędrówek, lecz z powodu grubej podeszwy trudno w nich wyczuć grunt pod nogami. Shady miał lekkie zachodnie buty trekkingowe, poszedł więc na kompromis.

Titus i Nus mogli wędrować po najbardziej śliskich skałach, w błocie po kostki. Ja zaś co chwila ześlizgiwałem się ze skał do rzeki. Było to jednocześnie zabawne, żenujące oraz odrobinę przerażające. Zacząłem się martwić, że złamię nogę lub rozbiję głowę na skałach. Czasem trzeba było przejść po zwalonym pniu nad płynącą kilka metrów niżej rzeką, a ześlizgnięcie się z takiego pnia było niebezpieczne. Kilka dni zajęłoby nam dotarcie do punktu pomocy medycznej, więc tym bardziej nie chciałem doznać jakiegoś poważnego urazu. W lesie zawsze jednak można znaleźć jakieś rozwiązania. Pięć minut zajęło Titusowi ścięcie drzewka *kidau* i zrobienie z niego długiego kija do podpierania. Nie jestem pewny, czy sam bym na to wpadł, ale ten kij rozwiązał problem, poprawiał moją równowagę i sprawił, że przejście nad rzeką stało się mniej przerażające.

Po krótkiej wspinaczce stromym stokiem zaskoczyła mnie nagła zmiana: wyszliśmy z lasu deszczowego na trawiaste wzgórze. Zatrzymaliśmy się na jego szczycie i podziwialiśmy widok. Rzadko spotyka się taki krajobraz w kraju, w którym rosną same lasy deszczowe, ale ta niezwykła łąka pozwalała mi zbadać otoczenie. Górzysty obszar na północy stał się bardzo widoczny i przyglądałem się, jak czarne chmury ogarniają szczyty.

Titus wskazał dolinę pod nami i powiedział coś.

– Szukam tam pszczół – przetłumaczył Shady.

– Dlaczego?

– Posługujemy się pszczołami, aby odnaleźć źródła bogate w sól. Tam gdzie jest sól, są też zwierzęta. Sambary indyjskie oraz białe woły przyjdą, żeby ją lizać.

Właśnie wtedy trzy sambary wychyliły głowy zza krawędzi, a potem uciekły w popłochu. Pomyślałem, że woły, o których mówił Titus, są powodem występowania łąk. Pasące się zwierzęta zapobiegają powiększaniu się lasów – trawa przetrwa, ale nie młode drzewka.

Kontynuowaliśmy wędrówkę. Po godzinie zatrzymaliśmy się na chwilę, aby usunąć wszechobecne pijawki. Jedna przyczepiła się do mojej lewej dłoni, dwie do brzucha, jedna zwisała na każdej łydce. Brązowe pijawki trzymają się blisko ziemi i dlatego przyczepiają się głównie do nóg. Są nieszkodliwe, lecz uciążliwe, bo choć przysysają się bezboleśnie, potem duże ilości krwi ściekają po nogach. Pijawki tygrysie przyczepiają się do liści znajdujących się nieco wyżej nad ziemią i stąd przedostają się na górne partie ciała. Nazywa się je tygrysimi z powodu paska na ciele oraz dlatego, że ich przysysanie się jest wyczuwalne. Nieprzyjemne pod każdym względem, nie powodują na szczęście zagrożenia – w przeciwieństwie do roztoczy, które możesz napotkać blisko domu. Borelioza, choroba przenoszona przez kleszcze na wielu obszarach Wielkiej Brytanii, jest znacznie gorsza: może być przewlekła, a także wyniszczająca.

Jedynym poważnym problemem spowodowanym przez pijawki tygrysie są ich antykoagulanty. Pijawki, jak większość stworzeń wysysających krew, ułatwiają sobie pracę, wstrzykując antykoagulant, aby uniemożliwić krzepnięcie krwi. Z jakiegoś powodu ten antykoagulant działał niezwykle skutecznie na moją krew. Żadne oczyszczanie ani opatrywanie malutkich ranek nie zapobiegało płynięciu krwi i moja koszula szybko pokryła się groteskowym szkarłatnym wzorem.

Zatrzymaliśmy się na nasz pierwszy nocleg. Shady powiedział mi, że narastający dźwięk cykad w otaczającej nas dżungli zyskał nazwę „lot o szóstej". Titus i Nus wyjęli *manau* i zbudowali schronienie, używając ściętych młodych drzew oraz ogromnego brezentu. Przy kolacji składającej się z makaronu i ryżu rozpocząłem małe przesłuchanie, podczas którego Shady był moim tłumaczem.

– Odczytałem kształt rzeki i gór – wyjaśnił Titus. – Jeżeli poczułbym się zdezorientowany, to wspiąłbym się na najwyższy punkt, aby odszukać te rzeki i szczyty, które umiem rozpoznać. Jeżeli wysokość byłaby nieodpowiednia, to wspiąłbym się wyżej. Jeśli nadal byłoby za nisko, to wszedłbym na sam czubek drzewa. Patrzę i sprawdzam odległość pomiędzy każdym z punktów. Grzbiety gór, szczyty, rzeki – to nimi się posługuję.

Skończyliśmy jeść, a ja dodałem kilka sterylizujących tabletek do stygnącej przegotowanej wody. Było już ciemno, rozkoszowałem się widokiem dwóch świetlików lecących nad strumykiem poniżej naszego obozowiska. Wtedy Titus wypowiedział sześć słów, które opisały jego metodę nawigowania w dżungli:

– Jeśli jest płasko, to będzie trudno.

Waga tego twierdzenia dotarła do mnie dopiero po kilku dniach, kiedy zrozumiałem, co Titus rozumiał przez „płasko". Znajdowaliśmy się w górzystym kraju, a nasz szlak prowadził przeważnie po stromych zboczach. Od czasu do czasu Titus oznajmiał, że przez kilka godzin będziemy wędrować po płaskim. Ta informacja była zawsze dobrze przyjmowana przeze mnie i Shady'ego, ponieważ nasze zmęczone mięśnie cieszyły się z tej zmiany.

Teren, który pojawiał się pod stopami po takim komunikacie, nie był jednak wcale płaski – w Wielkiej Brytanii zostałby uznany za pagórkowaty. Teraz jestem pewny, że Titus miał na myśli teren, który nie jest podzielony na wyraźne grzbiety gór i wąwozy. Nie chodziło o trasę płaską, czyli pozbawioną nachyleń, lecz o to, że teren teraz się nieco otworzył i nie dominowały już w nim strome rzeczne doliny. Zmienił się jego charakter. Titusowi było trudniej orientować się w tych warunkach, ponieważ rzeki i strumienie stały się mniej widoczne i nie decydowały już o ukształtowaniu terenu.

Trudno przecenić znaczenie usytuowania rzek, ich charakteru oraz kierunek, w którym płyną, dla Dajaków. To na ich podstawie określają swoje położenie i znajdują drogę. Nazwy „północ", „południe", „wschód" i „zachód" nie mają większego znaczenia dla Dajaków, z którymi udało mi się porozmawiać. Żaden z nich nigdy nie posługiwał się kompasem, nie wspominając o GPS-ie, a mimo wszystko bez trudu orientowali się w terenie. Ponad dwadzieścia razy prosiłem Titusa, aby pokazał kierunek, w którym była wieś Long Layu (najpierw spróbowałem to zrobić sam). Prawie zawsze mnie pokonywał, a nasze pomiary różniły się o 10°; często zdarzyło mu się wskazać kierunek tak dokładnie, że ja mógłbym to zrobić tylko z użyciem mapy i kompasu. Był w stanie wskazać go ze szczytu wzgórz oraz dna doliny, bez względu na warunki atmosferyczne, nawet gdy widoczność ograniczała się do kilku metrów, tak jak to zwykle bywa w lasach deszczowych.

Opierał się na dwóch informacjach: po pierwsze, znał ukształtowanie terenu. Jego metoda nie działaby, gdyby znajdował się w miejscu, którego nie zna. Najprościej mówiąc, jeśli wiesz, że rzeka prowadzi z punktu A do punktu B, a ty zaczynasz w punkcie A, a następnie podążasz wzdłuż rzeki, to w końcu dotrzesz do punktu B (pod warunkiem że idziesz w dobrym kierunku!). Po drugie, cały czas znał swoją pozycję względem punktów orientacyjnych, takich jak rzeki, grzbiety gór oraz szczyty. Jest to znacznie trudniejsze, niż się wydaje, a Titus musiał tę umiejętność ćwiczyć od najmłodszych lat.

Poprosiłem go, aby naszkicował patykiem na błocie miejsce, w którym się znajdowaliśmy. Narysował trzy rzeki, Mangau, Berau i Bauhau. Następnie pomiędzy nimi zaznaczył grzbiet góry oraz miejsce, skąd wyruszyliśmy i dokąd zmierzamy. Bez wątpienia miał w głowie mapę rzeźby terenu.

Klucz do zrozumienia tego, co robił Titus, i w mniejszym stopniu Nus, aby znać swoje położenie w lesie deszczowym, ujawnił mi się w nieoczekiwany sposób: w języku, którym się posługiwali. Na czele zawsze szedł któryś z nich, ponieważ byli bardziej doświadczeni w ścinaniu zarośli. Jeśli Titus szedł z tyłu, bardzo często wykrzykiwał krótkie komendy do Nusa, który bez nich zgubiłby się kilkakrotnie w ciągu godziny. Myślałem, że te instrukcje brzmiały głównie „w lewo" lub „w prawo", ale myliłem się. Zanotowałem fonetycznie słowa, których używali, a na następnym przystanku poprosiłem Shady'ego, aby mi je przetłumaczył. Ich znaczenie mnie zaskoczyło. Titus od czasu do czasu używał słów „w lewo" lub „w prawo", ale bardzo rzadko. Najczęściej mówił: „pod górę", „z góry", „w górę rzeki", „w dół rzeki". W tym momencie różnica pomiędzy sposobem orientowania się w terenie Dajaków a ludzi z Zachodu stała się dla mnie oczywista.

Kilka dni później, gdy obozowaliśmy nad rzeką, moje spostrzeżenie się potwierdziło. Zgubiłem zapalniczkę. Titus zobaczył ją z daleka i powiedział, gdzie jest.

Shady przetłumaczył mi jego słowa.

– Leży na ziemi, w górę rzeki od menażki.

Nie wierzę, że człowiek z Zachodu byłby w stanie wskazać w taki sposób, gdzie znajduje się zapalniczka: względem kierunku nurtu rzeki oddalonej o dziesięć metrów. W tej chwili wszystko zrozumiałem. Tak jak plemię Guugu Yimithirr z Far North Queensland odnosiło wszystko do północy lub zachodu (rzeczy będące na zewnątrz są dla nich zawsze na północy lub zachodzie), tak Dajakowie stale widzieli bieg rzeki. Nawet jeśli zniknęła im z oczu na kilka godzin, to wciąż wyznaczała kierunek.

Teraz gdy ludzie chcą się przygotować na wyprawę po górzystym terenie lasów deszczowych, radzę im, aby się wybrali na jednodniową wycieczkę po pagórkowatym terenie i co jakiś czas zmieniali osobę, która idzie z tyłu i kontroluje prowadzącego grupę. Jedyne wskazówki, jakich może mu udzielić, to: „w górę", „w dół", „w górę rzeki", „w dół rzeki". Takie podejście sprawia, że zupełnie inaczej widzisz teren. Nawet jeśli nie planujesz wyprawy do dżungli, to warto spróbować tych komend przez godzinę albo dwie. Znacznie zwiększają one świadomość oraz umiejętność czytania terenu.

Langury czarne bawiące się na drzewach obudziły mnie rano. Powietrze było gęste od brzęczenia pszczół. Odkładając suche ubrania, włożyłem na siebie te zakrwawione i przesiąknięte potem, które próbowałem suszyć nad ogniskiem. Pozbyłem się porannej sztywności mięśni, gdy tylko zaczęliśmy się wspinać. Potrzebowałem kilku dni, aby zauważyć, że każdy poranek oraz popołudnie zaczynają się od wspinaczki. Było to logiczne – zawsze robiliśmy przerwę na lunch, a później obozowaliśmy nad rzeką, i zawsze poruszaliśmy się z dala od dolin. Szybko nauczyłem się pić dodatkową ilość wody na koniec śniadania i lunchu. Rzeki dyktowały rytm marszu i wyznaczały czas na odpoczynek.

Gdy odpoczywaliśmy na piaszczystym szczycie wzgórza, Titus wyjaśnił, że Dajakowie nie posługują się gwiazdami w celu nawigacji, ale że niebo pokryte gwiazdami zwiastuje suchy dzień. Powiedział również, że w nawigacji nie wykorzystują zwierząt, za to używają głosów ptaków. Wiedzą, co znaczą ptasie odgłosy: zawołania oznaczające, że ptak znalazł jedzenie, te sygnalizujące bójkę, trel mówiący o tym, że w pobliżu znajduje się jeleń. Widząc moje zainteresowanie ostatnim punktem, Titus oznajmił, że wiewiórki również są w stanie zawiadomić o obecności jelenia. Zapytałem, czy zwierzęta się ostrzegają, jeśli w pobliżu są ludzie, a on odpowiedział, że ptaki, wiewiórki, gibony oraz langury czarne przekazują sobie informację o nadchodzących ludziach.

Minęliśmy słone źródło, a Titus wskazał na pszczoły oraz obszar całkowicie zniszczony przez małpy. Zatrzymaliśmy się w tym miejscu, dookoła nas bzyczały owady, a ja obserwowałem, jak po ziemi porusza się morze czerwonych mrówek. Pozostali byli tym faktem niewzruszeni, ale ja zatrzymałem się i rozejrzałem nerwowo po okolicy. Wypiłem wodę z domieszką chloru, a Titus i Nus pili swoją słodzoną. Zdecydowałem się przejść po okolicy, zanim moje mięśnie zesztywnieją, i zamarłem, kiedy moją drogę przeciął jeżozwierz.

Jedną z konsekwencji nieustannej walki o utrzymanie równowagi i uniknięcie ześlizgnięcia się na łeb na szyję było to, że zacząłem zwracać uwagę na kolor i konsystencję błota znajdującego się pod moimi butami oraz oznaki nadchodzącej zmiany. Naturalnie ciemne błoto, spotykane w większości lasów deszczowych, często jest śliskie, ale nauczyłem się, że jeżeli natężenie światła się zwiększało, to było ono oznaką tego, że las zaczyna się przerzedzać, co z kolei świadczyło o suchych, piaszczystych glebach. Jasne gleby mają znacznie lepszą przyczepność. Wcześniej nigdy bym się nie domyślił, jak bliska jest relacja pomiędzy natężeniem światła, kolorem błota oraz prawdopodobieństwem skręcenia karku na dnie skalistej doliny.

Drugiej nocy Titus złożył bardzo prostą strzelbę. Zarówno on, jak i Nus mieli wprawę w posługiwaniu się dmuchawką ustną, a Nusowi udało się upolować ptaka za jej pomocą. Zapytani jednak, czy lepsza jest strzelba, czy dmuchawka ustna, popatrzyli na siebie, następnie na Shady'ego i na końcu na mnie. Taki wyraz twarzy mają ludzie, których ktoś zapyta: „Wolisz myć naczynia ręcznie czy w zmywarce?".

Titus wyjął z plecaka plastikowy woreczek. Znajdowało się w nim dziesięć nabojów do strzelby. Wyciągnął dwa, przerzucił w ręce, jeden włożył z powrotem do woreczka, a potem wyjął go jeszcze raz. Starałem się odgadnąć, co on robi. W końcu wziął dwa naboje i poszedł do ciemnego lasu deszczowego. Obserwowaliśmy razem z Shadym, jak jasna poświata jego latarki migocze niczym płomień na wietrze, a następnie znika. Pół godziny później usłyszeliśmy stłumiony dźwięk wystrzału, a za dwadzieścia minut Titus przekroczył płytką rzekę z przewieszonym przez ramię dużym mundżakiem. Wtedy dotarło do mnie, jaką decyzję musiał podjąć Titus: czy potrzebuje jednego czy dwóch nabojów. Kiedy nauczyłem się posługiwać dmuchawką, zdałem sobie sprawę, że Dajakowie uznają drugą próbę zabicia zwierzyny za pomocą strzelby za ekstrawagancję.

Gdy Titus powiesił i patroszył jelenia przy ognisku, Nus włączył latarkę czołówkę i zniknął w górze rzeki. Titus wrzucił do wody kilka niejadalnych części jelenia, a szeroko uśmiechnięty Nus wrócił z pełną torbą przerzuconą przez ramię. Torba się ruszała. Wyciągał z niej pojedynczo ogromne żaby i rozbijał ich głowy o kamienie na brzegu rzeki. Żaby nadal żyły, więc Nus przyjął inną taktykę: zamiast uderzać żabami o kamienie, uderzał kamieniami o żaby, co sprawiło, że w końcu je zabił.

Gdy Titus zobaczył tę masę żab, bez słowa zaczął robić ostre rożny z gałęzi drzew rosnących dookoła obozowiska. Żaby znowu ożyły, szarpiąc się, zwijając z bólu i skwiercząc nad ogniskiem.

Na śniadanie były podroby jelenia. Od razu rozpoznałem smak, konsystencję oraz zapach nerek i nie pytałem o części, których nie byłem w stanie zidentyfikować. Aby dostarczyć sobie energii, musiałem zjeść wszystko, a im mniej wiedziałem, tym lepiej. Dajakowie zawsze myślą praktycznie i pragmatycznie. Na Zachodzie wstrzymujemy się przed jedzeniem podrobów o szóstej rano. Na Borneo podroby psują się jako pierwsze, więc trzeba je zjeść na samym początku.

Mięso żab i jelenia piekło się na ogniu całą noc, a teraz zwisało, śmierdzące i czarne, z plecaków Titusa i Nusa. W dwie godziny zdobyli wystarczająco dużo jedzenia, abyśmy mogli wędrować przez trzy dni.

Podczas naszego pierwszego odpoczynku tego dnia Titus rozwodził się nad czytaniem rzek. Opisał swoją technikę w sposób bardzo podobny do metody, którą wielu nawigatorów zna jako „oporęczenie". Jeżeli wiesz, że pewien obiekt rozciąga się przez długi czas w kierunku, w którym chcesz iść, to idąc wzdłuż niego, na pewno się nie zgubisz. Następnie opisał, w jaki sposób identyfikuje przeróżne rzeki.

Patykiem naszkicował na błocie dwa kształty. Jeden był rozciągnięty i przypominał szeroką literę U. Drugi był węższy i mniejszy – jak litera V. Wyjaśnił, że dzięki temu może odczytać kształt ziemi oraz naturalne nachylenie, gdy schodzi ze zbocza dużej bądź małej rzeki, a znając jej przybliżony rozmiar, jest w stanie sobie przypomnieć, o jaką rzekę lub strumień chodzi i gdzie one się znajdują. Brzmi dość prosto, ale to imponująca umiejętność, szczególnie kiedy widzisz dwadzieścia zboczy dziennie i w końcu wszystkie zlewają ci się w jedno. Zauważyłem, że była to jedna z ważnych cech lokalnej nawigacji: zdolność dostrzegania różnicy tam, gdzie niedoświadczone oko widzi wyłącznie jednorodność. Oxford Street i Regent Street mogą wydawać się różne osobom lubiącym robić zakupy, ale Dajakom wydadzą się podobne.

Las deszczowy nigdy nie jest monotonny – zbyt dużo się w nim dzieje. Może być wyczerpujący, zdumiewający oraz zniechęcający, ale jest sceną tylu wydarzeń, że nigdy nie będzie nudny. Piątego dnia wyprawy ustaliliśmy już swój rytm. Obozy się rozbijały, nogi i krople potu opadały, czapki, buty, plecaki oraz pijawki przysysały się i odpadały w regularnym rytmie. Zakłócały go tylko niespodzianki. Nus został z tyłu, co nie było dla nas zaskoczeniem, ale gdy nie odpowiedział na wołania Titusa podobne do zwierzęcych odgłosów, Titus upuścił swój plecak na ziemię. Razem z Shadym zrobiliśmy to samo. Po dziesięciu minutach usłyszeliśmy skowyt bardzo podobny do tego, który wydał z siebie Titus. Nus pojawił się chwilę po tym, niosąc przed sobą olbrzymią małpę. Para szerokich jasnych oczu sprawiła, że miałem wrażenie, że jest wciąż żywa, ale gdy Nus rozluźnił dłoń, ciało małpy opadło bezwładnie. Początkowo zaniepokoiłem się, że Nus zdecydował się zabić małpę – znajduje się na liście zwierząt chronionych – ale przekręcił jej głowę, odsłaniając dwie rany, więc dla Nusa i Titusa było jasne, że zginęła ona w walce.

Nus położył ją na plecach i zaczął dotykać jej brodawki. Zapytał, czy chcę ją zjeść. Spojrzałem w jej otwarte nieprzytomne oczy i rozpoznałem w nich wiele własnego DNA. Przecząco potrząsnąłem głową, postarałem się uśmiechnąć i podziękowałem. Palce Nusa zaczęły dobierać się do jej brzucha, po czym ponownie ścisnął ją za sutki.

– Była w ciąży – przetłumaczył Shady.

Palce Nusa dźgały teraz brzuch małpy. Czułem się nieswojo, więc odwróciłem głowę. Kiedy po chwili spojrzałem, Nus wyciągnął swój *ilang*, mniejsze z ostrzy, i wykonał długie nacięcie wzdłuż jej jamy brzusznej. Natychmiast ją wypatroszył i zrobił to w bardzo profesjonalny sposób. Szybko okazało się, że nie była w ciąży, ale niedawno urodziła. Nus wskazał na jej obrzmiałe brodawki i wyjaśnił, że jeszcze karmiła młode. Niedaleko od nas znajdowała się sierota, o ile przetrwała atak na matkę.

Wnętrzności małpy leżały na ziemi obok jej wciąż ciepłego ciała, a Nus rozciął jej żołądek. Wylała się z niego duża ilość zielonej materii, a smród częściowo strawionej zieleniny był nie do opisania. Cofnęliśmy się z Shadym. Nus zaczął przeszukiwać niestrawione resztki. Spytałem Shady'ego, o co chodzi.

– Szuka w jej brzuchu kamieni. Wiele zwierząt ma w swoich wnętrznościach kamienie i wierzy się, że przynoszą one szczęście oraz wzmacniają tego, kto je znajdzie.

Wędrowaliśmy przez kilka godzin, a ja nadal czułem zapach dłoni Nusa, szczególnie gdy ustawiałem się z wiatrem.

Titus użył liścia *ubut* jak kuchennej rękawicy i wyciągnął z ognia garnek z ryżem. Gdy inni ze smakiem obgryzali zwęglone żeberka z mundżaka oraz żabie nóżki, spróbowałem ścisnąć w dłoniach rośliny podobne do ostu. Okropnie mnie pokłuły, ale starałem się skoncentrować, ponieważ ilość muszek przed moimi oczami i dłonią znacznie zmalała, co poprawiło widoczność. Poddałem się i pomyślałem, że moje ciało zrobi lepiej, gdy pozbędzie się tych irytujących igieł. Muchy denerwowały mnie, gdy siedziałem nieruchomo, więc z liści zrobiłem packę i chodziłem dookoła ogniska, przeszukując otoczenie w poszukiwaniu wskazówek.

„Dym z ogniska wiał z północy na południe. Niezwykłe", zanotowałem. Zmiana kierunku wiatru zazwyczaj zwiastuje zmianę pogody, ale jeśli mam być szczery, to nie myślałem o tym ani o innej zmianie, którą to zapowiadało.

Nagle zaczęło padać, a deszcz przedostawał się przez koronę drzewa znajdującą się tuż nad nami. Ulewa w lasach deszczowych pojawia się z opóźnieniem. Korony drzewa wstrzymują wodę na minutę lub dwie, ale potem grawitacja zwycięża i deszcz w postaci drobnych kropelek oraz dużych kropli zaczyna padać.

Titus wskazał na ślady sambara indyjskiego odbite na ziemi. Las się rozwidnił, jaśniejsze i bardziej piaszczyste stało się również błoto. Przed nami znajdowało się przejście, gdzie zakręcała rzeka, a na jej brzegu mogliśmy zobaczyć pasące się trzy sambary. Podeszliśmy na palcach i znaleźliśmy się w odległości pięćdziesięciu metrów od ogromnego jelenia chwilę przed tym, jak nas usłyszały i uciekły w popłochu. Blisko tego miejsca zdjęliśmy plecaki i odpoczęliśmy na brzegu rzeki. Na piasku widziałem ślady sambara i mniejszego mundżaka.

Zastanawiałem się, dlaczego udało nam się podejść tak blisko jeleni. Nie poruszaliśmy się szczególnie cicho – byliśmy na wędrówce, a nie na polowaniu, więc musieliśmy narobić wystarczająco dużo hałasu, zanim je napotkaliśmy. Myślałem o tym przy ognisku w czasie obiadu i zrozumiałem przyczynę. Była w gruncie rzeczy oczywista, ale wtedy wiele oczywistych rzeczy kryło się pod potem i wysiłkiem związanym z przeprawą przez las deszczowy.

Wiatr wiał z północy, a nie było go od samego początku naszej wędrówki. Przez chwilę szliśmy pod wiatr, więc zwierzęta miały małe szanse, by wyczuć nasz zapach. Titus potwierdził, że dzięki temu udało nam się podejść tak blisko jelenia, po czym dodał:

– Sambary i mundżaki potrafią nas wyczuć, ale kanczyle nie.

Zaczął wyjaśniać, że kierunek wiatru oraz kierunek zbliżania się do nich są ważne, jeśli chodzi o polowania na sambary i mundżaki, ale nie mają znaczenia w wypadku kanczyli.

Śledziliśmy bieg rzeki przez kolejną godzinę, po czym Nus zatrzymał się, uśmiechnął i pomachał swoim *mandau* w kierunku drzewa rosnącego z dala od innych otaczających nas drzew. Żółte owoce wielkości melona zwisały z gałęzi, a jeden z nich spoczywał w miejscu, w którym upadł, w połowie rozbity, na rozwidleniu pomiędzy konarami. Nus otworzył owoc zręcznymi ciosami, a ja spróbowałem słodkokwaśnego miąższu. Nie był to melon, bliżej mu było do grejpfruta. Smakował tak wybornie, że zapytałem Shady'ego, dlaczego wcześniej nie napotkaliśmy tego gatunku oraz czy ten owoc jest popularny.

– Nie. Nie jest to dziki owoc – odpowiedział Shady.

– Ale... – powiedziałem, wskazując ręką, że znajdujemy się pośrodku niczego i z tego, co się orientowałem, potrzebowaliśmy całego dnia, aby dostać się do małej wioski. – Ale to jest dzicz?

– Kiedyś musiała być tutaj wioska – dodał Shady i zapytał o to Titusa, który pokiwał głową.

To owocowe drzewo było wszystkim, co pozostało po wsi. Upłynie jeszcze sporo czasu, zanim drzewo zostanie pochłonięte przez las. Rozbawiła mnie myśl, że drzewa stopniowo opanowywały wioskę, aż w końcu litościwie założyły swoją własną.

W miejscu gdzie rzeka się rozszerzała, widać było niebo, a po długim okresie wędrowania pod koronami drzew było jasne, że pojawi się ono właśnie tam. Rozbiliśmy obóz. Tej nocy ulewa, która dopadła nas wcześniej, skierowała się na południe i pozostawiła czyste ciemne niebo, a po raz pierwszy od początku naszej wędrówki widać było na nim pomocne gwiazdy. Gdy skończyliśmy jeść ostatnie kawałki jelenia, poprosiłem Shady'ego, aby zapytał Titusa i Nusa, czy chcą, abym im pokazał, w jaki sposób można znaleźć kierunek Long Layu za pomocą gwiazd. Titus był tym szczególnie zainteresowany. Musiałem ostrożnie wybrać metodę, żeby Shady nie miał kłopotu z tłumaczeniem zawiłych kwestii położenia gwiazd.

W istocie wszystko, co musiałem zrobić, to pokazać im, jak znaleźć północ, skoro Long Layu leżała na północ od nas.

Kłopotliwe było jednak wskazanie Gwiazdy Polarnej, ponieważ znajdowaliśmy się prawie na równiku, co oznaczało, że gwiazda ta znajdowała się blisko linii horyzontu i była niewidoczna. Nie brzmiało to dobrze, ale jednocześnie wiele rzeczy ułatwiało mi zadanie: mogłem zamienić wieś na Gwiazdę Polarną.

Spojrzałem na gwiazdy widoczne na północnym niebie, pomiędzy koronami drzew po każdej stronie rzeki. Znalazłem jednego kandydata: trójkąt Kapelli. Pokazałem, jak długi cienki trójkąt wskazuje w stronę ziemi i wyjaśniłem, że wyznacza on kierunek do Long Layu. Titus pokiwał głową – dzięki swojej znajomości terenu znał położenie Long Layu już wcześniej.

Tłumaczyłem dalej, że trójkąt będzie poruszał się po nocnym niebie i nie zawsze będzie widoczny, ale jeśli tylko uda mi się go odnaleźć, to zawsze będzie on wskazywał na Long Layu. Titus uśmiechnął się, ale Nus nie był zbyt oczarowany. Przypuszczam, że kryjący się w nim łowca zastanawiał się: „I jak ma mi to pomóc w zarżnięciu wołu?".

Następnego ranka, zanim wyruszyliśmy, wykąpałem się w rzece. Później przekraczając pierwszy strumień, zauważyliśmy ciało zdechłego węża dryfujące na powierzchni wody, a Titus pokazał mi drzewo *tamban lung*. Swoim *mandau* odciął spory kawałek i wyjaśnił, że gotując go w wodzie, otrzymamy lekarstwo na ukąszenia węży.

Titus i Nus wycinali w lesie przejście. Robili to, aby oczyścić nam ścieżkę, ale również po to, aby oznaczyć ją dla siebie na przyszłość. Za każdym razem gdy zatrzymywaliśmy się na dłużej niż minutę, oni zaczynali wycinać znaki w korze drzew. Nus się oddalił, gdy czekaliśmy na Shady'ego, który poprzedniej nocy zgubił w rzece skarpetkę i musiał owinąć stopę w różowe slipy. Absurd tej sytuacji wzmógł towarzyszące mi od początku poczucie przeciążenia zmysłów. Wszędzie wokół siebie widziałem miejsca pokryte pełzającymi robakami, które nadawały się tylko do tego, by je opisał entomolog na kwasie. Muszki się roiły, a długie pijawki wyginały się na liściach niczym sprężynki do zabawy.

Ponownie wyruszyliśmy, a ja poślizgnąłem się na kłodzie, przechodząc przez rzekę, na szczęście udało mi się odzyskać równowagę. Dźwięk potężnego drzewa upadającego na ziemię rozszedł się po lesie. Był to jeden z najbardziej upiornych odgłosów, jakie kiedykolwiek słyszałem. Pół godziny później znowu usłyszeliśmy ten dźwięk; mój zmęczony umysł zaczął sobie wyobrażać, że cały las deszczowy zaraz się na nas zawali.

A potem zabłądziliśmy.

Nus, który szedł z przodu, zdał sobie sprawę, że zgubił drogę i Titusa, i bez słowa zniknął w lesie. Shady wyruszył na własną rękę, aby znaleźć któregoś z nich, zostawiając mnie samego. Poczułem się pewnie, ponieważ zostawili koło mnie wszystkie swoje rzeczy. Całe to zajście było i komiczne, i lekko przerażające. Sporadyczne nawoływania Titusa i Nusa niosły się po lesie. Minęła godzina, nim się odnaleźli i wrócili. Kolejną godzinę poświęciliśmy na odtworzenie naszej trasy aż do dwóch dolin, przez które źle poszliśmy.

– *Lon Layu tidak ada* – powiedziałem do Shady'ego i roześmialiśmy się nerwowo.

Później tego samego dnia Titus ostrzegł nas, że nad nami na drzewach znajdują się barcie. Jego pamięć do szczegółów krajobrazu ponownie wprawiła mnie w zdumienie. Dla mnie był to po prostu kolejny gęsty, pozbawiony właściwości skrawek lasu deszczowego. Shady potwierdził obserwację Titusa, kiedy został otoczony i użądlony w twarz. Zapytałem Titusa, kiedy ostatni raz przechodził tą trasą. Odpowiedział, że w grudniu 2011, więc rok wcześniej. Była to podróż, którą odbył jedynie cztery razy w życiu i za każdym razem wybierał nieco inną drogę przez las deszczowy.

Jedną z cech długich wycieczek na całym świecie jest to, że początkujący pytają bardziej doświadczonych wędrowców: „Daleko jeszcze?". Pod koniec każdego dnia wędrówki plecak ważył więcej, a moje nogi i stopy były obolałe. Przez większość dni wędrowaliśmy od ósmej rano do około szóstej wieczorem, niezależnie od tego, jak długi był dzień lub słabe światło. Titus umiał oszacować czas do kolejnego miejsca obozowania. Przez pierwszych pięć dni jego informacje były precyzyjne co do minuty. To było naprawdę nadzwyczajne, dopóki działało. Później stało się coś dziwnego i ta umiejętność całkowicie wyparowała.

Ostatniego dnia w połowie wędrówki Titus przestał kontrolować odległość. Powiedział nam, że rozbijemy obóz o piątej, ale o siódmej ciągle wędrowaliśmy. Milczenie Titusa było niepokojące. Zrobiło się ciemno, a my szliśmy przez trudny teren z latarkami na głowach.

Ostatecznie straciliśmy nadzieję na dotarcie do rzeki i obozowanie. Shady sprzeciwił się Titusowi i sam pewnie bym tak zrobił, gdyby nie wskazówka, którą dostrzegłem po jednej stronie ścieżki. Coś niezwykłego odbijało światło mojej latarki. Zbaczając ze ścieżki, znalazłem opakowania po ciastkach: zbliżaliśmy się do cywilizacji. Potwierdzili to nasi przewodnicy, którzy wskazali na nacięcia na drzewach wykonane jakąś obcą ręką. Następnego ranka byliśmy na nogach od szóstej trzydzieści i poruszaliśmy się tak szybko jak tylko mogliśmy, ale i tak nie zdążyliśmy na spotkanie z przewoźnikiem, który miał nas zabrać do wioski. W tej części świata, gdzie nie ma telefonów komórkowych, zmiany w harmonogramie nie są możliwe. Musieliśmy dać z siebie wszystko.

Zauważyłem cienką pomarańczową plastikową rurkę wystającą z ziemi. Nie mogliśmy być zatem daleko. Rzeka pojawiła się po kolejnych trzech godzinach i dwie godziny później wchodziliśmy do Long Layu. Wioska jednak istniała i byłem za to wdzięczny. Pożegnaliśmy się z Titusem i Nusem, którzy mieli wrócić pieszo tą samą drogą. Zapytałem, ile czasu im to zajmie.

– Polujemy. Nie wiemy.

Wydostanie się z samego serca Borneo nie było wcale prostsze niż dotarcie do niego. Po trzech dniach ciągłego jedzenia dwóch tych samych potraw – jeżozwierza i łasicy – chciałem się jak najszybciej wydostać z Long Layu. Nasi gospodarze byli niezwykle uprzejmi, ale czułem się zmęczony swoim własnym zapachem. Moje podarte i zakrwawione ubrania straciły swój urok. Chciałem wyjechać, ale podróż powrotna nie obyła się bez ryzyka.

W kolejnych dniach byłem użytkownikiem najgorszych na świecie dróg, nieprzejezdnych nawet dla land rovera. Trzykrotnie spadłem z motocykla, zanim popsuł się ostatecznie. Shady i ja dokończyliśmy tę część podróży nocą, pieszo, posługując się gwiazdami. Czwartego dnia wkroczyłem pewnie na pas startowy i ruszyłem w kierunku indonezyjskiego samolotu wojskowego, którego silniki wciąż pracowały. Pilot otworzył okno, spojrzał na mnie i potrząsnął głową. Oficerowie odeskortowali mnie z pasa startowego.

– Żadnych obcokrajowców – przetłumaczył Shady.

Pilotowi nie spodobał się mój wygląd, mimo nieudolnych prób zmycia z siebie błota i krwi.

Dwa dni później siedziałem w kabinie małego samolotu. Loty misji chrześcijańskich są niekiedy ostatnim połączeniem między środkową częścią Borneo a miastami na wybrzeżu i nie mogłem być bardziej wdzięczny, widząc znajome urządzenia pomiarowe cessny.

Pomachałem na pożegnanie i podziękowałem gorąco Shady'emu, bo żadna z tych rzeczy, których udało mi się dokonać, nie byłaby możliwa bez niego.

Czekała mnie kolejna podróż łódką oraz jeszcze jeden lot samolotem, aż w końcu znalazłem się w Balikpapan, gdzie mogłem położyć się na łóżku pierwszy raz od trzech tygodni. Byłem zmęczony, trochę posiniaczony, ale szczęśliwy, że udało mi się zdobyć cenną dajacką wiedzę, po którą przybyłem.

Teraz za każdym razem mam z sobą niewidzialny i ważny kompas. Są na nim cztery punkty: w górę, w dół, w górę rzeki, w dół rzeki. Już nigdy nie popatrzę w ten sam sposób na grzbiet gór czy dno doliny. Nigdy nie zapomnę zarejestrować kierunku, w którym płynie rzeka.

Czasami się jednak zdarza, że nie zjadam żab, które znajduję.

RZADKIE I ZDUMIEWAJĄCE

Jak się wzbogacić na miłości do roślin?

W czerwcu 2009 roku konwój samochodów z przyciemnionymi szybami zawiózł liczącego siedemdziesiąt trzy lata Victora Carranzę, kolumbijskiego „cara szmaragdów", wyboistą drogą wprost w zasadzkę. Ostrzał z moździerza i broni palnej zabił dwóch jego ochroniarzy i ranił kolejnych dwóch. Carranza wskoczył do rowu i odpowiedział ogniem. Przeżył ostatni zamach na swoje życie.

Urodzony w biedzie i osierocony Victor uczył się od najmłodszych lat szmaragdowego biznesu. Pierwszy mały zielony kamień znalazł jako ośmiolatek, a jako dorosły człowiek kierował olbrzymim imperium wydobywczym. Zmarł na raka w 2013 roku, a do tego czasu zarządzał jedną czwartą kopalni szmaragdów na świecie.

Ci, którzy go znali, wiedzieli, że Carranza jest bezwzględnym biznesmenem – kiedy miał osiemnaście lat, zabił człowieka, który chciał ukraść jeden z jego szmaragdów, ale wierzyli również, że jest w jakiś sposób spokrewniony z tymi kamieniami. Miał „instynkt", a „szmaragdy same wyskakiwały, gdy tylko koło nich przechodził"[1]. Prawdziwym wyjaśnieniem może być to, że Victor Carranza nauczył się czytać krajobraz w inny sposób niż wszyscy.

W 2005 pilotowałem awionetkę, lecąc z Wielkiej Brytanii przez Francję, Belgię, Holandię, Danię, aż do Szwecji. Trasa prowadziła mnie na północ, mogłem więc zobaczyć dzień polarny w chwili letniego przesilenia na północnym kole podbiegunowym. Było to niezwykłe doświadczenie, ale zapamiętałem tę podróż również z innych powodów.

Kiedy leciałem jednosilnikowym piperem między obniżającymi się chmurami i ciemnymi lasami, mój zmęczony wzrok przyciągnęły dziwne ciemne formy ukształtowania terenu. Po dziewięciogodzinnym locie mogłem skoncentrować się jedynie dzięki adrenalinie, a te nienaturalne góry mnie przerażały. Nigdy wcześniej nie musiałem latać nisko nad odpadami pogórniczymi, a gdy nadarzyła się okazja, kopalnie w północnej Szwecji pobudziły moją ciekawość.

Dzięki niej dowiedziałem się o ciekawej i rzadkiej umiejętności: nazwa kopalnia miedzi Viscaria pochodzi od nazwy polnego kwiatka *Viscaria alpina* (firletka alpejska). Toleruje on metale ciężkie i był wykorzystywany przez poszukiwaczy do odkrywania bogatych złóż rudy miedzi. Każda anomalia w geologii doprowadza do zmiany w lokalnej biologii, więc nawet drogie kamienie i metale wpływają na botanikę. Sztuka kierowania się roślinami, aby znaleźć cenne złoża znajdujące się pod powierzchnią ziemi, nazywana poszukiwaniem geobotanicznym, była znana już w starożytnym Rzymie.

Rośliny wykorzystywane do poszukiwań to tak zwane rośliny wskaźnikowe. Sit rozpierzchły, *Juncus effusus*, może wyznaczać mokre obszary i zawsze jest pomocny wędrowcom, ołownica zaś jest bardzo rzadka i jak sama nazwa wskazuje, występuje na obszarach bogatych w ołów. Fiołek żółty, mokrzyca oraz warzucha pirenejska to kolejne rośliny, które nie tylko tolerują obecność metali ciężkich, odstraszających większość roślin, ale lepiej rosną w ich obecności. *Thlaspi caerulescens* porastają obszary w Wielkiej Brytanii, gdzie znajdowały się kopalnie ołowiu. Świetnie radzą sobie z pochłanianiem metali ciężkich, tak więc czasami stosuje się je w fitoremediacji – w tym procesie konkretne rośliny są wykorzystywane do oczyszczania i odtruwania środowiska.

Na poziom minerałów wrażliwe są też porosty. Porost *Lecidea lacteal* zazwyczaj jest szary, ale gdy rośnie na skałach bogatych w miedź, zmienia swój kolor na zielony. Pierwszy raz dostrzeżono go w 1826 roku w północnej Norwegii na obszarze, który później został zmieniony w kopalnie miedzi[2].

Przy obecnych cenach metali złodzieje niedługo zejdą z kościelnych dachów i podążą śladem polnych kwiatów i porostów. A gdy to się stanie, postaraj się nie wygadać, że skrzyp wskazuje na złoża złota, *Eriogonum ovalifolium* – srebra, a *Vallozia candida* rośnie w pobliżu diamentów.

Pewnie już zauważyłeś, że ten rozdział książki poświęciłem dziwnym znakom. Nie ma sensu udawać, że wskazówki tu zawarte przydadzą się podczas większości twoich wędrówek, ale mam nadzieję, że je ubarwią.

Od dłuższego czasu jestem zafascynowany tym, jak natura odmierza i wskazuje mijający czas. Jednym z moich ulubionych pomysłów jest kwiatowy zegar, zaproponowany przez Linneusza w 1751 roku. Zamiast wskazówek ma on kwiaty otwierające się i zamykające o konkretnej porze. Pod naszymi stopami i wysoko na niebie istnieją jeszcze inne, dziwniejsze wskazówki. Gwiazda Algol należąca do gwiazdozbioru Perseusza zaczyna świecić słabiej dokładnie przez cztery i pół godziny co dwa i pół dnia[3]. Prawdopodobnie najdziwniejsze naturalne zegary znajdują się pod wodą, ale zdarzają się i widoczne na powierzchni.

Odontosyllis enopla wychodzi z błotnych nor znajdujących się blisko brzegu i raz w miesiącu letnim zaczyna świecić. Rozpoczyna bioluminescencje 57 minut po zachodzie słońca, trzeciego wieczoru po pełni księżyca. To zachowanie utwierdziło naukowców w przekonaniu, że jego rytm jest zsynchronizowany z rytmem słońca, księżyca, pływów, choć do końca nie wiedzą, jak to możliwe.

Czareczki są stworzeniami, które wszyscy napotkamy znacznie częściej niż *Odontosyllis enopla*, choćby podczas spaceru po plaży. Potrzeba jednak wiele czasu, zanim przez przypadek odkryjemy ich dziwny związek z czasem, pływami i światłem. Naukowcy ustalili, że czareczki są aktywne w dzień w porze pływów oraz w nocy, gdy pływów już nie ma.

Najbardziej osobliwy kalendarz na świecie to kolory oczu renifera. Są one złote lub niebieskie w zależności od pory roku. Podobno dzieje się tak dlatego, że zmiana koloru oczu pozwala mu się lepiej przystosować do bardzo długich dni oraz bardzo długich nocy[4].

Uważam za intrygujące to, że rozkład spania czareczek, godzina, o której ludzie wyruszają w morze, dzień, w który spożywamy wielkanocne śniadanie, sposób modlenia się muzułmanów, godzina, o której ostrygojady lądują na plaży w Dorset, kolor oczu renifera oraz dokładna godzina, o której zaczynają świecić *Odontosyllis enopla* na Karaibach są z sobą połączone. Wszyscy jesteśmy częścią wielkiego zegara, a oznaki upływającego czasu znajdują się wszędzie dookoła nas.

Dziwne uczucie w wodzie

Wcześniej wspomniałem o bioluminescencji w wodzie. Jeżeli masz to szczęście i od czasu do czasu zdarza ci się nurkować w tropikalnych wodach, to może poczułeś to dziwne uczucie mrowienia, podobne do dużej ilości malutkich ugryzień, które nie zostawiają śladu. Później, gdy udasz się nocą popływać wpław lub łodzią, zobaczysz pod wodą świecących winowajców. Im więcej bioluminescencji znajdziesz w tropikalnej wodzie, tym silniejsze uczucie mrowienia, kiedy zaczniesz płynąć.

Pielgrzym madagaskarski

Udało mi się kilkukrotnie w różnych miejscach zobaczyć pielgrzyma madagaskarskiego, w tym w ogrodzie botanicznym Eden Project w Kornwalii oraz w Singapurze, gdzie określiłem dzięki niemu swoje położenie. Liście tej palmy rosną z zachodu na wschód. Jej kształt uznamy za interesujący z jeszcze jednego powodu: dolna część wygląda jak kubki zbierające deszczówkę dla spragnionych wędrowców.

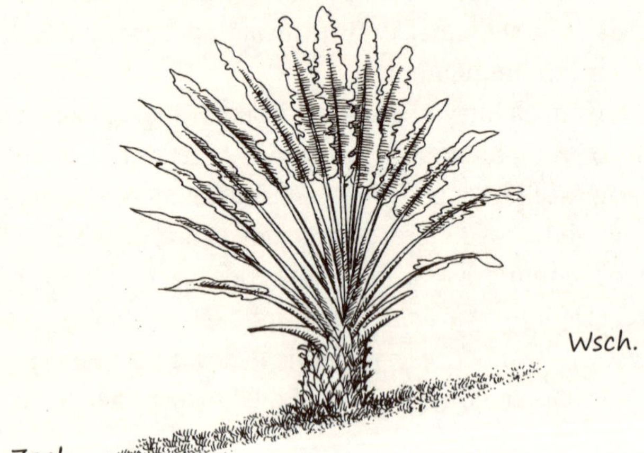

*Pielgrzym madagaskarski (*Ravenala madagascariensis*)*

Złote drzewa iglaste

Wiele drzew iglastych uprawia się na skalę przemysłową, aby móc posadzić je w ogrodach. Pośród nich można napotkać podgatunek znany jako złote iglaki. Igły tych drzew mają jasnożółty lub złoty odcień.

Interesujące jest to, że na wielu drzewach efekt ten jest asymetryczny – drzewo jest bardziej złote po stronie, która dostaje więcej słońca, czyli po stronie południowej na północnej półkuli. Kolejnym drzewem, które zachowuje się w ten sam sposób, jest żywotnik olbrzymi (*Thuja plichta zebrina*).

Podobną reakcję dostrzegłem wśród roślin z różnobarwnymi liśćmi. Niedaleko mojego domu rośnie klon pospolity Drummondii. Wszystkie liście na południowej stronie są jaśniejsze, ale również te zwrócone na północ są jasnozielone.

Kaktus beczułkowaty

Kaktus beczułkowaty daje dwie wskazówki dotyczące kierunku. Można go znaleźć na południowych zboczach, a jego górne kolce są skierowane w stronę równika.

Lasy falowe

Chodząc po górzystych terenach na dużych szerokościach geograficznych, możesz się natknąć na ciekawe zjawisko zwane lasem falowym[5]. W miejscach, gdzie wiatr przedziera się przez odnogi w dół dolin, zdarza się, że tworzy on fale, opadając gdzieniegdzie i wracając na górę. Ciekawą rzeczą jest to, że fale te są regularne, więc w pewnych punktach spotkasz cyklicznie wyjący wiatr, podczas gdy dalej będzie on spokojniejszy, czasem bez żadnego powodu. Pewne obszary są porośnięte głównie jodłami i świerkami, a nieco dalej pojawiają się strefy, w których życie staje się niemożliwe. Te wiatry tworzą lasy falowe, coś na wzór zalesionych wysp, są jednak dość rzadkie. Dotyczy ich ta sama zasada, która obowiązuje w wypadku lasów blisko granicy drzew: tam gdzie znajdują się drzewa, wiatry są mniej porywiste niż na obszarach, na których drzewa nie rosną.

Te zalesione wyspy nie są nieruchome, lecz powoli schodzą w dół, mniej więcej 4 centymetry na rok. Ich nawietrzne skraje szarpie wiatr, a zawietrznym brzegom wiedzie się lepiej.

Palmy kokosowe

Większość drzew wygina się pod wpływem wiatru i kształtuje w przewidywalny sposób (zobacz rozdział *Drzewa*, s. 53). Palmy kokosowe są o tyle ciekawe, że przyjęły odwrotną strategię. Jeżeli będziesz przechadzał się plażą, wzdłuż której rosną palmy, zobacz, w jaki sposób nachylają się w kierunku oceanu. Powodem może być słabe podłoże lub to, że na większości plaż regularnie wieje bryza morska. Daje to przewagę kokosom, ponieważ ich nasiona mają większą szansę, by dotrzeć do nowego obszaru, jeżeli upadną blisko morza.

Kamienie i zgięcia na drzewach

W niektórych częściach świata, na przykład w Stanach Zjednoczonych, istnieją stare oznakowania dróg w miejscach, w których zwykłe znaczniki zakrywa śnieg. Zaspy śniegu sprawiają, że tradycyjne metody znaczenia stają się nieprzydatne – nie ma sensu szukać kamiennych kopców pod warstwą metrowego śniegu. Indianie umieszczali kamienie w rozwidleniach gałęzi drzew po to, aby wyznaczać drogę nawet w czasie paskudnej zimowej pogody.

Wiele plemion miało w zwyczaju zginać młode drzewa, wiedziano bowiem, że te nienaturalne wygięcia będą stanowiły znak, gdy drzewo dorośnie. Dużo takich drzew można nadal spotkać w Stanach Zjednoczonych.

Opieńka miodowa[6]

Jeżeli w czasie nocnego spaceru dostrzeżesz, że od drzewa bije ponury blask, może być on oznaką kłopotów. Opieńka miodowa zostawia długie czarne linie pod korą drzewa, która świeci w ciemności. Tak dzieje się na przykład w Oregonie, gdzie ten gatunek grzyba rozprzestrzenił się na 800 hektarach i jest uznany za największy pojedynczy organizm na Ziemi[7].

Smak piasku

Moja znajoma antropolog dr Anne Best opowiadała mi ostatnio o swej wędrówce z Tuaregiem w północnej części Timbuktu, w Mali. Kiedy zapytała go, jak odnajduje drogę, wyznał, że jedną z metod, które stosuje, jest smakowanie piasku[8]. Ta część świata jest bogata w sól, do tej pory wymienianą na złoto. Różna zawartość soli i żelaza w piasku oznacza, że Tuaregowie mogą rozpoznać region po smaku piasku.

Glony w ujściu rzeki

Spacerując wzdłuż ujścia rzeki w głąb lądu, będziesz mógł powiedzieć, w którym momencie słodka woda zaczyna mieszać się ze słoną. *Fucus ceranoides* jest brązowym glonem rosnącym w ujściach rzek, ale pojawia się jedynie wtedy, gdy ma kontakt ze słodką wodą[9].

Len przeczyszczający

Zauważyłeś już, że istnieje wiele roślin, które wolą rosnąć bezpośrednio na słońcu, dzięki czemu pomagają w odnalezieniu południa. Jest również kilka takich, które upodobały sobie cień i wolą rosnąć po północnej stronie. Len przeczyszczający (*Linum cartharticum*) jest nietypową rośliną, ponieważ lubi rosnąć zarówno na północnej, jak i południowej stronie, ponadto można go spotkać samotnie rosnącego na zboczach skierowanych na zachód, gdyż woli popołudniowe słońce.

Aureola

„Aureola" to „święta poświata". Gdy następnym razem obudzisz się w słoneczny poranek, rozejrzyj się za trawnikiem pokrytym rosą i spójrz na swój długi cień. Porównaj jasność trawy dookoła cienia twojej głowy i z dala od niej. Zakołysz się z boku na bok lub zrób kilka kroków w bok w jedną i drugą stronę. Zauważ, jak jasna część, podobna do halo otaczającego cień twojej głowy, podąża za tobą.

Ten efekt spowodowany jest przez trawę znajdującą się w kierunku, w którym patrzysz, ukrywającą swój cień, więc jej skrawek wydaje się jaśniejszy. Rosa wzmacnia efekt odbicia światła słonecznego (można go również zobaczyć na suchych trawnikach, ale mniej rzuca się w oczy).

Efekt ten nie jest żadną wskazówką ani znakiem, ale pojawił się tutaj, ponieważ przypomina nam, że kierunek słońca oraz przeciwny kierunek, punkt antysolarny, to zjawiska, o których warto pamiętać.

Moreny czołowe

Zazwyczaj lodowce przepychają duże ilości materiału z jednego miejsca na drugie. W najbardziej oddalonym punkcie zostawiają skały i kopce znane jako moreny czołowe.

Przewidywanie zmian w środowisku jest znacznie łatwiejsze, jeżeli zwracasz uwagę na kształt doliny, w której się znajdujesz, oraz na skały pod nogami. Rozpoznając morenę czołową, możesz się domyśleć, że wybrzuszenia, które są przed tobą, powstały z wielu rodzajów skał i gleb znajdujących się w ich otoczeniu. Wspinając się na te wzgórza, możesz być pewny, że drzewa, polne kwiaty, zwierzęta i podłoże ulegną zmianie.

Norfolk nie słynie z wysokich wzniesień, a jednym z takich niewielu obszarów jest morena polodowcowa Cromer Ridge. Gdy wejdziemy na to wzniesienie, zobaczymy zalesiony obszar znacznie się różniący od otaczającej go wiejskiej okolicy.

Szerokość geograficzna a zwierzęta

Klimat i środowisko stopniowo zmieniają się wraz z szerokością geograficzną. Zmianie ulegają również gatunki, które tam występują. Jest to oczywiste, ale nie każdy wie, że zmiany zachodzą także wewnątrz wielu różnych gatunków. Na północy motyl osadnik egeria jest ciemnobrązowy z białymi kropkami, a na południu ciemnobrązowy z pomarańczowymi kropkami[10].

Latem 2012 roku, płynąc na północy ze Szkocji do Arktyki, rozglądałem się za zmianami występującymi wśród nurzyków. Na południu ptaki te są brązowe, a im bardziej na południe, tym ich upierzenie staje się ciemniejsze. Jeżeli mam być szczery, to trudno mi było dojrzeć różnicę, ale świetnie się przy tym bawiłem.

Zasada Bergmanna wzięła swoją nazwę od nazwiska niemieckiego biologa, autora teorii o związku między rozmiarem zwierząt a klimatem. Im zimniejszy klimat, tym ważniejsze staje się utrzymanie ciepła. Krępe stworzenia w zimie tracą mniej ciepła niż chude, ponieważ zmniejsza się stosunek powierzchni do objętości, więc radzą sobie lepiej w zimnym klimacie na dużych szerokościach geograficznych.

Zasada, że zwierzęta stają się większe wraz z większą szerokością geograficzną, uwidacznia się wśród wielu ptaków oraz ssaków, a także wśród ludzi. W Afryce znajdziemy wiele wysokich i chudych osób, ale niewielu tak zbudowanych Eskimosów.

Śniegi pokutujące oraz zawłotnia śnieżna

Istnieje ciekawa śnieżna formacja – śniegi pokutujące, która tworzy się na zboczach skierowanych na południe, na suchym powietrzu, wysoko nad poziomem morza. W takich warunkach tworzą się wysokie zaspy twardego śniegu, skierowane w stronę słońca. Ich wysokość waha się od kilku centymetrów do kilku metrów.

Zawłotnia śnieżna, znana jako czerwony śnieg lub śnieg arbuzowy, to śnieg porośnięty glonem *Chlamydomonas nivalis*. Glon zmienia swój kolor z zielonego na czerwony, gdy wchłonie tlenek węgla, który sprawia, że ma on różowy odcień. Chroni to glon przed nadmiernym promieniowaniem słonecznym, więc na północnej półkuli efekt ten wskazuje kierunek południowy.

Burze i trzęsienia ziemi[11]

Kiedy byliśmy dziećmi, moja mama zabierała mnie i moją siostrę każdego lata na wyspę Wight. Któregoś roku na wyspie rozpętała się burza, która w nocy przybrała na sile. Pamiętam podekscytowanie, jakie czułem, leżąc na dole piętrowego łóżka i obserwując zamarznięte okno w drzwiach, rozświetlane przez błyskawice.

Następną rzeczą, jaką pamiętam, było nagłe i gwałtowne przebudzenie, ponieważ toczyłem zaciekłą walkę o życie z czymś, co przypominało wilka. Po krzykach i biciu kijem zwierzę się uspokoiło, wycofało i znikło. Trzęsąc się od stóp do głów, wahałem się, czy zapalić światło. Siostra, śpiąca nade mną, obudziła się i krzyknęła, gdy zobaczyła moje łóżko z zakrwawioną pościelą. Krew była wszędzie, nawet na mnie i na ścianach. Kręciło mi się w głowie i było mi niedobrze. Tylne drzwi zwisały swobodnie, a wiatr i burza hulały dalej. Czułem się jak w horrorze. Chwilę później pojawiła się mama i wspólnie próbowaliśmy ustalić, co się stało. Odpowiedź była w łazience.

W wannie znaleźliśmy bardzo dużego, mokrego i trzęsącego się czarnego psa. Kiedy sytuacja nieco się uspokoiła, doszliśmy do wniosku, że zwierzę przestraszyło się burzy, skądś uciekło i bardzo się poraniło. Jakimś cudem pies znalazł drogę do otwartych drzwi naszego domku i pomyślał, że wszystko będzie dobrze, jeżeli przebiegnie korytarzem i wskoczy mi na głowę.

Opowiadam tę historię, aby wyjaśnić, dlaczego przez długi czas interesowałem się tym, jak zwierzęta reagują na różnego typu zjawiska, na przykład burze. Okazuje się, że psy często uciekają w czasie burz, a nie tak jak twierdzą niektórzy – przed burzą.

Ciekawość zaprowadziła mnie od zachowań zwierząt i przepowiedni pogodowych, którym przyjrzeliśmy się wcześniej, do bardzo dziwnego związku między zwierzętami a trzęsieniami ziemi.

Krótko mówiąc, istnieje anegdotyczne wytłumaczenie związku zwierząt z trzęsieniami ziemi, ale naukowego nie ma nigdzie. Krowy to idealny przykład braku wrażliwości: nie tylko nie są w stanie przewidywać trzęsień ziemi, ale i nie reagują na nie, aż do momentu gdy zaczynają się staczać ze wzgórz.

Węże i żaby wyszły ze stanu hibernacji miesiąc przed olbrzymim trzęsieniem ziemi w Haicheng w północnych Chinach w 1975 roku. Jest to zagadka tego rodzaju, który doprowadza naukowców do szaleństwa. Około stu udokumentowanych przypadków obudzenia się węży, które powinny być zahibernowane w warunkach zimowych, ale z jakiegoś powodu nie były. Naukowcy odkryli, że nie potrafią ani zaprzeczyć powiązaniu węży z trzęsieniami ziemi, ani go wyjaśnić. Helmut Tributsch, profesor chemii, napisał o tym książkę *When Snakes Awake*, w której starał się znaleźć elektromagnetyczne powiązanie między trzęsieniami ziemi a wyjściem z hibernacji. Wrażliwość węży na delikatne wstrząsy przed właściwym trzęsieniem ziemi można uznać za wytłumaczenie, lecz do tej pory nie zostało to potwierdzone.

Informacje o dziwnych błyskach na niebie przed trzęsieniem ziemi pojawiają się od IV wieku p.n.e. W 1966 roku uchwycono je na zdjęciach, a niedawno filmiki zaczęły się pojawiać na YouTube. Stworzono kilka teorii wyjaśniających przyczyny powstania błysków, ale żadna z nich nie ma naukowego charakteru.

Nieważne jak wielkim jesteś sceptykiem, jeżeli zobaczysz węże pod dziwną zimową tęczą, lepiej zachowaj ostrożność.

Cienie księżycowe i nieprzespane noce

Od lat naukowcy informują, że na Księżycu znajdują się góry, ale większą satysfakcję sprawi ci ich samodzielne odkrycie. Następnym razem, gdy zobaczysz połowę Księżyca jasną, a połowę ciemną (pierwsza lub trzecia kwadra), uważnie przestudiuj linię oddzielającą jasne od czarnego. Wzdłuż tej linii, którą astronomowie nazywają terminatorem, znajdują się miejsca, do których nie dochodzi światło słoneczne, więc powierzchnia Księżyca staje się ciemna. Słońce byłoby w stanie oświetlać całą tę powierzchnię, gdyby była ona gładka.

Pomyśl o tym, jak oglądałeś zachody słońca, a krajobraz dookoła ciebie żegnał się ze światłem słonecznym, ale później zauważałeś, że wzgórza nad tobą nadal skąpane są w późnym świetle. Dokładnie tak samo dzieje się z Księżycem, lecz proces ten przebiega znacznie wolniej. Wzdłuż linii terminatora od czasu do czasu znajdziesz małe jasne plamy otoczone ciemnością. To właśnie na wysoką górę księżycową padają ostatnie promienie zachodzącego słońca.

Każdy największy cień księżycowy, jaki ktokolwiek z nas zobaczy, będzie inny. Do zaćmienia Słońca dochodzi, kiedy Księżyc mija punkt, w którym stoimy na Ziemi, oraz Słońce. W czasie nowiu Księżyc wielokrotnie znajduje się niedaleko tej linii, ale nie bezpośrednio obok niej. Zaćmienie Księżyca jest odwrotne i mniej spektakularne – odbywa się, kiedy Ziemia rzuca cień bezpośrednio na Księżyc. Jeżeli natkniesz się na informacje o zaćmieniu Słońca lub Księżyca, to możesz przewidzieć, że prawdopodobnie do któregoś z nich dojdzie za dwa tygodnie. Jest to całkiem logiczne: jeżeli Księżyc znajduje się pomiędzy Ziemią a Słońcem, to dwa tygodnie później będzie naprzeciwko nich i albo Ziemia będzie rzucać cień na Księżyc, albo odwrotnie.

Gdy pisałem ten rozdział, przypadkowo dotarły do mnie wieści o niezwykłym artykule w czasopiśmie naukowym „Current Biology". Napisano w nim, że ostatnie badania pokazują, że śpimy dwadzieścia minut krócej oraz potrzebujemy pięciu minut, aby zasnąć, kiedy zbliża się pełnia Księżyca. Ponadto nasz mózg jest o 30 procent mniej wydajny, co ma związek z głębokim snem. Jest to prawda, nawet jeżeli nie widzimy Księżyca i śpimy w idealnie ciemnym pokoju. Dziwnie brzmi ta teoria, ale została potwierdzona badaniami naukowymi[12]. Inna z teorii głosi, że Księżyc jest częścią naszego naturalnego systemu sterowania, pomaga zsynchronizować nasze ciała, głównie do celów rozrodczych. Może za tą bezsennością kryje się jakiś cel?

PRZEŁOM

Co udało ci się odkryć?

W tej książce przyjrzeliśmy się wielu znakom oraz wskazówkom formułowanym przez naturę, które umożliwiają nam przewidywanie oraz wyciąganie pewnych wniosków podczas wędrówek. W każdym rozdziale analizowaliśmy jedną z wielu szerokich dziedzin: zwierzęta, rośliny, skały, glebę, wodę, światło, niebo oraz ludzi – ponieważ wszystkie są z sobą połączone. Ślady zwierząt odciśnięte w błocie znikną, gdy zmienisz w otoczeniu choćby jedną rzecz. Pojawienie się nieco większej chmury może zmienić trasę motyli, co będzie miało wpływ na to, jak poruszają się ptaki, a to z kolei zaprowadzi kota w zupełnie inne miejsce.

Główna część tej książki skupiła twoją uwagę na dedukcji – poszukiwaniu sygnałów i wyciąganiu wniosków z poszczególnych wskazówek. Zapoznanie się z kolejnymi wprowadzanymi tutaj technikami oznacza, że sam zaczniesz zauważać nowe powiązania, a to wyjątkowo ekscytujący etap. Po wielu latach prowadzenia kursów wiem, że istnieją dwa etapy radości związane z posługiwaniem się tego rodzaju metodami. Pierwszy z nich jest wtedy, gdy pokazuje się ludziom nowe związki i zaczynają dostrzegać je wokół siebie, drugi – gdy uświadamiają sobie, że mogą z nich już zawsze samodzielnie korzystać.

Zaledwie przed trzema dniami odbyłem wędrówkę po obszarze, który wiele osób zna lepiej ode mnie. Mogę śmiało powiedzieć, że jednak nikt nigdy wcześniej nie stworzył w głowie mapy obszaru jedynie za pomocą drzew. Zademonstrowałem grupie, jak buki przechodzą gładko w jesiony, a następnie w wierzby rosnące nad strumykiem. Wszystkie drzewa zostały ukształtowane przez wiatr oraz dawały niezliczoną ilość wskazówek na temat kierunku oraz środowiska. Żaden z wędrowców nie zauważył, jak reagują strzyżyki, za każdym razem gdy zbaczaliśmy ze ścieżki, aby zbadać polne kwiaty. Z ich twarzy mogłem wyczytać radość, bo dostrzegali takie rzeczy po raz pierwszy.

Zazwyczaj to e-maile lub listy mówią mi o drugim etapie radości. Kiedy już wprawnie posługujesz się wszystkimi powyższymi metodami, po jakimś czasie wymyślasz dla siebie nowe. Najpierw wyrabiasz w sobie umiejętność wędrowania, później nabierasz wprawy, w końcu możesz iść w każdym kierunku, jaki tylko wybierzesz.

Gdy nauczysz się, w jaki sposób szukać wskazówek przyrody, możesz szybko połączyć różne znaki, których wcześniej z sobą nie wiązano. Dla przykładu, księżyc powie ci, co robi morze, a jego aktywność wiąże się z porostami na plaży, rybami oraz ptakami. Nie powie ci nic przydatnego na temat drzew, na które natkniesz się w trakcie wędrówki. Rośliny kryją w sobie informacje dotyczące skał, gleby, wody, minerałów oraz wielu innych zjawisk, ale nie zdradzą niczego na temat zaludnienia miast. Na szczęście istnieje wiele powiązań i z obserwacji jednego obszaru zazwyczaj łatwo wydedukować, co się dzieje w innym. Księżyc nie powie ci wiele o drzewie rosnącym na twojej drodze, ale wskaże ci południe oraz pomoże odkryć ogólne sekrety drzew.

Jestem szczęśliwy, gdy otrzymuję wiadomości od ludzi z całego świata, którzy obserwowali zaskakujące zjawiska, zaczynając od posługiwania się ptasim gniazdem w celach nawigacyjnych w południowej Afryce, przez wyczytywanie sekretów z błotnistej drogi w Teksasie, do przewidywań opartych na nazwach ulic w Londynie.

Nie zabrzmi to skromnie, ale za dobry tydzień uważam taki, w którym uda mi się opracować jedną nową technikę. Zazwyczaj zaczyna się od tego, że znajduję dziwne i niejasne zjawisko i szukam w nim ukrytego znaczenia.

Ta książka stanowi początek twoich własnych odkryć i nic nie stoi na przeszkodzie, byś zaszedł naprawdę daleko. Istnieje wiele luk w wiedzy o przyrodzie, a także wiele obszarów, którymi nikt obecnie się nie zajmuje. Władze państwowe oraz przemysł przeznaczają miliardy dolarów na badania, które prowadzi wiele bystrych umysłów, dotyczące mikrochipów, samochodów, leków oraz mebli do samodzielnego montażu. Budżet tych organizacji na poszukiwanie wskazówek nie ma takiej siły jak dobra nocna wędrówka. Aby coś odkryć, potrzeba niezależnego umysłu, a jeśli czytasz tę książkę, z pewnością taki posiadasz. Mam szczerą nadzieję, że w niedługim czasie uda ci się dokonać własnego przełomu i że dasz mi o tym znać.

TWOJA NIEWIDZIALNA TORBA Z PRZYRZĄDAMI

Lista kontrolna

Oto kilka rzeczy, którym powinieneś się przyjrzeć przed następną wędrówką.

Najpierw spójrz na słońce, księżyc, gwiazdy i planety. Następnie oceń, jak się zachowują chmury i wiatr. Odetchnij głęboko.

Później skieruj swoją uwagę na ukształtowanie krajobrazu dookoła ciebie i przypomnij sobie metodę SORTED (s. 22).

Krajobraz

Zauważ, jak jasne robią się kolory znajdujące się w oddali (s. 19).

Czy rzeki lub lodowce miały wpływ na rzeźbę terenu? Jakie wskazówki po sobie zostawiły (s. 24)?

Czy ze skał lub błota jesteś w stanie wyczytać jakieś informacje? Rozejrzyj się za ludzkimi lub zwierzęcymi śladami i postaraj się rozpracować ich znaczenie i historię (s. 31).

Poszukaj wskazówek w żywopłotach, murach i ogrodzeniach (s. 48).

Posłuż się skałami, aby przewidzieć, jakie rośliny i zwierzęta napotkasz podczas wędrówki (s. 109).

Na drodze lub skrzyżowaniu postaraj się wskazać najczęściej obierany kierunek, czyli drogę do pobliskiego miasteczka lub wsi (s. 33).

Poszukaj „leja błotnego" na ścieżkach dla pieszych, gdzie nachylenie terenu jest większe (s. 42).

Słońce

Pamiętając o wzięciu pod uwagę pory roku, wskaż mniej więcej kierunek wschodu i zachodu słońca (s. 203).

Jeżeli słońce świeci i znajduje się wysoko na niebie, użyj swojego palca, aby sprawdzić jakość powietrza (s. 133).

Zauważ, że cienie w ciągu dnia nigdy nie są całkowicie czarne (s. 212).

Jeżeli jest późno, a słońce znajduje się nisko, spróbuj przewidzieć, kiedy zajdzie. Następnie zastanów się nad jego kształtem – jest spłaszczone czy rozciągnięte? Jak wyglądają kolory na górze i na dole? Czy nastąpiła inwersja temperatury? Czy zaistniały warunki dogodne do pojawienia się zielonego światła (s. 208)?

Przed lunchem zaznacz koniec cienia, a następnie, najdokładniej jak potrafisz, zaznacz miejsce, w którym, jak myślisz, słońce pojawi się za dwadzieścia minut. Sprawdź, czy ci się udało. Jest to dobry sposób, aby poznać zwyczaje słońca (s. 205).

Księżyc

Oszacuj fazę Księżyca, patrząc na jego kształt lub używając metody z datą. Czy będzie ci pomagał w czasie nocnej wędrówki (s. 218)?

Jeżeli na niebie widać półksiężyc, użyj go do wyznaczenia południa. Jeśli nie, wytęż wzrok, aby zobaczyć, które kształty rozpoznasz (s. 222).

Użyj wyprostowanego palca, aby udowodnić, że księżyc jest tej samej wielkości, gdy jest przy horyzoncie i gdy jest wysoko na niebie (s. 209).

Niebo a pogoda

Postaraj się rozpoznać chmury widoczne na niebie, przestudiuj ich kształt i poszukaj jakichś odchyleń (s. 150).

Użyj metody wiatrów bocznych, aby przewidzieć zmiany (s. 149).

Bądź wyczulony na zmiany kierunku wiatru. Zauważ, jak kierunek wiatru i pozostałe warunki pogodowe wpływają na to, co słyszysz i czujesz (s. 147).

Rozejrzyj się za śladami kondensacyjnymi i posłuż się nimi do określenia kierunków geograficznych (s. 154).

W pogodny dzień zauważ, jak niebieskie niebo przechodzi w białe bliżej horyzontu (s. 132).

Jeżeli pada, spróbuj przewidzieć, czy powstanie tęcza, a jeśli tak, to gdzie. Gdy znajdziesz tęczę, postaraj się wskazać, jakie zmiany nadchodzą w pogodzie, i posłuż się kolorami tęczy, aby określić wielkość kropli deszczu (s. 137).

Drzewa

Znajdź drzewo rosnące samotnie lub mające dużo wolnej przestrzeni. Przyjrzyj się kształtowi korony oraz gałęziom i zastanów się, czy widzisz jakiś efekt działania wiatru i słońca. Posłuż się nimi, aby wskazać strony świata. Czy widzisz gdzieś „efekt ptaszka" (s. 63)?

Czy na gałęziach lub korze rosną jakieś mchy, glony lub porosty? Co ci mówią (s. 77, 117)?

Spójrz na szyjkę korzeniową. Czy drzewo jest przytwierdzone do ziemi korzeniami, które wskazują południe (s. 74)?

Spójrz na wyeksponowane na wzgórzach drzewa. Czy widzisz „efekt klina" lub efekt „tunelu aerodynamicznego"? Efekt „flagi" lub „samotnego marudera" (s. 64)?

Zauważ, jak zmieniają się gatunki drzew, gdy przechodzisz z terenu mokrego na suchy oraz ze środka na skraj lasu, i odwrotnie (s. 110).

Zwracaj uwagę na wskazówki przekazywane przez grzyby (s. 118).

Postaraj się znaleźć „dwunastoletnią kanapkę" na jakimś świeżo ściętym drzewie i zobacz, czy jego serce jest bliżej południowego brzegu pnia (s. 83).

Popatrz do góry na ostrokrzew i znajdź mniej ciernistej liście (s. 59).

Rośliny

Odszukaj stokrotki i zauważ, jak wyznaczają bardziej nasłoneczniony obszar. Następnie pochyl się i zobacz, czy ich łodyżki kierują się na południe (s. 97).

Postaraj się odkryć sześć sekretów, które kryje bluszcz (s. 102).

Posłuż się trawą oraz polnymi kwiatami, aby wyznaczyć mokry i suchy obszar (s. 111).

Zwróć uwagę na pokrzywę zwyczajną rosnącą w nietypowych miejscach, ponieważ pomoże ci rozwiązać wiele zagadek (s. 89).

Jeżeli znajdziesz zbocze porośnięte trawą, zauważ, jak układają się na nim polne kwiaty (s. 97).

Zwierzęta

Obserwuj, co się dzieje, gdy zbliżasz się do zwierzęcia, idąc cicho pod wiatr, a następnie idąc z wiatrem i robiąc dużo hałasu (s. 245).

Wsłuchaj się w śpiew ptaków i przyzwyczaj się do podkładu muzycznego charakterystycznego dla danego obszaru i pory roku. Wykorzystaj nagłą ciszę lub sygnał alarmowy, aby się dowiedzieć, czy w okolicy znajdują się inni ludzie lub zwierzęta (s. 243).

Postaraj się zauważyć, jak niektóre zwierzęta zostaną zaalarmowane przez inne o twojej obecności (s. 249).

Podczas odpoczynku zobacz, czy zachowanie gołębi pozwoli ci przewidzieć nadejście innych ludzi (s. 238).

Jeżeli zobaczysz motyla, spróbuj zgadnąć jego nazwę lub gatunek oraz roślinę, na której lubi przesiadywać. Jakie wskazówki to z sobą niesie (s. 254)?

Posłuż się ścieżkami zwierząt, aby znaleźć ich domy (s. 260).

Miasteczka i miasta

Oceń, jak rzeki i wzgórza wpływają na układ miasta (s. 286).

Oszacuj, czy w centrum miasta znajduje się najmniejsza liczba budynków (s. 298).

Wykorzystaj nazwy ulic do stworzenia obrazu otoczenia (s. 299).

Spójrz na najczęściej wybierane kierunki głównych dróg, nisko latających samolotów oraz linii kolejowych (s. 287).

Zauważ, jak każdy sklep, kawiarnia, restauracja i bar odzwierciedlają przepływ ludzi, i postaraj się zgadnąć przyczyny (s. 288).

Spójrz, w jakich kierunkach ułożone są kominy, anteny telewizyjne oraz talerze satelitarne. Ponadto odszukaj na dachach mchy i porosty (s. 299).

Oceń, czy ktoś jest nowy w okolicy, po tym, jak długo stoi na skrzyżowaniu (s. 291).

Przyjrzyj się kościołom w celu znalezienia wskazówek nawigacyjnych (s. 303).

Wybrzeże

Rozejrzyj się za czarnymi, pomarańczowymi i szarymi porostami, a następnie sprawdź plaże w poszukiwaniu wodorostów (s. 317).

Podążaj za śladami na piasku i rozszyfruj ich historię (s. 316).

Zastanów się i spróbuj przewidzieć, co robi pływ (s. 321).

Posłuż się falami oraz schematem widocznym na wodzie, aby ocenić, jak stroma jest linia brzegowa i co robi wiatr, poszukaj na wodzie śladów łódek (s. 319).

Odszukaj miejsca, w których na plaży można by znaleźć złoto (s. 328).

Na koniec dnia udowodnij, że Ziemia nie jest płaska (s. 211).

Nocny spacer

Wykorzystaj zjawisko Purkyniego, aby sprawdzić, kiedy zaczniesz widzieć w ciemnościach (s. 198).

Odszukaj Wielki Wóz i użyj go do znalezienia Gwiazdy Polarnej. Później sprawdź ostrość swego wzroku, szukając drugiej gwiazdy w jego dyszlu (s. 171).

Zauważ, jak zmienia się grunt, gdy patrzysz w stronę świecącego księżyca i gdy masz go za plecami. Zauważ, że cienie są całkowicie ciemne (s. 222).

Odszukaj południe za pomocą gwiazd (s. 182).

Wykorzystaj zanieczyszczenia świetlne, aby się dowiedzieć, gdzie jest najbliższe miasteczko lub wieś, oraz jak są duże (s. 199).

Posłuż się gwiazdami, żeby odgadnąć, która jest godzina i jaką mamy datę (s. 184, 191).

ZAŁĄCZNIK I
SZACOWANIE ODLEGŁOŚCI, WYSOKOŚCI I KĄTÓW

Jak określić szerokość rzeki bez jej przekraczania?

W wielu metodach istnieje element, który ukrywa się między obserwacją a dedukcją – jest to szacowanie. Zawsze gdy chcemy coś zmierzyć, potrzebujemy do tego jakiejś techniki. W tym załączniku skupię się na różnych sposobach szacowania odległości, wysokości i kątów bez użycia żadnych narzędzi.

Osoba mająca sokoli wzrok potrafi odróżnić centymetrowy kwadrat od centymetrowego koła z odległości 34 metrów[1]. Pewnie nic cię nie powstrzyma przed sprawdzeniem tego na sobie, ja jednak wolę ćwiczyć oczy na dwóch różnych kształtach liści – jeden powinien mieć ząbkowane krawędzie, a drugi gładkie. Oddal się na dwadzieścia pięć kroków i zobacz, jak podobny jest ich kształt. Teraz, kiedy wiesz, że twoje najważniejsze narzędzie – wzrok – dobrze działa, nadszedł czas, aby nauczyć się go poprawnie używać.

Jeżeli dany obiekt znajduje się w odległości mniejszej niż 30 metrów, używamy widzenia obuocznego, aby określić, jak daleko się znajduje. Jeśli rozszerzysz palce, a następnie skupisz swój wzrok na czubku palca i zaczniesz przybliżać dłoń do twarzy, twój mózg dostarczy ci masy interesujących obliczeń. Jednym z ciekawszych jest to, że mózg jest świadom kątów, które widzi twój wzrok, gdy robisz lekkiego zeza, zbliżając twarz do palca.

Jeżeli powtórzysz to ćwiczenie, ale z zamkniętymi oczami, twój mózg wciąż będzie wiedział, gdzie znajduje się palec. Jak to możliwe? Posługuje się on kolejnym ważnym zmysłem: propriocepcją, zdolnością do wyczuwania części ciała bez widzenia ich. Posługujemy się nim przez całą dobę, każdego dnia – jest to jeden z najpowszechniej używanych i najmniej uznanych zmysłów. W literaturze można znaleźć pełno wzmianek na temat wzroku, węchu, smaku i dotyku, ale zazwyczaj pomija się propriocepcję.

Ten zmysł jest aktywny wtedy, gdy kładziemy jedną stopę przed drugą bez patrzenia w dół, co pokazuje nam jego praktyczne zastosowanie. Zauważysz więcej wskazówek dookoła i pod nogami, jeżeli wędrówka jest trudniejsza. Na stromych, śliskich, kamiennych i podstępnych szlakach musisz się zatrzymać i regularnie rozglądać dookoła, inaczej zobaczysz jedynie kamienie pod nogami. Na płaskim, szerokim i łatwym szlaku widzisz, co cię otacza, ale często przegapiasz wskazówki znajdujące się na ziemi.

Powróćmy do obuocznej wizji. Przytrzymaj tę książkę w dłoni, na długość wyciągniętego ramienia, a następnie podnieś do góry palec, tak aby znajdował się w połowie między oczami a książką. Teraz zamknij jedno oko i trzymając książkę i kciuk nieruchomo, sprawdź, które słowa widzisz po obu stronach palca. Bez ruszania dłońmi zamknij oko, które wcześniej było otwarte, a otwórz to, które było zamknięte. Zauważ, jak przeskoczył palec. To zjawisko znane jest jako paralaksa i okazuje się bardzo przydatne. Działa, ponieważ twoje oczy nie są w tym samym miejscu, więc otwieranie i zamykanie ich pozwala ci patrzeć na tę samą rzecz z dwóch różnych miejsc bez poruszania się.

Odległość pomiędzy ludzkimi oczami wynosi około jednej dziesiątej odległości pomiędzy wyprostowanym koniuszkiem palca, co oznacza, że w naszych ciałach znajduje się podstawowe narzędzie do mierzenia kątów i odległości. Najlepszym sposobem na określenie, w jaki sposób działa, jest przeprowadzenie tego ćwiczenia. Potrzebujesz do niego linijki i trochę miejsca.

1. Połóż linijkę lub miarkę przed sobą.
2. Teraz stojąc całkiem blisko, zamknij lewe oko i patrząc tylko prawym, ustaw palec na 0 na lewym brzegu linijki.
3. Bez poruszania głową czy palcem zamknij prawe, a otwórz lewe oko. Zauważ, jak twój palec skacze po linijce.
4. Teraz się cofnij i powtórz ćwiczenie.
5. Cofnij się o kolejny krok i powtórz ćwiczenie.
6. Oddalaj się na tyle, na ile pozwala ci przestrzeń za tobą – najlepiej do momentu, kiedy twój palec przeskoczy z 0 na 30 centymetrów.
7. Teraz zaznacz miejsce, w którym stoisz, gdy twój palec znalazł się na 30 centymetrach i zmierz, jak daleko od linijki się znajdujesz.
8. Przy małych odległościach warto pamiętać, że szacujesz je na podstawie czubków palców, a nie oczu.

Są dwie rzeczy, które możesz wywnioskować z tego eksperymentu: pierwsza – im dalej znajdujemy się od jakiegoś obiektu, tym większy dystans pokona nasz palec, gdy będziemy patrzeć raz jednym, a raz drugim okiem; druga – możemy przewidzieć te skoki: są one równe jednej dziesiątej odległości od danego obiektu.

Ta technika jest ogromnie użyteczna. Opiera się na podstawowej geometrii umożliwiającej nam oszacowanie długości jednego z boków trójkąta, jeżeli znamy długość drugiego. W praktyce oznacza to, że jeśli znasz odległość, w jakiej znajdujesz się od dwóch oddalonych obiektów, to ta metoda pomoże ci zmierzyć odległość pomiędzy nimi. Jeżeli znasz odległość między dwoma obiektami, możesz oszacować, w jakiej odległości od nich się znajdujesz.

Oto kilka przykładów.

a) Jeżeli chodzisz po wzgórzach i wiesz, że kościół, który widzisz w oddali, znajduje się w odległości 1 kilometra od skraju jeziora, to jeżeli twój palec przeskoczy z jednego na drugi, to musisz znajdować się w odległości około 10 kilometrów.

b) Jeżeli znajdujesz się 5 kilometrów od miasta i widzisz dwa wysokie budynki w mieście, a twój palec przeskakuje z jednego na drugi, to odległość między nimi wynosi 500 metrów.

W rzeczywistości twoje palce nie przeskakują idealnie z jednego na drugi, dlatego powyższy eksperyment jest pomocny, ponieważ pozwoli ci zapamiętać, że im dalej się znajdujesz, tym bardziej przeskakują palce. W podpunkcie (a) twój palec przeskakiwał dystans z kościoła nad jezioro półtora raza, więc musisz znajdować się w odległości 15 kilometrów. W podpunkcie (b) twój palec pokonał pół dystansu pomiędzy budynkami, więc są one oddalone od siebie o 250 metrów.

Jeżeli spodobała ci się ta metoda, to wiedz, że działa ona i w poziomie, i w pionie, musisz jedynie przekręcić głowę w którąś stronę. Na przykład jeżeli wiesz, że znajdujesz się w odległości kilometra od katedry, a twój palec przeskakuje od jej podstawy po sam czubek, to musi ona mieć 100 metrów wysokości. Jeśli wiesz, że góra znajduje się 1100 metrów n.p.m., a twój palec przeskakuje od morza na szczyt, to musisz znajdować się w odległości 11 kilometrów.

Jeżeli chciałbyś uczynić tę metodę precyzyjniejszą, musisz wykonać na zewnątrz dokładniejsze doświadczenie. Zaznacz dokładnie 10 centymetrów oraz zmierz odległość, w jakiej się znajdujesz, gdy twoje palce przeskakują z jednego na drugi. Da ci to dokładny współczynnik, który można wykorzystać w kolejnych pomiarach.

Tę samą zasadę stosuje się do mierzenia kątów. Odległość od naszych oczu do wyprostowanej ręki jest stała. Ponieważ ludzie z dużymi dłońmi i palcami mają również dłuższe ręce, wszyscy możemy posłużyć się zbiorem podobnych metod:

Wyprostowany palec będzie odpowiadał 1° (przydatne do udowodnienia, że wiszący nisko księżyc wcale nie jest olbrzymi – zobacz rozdział *Księżyc*, s. 215).

Zaciśnięta pięść z kciukiem na górze odpowiada 10°.

Zaciśnięta pięść z odchylonym kciukiem i małym palcem odpowiada 20°.

Z łatwością sprawdzisz tę metodę na zewnątrz. Dziewięć zaciśniętych pięści poruszanych z dołu do góry równa się 90°. Osiemnaście pięści z wystawionym małym palcem oraz kciukiem daje 360°.

Te „ludzkie sekstanty" są przydatną metodą, by zmierzyć, pod jakim kątem znajduje się Gwiazda Polarna względem horyzontu, a następnie by obliczyć szerokość geograficzną (zobacz rozdział *Gwiazdy*, s. 169) lub określić, ile czasu pozostało do zachodu słońca (zobacz rozdział *Słońce*, s. 203). Są tak użyteczne, że rozwinęły się w każdej północnej kulturze; istnieje wiele historycznych zapisów z Europy, znad Oceanu Spokojnego, Chin, Arktyki i Arabii przedstawiających ten sposób mierzenia.

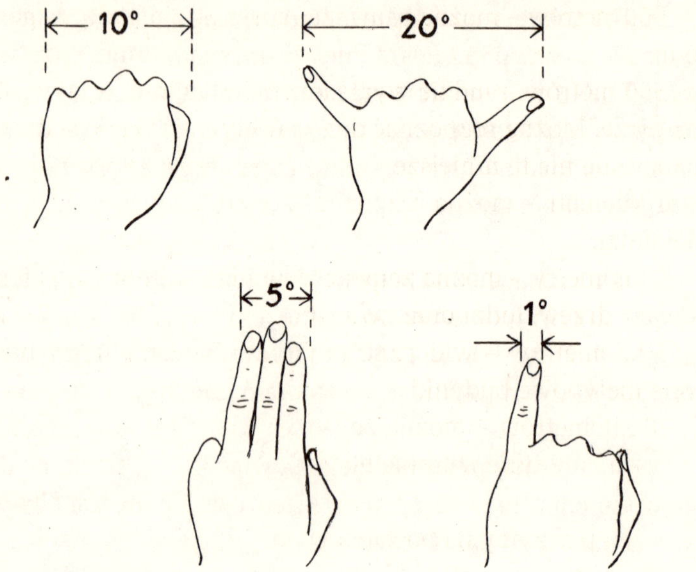

Jak mierzyć kąty za pomocą dłoni

Ważne jest, aby umieć fizycznie oszacować wysokość i odległość – większość ludzi ma tendencję do zaniżania większych odległości i zawyżania wysokości. Gdy następnym razem zobaczysz nocą rząd latarni wzdłuż ulicy, spróbuj oszacować, jaka odległość dzieli cię do najbliższej z nich oraz do następnej i do kolejnej. Po około 170 metrach będzie się wydawać, że wszystkie znajdują się w takiej samej odległości[2].

Ten obszar stanowi wyzwanie dla naszych zmysłów, dlatego warto znać kilka gotowych sposobów pomiarów.

Z odległości:

100 metrów – można zobaczyć człowieka, którego oczy wyglądają jak kropki.

200 metrów – można wywnioskować kolor skóry, ubrania oraz plecaka, ale nie cechy twarzy.

300 metrów – można zauważyć zarys postaci, ale nic poza tym.

500 metrów – ludzie wyglądają niewyraźnie, są zwężeni na górze. Można rozpoznać duże zwierzęta, takie jak krowy i kozy, ale nie te mniejsze.

1 kilometr – można rozpoznać konary dużych drzew, ale nie ludzi.

2 kilometry – można zauważyć kominy oraz okna, ale nie konary drzew, ludzi oraz zwierzęta.

5 kilometrów – widoczne są młyny, ogromne domy oraz inne nietypowe budynki.

10 kilometrów – można zobaczyć wieże kościoła, maszty radiowe oraz inne wysokie budynki.

Jeżeli patrzymy na postać o wysokości równej szerokości wyprostowanego palca, to znajduje się w odległości mniej więcej 100 metrów. Jeżeli jej wzrost liczy pół szerokości palca, to znajduje się 200 metrów dalej, ćwierć szerokości – 400 metrów dalej itd.

Istnieją pewne czynniki, które wpływają na naszą zdolność szacowania odległości, więc warto być ich świadomym. Obiekty znajdujące się w pewnej odległości wyglądają tak, jakby były bliżej, jeżeli jest jasno, a światło znajduje się za tobą, lub jeżeli obiekt, na który patrzysz, jest większy od swojego otoczenia. Zasada ta działa również w drugą stronę.

Powyższe metody określania odległości są wspaniałymi narzędziami, ale zależne są od tego, jak ustalisz jedną odległość lub zapamiętasz wiele elementów. Na szczęście istnieją metody, które nie wymagają żadnego sprzętu ani dodatkowej wiedzy.

Pierwszą z nich jest liczenie kroków. Lubię myśleć, że naliczyłem więcej kroków niż ktokolwiek inny od czasów starożytnej Grecji, gdzie wykwalifikowani specjaliści obliczali odległości lub żołnierze z armii Aleksandra Wielkiego byli odpowiedzialni za liczenie kroków. Jeżeli używa się tego dokładnie, to naprawdę działa – żołnierze z armii Aleksandra obliczali odległości z dokładnością do 98 procent, ale nie będę ukrywał, że jest to świetna zabawa lub pobudzanie intelektu. Największą zaletą tej metody, jaką mogę ci wskazać, jest jej podobieństwo do form medytacji. Zajmujemy wtedy nasz umysł zadaniami, które wymagają ciągłego i nieskomplikowanego myślenia. Jest to także bardzo naturalny proces, którego ślady można znaleźć w przyrodzie. Mrówka *Cataglyphis* szacuje odległość, licząc swoje kroki. Jest to sprawdzona przez wieki metoda, która była używana nie tylko przez starożytnych Greków, ale i Rzymian oraz Egipcjan.

Naliczyłem tysiące kroków podczas ćwiczeń z naturalnej nawigacji oraz polegałem na tych obliczeniach dla własnego bezpieczeństwa, ale nie potrafię przypomnieć sobie ani jednej sytuacji, kiedy byłem w stanie jednocześnie liczyć kroki oraz rozmawiać z towarzyszem wędrówki. Musiałem to tłumaczyć sfrustrowanym dziennikarzom, którzy znaleźli się na pustkowiu z osobą niechcącą z nimi rozmawiać.

Oto metoda liczenia kroków ukazująca swoje piękno, prostotę oraz odwieczność: jeżeli wiesz, ile kroków liczy 100 metrów, to możesz obliczyć każdą odległość za pomocą prostej arytmetyki. Aby znaleźć własną miarę (czyli swoją liczbę kroków), musisz przejść znaną ci odległość i policzyć kroki. Ponieważ jest to ważne ze względu na pracę, którą wykonuję, lubię pokonać dystans 500 metrów w obie strony, po łagodnym nachyleniu, aby zapoznać się z trasą pod górę i z góry, zanim posłużę się którąś z metod, jednak pokonanie 100 metrów w każdym kierunku w zupełności wystarcza. Najlepsza wskazówka, która pozwoli nam zaoszczędzić czas, brzmi: licz tylko jedną nogę. Jeżeli gubisz się w liczeniu, weź kilka kamyków, monet czy szyszek i przekładaj je z jednej kieszeni do drugiej, gdy przejdziesz sto kroków. Jest to metoda, którą posługują się sędziowie w krykiecie, a starają się nadążyć jedynie za sześcioma piłkami.

Warto pamiętać o kilku czynnikach. Liczba kroków na 100 metrów będzie różna w zależności od pochyłości terenu, nogi wykrocznej, ciężaru plecaka, prędkości i kierunku wiatru, temperatury powietrza, tego, czy idziesz sam czy obok kogoś, przed kimś albo za kimś, od tego, czy rozmawiasz, pijesz lub jesz, od twojego stanu fizycznego i psychicznego, od butów, nawet od cen ryżu w Chinach. Na szczęście najważniejsze z tych czynników można ustawić na warunki danego dnia za pomocą ćwiczeń kalibracyjnych, zanim wyruszysz na wędrówkę. Pozostałe czynniki tylko nieznacznie je zmienią.

Liczenia kroków można użyć w połączeniu z mierzeniem kątów, co pomoże ci rozwiązać wiele praktycznych problemów. Wyobraź sobie, że zbliżasz się do rzeki i musisz obliczyć, jak jest szeroka, żeby określić, czy bezpiecznie ją pokonasz z liną o długości 50 metrów. Oto metoda: do obliczenia kątów możesz posłużyć się gwiazdami, słońcem oraz tuzinem innych technik, które opisałem w książce, lub, jeżeli musisz, kompasem. Najprostszą metodą jest użycie zaciśniętej pięści, tak jak wyjaśniłem powyżej.

Najpierw wybierz punkt orientacyjny znajdujący się na drugim brzegu rzeki, na przykład drzewo – nazwijmy je punktem A. Teraz stań po drugiej stronie, naprzeciwko tego drzewa, tak blisko jak tylko możesz, i wbij do ziemi patyk – to jest punkt B. Następnie oddal się tak, żeby pomiędzy punktem B a drzewem był kąt 45°. Wbij do ziemi kolejny kijek, który będzie wyznaczał punkt C. Teraz odwróć się i idź w przeciwnym kierunku, miń pierwszy kijek, aż pomiędzy punktem A i B będzie 45° i wbij do ziemi patyk, który będzie punktem D.

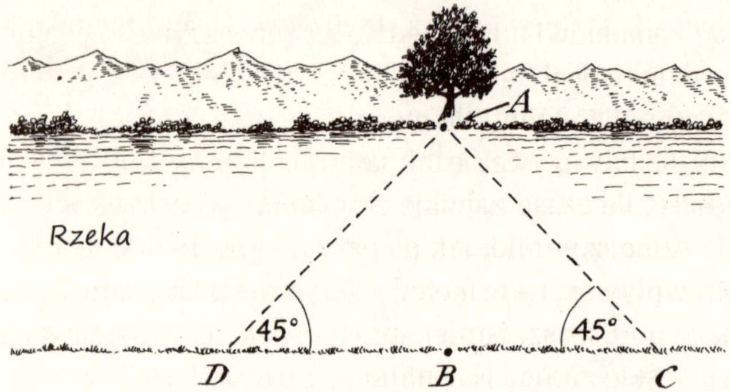

Jest to bardzo prosta metoda – znacznie łatwiejsza w użyciu niż do przedstawienia. Mam nadzieję, że na ilustracji powyżej widzisz, że stworzyłeś wiele trójkątów oraz kątów. Teraz musisz policzyć kroki z punktu D do C i zamienić je na metry. Szerokość rzeki to połowa długości boku figury. (Jeżeli ci się spieszy, to tę metodę można uprościć i wbić do ziemi tylko dwa patyki – w punkcie B i C lub D. Wtedy nie ma potrzeby dzielenia figury na pół, ale technika staje się mniej dokładna).

Jeżeli idąc z punktu D do C, tak jak w przykładzie powyżej, naliczysz 80 kroków, a wiesz, że 100 kroków to 100 metrów, to odległość między D a C wynosi 80 metrów. Połowa odległości – 40 kroków – równa się szerokości rzeki. Rzeka ma zatem 40 metrów. Czy bezpiecznie przekroczysz ją z użyciem twojej liny?

Twoja lina ma 50 metrów długości, ale woda jest lodowata, a nurt szybki, więc decydujesz się nie przekraczać rzeki. Przekonuje cię to, że pub znajduje się po tej stronie rzeki, po której są punkty B, C oraz D.

Kolejna metoda mierzenia odległości opiera się na użyciu czasu. Jest to technika stosowana przez każdego, z różną dokładnością, podczas pieszych wycieczek bądź w pojazdach.

Kiedy żona mówi mi, że będzie za pół godziny, to posługując się swoim rozległym doświadczeniem, wiem, że nie pojawi się w ciągu pół godziny, ale mogę oszacować czas jej przyjścia.

Tej metody używa się tak samo jak liczenia kroków: musisz wiedzieć, ile czasu zajmuje ci pokonanie pewnego dystansu. Takie same czynniki, jak na przykład pochyłość terenu oraz wiatr, wpływają na tę metodę. Jeżeli nie wiesz, z jaką prędkością się poruszasz, istnieje prosty sposób, by się tego dowiedzieć. Jest to zasada Naismitha, od nazwiska szkockiego alpinisty, który ją opracował. Działa następująco: poświęć godzinę na przejście 5 kilometrów, które musisz pokonać na płaskiej powierzchni, oraz dodaj dodatkowe pół godziny do każdych 300 metrów, które pokonujesz pod górę. Zgodnie z tą zasadą 10-kilometrowa wędrówka powinna zająć dwie godziny. Lub w drugą stronę – jeżeli wiesz, że wędrowałeś przez półtorej godziny i zdobyłeś 300-metrową górę, to możesz obliczyć, że pokonałeś dystans 5 kilometrów.

Ta zasada dotyczy jedynie wędrowców z dobrą kondycją, którzy wędrują samotnie, nie dźwigają ciężarów oraz nie interesują się tym, co dzieje się dookoła nich. Lepsze to niż nic, ale osobiście proponuję zainteresować się otoczeniem oraz poruszać się z prędkością, która wyszydzi tę metodę.

Odległość od horyzontu

W rozdziale *Słońce*, skacząc na plaży, udowodniliśmy, że Ziemia nie jest płaska. Powierzchnia Ziemi wygina się w pewnym stopniu i możemy to wykorzystać, aby oszacować, jak daleko od horyzontu się znajdujemy. Im wyżej jest nasz punkt obserwacyjny, tym dalej widzimy, a jeżeli widoczność jest dobra i nie zakłócają jej budynki ani drzewa, to można tę odległość określić dość dokładnie. Działa bardzo dobrze, jeżeli znajdujesz się ponad gruntem, i niemalże idealnie, jeżeli spoglądasz na morze. Horyzont znajduje się X kilometrów dalej, a X to pierwiastek kwadratowy z półtorej twojej wysokości nad poziomem morza.

WZÓR

Odległość od horyzontu w milach =
$\sqrt{1{,}5 \times \text{wysokość wyrażona w stopach}}$

Na przykład osoba mająca 6 stóp (1 stopa = 30,48 cm), która stoi na plaży, może oszacować odległość w następujący sposób:

$1{,}5 \times 6 = 9$
$\sqrt{9} = 3$

Horyzont znajduje się w odległości 3 mil. Jeżeli ta sama osoba wejdzie na drzewo i spojrzy na morze jeszcze raz, tym razem z wysokości 24 stóp, to będzie w stanie zobaczyć na odległość...

$1{,}5 \times 24 = 36$
$\sqrt{36} = 6$

... 6 mil.

Taka sama zasada obowiązuje, gdy jesteś na szczycie góry. Mount Everest ma około 29 000 stóp wysokości i przy dobrych warunkach osoba stojąca na szycie będzie mogła widzieć na odległość 200 mil. Ben Nevis ma 4409 stóp.

$1{,}5 \times 4409 = 6614$
$\sqrt{6614} = 81$

Znajdując się na szczycie Ben Nevis, przy dobrej widoczności będziesz mógł zobaczyć horyzont znajdujący się 81 mil dalej. Gdy znajdujemy się na szczycie góry, prawdopodobnie gdzieś w pobliżu widać inne góry, więc możesz zsumować obie odległości. Człowiek stojący na Ben Nevis zobaczy statek w odległości 80 mil, ale będzie mógł również dostrzec obszar znajdujący się znacznie dalej. Z tego powodu wiele osób widzi ze szczytu Ben Nevis Irlandię Północną, mimo że znajduje się ona znacznie dalej niż 80 mil; w Irlandii Północnej znajduje się punkt o wysokości 2500 stóp.

Dzięki temu, że atmosfera redukuje kontrast i obiekty znajdujące się w pewnej odległości widzimy jaśniejsze, naukowcy wskazują maksymalną odległość, z jakiej możemy widzieć – jest to 330 kilometrów[3]. Odległość ta jest jednak teoretyczna i nieosiągalna w praktyce. Jeżeli uzyskasz wyniki, które miło cię zaskoczą, mogą one być skutkiem ciągle zmieniających się warunków atmosferycznych. W normalnych warunkach załamanie światła w atmosferze zwiększy twoje pole widzenia o 8 procent, ale jeżeli temperatura w atmosferze jest nietypowa, mogą wystąpić wszystkie dziwne efekty optyczne. 5 sierpnia 1987 roku wiele osób zgłosiło, że z Hastings widać Francję. Prawdopodobnie to właśnie dzięki temu efektowi wikingowie odkryli Islandię, ponieważ mogli ją zobaczyć z wyspy Faroe. Jeszcze inny przykład – 17 lipca 1939 roku:

> Kapitan John Bartlett wyraźnie widział i zidentyfikował zarys Snaefells Jokull, góry o wysokości 1430 metrów, położonej na zachodnim wybrzeżu Islandii, w odległości ponad 500 kilometrów na północny wschód od jego statku[4].

Metody pomiaru odległości, wysokości oraz kątów w połączeniu z innymi technikami opisanymi w książce pomogą ci rozwiązać wiele zagadek, które napotkasz w czasie wędrówki.

ZAŁĄCZNIK II
ROŚLINY A SŁOŃCE I WYSOKOŚĆ GEOGRAFICZNA

Rośliny uwielbiające światło

banan zwyczajny
caladenia
cebulica
czystek
dwulistnik pszczeli
goryczka
koniczyna
lewkonia letnia
lucerna nerkowata
mięta
nostrzyk
przetacznik
przymiotno
rozchodnik
starzec jakubek
stokrotki
szanta zwyczajna
szczaw

szczeć wilżyna
wątlik błotny
większość roślin z rodziny goździkowatych
większość ślazów (liście wielu z nich ustawiają się w stronę słońca)
wyka
zaraza
żmijowiec

Rośliny rosnące w cieniu

czartawa
gnieźnik leśny
orchidea duch
przytulia wonna
szczawik
szczyr trwały

Rośliny a wysokość geograficzna

Wszystkie rośliny występują na pewnych określonych wysokościach geograficznych, mogą więc służyć jako ich wyznaczniki. Jeżeli chcesz dowiedzieć się więcej na ten temat, zajrzyj do książki Alberta Wilsona *The Altitudinal Range of British Plants*, opublikowanej w 1956 roku.

ZAŁĄCZNIK III
COROCZNE DESZCZE METEORÓW

Najbardziej spektakularne deszcze meteorów (spadających gwiazd) zostały wytłuszczone. Te bliżej czerwca trudniej zobaczyć ze względu na krótkie noce, natomiast te bliżej grudnia są łatwo dostrzegalne. Każdego roku daty różnią się nieco, ale poniższy spis może posłużyć jako ogólny przewodnik.

NAZWA	DATA NAJWIĘKSZEGO WYSTĘPOWANIA	PRZEDZIAŁ CZASOWY
Kwadrantydy	**3 stycznia**	**Od 1 do 6 stycznia**
Alfa Centaurydy	8 lutego	Od 28 stycznia do 1 lutego
Virginidy	Od 7 do 15 kwietnia	Od 10 marca do 21 kwietnia
Lirydy	22 kwietnia	Od 16 do 28 kwietnia
Eta Akwarydy	**6 maja**	**Od 21 kwietnia do 24 maja**
Arietydy	7 czerwca	Od 22 maja do 30 czerwca

Czerwcowe Bootydy	28 czerwca	Od 27 do 30 czerwca
Kaprikornidy	Od 5 do 20 lipca	Od 10 czerwca do 30 lipca
Delta Akwarydy	**Od 28 lipca do 8 sierpnia**	**Od 15 lipca do 19 sierpnia**
Piscis Austrinidy	28 lipca	Od 16 lipca do 8 sierpnia
Alfa Kaprikornidy	1 sierpnia	Od 15 lipca do 25 sierpnia
Perseidy	**12 sierpnia**	**Od 23 lipca do 22 sierpnia**
Alfa Aurygidy	1 września	Od 25 sierpnia do 7 września
Drakonidy	8 października	Od 6 do 10 października
Orionidy	21 października	Od 5 do 30 października
Taurydy	Od 4 do 12 listopada	Od 1 do 25 listopada
Leonidy	17 listopada	Od 14 do 21 listopada
Geminidy	**14 grudnia**	**Od 6 do 18 grudnia**
Ursydy	22 grudnia	Od 17 do 21 grudnia

ZAŁĄCZNIK IV
ZAAWANSOWANA METODA ZNAJDOWANIA POŁUDNIA ZA POMOCĄ GWIAZD I KSIĘŻYCA

OSTRZEŻENIE: TYLKO DLA PRAWDZIWYCH ZAPALEŃCÓW NATURALNEJ NAWIGACJI!

Ilekroć z półkuli północnej południe wyznaczane jest za pomocą gwiazd lub księżyca, wskazujemy na „południowy biegun niebieski" – jest to punkt w przestrzeni bezpośrednio nad biegunem południowym. Ten punkt jest niewidoczny z północnej półkuli – znajduje się za krawędzią Ziemi. Tak samo nie zobaczymy Gwiazdy Polarnej, gdy znajdujemy się na południowej półkuli.

Gdy znajdujemy się w pozycji pionowej lub jesteśmy na północnej półkuli, metody wyznaczania południa pokazują nam miejsce na horyzoncie, które znajduje się nad południowym biegunem niebieskim. W takim wypadku metoda jest bardzo prosta i nie wymaga żadnej dodatkowej pracy, ponieważ linia poprowadzona jest od konstelacji lub księżyca na południe horyzontu aż do południowego bieguna niebieskiego.

Metody wyznaczania południa mogą zostać użyte również wtedy, gdy nie da się poprowadzić pionowej linii aż do samego południowego bieguna niebieskiego. Południowy biegun niebieski będzie liczył tyle samo stopni co twoja szerokość geograficzna, gdy znajdujesz się na północy.

Podążając za linią sięgającą na wymaganą głębokość, poprowadź ją prosto do góry, wykazując tym południowy horyzont. Brzmi potwornie, ale trochę ćwiczeń z odniesieniem do poniższego schematu, a przekonasz się, że jest to metoda prosta w użyciu. Nie jest łatwo poprowadzić idealną linię do wymyślonego punktu znajdującego się kilka pięści pod ziemią (zerknij do załącznika I, aby zobaczyć, w jaki sposób mierzyć kąty za pomocą pięści).

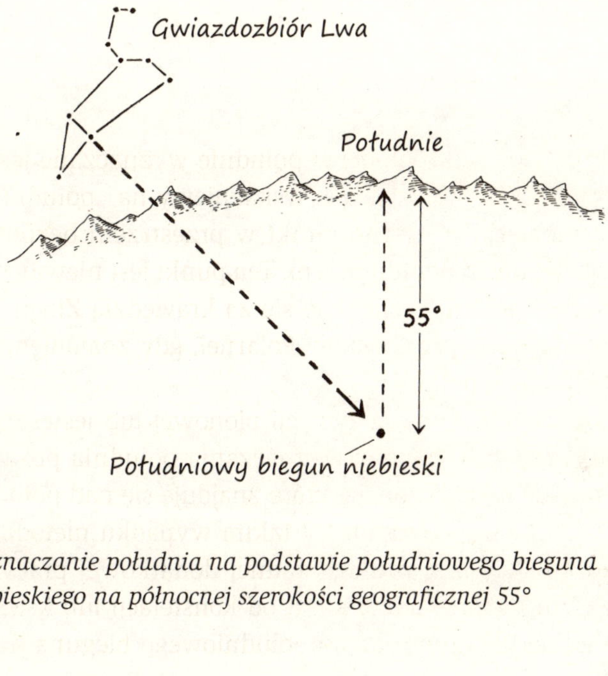

Wyznaczanie południa na podstawie południowego bieguna niebieskiego na północnej szerokości geograficznej 55°

PRZYPISY

Pierwsze kroki

[1] Na poligonie koło Semipałatyńska przeprowadzono około 500 wybuchów jądrowych i jak się szacuje, ponad milion Kazachów i żołnierzy zostało narażonych na promieniowanie. Dziś prawie jedna dziesiąta terytorium Kazachstanu jest pustynią atomową (przyp. red.).

Grunt

[1] Ta odległość to 350–400 km (przyp. konsultanta S.G).

[2] R.I. Dodge, *33 Years Among Our Wild Indians*, New York 1959, s. 552.

[3] C. Mitchell, *Quirky Nature Notes. Book Two*, Skye 2011, s. 129.

[4] W. Davis, *The Wayfinders*, Toronto 2009, s. 23.

[5] J. Kearney, *Tracking. A Blueprint for Learning How*, El Cajon 2009, s. 12–14.

[6] W Polsce tego typu reguły prawie nie występują. Mamy trochę nazw związanych z lasami (Borek, Bukowo, Dębogóra itp.) lub dawnym przemysłem na danym terenie (np. człony: Rudawy, Huta, Młyn) (przyp. konsultanta S.G.).

Drzewa

W tym rozdziale wykorzystałem wiele źródeł wspomagających moje obserwacje, w tym wskaźnik wartości Ellenberga (*Ellenberg Indicator Values*), a szczególnie następujące prace:

O. Rackham, *Woodlands*, London 2010.
P. Thomas, *Trees. Their Natural History*, Cambridge 2000.
T. Wessels, *Forest Forensics*, Woodstock 2010.
T. Wessels, *Reading the Forested Landscape*, Woodstock 1997.

[1] W Polsce odpowiednikiem będzie głóg. Dalszy opis jest również adekwatny dla głogu (przyp. konsultanta S.G.).

[2] Sosna jest gatunkiem niezwykle eurytopowym i to właśnie ona powoduje zakwaszanie gleby (ten proces to bielicowanie – wynik rozkładu igieł), nie na odwrót. Ogólnie mówiąc, tam gdzie rosną sosny, gleba będzie kwaśna. Ale to wynika z ich właściwości, a nie z tego, że preferują kwaśne gleby (przyp. konsultanta S.G.).

[3] P. Thomas, dz. cyt., s. 166.

[4] O. Rackham, dz. cyt., s. 16.

[5] W Polsce praktycznie nie zostawia się martwego drewna w lesie. Czasami można napotkać świeżo przewrócone drzewa, ale raczej nie będzie można zaobserwować wskazanej tendencji, gdyż starsze przewrócone drzewa będą już dawno usunięte (choć czasem można odnaleźć wykroty i oczywiście po kierunku pnia stwierdzić, w którą stronę drzewo się przewróciło) (przyp. konsultanta S.G.).

[6] T. Wessels, *Forest*..., dz. cyt., s. 71.

[7] Tamże, s. 118–119.

[8] Tamże, s. 8–9.

[9] O. Rackham, dz. cyt., s. 19.

[10] P. Thomas, dz. cyt., s. 72.

[11] Tamże, s. 74.

[12] T. Lundstorm, T. Jonas, V. Stockli, W. Ammann, *Anchorage of mature conifers: resistive turning moment, root-soil plate geometry and root growth orientation*, „Tree Physiology" 2007, nr 9, s. 1217–1227.

[13] P. Thomas, dz. cyt., s. 108.

[14] C. Mattheck, H. Breloer, *The Body Language of Trees*, Norwich 2010, s. 108.

[15] H. Gatty, *Finding Your Way Without Map or Compass*, Mineola 1999, s. 118.

[16] C. Mattheck, H. Breloer, dz. cyt., s. 48.

[17] M. Minnaert, *Światło i barwa w przyrodzie*, przeł. W. Zonn, Warszawa 1961, s. 335.

[18] P. Thomas, dz. cyt., s. 15, oraz Andrew Boe, prywatna korespondencja.

[19] M. Heimann, G. Stanosz, *Purple coneflower is a host of the Aster yellows phytoplasma*, „Plant Disease" 1997, nr 81.

[20] O. Rackham, dz. cyt., s. 42.

[21] P. Thomas, dz. cyt., s. 28.

[22] T. Wessells, *Reading*..., dz. cyt., s. 27.

[23] W Polsce tego nie zobaczymy ze względu na przewagę monokultur sosnowych i plantacyjny charakter naszych lasów. Mamy albo mało groźne pożary ściółki, po których zazieleni się ona dość szybko (a przynajmniej zarośnie trawą), albo wielkoskalowe pożary górne (w koronach drzew), po których cały obszar idzie do wycinki (przyp. konsultanta S.G.).

[24] O. Rackham, dz. cyt., s. 257.

[25] Tamże, s. 124.

Rośliny

[1] O. Rackham, *History of Countryside*, London 2003, s. 108.

[2] Rob Thurlow, prywatna rozmowa.

[3] O. Rackham, dz. cyt., s. 108.

[4] W Polsce bardziej popularnym gatunkiem stosującym analogiczną strategię jest cykoria podróżniczek – nawet jej nazwa wskazuje na upodobanie do poboczy dróg (przyp. konsultanta S.G.).

[5] *The Countryside Detective*, „Reader's Digest", London 2000, s. 200.

[6] C. Mitchell, *Quirky Nature Notes*, Skye 2010, s. 94.

[7] Tenże, *Peak District Natural History Walks*, Ammanford 2005, s. 30.

[8] Choć gatunek ten może dorastać do takich rozmiarów, to w Polsce nie spotyka się łanów orlicy wyższych niż metr (przyp. konsultanta S.G.).

[9] https://academic.oup.com/jxb/article/54/389/1801/534724/Flower-opening-and-closure-a-review (dostęp: 8.08.2013).

[10] http://www.arnoldia.arboretum.harvard.edu/pdf/articles/1990%E2%80%9350-1-why-do-rhododendron-leaves-curl.pdf (dostęp: 2.05.2013).

[11] W Polsce także chmiel (przyp. konsultanta S.G.).

[12] S.E Eash, C.J Green, A. Razvi, W.F. Bennett, *Soil Science Simplified*, Iowa 2008, s. 119.

[13] Jim Langley, prywatna korespondencja.

[14] *The Countryside Detective*, dz. cyt., s. 146–147.

[15] C. Mitchell, *Quirky*..., dz. cyt., s. 137.

[16] O. Rackham, dz. cyt., s. 20.

Mchy, glony, grzyby i porosty

[1] C. Mitchell, *Quirky Nature Notes. Book Two*, Skye 2011, s. 36.

[2] Tamże, s. 45.

[3] G. Baron, *Understanding Lichens*, Slough 1999, s. 76.

[4] W. Purvis, *Lichens*, London 2000, s. 72.

[5] Tamże, s. 91.

Niebo a pogoda

[1] Fragment o teście palca i efekcie aureoli zaczerpnąłem ze wspaniałej książki Johna Naylora, *Out of the Blue*, Cambridge 2002, s. 12–14.

[2] F. Schaaf, *A Year of the Stars*, New York 2003, s. 53.

[3] https://en.wikipedia.org/wiki/Johannes_Hevelius (dostęp: 17.10.2013).

[4] Peter Gibbs, prywatna rozmowa.

[5] M. Minnaert, *Światło i barwa w przyrodzie*, przeł. W. Zonn, Warszawa 1961, s. 68.

[6] Peter Gibbs, prywatna rozmowa.

[7] C. Mitchell, *Quirky Nature Notes. Book Two*, Skye 2011, s. 71.

[8] W tym podrozdziale wykorzystałem wyniki badań Jeffa Rennera zawarte w jego książce *Lightning Strikes*, Seattle 2002.

[9] Tamże, s. 17. Statystyki zagrożenia burzą w Wielkiej Brytanii zob.: http://www.torro.org.uk/lightning_info.php (dostęp: 23.08.2013).

[10] Cytowane w tym rozdziale przysłowia, porzekadła i wierszyki czerpałem z wielu źródeł, na przykład z prywatnej korespondencji z Peterem Gibbsem. Bardzo przydatne były dwie książki:
E. Sloane, *Weather Almanac*, Stillwater 2005.
R. Page, *Weather Forecasting. The Country Way*, London 1981.
Interpretacje przysłów są moje.

Gwiazdy

[1] Używa się również terminu „smog optyczny" (przyp. konsultanta S.G.).

[2] Taka charakterystyczna grupa gwiazd niebędąca gwiazdozbiorem nazywa się asteryzm. Asteryzm Wielkiego Wozu jest częścią konstelacji Wielkiej Niedźwiedzicy (przyp. konsultanta S.G.).

[3] Te dwie gwiazdy to Dubne i Merak (przyp. konsultanta S.G.).

[4] Nie zawsze łatwo jest wyznaczyć te pięć odcinków. Łatwiej zapamiętać, że ciągniemy palcem po linii będącej przedłużeniem dwóch tylnych kół w wozie i że pierwsza znacznie jaśniejsza od innych gwiazda, na którą natrafimy, to najprawdopodobniej Gwiazda Polarna (przyp. konsultanta S.G.).

[5] W Polsce – na szerokości geograficznej Krakowa (przyp. konsultanta S.G.).

[6] A. Aveni, *People and the Sky*, London 2008, s. 76.

[7] D. May, *The Times. A Year in Nature Notes*, London 2004, s. 14.

[8] F. Schaaf, *The Starry Room*, Mineola 2002, s. 170, 191.

[9] Dane dotyczące zanieczyszczeń świetlnych i związaną z nimi odległością miast, zgromadzone przez dr. Davida Crawforda, zob. tamże, s. 209.

[10] Tamże, s. 138.

Słońce

[1] J. Naylor, *Out of the Blue*, Cambridge 2002, s. 78.

[2] Tamże, s. 79.

[3] Tamże, s. 5.

[4] M. Minnaert, *Światło i barwa w przyrodzie*, przeł. W. Zonn, Warszawa 1961, s. 343.

Księżyc

[1] Na temat obliczania faz Księżyca zob. H. Gatty, *Finding Your Way Without Map or Compass*, Mineola 1999, s. 220.

[2] F. Schaaf, *The Starry Room*, Mineola 2002, s. 182.

[3] I. Niall, *The Poacher's Handbook*, Ludlow 2010, s. 19.

Zwierzęta

[1] C. Flammarion, *Travels in the Air*, London 1971, s. 183–184, za: R. Holmes, *Falling Upwards*, London 2013, s. 238.

[2] I. Niall, *The Poacher's Handbook*, Ludlow 2010, s. 4.

[3] Sójki to szczególnie powszechny „system alarmowy" w naszych lasach. Z tego względu nie są zbyt lubiane przez myśliwych (choć to bardzo pożyteczne ptaki) i bywają przez nich nielegalnie zabijane (są pod ochroną). Na szczęście niezbyt często, gdyż przy ich czujności jest to dosyć trudne (przyp. konsultanta S.G.).

[4] J. Young, *What the Robin Knows. How Birds Reveal the Secrets of the Natural World*, Boston–New York 2012, s. 19.

[5] P. Marler, H. Slabbekoorn, *Nature's Music*, San Diego 2004, s. 140.

[6] J. Young, dz. cyt., s. 58.

[7] Tamże, s. 64.

[8] Tamże, s. 4.

[9] Tamże, s. 56.

[10] P. Marler, H. Slabbekoorn, dz. cyt., s. 134.

[11] Prywatne doświadczenie zainspirowane książką P. Marlera i H. Slabbekoorna, dz. cyt., s. 134.

[12] J. Young, dz. cyt., s. 4.

[13] T. Birkenhead, *Bird Sense. What It's Like to Be a Bird*, London 2012, s. 141.

[14] E. Woolfson, *Corvus. Życie wśród ptaków*, przeł. J. Wajs, A. Pluszka, Warszawa 2012.

[15] J.H. Heath, E. Pollard, J. Thomas, *Atlas of Butterflies in Britain and Ireland*, London 1984, s. 20.

[16] Tamże, s. 114.
[17] P. Barkham, *The Butterfly Isles*, London 2011, s. 12.
[18] Tamże, s. 104.
[19] J.H. Heath, E. Pollard, J. Thomas, dz. cyt., s. 107.
[20] P. Barkham, dz. cyt., s. 41.
[21] https://en.wikipedia.org/wiki/Cricket_(insect) (dostęp: 3.07.2013).
[22] D. Sadler, *Reading Nature's Clues*, Peterborough 1987, s. 27.
[23] D. Morris, *Dlaczego pies merda ogonem. O czym mówi nam zachowanie psa*, przeł. T. Kaleta, Warszawa 1995, s. 14–15.
[24] Sarah Meadham i chart Ivy, prywatna rozmowa, oraz http://www.telegraph.co.uk/lifestyle/pets/10093456/Left-pawed-dogs-found-to-be-more-aggressive.html (dostęp: 15.08.2013).
[25] http://www.cell.com/current-biology/abstract/S0960-9822(13)01143-3 (dostęp: 6.11.2013).
[26] J. Young, dz. cyt., s. 177.
[27] Rod Kent, prywatna rozmowa.

Miasto, miasteczko i wieś

[1] B. Blocken, J. Carmeliet, *Pedestrian wind conditions at outdoor platforms in a high-rise apartment building. Generic subconfiguration validation, wind comfort assessment and uncertainty issues*, „Wind and Structures" 2008, t. 11, nr 1, s. 51–70.

[2] Richard Webber, prywatna korespondencja.

[3] W Polsce lotniska w takich miastach, jak Kraków, Olsztyn i Szczecin, mogą odbiegać od tej zasady ze względu na przewagę wiatru południowo-zachodniego, lecz w większości nie będzie odstępstwa od tej reguły (przyp. konsultanta S.G.).

[4] W Polsce także jest to dobrze widoczne w miastach zrównanych z ziemią w czasie drugiej wojny. W wielu miastach mamy też dość wyraźnie zaznaczone stare miasto przechodzące w bardziej nowoczesne dzielnice, w miarę rozrostu organizmu miejskiego. Ale w tej starej, historycznej części często mamy enklawy nowoczesności, które czasem powstały właśnie w taki wystrzałowy sposób – poprzez zniszczenie historycznej zabudowy, a następnie zastąpienie jej bardziej nowoczesną, na przykład socrealistyczną (przyp. konsultanta S.G.).

[5] Rod Kent, prywatna rozmowa.

[6] P. Underhill, *Dlaczego kupujemy? Nauka o robieniu zakupów. Zachowania klienta w sklepie*, przeł. R. Szewczuk, Warszawa 2001, oraz http://researchrepository.napier.ac.uk/2749/1/AlAzPhD406626.pdf, http://www.economist.com/node/21541709.

[7] Za te informacje dziękuję J. Pahlowi i B. Stanleyowi.

[8] http://www.slate.com/articles/life/walking/2012/04/walking_in_america_what_scientists_know_about_how_pedestrians_really_behave_.html (dostęp: 15.08.2013).

[9] Tamże.

[10] http://archive.azcentral.com/business/consumer/articles/0613biz-walmarttheft13-ON.html (dostęp: 14.08.2013).

[11] D. Morris, *Manwatching*, London 1982, s. 131.

[12] W Polsce autostrady i drogi krajowe są numerowane podobnie jak w Stanach Zjednoczonych: numery nieparzyste to kierunek północ–południe (np. autostrada A1, z Gdańska na południe), numery parzyste to kierunek wschód–zachód (np. autostrada A2, z Warszawy na zachód). Dodatkowe oznaczenia dróg: A i niebieskie tło – autostrada, S i czerwone tło – droga szybkiego ruchu (ekspresowa), zazwyczaj w ciągu drogi krajowej (np. S5 to droga szybkiego ruchu w ciągu drogi krajowej nr 5), czerwone tło pod numerem – droga krajowa, żółte tło pod numerem – droga wojewódzka (przyp. konsultanta S.G.).

[13] Na terenie Polski użyteczne będą słupki pikietażowe zarówno drogowe, jak i kolejowe. Na słupku drogowym mamy od góry kolejno: numer i klasę drogi (kolor), kilometr oraz dziesiąte części kilometra drogi (można dzięki temu dość precyzyjnie oszacować przebytą odległość). Podobny pikietaż mamy przy trasach kolejowych, a podane tam numery oznaczają kilometr oraz dziesiąte części kilometra danej trasy (przyp. konsultanta S.G.).

[14] *The Countryside Detective*, „Reader's Digest", London 2000.

[15] Takie apartamenty często są nazywane loftami (przyp. konsultanta S.G.)

[16] James Barnett, prywatna korespondencja.

[17] W Polsce korzystamy z satelitów Eutelsat 13E, które wskazują kierunek południowy (różnice do 12 stopni w kierunku zachodnim) (przyp. konsultanta S.G.).

[18] W Polsce będą to chociażby: Dworcowa, Portowa, Kolejowa, Podwale, Podmurze, Za Murami, Zamkowa, Grobla, Na Stoku, Ostrów, Ujście czy Przystań. W mniejszych miejscowościach często jest ulica Szkolna. Bardzo charakterystyczne dla Polski jest nazewnictwo głównych ulic prowadzących w kierunku innego miasta, np. Gdańska, Warszawska, Świecka. Czasem też nazwy powstają od nazw dawnych wsi wchłoniętych przez miasto, np. Jelitkowska w Gdańsku (przyp. konsultanta K.K.).

[19] W Polsce będzie to człon „błota", np. Białe Błota, Brzozowe Błota, Czarne Błotko, Błotnik. Rzadziej trafiają się inne nazwy związane z wodą, np. Trzcińsko, Grobelno, Jezierce, Zabuże. Częściej spotykamy nazwy związane z dawnymi lasami porastającymi dany teren, np. Cisiny, Grabowa Buchta, Dąbrowa, Dębogóra. A jeszcze częściej – z dawnymi zawodami lub przemysłem. Przykładowo, w Borach Tucholskich rozsiane są

miejscowości o nazwach takich, jak Szklana Huta, Huta Kalna, Leśna Huta, związanych z wydobyciem i przetopem żelaza. Są także takie miejscowości, jak Kobylnica, Młyniska, Kołodziejewo (przyp. konsultanta S.G).

[20] R. Muir, *Landscape Detective*, Macclesfield 2001, s. 30.

[21] O. Rackham, *History of Countryside*, London 2000, s. 82.

[22] W Polsce spotkać się można z regułą związaną ze zdrobnieniem nazw, np. Lnianek to wieś pod Lnianem, Śliwiczki – pod Śliwicami. Czasem spotyka się też człon określający późniejsze zasiedlenie w pobliżu jakiejś wsi, np. Wybudowanie, Kolonia, Nowy lub Nowa (przyp. konsultanta S.G.).

[23] W Polsce stosujemy nazwy związane z dawną formą własności, czyli na przykład przynależeniem wsi do dóbr kościelnych – Biskupiec, Zalesie Kościelne, Komandoria, Księże Młyny, ale także Wałdowo Szlacheckie czy Kijewo Królewskie. Rzadko jednak nazwy te będą związane z czymś istniejącym w terenie, chyba że na przykład chodzi o młyn należący kiedyś do klasztoru (przyp. konsultanta K.K.).

[24] C. Fewins, *The Church Explorer's Handbook*, Norwich 2012, s. 17.

[25] Jest to specyfika kulturowa Wysp Brytyjskich (przyp. konsultanta K.K.).

[26] R. Taylor, *How to Read a Church*, London 2003, s. 23.

[27] W Polsce jest niewiele kościołów zbudowanych w całości z kamienia. Zazwyczaj stosowano jedynie kamienne podmurówki, a reszta była budowana z czerwonej cegły, która nie tak łatwo porasta mchami i porostami. Zwykle więc możemy obserwować porosty tylko na podmurówkach, a co za tym idzie, zastosowanie części wymienionych zasad nie będzie możliwe (przyp. konsultanta S.G.).

Wybrzeża, rzeki i jeziora

[1] O. Rackham, *Woodlands*, London 2010, s. 217.

[2] *The Countryside Detective* „Reader's Digest", London 2000, s. 324.

[3] *Secrets of the Seashore*, „Reader's Digest", London 1984, s. 16.

[4] C. Mitchell, *Quirky Nature Notes. Book Two*, Skye 2011, s. 70.

[5] Tenże, *Quirky Nature Notes*, Skye 2010, s. 34.

[6] Tamże, s. 26.

[7] H. Falkus, *Nature Detective*, London 1980, s. 31.

[8] *Secrets of the Seashore*, dz. cyt., s. 79.

[9] J. Brouwer, *Gold Beneath the Waves*, Marston Gate 2011, s. 115.

[10] M. Minnaert, *Światło i barwa w przyrodzie*, przeł. W. Zonn, Warszawa 1961, s. 312.

[11] J.A. Adam, *A Mathematical Nature Walk*, Princeton 2009, s. 183.

[12] C. Mitchell, *Quirky Nature Notes*, dz. cyt., s. 127.

Śnieg i piasek

[1] Tę część zawdzięczam książce Edwarda LaChapelle'a *Secrets of the Snow*, Seattle 2001.

Wędrówka z Dajakiem – część druga

[1] W 1950 roku 90 procent powierzchni Borneo zajmowały lasy, dziś – około 40 procent. Rabunkowa wycinka lasów przynosi wielkie zyski, wobec których blednie prawo ludu Penan do wędrówek i polowań. Rząd malezyjski, sprzedając koncesje spółkom drzewnym, opracował plan osiedlenia tubylców w rządowych osadach-rezerwatach. Niektórzy ulegli namowom i przenieśli się do tych osad, inni – gdy blokowanie wjazdu buldożerów na ich tereny i petycje nie przyniosły żadnego skutku – musieli pójść w ich ślady. Tragedia ludu Penan była jednym z tematów na Szczycie Ziemi w 1992 roku w Rio de Janeiro (przyp. red.).

Rzadkie i zdumiewające

[1] „The Economist" (dostęp: 20.04 2013).

[2] W. Purvis, *Lichens*, London 2000, s. 90.

[3] Gwiazda Algol jest gwiazdą wielokrotną zaćmieniową (przyp. konsultanta S.G.).

[4] http://www.independent.co.uk/news/science/british-scientists-discover-reindeer-eyes-change-colour-from-gold-to-blue-over-course-of-the-seasons-8916008.html (dostęp: 6.11.2013).

[5] http://csdt.rpi.edu/na/tunturyu/cb-navigating.html.

[6] S. Evans, P. Roberts, *The Book of Fungi*, Chicago 2011, s. 63.

[7] Ponieważ niezwykle trudno jest dokładnie oszacować masę grzybni tej opieńki, obecnie za największy (pod względem łącznej masy) organizm jest uważana kolonia klonalna topoli osikowej w stanie Utah, zwana Pando (przyp. konsultanta S.G).

[8] Dr Anne Best, prywatna rozmowa.

[9] *Secrets of the Seashore*, „Reader's Digest", London 1984, s. 55.

[10] http://www.ukbutterflies.co.uk/species.php?vernacular_name=Speckled%20Wood.

[11] Ta część powstała na podstawie książki Susan Hough, *Predicting the Unpredictable*, Woodstock 2010.

[12] http://www.huffingtonpost.com/2013/07/29/full-moon-sleep-problems_n_3654323.html?utm_hp_ref=healthy-living (dostęp: 30.07.2013).

Załącznik I. Szacowanie odległości, wysokości i kątów

[1] J. Naylor, *Out of the Blue*, Cambridge 2002, s. 179.

[2] M. Minnaert, *Światło i barwa w przyrodzie*, przeł. W. Zonn, Warszawa 1961, s. 160.

[3] J. Naylor, dz. cyt., s. 19.

[4] Tamże, s. 63.

BIBLIOGRAFIA

J.A. Adam, *A Mathematical Nature Walk*, Princeton 2009.

A. Aveni, *People and the Sky*, London 2008.

R.A. Bagnold, *The Physics of Blown Sand and Desert Dunes*, London 2005.

J. Baker, *Elementary Lessons in Botanical Geography*, Milton Keynes 2012.

P. Barkham, *The Butterfly Isles*, London 2011.

B. Barnes, *Coast and Shore*, Marlborough 1989.

G. Baron, *Understanding Lichens*, Slough 1999.

R. Binney, *Amazing and Extraordinary Facts. The English Countryside*, Cincinnati 2011.

R. Binney, *Ogród naturalnie i tradycyjnie. Z poradnika babuni*, przeł. M. Yamazaki, Warszawa 2009.

R. Binney, *Poradnik babuni*, przeł. D. Fryzowska, Warszawa 2009.

T. Birkhead, *Sekrety ptaków. Fascynujący świat ptasich zmysłów*, przeł. W. Stanisławski, Łódź 2012.

F.H. Brightman, B.E. Nicholson, *The Oxford Book of Flowerless Plants*, Oxford 1974.

J. Brouwer, *Gold Beneath the Waves*, Marston Gate 2011.

T. Brown, *The Science and Art of Tracking*, New York 1999.

T. Brown, *Tom Brown's Field Guide to Nature Observation and Tracking*, New York 1983.

A. Burton, J. May, *Landscape Detective*, London 1986.

T. Caro, *Antipredator Defenses in Birds and Mammals*, Chicago 2005.
T. Caro, *Conservation by Proxy*, London 2010.
M.P. Coutts, J. Grace, *Wind and Trees*, Cambridge 1995.
W. Davis, *The Wayfinders*, Toronto 2009.
F. Dobson, *Lichens*, Richmond 1981.
R.I. Dodge, *33 Years Among Our Wild Indians*, New York 1959.
S.E. Eash, C.J. Green, A. Razvi, W.F. Bennett, *Soil Science Simplified*, Iowa 2008.
H. Falkus, *Nature Detective*, London 1980.
C. Fewins, *The Church Explorer's Handbook*, Norwich 2012.
H. Gatty, *Finding Your Way Without Map or Compass*, Mineola 1999.
O. Gilbert, *Lichens*, Redgorton 2004.
T. Gooley, *How to Connect with Nature*, London 2014.
T. Gooley, *The Natural Explorer*, London 2012.
T. Gooley, *The Natural Navigator*, London 2010.
J. Gould, C. Gould, *Nature's Compass*, Oxford 2012.
G. Greenberg, *A Grain of Sand*, Minneapolis 2008.
P. Hall, *Sussex Plant Atlas*, Brighton 1980.
J.W. Hart, *Plant Tropisms and Other Growth Movements*, London 1990.
J.H. Heath, E. Pollard, J. Thomas, *Atlas of Butterflies in Britain and Ireland*, London 1984.
K. Heuer, *Rainbows, Halos, and Other Wonders*, New York 1978.
R. Holmes, *Falling Upwards*, London 2013.
S. Hough, *Predicting the Unpredictable*, Woodstock 2010.
D. Ingram, D. Vince-Prue, P.J. Gregory, *Science and the Garden*, Oxford 2008.
J. Kearney, *Tracking. A Blueprint for Learning How*, El Cajon 2009.
M. Knight, *Be a Nature Detective*, London 1968.
D. Koller, *The Restless Plant*, London 2011.
E. LaChapelle, *Secrets of the Snow*, Seattle 2001.
J. Laundon, *Lichens*, Princes Risborough 2001.
B. Laws, *Fields*, London 2010.
W. Lord, T. Baines, *Shifts and Expedients of Camp Life*, Uckfield 2006.
M. Lynch, *Minnesota Weatherwatch*, St Paul 2007.
P. Marler, H. Slabbekoorn, *Nature's Music*, San Diego 2004.
C. Mattheck, *Stupsi Explains the Tree*, [b.m.] 1999.
C. Mattheck, H. Breloer, *The Body Language of Trees*, Norwich 2010.
D. Maxwell, *A Detective in Sussex*, London 1932.
J.G. McCully, *Beyond the Moon*, London 2006.

M. Minnaert, *Światło i barwa w przyrodzie*, przeł. W. Zonn, Warszawa 1961.
C. Mitchell, *Isle of Skye Natural History Walks*, Wilmslow 2010.
C. Mitchell, *Lake District Natural History Walks*, Wilmslow [b.d.].
C. Mitchell, *Peak District Natural History Walks*, Ammanford 2005.
C. Mitchell, *Quirky Nature Notes*, Skye 2010.
C. Mitchell, *Quirky Nature Notes. Book Two*, Skye 2011.
J. Moore, *The Boys' Country Book*, London 1955.
D. Morris, *Dlaczego pies merda ogonem. O czym mówi nam zachowanie psa*, przeł. T. Kaleta, Warszawa 1995.
D. Morris, *Manwatching*, London 1982.
R. Muir, *Be Your Own Landscape Detective*, Stroud 2007.
R. Muir, *How to Read a Village*, London 2007.
R. Muir, *Landscape Detective*, Macclesfield 2001.
J. Naylor, *Out of the Blue*, Cambridge 2002.
I. Niall, *The Poacher's Handbook*, Ludlow 2010.
R. Page, *Weather Forecasting. The Country Way*, London 1981.
N. Papadimitriou, *Scarp*, London 2012.
E. Parker, *The Countryman's Week-End Book*, London 1946.
P. Prag, *Understanding the British Countryside*, London 2001.
W. Purvis, *Lichens*, London 2000.
O. Rackham, *Woodlands*, London 2010.
J. Renner, *Lightning Strikes*, Seattle 2002.
Royal Geographical Society, *Hints to Travellers Volume Two*, London 1938.
L.D. Rubin, J. Duncan, *The Weather Wizard's Cloud Book*, New York 1989.
A.P. Ryder, *Methods of Ascertaining the Distance From Ships at Sea*, [b.m.] 1845.
D. Sadler, *Reading Nature's Clues*, Peterborough 1987.
F. Schaaf, *A Year of the Stars*, New York 2003.
F. Schaaf, *The Starry Room*, Mineola 2002.
Secrets of the Seashore, „Reader's Digest", London 1984.
E. Sloane, *Weather Almanac*, Stillwater 2005.
M. Spohn, R. Spohn, *Black's Nature Guides, Trees of Britain and Europe*, London 2008.
P. Sterry, B. Hughes, *Collins Complete Guide to British Mushrooms & Toadstools*, London 2009.
R. Taylor, *How to Read a Church*, London 2003.
The Countryside Detective, „Reader's Digest", London 2000.

P. Thomas, *Trees. Their Natural History*, Cambridge 2000.

P. Underhill, *Dlaczego kupujemy? Nauka o robieniu zakupów. Zachowania klienta w sklepie*, przeł. R. Szewczuk, Warszawa 2001.

J. Watson, *Confessions of a Poacher*, Moretonhampstead 2006.

A. Watts, *Błyskawiczna prognoza pogody*, przeł. M. Brennek, Warszawa 2016.

M. Welland, *Sand*, Oxford 2009.

T. Wessels, *Forest Forensics*, Woodstock 2010.

T. Wessels, *Reading the Forested Landscape*, Woodstock 1997.

E. Woolfson, *Corvus. Życie wśród ptaków*, przeł. J. Wajs, A. Pluszka, Warszawa 2012.

J. Young, *What the Robin Knows. How Birds Reveal the Secrets of the Natural World*, Boston–New York 2012.

PODZIĘKOWANIA

Chodzenie po górach jest metaforą wszystkich wyzwań, które stawia nam życie. Pisanie tej książki było sprawą znacznie cięższą i bardziej wyczerpującą, niż mogłem sobie to wyobrazić lub zaplanować. Ale kto z nas nie wybrał się kiedyś z rozmysłem na wędrówkę, która musiała okazać się nieco dłuższa niż ta rozsądnie zaplanowana? Wypuszczamy się na ścieżki i wzgórza czasami z jednego powodu – aby podstępem zmusić samych siebie do osiągnięcia zaskakującego poziomu satysfakcji. Być może właśnie dlatego zdecydowałem się na napisanie tej książki? Jedno wiem na pewno: że podczas mojej wędrówki otrzymałem dużą pomoc.

Jeżeli ktoś z wielką pasją poszukuje czegoś w plenerze, objawi mu się to w niezwykłej perspektywie. W tej książce połączyłem własne doświadczenie z doświadczeniem wielu różnych środowisk – niedzielnych spacerowiczów, poszukiwaczy skarbów oraz łowców głów. Ci ostatni dostarczyli mi wartościowych treści, ale czuję się szczególnie zobowiązany w stosunku do tych, którzy po prostu kochają przestrzeń i świeże powietrze, bo przekazali mi okruchy cennej wiedzy.

Jestem niezwykle wdzięczny tym, którzy znosili moje nagabywania o wspólne wędrówki, rozmowy i uporczywe maile. Peter Gibbs, Jim Langley, Richard Webber, Tracey Younghusband, John Pahl, Charlotte Walker, Adam Barr – niech przyjmą podziękowania. Podobnie Muhammad Syahdian, który dzielnie znosił kilka tygodni przesłuchań i dyskusji w czasie naszej wędrówki do serca Borneo – dzięki Shady'emu znaleźliśmy nasze „stare mądre kozy"!

Wszelkie błędy w tej książce – a takich nigdy nie da się uniknąć – są zawinione wyłącznie przeze mnie.

Dziękuję uczestnikom moich wieloletnich kursów, szczególnie ludziom, którzy z kraju i z całego świata przysyłali mi własne obserwacje.

Chciałbym podziękować wydawnictwu Sceptre, które zamówiło tę książkę. Wspaniale jest mieć wydawców, którzy z odwagą podobną do tej, z jaką poruszałem się po aktywnym wulkanie bez mapy i kompasu, decydują się na tak nietypową publikację. Dziękuję również tym, którzy ciężko pracowali, aby ujrzała ona światło dzienne, zwłaszcza Maddy Price, Emmie Daley oraz Neilowi Gowerowi. Szczególne podziękowania należą się dwóm osobom, które pomogły mi wcielić w życie pomysł na tę książkę – wydawcy Rupertowi Lancasterowi i mojej agentce Sophie Hicks.

I wreszcie – chciałbym podziękować swojej rodzinie.

TRISTAN GOOLEY jest autorem bestsellerów, należą do nich *The Natural Navigator* (2010), *The Walker's Guide to Outdoor Clues & Signs* (2014) oraz *How to Read Water* (2016). To jedyne książki na całym świecie, które podejmują temat naturalnej nawigacji. Jego artykuły publikowały między innymi „New York Times", „Sunday Times" i „Wall Street Journal". Gooley prowadził wyprawy na pięciu kontynentach, przepłynął ocean na małej łodzi, wspinał się na najwyższe góry świata... Jest członkiem The Royal Institute of Navigation oraz Royal Geographical Society.

TRISTAN GOOLEY
PRZEWODNIK WĘDROWCA
SZTUKA ODCZYTYWANIA ZNAKÓW NATURY

Wydawnictwo Otwarte sp. z o.o.,
ul. Smolki 5/302, 30-513 Kraków. Wydanie I, 2017, dodruk.
Druk: Opolgraf SA